arihant
SUCCESS AND NOTHING LESS

AF526534

All in One

संपूर्ण अध्ययन | संपूर्ण अभ्यास | संपूर्ण मूल्यांकन

संस्कृत

कक्षा 06

लेखकगण

उर्मिला सिंघल
शिवकान्ति

All in One
संपूर्ण अध्ययन | संपूर्ण अभ्यास | संपूर्ण मूल्यांकन

arihant
SUCCESS AND NOTHING LESS

अरिहन्त प्रकाशन

(स्कूल डिवीज़न सीरीज़)

रजि. कार्यालय

'रामछाया' 4577/15, अग्रवाल रोड, दरिया गंज, नई दिल्ली-110002
फोन: 011-47630600, 43518550; फैक्स: 011-23280316

मुख्य कार्यालय

कालिन्दी, टी०पी० नगर, मेरठ (यूपी)-250002 फोन: 0121-7156203, 7156204

शाखा कार्यालय

आगरा, अहमदाबाद, बरेली, बंगलुरु, चेन्नई, दिल्ली, गुवाहाटी, हैदराबाद, जयपुर, झाँसी, कोलकाता, लखनऊ, नागपुर तथा पुणे

PO No. : TXT-59-T070848-5-26

Published By Arihant Publications (India) Ltd.

'अरिहन्त' की पुस्तकों के बारे में अधिक जानकारी के लिए हमारी वेबसाइट **www.arihantbooks.com** पर लॉग इन करें या **info@arihantbooks.com** पर सम्पर्क करें।

Follow us on

मूल्य ₹ 220.00

प्रोडक्शन टीम

पब्लिशिंग मैनेजर
महेन्द्र सिंह रावत, केशव मोहन

प्रोजेक्ट हैड
मनीष कुमार

कवर डिज़ाइनर
बिलाल

इनर डिज़ाइनर
अंकित प्रजापति

पेज लेआउट
जितेन्द्र कुमार, रविन्द्र कुमार

प्रूफ रीडर
वर्षा, शिवानी

विषय-सूची

मुख्य विशेषताएँ

संस्कृत
कक्षा 6

पाठ का सार

प्रत्येक अध्याय में NCERT Theory का सरल शब्दों में Coverage किया गया है, जिससे छात्र सम्पूर्ण अध्याय के CRUX को कम–से–कम समय में समझ सकें व याद रख सकें।

अतिथिदेवो भव

(मेहमान भगवान हैं।)

अध्याय 7

पाठ का सार प्रस्तुत पाठ के माध्यम से यह बताया गया है कि अतिथि देवताओं के समान ही आदरणीय होते हैं। राधिका अपने घर की छत पर रहने वाली बिल्ली व उसके चार बच्चों की नित्य ही सेवा करती है। वह बिल्ली को दूध पिलाती है। बिल्ली के बच्चे भी राधिका से नहीं डरते। वे उसके पीछे-पीछे चलते रहते हैं। राधिका की इस गतिविधि को देखकर उसकी दादी उसे समझाती है कि जब कभी भी कोई अतिथि आ जाए, तो उनकी सेवा भी बिल्ली व उसके बच्चों की सेवा के समान ही करनी चाहिए, क्योंकि अतिथि हमारे देवों के समान होते हैं। अत: उनका सदैव आदर करना चाहिए।

पाठ का हिंदी अनुवाद

1. राधिका एषु दिनेषु कूर्दमाना एव चलति। यत: गृहे नूतना: अतिथय: सन्ति। ते च विशिष्टा: सन्ति। माता, पुत्रौ, पुत्र्यौ च मिलित्वा ते तत्र पञ्च सन्ति। अहोरात्रं तस्या: चिन्ता एकत्र एव। गृहस्य छद्या: उपरि। तत्र एव तस्या: मन: अस्ति। कुतूहलम् अस्ति, के ते इति? ते न अन्ये, काचित् मार्जारी तस्या: चत्वार: शावका: च। आम्, ते एव विशिष्टा: अतिथय:। सा तु तेषां नामानि अपि चिन्तितवती-तन्वी, मृद्वी, शबल: भीम: च इति।

शब्दार्थ

पाठ्यपुस्तक के प्रत्येक अध्याय में दिए गए कठिन शब्दों को उनके सरल अर्थ के साथ 'शब्दार्थ' रूप में दिया गया है, जिससे छात्र कठिन शब्दों को सरलता के समझ सकें व उनके अर्थ के साथ उन्हें याद कर सकें।

शब्दार्थ

शब्दार्था: **अतिथीनाम्** = अतिथियों का, **नितराम्** = बहुत, **देशे** = देशे में, **प्राणिन:** = प्राणी, **अतिथिभावेन:** = अतिथि भाव से, **पूज्यन्ते** = पूजे जाते हैं, **तादृशः** = वैसा, **दर्शित:** = दिखाया गया है।

शब्दार्था: **कूर्दमाना** = कूदती हुई, **यतः** = क्योंकि, **नूतनाः** = नए, **विशिष्टाः** = विशेष, **अहोरात्रम्** = दिन-रात, **छद्याः** उपरि = छत के ऊपर, **काचित्** = कोई, **मार्जारी** = बिल्ली, **शावकाः** = बच्चे।

शब्दार्था: **आकृत्या** = आकृति से, **अतीव** = अत्यधिक, **क्षीरम्** = दूध, **अनन्तरम्** = इसके बाद, **पृष्ठतः** = पीछे से, **भीताः** = डर, **पितामही** = दादी, **कार्यकलापान्** = गतिविधियों को।

NCERT पाठ का हिंदी अनुवाद

NCERT पाठ्य पुस्तक के प्रत्येक अध्याय में दिए गए गद्यांशों, श्लोकों व संवादों का सरल भाषा में हिंदी अनुवाद दिया गया है, जिससे छात्र पाठ को केवल एक बार पढ़कर ही याद कर सकेंगे।

पाठ का हिंदी अनुवाद

1. राधिका एषु दिनेषु कूर्दमाना एव चलति। यत: गृहे नूतना: अतिथय: सन्ति। ते च विशिष्टा: सन्ति। माता, पुत्रौ, पुत्र्यौ च मिलित्वा ते तत्र पञ्च सन्ति। अहोरात्रं तस्या: चिन्ता एकत्र एव। गृहस्य छद्या: उपरि। तत्र एव तस्या: मन: अस्ति। कुतूहलम् अस्ति, के ते इति? ते न अन्ये, काचित् मार्जारी तस्या: चत्वार: शावका: च। आम्, ते एव विशिष्टा: अतिथय:। सा तु तेषां नामानि अपि चिन्तितवती-तन्वी, मृद्वी, शबल: भीम: च इति।

हिंदी अनुवाद राधिका इन दिनों कूदती हुई ही चलती है, क्योंकि घर में नए अतिथि (मेहमान) हैं और वे विशिष्ट अतिथि हैं। माता, दो पुत्र व दो पुत्री मिलकर वे पाँच हैं। रात-दिन उसकी चिंता एक जगह ही है, घर की छत के ऊपर। वहीं उसका मन है। कोतुहल है कि वे कौन हैं? वे कोई और नहीं, (बल्कि) कोई बिल्ली व उसके चार बच्चे हैं। हाँ, वे ही विशेष अतिथि हैं। उसने तो उनके नाम भी सोच लिए हैं-तन्वी, मृद्वी, शबल और भीम।

2. तन्वी आकृत्या सुन्दरी, मृद्वी स्पर्शेन अतीव कोमला। शबल: चित्रवर्ण: तथा च भीम: किञ्चित् स्थूल:। मार्जारी कदा गच्छति कदा आगच्छति एतत् सर्वम् अपि राधिका जानाति। सा मार्जार्यै क्षीरं ददाति। मार्जारी पिबति।

हिंदी अनुवाद तन्वी आकृति से सुंदर है, मृद्वी छूने में बहुत कोमल है। शबल अनेक रंगों का है तथा भीम थोड़ा मोटा है। बिल्ली कब जाती है, कब आती है, यह सब भी राधिका जानती है। वह बिल्ली को दूध देती है, बिल्ली पीती है।

Allinone
संपूर्ण अध्ययन। संपूर्ण अभ्यास। संपूर्ण मूल्यांकन

NCERT फोल्डर

निर्धारित NCERT पाठ्यपुस्तक में दिए गए प्रत्येक प्रश्न का उत्तर सरल व सटीक दिया गया है। यहाँ प्रत्येक प्रश्न का उत्तर केवल उतना ही दिया गया है जितना कि प्रश्न में आवश्यक है।

NCERT फोल्डर: पाठ्यपुस्तक 'दीपकम्' के प्रश्नोत्तर

प्र.1 पाठस्य आधारेण अधोलिखितानां प्रश्नानाम् उत्तराणि एकपदेन लिखत।
(पाठ के आधार पर निम्नलिखित प्रश्नों के उत्तर एक शब्द में लिखिए।)
(क) राधिका कथं चलति स्म?
(ख) गृहे कति अतिथयः सन्ति?
(ग) कां दृष्ट्वा शावकाः भीताः न भवन्ति?
(घ) मार्जार्याः कति शावकाः?
(ङ) राधिका मार्जार्यै किं ददाति?
(च) चित्रवर्णः कः अस्ति?
(घ) पितामही राधिकां किम् वदति?
(ङ) मार्जार्याः कदा राधिकायाः पृष्ठतः आगच्छति?
(च) मार्जार्याः शावकाः कीदृशाः सन्ति।

उत्तराणि
(क) मार्जारीशावकानां नामानि-तन्वी, मृद्वी, शबलः भीमः च इति।
(ख) राधिका मार्जारीशावकान् पाठयति-'अतिथिदेवो भव' इति।
(ग) मार्जारी शावकाः विशिष्टाः अतिथयः सन्ति।
(घ) पितामही राधिकां वदति-'अतिथिदेवो भव' इति।
(ङ) यदा राधिका शावकानां समीपं गच्छति तदा मार्जारी राधिकायाः पृष्ठतः आगच्छति।
(च) तन्वी सुन्दरी, मृद्वी अतीव कोमला, शबलः चित्रवर्णः भीमः च किञ्चित् स्थूलः।

अभ्यास प्रश्नाः बहुविकल्पीय एवं वर्णनात्मक प्रश्नों सहित

भाग I

बहुविकल्पीय प्रश्नाः

1. अधोलिखितेषु विकल्पेषु उचितं उत्तरं चित्वा लिखत।
(निम्नलिखित विकल्पों में से उचित उत्तर चुनकर लिखिए।)
(i) भारतीय संस्कृतौ केषां महत्त्वम् अस्ति?
(क) पशूनाम् (ख) पक्षीणाम्
(ग) अतिथीनाम् (घ) वृद्धानाम्
(ii) 'अतिथि देवो भव' इति वचनेन कस्याः भाव प्रदर्शितः?
(क) देवानां सेवायाः (ख) परिवारस्य सेवायाः
(ग) बन्धोः सेवायाः (घ) अतिथिसेवायाः
(iii) कस्याः गृहे नूतना अतिथयः सन्ति?
(क) राधायाः (ख) राधिकायाः
(ग) शबलस्य (घ) भीमस्य
(iv) राधिकायाः मनः कुत्र अस्ति?
(क) गृहे (ख) विद्यालये
(ग) दूरदर्शने (घ) छद्याः उपरि
(v) के राधिकां दृष्ट्वा भीताः न भवन्ति?
(क) शावकाः (ख) मार्जारी (ग) कुक्कुटः (घ) शशकः
(iv) <u>पितामही</u> राधिकाम् उपदिशति।
(क) का (ख) कः (ग) कान् (घ) कया
(v) मार्जारी <u>क्षीरम्</u> पिबति।
(क) कः (ख) किम् (ग) का (घ) कया

उत्तराणि
(i) (ख) कुत्र (ii) (ख) केषाम्
(iii) (ख) का (iv) (क) का
(v) (ख) किम्

3. कोष्ठकात् उचितं विकल्पं चित्वा वाक्यपूर्तिं कुरुत।
(कोष्ठक से उचित विकल्प को चुनकर वाक्य पूरे कीजिए।)
(i) ······ प्रसङ्गः अत्र पाठे दर्शितः। (यादृशः/तादृशः/तादृशी)
(ii) राधिका कूर्दमाना ······। (चलन्ति/चलसि/चलति)
(iii) मार्जारी शावकाः ······। (चतुरः/चत्वारः/चतस्त्रः)
(iv) मृद्वी स्पर्शेन ······ कोमला। (इव/एव/अतीव)
(v) शावकाः भीताः ······ भवन्ति। (एव/इव/न)

अभ्यास प्रश्न

सभी खण्डों के प्रत्येक अध्याय में पाठ्यक्रम व पेपर पैटर्न को Follow करते हुए सम्पूर्ण अध्याय पर आधारित सभी प्रकार के प्रश्न व उनके उत्तर दिए गए हैं जिससे छात्र अधिक-से-अधिक प्रश्नों का अभ्यास कर सकें और परीक्षा में उच्चतम अंक प्राप्त कर सकें।

प्रतिदर्श प्रश्न-पत्र 3 (हल रहित)

संस्कृत

समय : सार्द्धद्वयम्होरा	पूर्णाङ्का : 80

सामान्यनिर्देशाः
1. अस्मिन् प्रश्न-पत्रे चत्वारि खण्डानि सन्ति।
   - खंड 'क' अपठित-अवबोधनम् 10 अङ्काः, खंड 'ख' रचनात्मकं-कार्यम् 15 अङ्काः, खंड 'ग' अनुप्रयुक्त-व्याकरणम् 25 अङ्काः खंड 'घ' पठित-अवबोधनम् 30 अङ्काः
2. प्रत्येकं खण्डम् अधिकृत्य उत्तराणि एकस्मिन् स्थाने क्रमेण लेखनीयानि।
3. उत्तरलेखनात् पूर्वं प्रश्नस्य क्रमाङ्कः अवश्यं लेखनीयः।
4. सर्वेषां प्रश्नानां उत्तराणि संस्कृतेन लेखनीयानि।

खंड क : अपठित-अवबोधनम्

1. अधोलिखितम् अनुच्छेदान् पठित्वा प्रदत्त-प्रश्नानाम् उत्तराणि लिखत। (10 अङ्काः)
(निम्नलिखित अनुच्छेदों को पढ़कर दिए गए प्रश्नों के उत्तर लिखिए।)

भारतीय-संस्कृतौ होलिकोत्सवस्य विशिष्टं महत्त्वं वर्तते। हिरण्यकशिपोः भगिन्याः होलिकायाः दहनेन अयम् उत्सवः सम्बद्धः अस्ति। सा देवस्य वरप्रभावेण अग्निना दग्धा न भवति स्म। अतएव हिरण्यकशिपोः निर्देशेन सा प्रह्लादम् अङ्के उपावेश्य अग्नौ उपविष्टवती। परंतु प्रह्लादस्य भक्त्या प्रसन्नो भूत्वा नारायणः प्रह्लादं रक्षितवान्। प्रज्वलितेन अग्निना होलिका स्वयमेव दग्धाः।

(iii) प्रज्वलितेन अग्निना का स्वयमेव दग्धाः?
(iv) प्रह्लादस्य भक्त्या प्रसन्नो भूत्वा कः प्रह्लादं रक्षितवान्?

II. पूर्णवाक्येन उत्तरत। (पूर्णवाक्य में उत्तर दीजिए।)
(i) अयं उत्सवः केन सम्बद्धः आसीत्।

III. भाषाकार्यं निर्देशानुसारम् उत्तरत।
(भाषा कार्य-निर्देशानुसार उत्तर दीजिए।)
(i) 'सा' इत्यस्मिन् पदे लिङ्ग भवति?
(अ) स्त्रीलिङ्गम्
(ब) पुल्लिङ्गम्
(स) नपुंसकलिङ्गम्
(द) कोऽपि नास्ति

पुस्तक के अंत में प्रतिदर्श प्रश्न-पत्र

पुस्तक में अंत में 3 प्रतिदर्श प्रश्न-पत्र दिए गए हैं, जिससे छात्र परीक्षा की तैयारी को और प्रभावशाली बनाकर परीक्षा में उच्चतम अंक प्राप्त कर सकते हैं।

खंड 'क'

अपठितांश-अवबोधनम्

अध्याय 1

गद्य का ऐसा अंश जिसका पहले अध्ययन नहीं किया गया हो, वह अपठित गद्यांश कहलाता है। प्रायः अपठित गद्यांश का उद्देश्य किसी विषय को समझना, भाषा और शैली के बीच के संबंधों को खोजना तथा विद्यार्थियों की अवबोध क्षमता को परखना होता है।

अपठित गद्यांश को हल करते समय ध्यान रखने योग्य बातें

- सर्वप्रथम दिए गए अपठित गद्यांश को दो-तीन बार ध्यानपूर्वक पढ़कर उसके मूल भाव को समझना चाहिए।
- अपठित गद्यांश में दिए गए अव्ययों और विभक्तियों को ध्यानपूर्वक पढ़ें, क्योंकि इनका अर्थ ज्ञात न होने पर उत्तर प्रायः अशुद्ध हो सकता है।
- भाषिक कार्य से संबंधित बहुविकल्पीय प्रश्नों के उत्तर के लिए विभक्तियों, धातु रूपों, पर्यायपदों, विपर्यायपदों व लकारों का पूर्ण ज्ञान होना अनिवार्य है। अतः इनका उत्तर अति सावधानी से चुनें।
- अंत में एक बार सभी प्रश्नों के उत्तरों को पुनः ध्यानपूर्वक पढ़कर जाँच लेना चाहिए।

साधित उदाहरणम्

अधोदत्तम् प्रत्येकं गद्यांश पठत प्रश्नान् च उत्तरत।
(नीचे दिए गए प्रत्येक गद्यांश को पढ़िए और प्रश्नों के उत्तर दीजिए।)

1. स्त्रीणां कृते शिक्षा अति महत्त्वपूर्णा वर्तते। अस्य क्षेत्रे सुमेधायाः नाम प्रसिद्धः अस्ति। सा साधारण कृषकस्य गृहे जन्म अलभत्। महर्षिः दयानन्दः विचारेण सा प्रभाविताः जाता। अस्य प्रभावेण सा कन्यायाः शिक्षणार्थं जोया सकाशे चोटीपुरा, अधुना शिखापुरम् ग्रामे एका कन्या गुरुकुलस्य स्थापनां अकरोत्। अस्य गुरुकुले प्राचीन शिक्षा पद्धत्या शिक्षायै व्यवस्था अस्ति। अस्मिन् गुरुकुले कन्याः भारतीयसंस्कृतेः संस्कारान् शिक्षा सुलभाः अस्ति। विगत वर्षे अस्य गुरुकुलस्य छात्रा सुमंगला ओलम्पिक स्पर्धायाम् धनुर्विद्या क्षेत्रे प्रतिभागिता अकरोत्। श्रीमद् महर्षिः दयानन्दः संस्कृत महाविद्यालयः तस्य गुरुकुलस्य नाम अस्ति। धन्याः अस्य गुरुकुलस्य संचालिका सुश्री सुमेधा आचार्या।

I. एकपदेन उत्तरत। (एक शब्द में उत्तर दीजिए।)
   (i) गुरुकुलस्य कया पद्धत्याः शिक्षा व्यवस्था अस्ति?
   (ii) गुरुकुलस्य किं नाम अस्ति?
   (iii) गुरुकुलः कुत्रस्थः?
   (iv) चोटीपुराया अधुना किं नाम अस्ति?

II. पूर्णवाक्येन उत्तरत। (पूर्ण वाक्य में उत्तर दीजिए।)
   (i) कस्य प्रभावेण सुमेधा गुरुकुलस्य स्थापनाम् अकरोत्?
   (ii) सा कस्य गृहे जन्म अलभत्?

III. भाषाकार्यं निर्देशानुसारम् उत्तरत।
(भाषा कार्य-निर्देशानुसार उत्तर दीजिए।)
   (i) 'गुरुकुलस्य छात्रा सुमंगला' अत्र विशेषण पदं किम् अस्ति?
   (अ) सुकामा (ब) सुमङ्गला
   (स) सुनीति (द) सुरुचि

(ii) अलभत् पदे क: लकार: अस्ति?
(अ) लट् लकार: (ब) लृट लकार:
(स) विधिलिङ्ग (द) लङ् लकार:

(iii) 'शिओये' इति पदे का विभक्ति: अस्ति?
(अ) प्रथमा (ब) तृतीया
(स) चतुर्थी (द) पञ्चमी

(iv) 'दुर्लभा:' पदस्य विपरीतार्थकं पदं गद्यांशात् चित्वा लिखत।
(अ) शिक्षा (ब) सुलभा:
(स) प्रसिद्ध: (द) धन्या:

IV. **अस्य गद्यांशस्य कृते उचितं शीर्षकं लिखतं।**
(इस गद्यांश के लिए उचित शीर्षक लिखिए।)

उत्तराणि

I. (i) प्राचीन पद्धत्या:
(ii) श्रीमद् महर्षि दयानन्द: संस्कृत महाविद्यालय:
(iii) चोटीपुरा ग्रामे।
(iv) शिखापुरम्

II. (i) महर्षि दयानन्दस्य प्रभावेण सुमेधा गुरुकुलस्य स्थापनाम् अकरोत्।
(ii) सा साधारण कृषकस्य गृहे जन्म अलभत्।

III. (i) (ब) सुमङ्गला
(ii) (द) लङ् लकार:
(iii) (स) चतुर्थी
(iv) (ब) सुलभा:

IV. सुश्री सुमेधा आचार्या।

2. **भारतीय: स्वतन्त्रताया: पूर्वम् अस्माकं राष्ट्रस्य नाम वृहत्तर भारत आसीत्। अस्य पश्चिम् सीमा हिन्दुकुश: पर्वत पर्यन्तम् आसीत्। अस्य पर्वतस्य उपत्यकायां तक्षशिला नाम विश्वविद्यालय: आसीत्। अस्मिन् विश्वविद्यालयेव महर्षि पतञ्जलि: नाम आचार्य: आसीत्। स: योग एवं व्याकरणस्य महान् विद्वान् आसीत्।**
अञ्जल्यां अपतत् यस्य स: पतञ्जलिं। स: भगवान् श्री शेषस्य अवतार: अस्ति। स: व्याकरण क्षेत्रे वार्तिकानाम् रचनाम् अकरोत् एवं स: योगविद्यामपि प्रवर्तक आसीत्। तस्य गणना व्याकरणस्य मुनि त्रयाणामपि भवति। अस्य व्याकरणं त्रिमुनीय व्याकरणमपि कथ्यते।

I. **एकपदेन उत्तरत। (एक शब्द में उत्तर दीजिए।)**
(i) भारतस्य पूर्वनाम किमासीत्?
(अ) उत्तर भारत (ब) महाभारत
(स) वृहत्तर भारत (द) हिन्दुकुश:

(ii) भारतस्य पश्चिम सीमायाम् स्थित: पर्वत: क:?
(अ) कैलाश (ब) हिमालय
(स) हिन्दुकुश: (द) विन्ध्य पर्वत

(iii) कस्मिन् विश्वविद्यालये पतञ्जलि: आचार्य: आसीत्?
(अ) नालन्दा (ब) विक्रमशिला
(स) तक्षशिला (द) कुरुक्षेत्र:

(iv) व्याकरणस्य क्षेत्रे तस्य रचना का अस्ति?
(अ) सूत्राणि (ब) वार्तिक:
(स) परिभाषा (द) काशिका

II. **पूर्णवाक्येन उत्तरत। (पूर्ण वाक्य में उत्तर दीजिए।)**
(i) महर्षि: पतञ्जलि कस्य अवतार: आसीत्?
(ii) तक्षशिला विश्वविद्यालय: कुत्र आसीत्?

III. **भाषाकार्यं निर्देशानुसारम् उत्तरत।**
(भाषा कार्य-निर्देशानुसार उत्तर दीजिए।)
(i) वृहत्तर: इत्यस्मिन् पदे क: प्रत्यय: अस्ति।
(अ) तमप् (ब) तरप्
(स) शतृ (द) शानच्

(ii) 'त्रिमुनीय' इत्यस्मिन् पदे क: समास: अस्ति।
(अ) द्विगु समास: (ब) द्वन्द्व समास:
(स) बहुव्रीहि: समास: (द) अव्ययी भाव:

(iii) योगविद्याम् इत्यस्मिन् विशेषणं पदं किमस्ति?
(अ) योग: (ब) विधाम्
(स) अपि (द) प्रवर्तक:

(iv) अञ्जल्याम् अत्यत्र का विभक्ति:?
(अ) प्रथमा (ब) तृतीया
(स) पंचमी (द) सप्तमी

उत्तराणि

I. (i) (स) वृहत्तर भारत (ii) (स) हिन्दुकुश:
(iii) (स) तक्षशिला (iv) (ब) वार्तिक:

II. (i) महर्षि पतञ्जलि भगवान् शेष नागस्य अवतार: आसीत्।
(ii) तक्षशिला विश्वविद्यालयं हिन्दुकुश पर्वतस्य उपत्यकायां आसीत्।

III. (i) (ब) तरप् (ii) (अ) द्विगु समास:
(iii) (अ) योग: (iv) (द) सप्तमी

अभ्यास प्रश्नाः

बहुविकल्पीय एवं वर्णनात्मक प्रश्नों सहित

• अधोलिखितम् अनुच्छेदान् पठित्वा प्रदत्त-प्रश्नानाम् उत्तराणि लिखत। (निम्नलिखित अनुच्छेदों को पढ़कर दिए गए प्रश्नों के उत्तर लिखिए।)

1. उत्तमः छात्रः प्रतिदिनं समये विद्यालयं गच्छति। सः तत्र गुरुजनानां आदरं करोति। उत्तमः छात्रः अनुशासने तिष्ठति। सः कदापि कलहं न करोति। सः पठने आलस्यं न करोति। तस्य स्वभावः सरलः मधुरः च भवति। सः श्रेष्ठगुणान् स्वीकरोति।

I. एकपदेन उत्तरत। (एक शब्द में उत्तर दीजिए।)

(i) उत्तमः छात्रः प्रतिदिनं समये कुत्र गच्छति?

(ii) सः तत्र केषां आदरं करोति?

(iii) सः कदापि किं न करोति?

(iv) सः पठने ······ न करोति।
(अ) आलस्यं (ब) कर्त्तव्यं
(स) पाठानं (द) साधनं

II. पूर्णवाक्येन उत्तरत। (पूर्ण वाक्य में उत्तर दीजिए।)

(i) उत्तम छात्रस्य स्वभावः कीदृशः भवति?

(ii) कः श्रेष्ठगुणान् स्वीकरोति?

III. भाषाकार्यं निर्देशानुसारम् उत्तरत। (भाषा कार्य-निर्देशानुसार उत्तर दीजिए।)

(i) 'भवति' इत्यत्र कः लकारः?
(अ) लट् लकारः (ब) लोट् लकारः
(स) लङ् लकारः (द) लृट् लकारः

(ii) 'छात्रः' अत्र का विभक्तिः?
(अ) प्रथमा विभक्तिः (ब) द्वितीया
(स) तृतीया (द) चतुर्थी

(iii) 'उत्तमः छात्रः' अत्र विशेषण पदं किं अस्ति?
(अ) उत्तमः (ब) छात्रः
(स) उत्तमः छात्रः (द) न कोऽपि

(iv) 'कटु' पदस्य विलोम पदं गद्यांशे किम् अस्ति?
(अ) सरलः (ब) मधुरः (स) उत्तमः (द) कलहं

IV. अस्य गद्यांशस्य कृते उचितम् शीर्षकं लिखत। (इस गद्यांश के लिए उचित शीर्षक लिखिए।)

2. पिपासया आकुलः एकः काकः जलाशयम् अन्वेष्टुम् वने इतस्ततः अभ्रमत्। सः एकं घटम् अलभत्। तस्मिन् घटे स्वल्पं जलम् आसीत्। अतः जलं पातुम् असमर्थः अभवत्। अथ स एकम् उपायम् अचिन्तयत्। सः दूरात् पाषाण-खण्डानि आनीय घटे अधिक्षिपत् एवं क्रमेण जलम् उपरि समागच्छत्। सः च काकः जलं पीत्वा सुखम् अलभत्। उद्यमस्य प्रभावेण काकः सफलः अभवत्।

I. एकपदेन उत्तरत। (एक शब्द में उत्तर दीजिए।)

(i) पिपासया आकुलः कः इतस्ततः अभ्रमत्?

(ii) सः एकं किम् अलभत्?

(iii) घटे स्वल्पं किम् आसीत्?

(iv) जलं पीत्वा काकः किम् अलभत्?

II. पूर्णवाक्येन उत्तरत। (पूर्ण वाक्य में उत्तर दीजिए।)

(i) कस्य प्रभावेण काकः सफलः अभवत्?

(ii) सः काकः कानि आनीय घटे अधिक्षिपत् ?

III. भाषाकार्यं निर्देशानुसारम् उत्तरत। (भाषा कार्य-निर्देशानुसार उत्तर दीजिए।)

(i) 'तस्मिन्' अत्र का विभक्तिः?
(अ) सप्तमी (ब) षष्ठी (स) पञ्चमी (द) चतुर्थी

(ii) 'असफलः' इत्यस्य विलोमपदं गद्यांशे किम्?
(अ) सुखम् (ब) सफलः (स) काकः (द) जलं

(iii) 'अभवत्' इति पदम् कस्मिन लकारे अस्ति ?
(अ) लट् (ब) लोट् (स) लङ् (द) लृट्

(iv) 'सः एकं घटम् अलभत्' अस्मिन वाक्ये क्रिया-पदं किम् अस्ति?
(अ) सः (ब) एकं (स) घटम् (द) अलभत्

IV. अस्य गद्यांशस्य कृते उचितम् शीर्षकं लिखत। (इस गद्यांश के लिए उचित शीर्षक लिखिए।)

3. भारतीय-संस्कृतौ होलिकोत्सवस्य विशिष्टं महत्त्वं वर्तते। हिरण्यकशिपोः भगिन्याः होलिकायाः दहनेन अयम् उत्सवः सम्बद्धः अस्ति। सा देवस्य वरप्रभावेण अग्निना दग्धा न भवति स्म। अतएव हिरण्यकशिपोः निर्देशेन सा प्रह्लादम् अङ्के उपावेश्य अग्नौ उपविष्टवती। परंतु प्रह्लादस्य भक्त्या प्रसन्नो भूत्वा नारायणः प्रह्लादं रक्षितवान्। प्रज्वलितेन अग्निन्ना होलिका स्वयमेव दग्धाः।

I. एकपदेन उत्तरत। (एक शब्द में उत्तर दीजिए।)

(i) भारतीय संस्कृतौ कस्योत्सवस्य विशिष्टं महत्त्वं वर्तते?

(ii) सा कस्य वरप्रभावेण अग्निना दग्धा न भवति स्म?

(iii) प्रज्वलितेन अग्निना का स्वयमेव दग्धाः?

(iv) प्रह्लादस्य भक्त्या प्रसन्नो भूत्वा कः प्रह्लादं रक्षितवान्?

II. पूर्णवाक्येन उत्तरत। (पूर्णवाक्य में उत्तर दीजिए।)

(i) अयं उत्सवः केन सम्बद्धः आसीत्।

(ii) सा कम् अङ्के उपावेश्य अग्नौ उपविष्टवती?

III. भाषाकार्यं निर्देशानुसारम् उत्तरत। (भाषा कार्य-निर्देशानुसार उत्तर दीजिए।)

(i) 'सा' इत्यस्मिन् पदे लिङ्ग भवति?
(अ) स्त्रीलिङ्गम् (ब) पुल्लिङ्गम्
(स) नपुंसकलिङ्गम् (द) कोऽपि नास्ति

(ii) 'देवस्य' अत्र का विभक्ति?
(अ) पञ्चमी (ब) षष्ठी
(स) सप्तमी (द) चतुर्थी

(iii) 'प्रज्वलितेन अग्निना' अत्र विशेषण पदं किम् अस्ति?
(अ) प्रज्वलितेन (ब) अग्निना
(स) प्रज्वलितेन अग्निना (द) न कोऽपि

(iv) 'वर्तते' इति पदे कः लकारः अस्ति?
(अ) लट् (ब) लोट् (स) लृट् (द) लङ्

IV. अस्य गद्यांशस्य कृते उचितं शीर्षकं लिखत।
(इस गद्यांश का उचित शीर्षक लिखिए।)

4. पुरा उत्तानपादो नाम नृपः आसीत्। तस्य द्वे भार्ये आस्ताम्-सुनीतिः सुरुचिः च। सुनीतिः ज्यायसी पत्नी आसीत्, सुरुचिः तु कनीयसी। सुनीतेः सूनुः ध्रुवः सुरुचेस्तु उत्तमः। एकदा उत्तानपादः उत्तमम् अङ्के निधाय लालयन् आसीत्। यदृच्छया तत्रागतः ध्रुवोऽपि पितुः अङ्कम् आरोढुम् ऐच्छत्, परंतु सुरूचिः तं न्यवारयत्। सा सगर्वम् अवदत्-"कुमार! त्वं मम पुत्रः नासि। मम पुत्र एव नृपतेः अङ्कम् आरोढुम् अर्हति।" ततः ध्रुवः दृढं तपः कृत्वा भगवतः परमभक्तरूपेण संसारे प्रसिद्धः जातः।

I. एकपदेन उत्तरत। (एक शब्द में उत्तर दीजिए।)
(i) पुरा किं नाम नृपः आसीत्?
(ii) तस्य कति भार्ये आस्ताम्?
(iii) सुनीतेः सुतः कः आसीत्?
(iv) सुरुचेः सुतः आसीत्
(अ) उत्तमः (ब) ध्रुवः (स) उत्तानपादः (द)नृपः

II. पूर्णवाक्येन उत्तरत। (पूर्ण वाक्य में उत्तर दीजिए।)
(i) परमभक्तरूपेण संसारे कः प्रसिद्धः जातः?
(ii) उत्तानपादस्य ज्यायसी पत्नी का आसीत् ?

III. भाषाकार्यं निर्देशानुसारम् उत्तरत।
(भाषा कार्य-निर्देशानुसार उत्तर दीजिए।)
(i) 'जगति' इति पदस्य पर्यायपदं गद्यांशे किम् अस्ति।
(अ) संसारे (ब) तपः (स) ततः (द) पुत्रः
(ii) 'आसीत्' अत्र कः लकारः?
(अ) लट् (ब) लङ् (स) लृट् (द) लोट्
(iii) 'पुत्रः' इति पदस्य समानार्थकं पदं गद्यांशे किम् अस्ति?
(अ) नृपः (ब) भार्या (स) सूनुः (द) ध्रुवः
(iv) 'नासि' पदस्य संधि-विच्छेदम् किम् अस्ति?
(अ) ना + सि (ब) न + असि
(स) न + आसि (द) नस् + ई

IV. अस्य गद्यांशस्य कृते उचितं शीर्षकं लिखत।
(इस गद्यांश के लिए उचित शीर्षक लिखिए।)

5. उत्तरं कस्मिंश्चित् प्रदेशे काचित् नदी प्रवहति स्म। नदीतीरे कश्चन सन्यासी स्वशिष्यैः सह आश्रमं निर्माय वसति स्म। एकदा संन्यासी शिष्यैः सह नद्याः अपरं तीरं गन्तुम् एकां नौकाम् आरूढवान्। वेगेन प्रवहन्त्यां नद्याम् अकस्मात् एका अपरा नौका शिलायाः घट्टनेन निमग्ना अभवत्। तेन तस्यां नौकायां स्थिताः सर्वे जनाः मरणं प्राप्तवन्तः। संन्यासी अकथयत्-तस्यां नौकायां स्थितेषु कश्चित् दुष्टः आसीत् इति मन्ये। अतः ते सर्वे मरणं प्राप्तवन्तः।

I. एकपदेन उत्तरत। (एक शब्द में उत्तर दीजिए।)
(i) कस्मिंश्चित् प्रदेशे का प्रवहति स्म?
(ii) नदीतीरे कः वसति स्म?
(iii) एकदा संन्यासी कस्मिन् आरूढवान्?
(iv) वेगेन प्रवहन्त्यां नद्याम् अकस्मात् एक अपरा ...... शिलायाः घट्टनेन निमग्ना अभवत्।
(अ) नौका (ब) जनाः (स) सर्वे (द) ते

II. पूर्णवाक्येन उत्तरत। (पूर्णवाक्य में उत्तर दीजिए।)
(i) संन्यासी किम् अकथयत्?
(ii) कुत्र स्थिताः सर्वे जनाः मरणं प्राप्तवन्तः?

III. भाषा कार्यं निर्देशानुसारम् उत्तरत।
(भाषा कार्य-निर्देशानुसार उत्तर दीजिए।)
(i) 'अभवत्' अत्र कः लकारः?
(अ) लट् (ब) लृट् (स) लङ् (द) लोट्
(ii) 'तेन' अत्र का विभक्तिः?
(अ) तृतीया (ब) चतुर्थी
(स) पञ्चमी (द) षष्ठी
(iii) 'काचित-नदी' अत्र विशेष्य पदं किम् अस्ति?
(अ) का (ब) काचित्
(स) नदी (द) न कोऽपि
(iv) 'सर्वे मरणं प्राप्तवन्तः' अत्र क्रिया पदं किम् अस्ति?
(अ) ते (ब) सर्वे (स) मरणं (द) प्राप्तवन्तः

IV. अस्य गद्यांशस्य कृते उचितम् शीर्षकं लिखत।
(इस गद्यांश के लिए उचित शीर्षक लिखिए।)

6. भारतम् अस्माकं देशः अस्ति। एषः देशः अति विशालः। अत्र अनेकानि राज्यानि सन्ति। वयम् अत्र स्नेहेन निवसामः। वयं भारतदेशस्य रक्षायै सर्वस्वं यच्छामः भारतदेशः अस्माकं जन्मभूमिः। हिमालयः भारतस्य मुकुटमिव शोभते। समुद्रः अस्य चरणे प्रक्षालयति।

I. एकपदेन उत्तरत। (एक शब्द में उत्तर दीजिए।)
(i) अस्माकं देशस्य नाम किम्?
(ii) वयम् अत्र केन निवसामः?
(iii) भारतस्य मुकुटमिव कः शोभते?
(iv) अत्र अनेकानि ...... सन्ति।
(अ) स्नेहेन (ब) राज्यानि
(स) अत्र (द) वयं

II. पूर्णवाक्येन उत्तरत। (पूर्णवाक्य में उत्तर दीजिए।)
(i) समुद्रः कस्य चरणौ प्रक्षालयति?
(ii) वयं कस्य रक्षायै सर्वस्वं यच्छामः?

III. भाषाकार्यं निर्देशानुसारम् उत्तरत।
(भाषा कार्य-निर्देशानुसार उत्तर दीजिए।)
(i) 'वयम्' अत्र का विभक्तिः?
(अ) प्रथमा (ब) द्वितीया
(स) तृतीया (द) चतुर्थी
(ii) 'सन्ति' अत्र वचनम् अस्ति
(अ) एकवचनम् (ब) द्विवचनम्
(स) बहुवचनम् (द) न कोऽपि

(iii) 'समुद्रः अस्य चरणौ प्रक्षालयति' अस्मिन् वाक्ये कर्त्तृपदं किम् अस्ति?

(अ) समुद्रः (ब) अस्य

(स) चरणौ (द) प्रक्षालयति

(iv) 'निवसामः' इति पदे मूल धातुः का अस्ति?

(अ) नि (ब) वस्

(स) नि + वस् (द) अस्

IV. अस्य गद्यांशस्य कृते उचितम् शीर्षकं लिखत।

(इस गद्यांश के लिए उचित शीर्षक लिखिए।)

7. भारतस्य उत्तरस्यां दिशि पर्वतोनाम राजा हिमालयः स्थितः। एषः पर्वतराजः अपि कथ्यते। अस्य उन्तानि शिराणि अखिलविश्वे सर्वानपि पर्वतम् जयन्ति। अस्य उन्नतानि शिखराणि सदैव हिमैः आच्छादितानि भवन्ति अयं पर्वत राजः भारतस्य उत्तरस्यां दिशि सीम्नि प्रहरीव शत्रुभ्यः वयं सततं रक्षन्ति। अस्य उपत्यकासु सुदीर्घाः वनराजयोः सन्ति। अस्य उपकायां विद्यमानः कश्मीर देशः स्वकीयाभिः सुषमाभिः भू स्वर्गः इति संज्ञया अभिहितः भवति। अस्य पूर्वस्यां दिशि स्थितः किन्नरः देशोनाम् देव भूमिः नाम्ना प्राचीन साहित्ये प्रसिद्धः आसीत्।

I. एकपदेन उत्तरत। (एक शब्द में उत्तर दीजिए।)

(i) पर्वतानां राजा कः अस्ति?

(अ) विंध्यः (ब) हिमालयः

(स) अरावली (द) सतपुडा

(ii) पर्वतानां राजा भारतस्य कस्यां दिशि वर्तते?

(अ) पूर्वस्यां (ब) उत्तरस्यां

(स) दक्षिणस्यां (द) पूर्वोत्तरस्यां

(iii) अस्य पर्वतस्य शिखराणि कैः आच्छादितानि सन्ति?

(अ) जलैः (ब) सिकतव्यैः

(स) हिमैः (द) लवणैः

(iv) अयं पर्वतः कया संज्ञया अभिहितः भवति?

(अ) पर्वतराजः (ब) किन्नरराजः

(स) गन्धर्वराजः (द) भू-स्वर्गः

II. पूर्णवाक्येन उत्तरत। (पूर्णवाक्य में उत्तर दीजिए।)

(i) अस्य उपत्यकासु काः सन्ति?

(ii) कश्मीर देशः कीदृशः अस्ति?

III. भाषाकार्यं निर्देशानुसारम् उत्तरत।

(भाषा कार्य-निर्देशानुसार उत्तर दीजिए।)

(i) कथ्यते इत्यत्र कः लकारः वर्तते?

(अ) लङ् लकारः (ब) लट् लकारः

(स) लोट् लकारः (द) लृट् लकारः

(ii) उन्नतानि शिखराणि इत्यस्मिन् विशेष्य पदं किमस्ति?

(अ) उन्नतानि (ब) शिखराणि

(स) उन्नतानि शिखराणि (द) इत्यस्मिन्

(iii) उत्तरस्यां दिशि इत्यत्र का विभक्तिरस्ति?

(अ) प्रथमा

(ब) द्वितीया

(स) तृतीया

(द) सप्तमी

(iv) पर्वतोनाम राजा हिमालयः स्थितः इत्यस्मिन् वाक्ये कर्तृ पदं कः अस्ति?

(अ) पर्वतः (ब) राजा (स) हिमालयः (द) स्थितः

IV. अस्य गद्यांशस्य कृते उचितं शीर्षकं लिखत।

(इस गद्यांश का उचित शीर्षक लिखिए।)

8. अस्माकं देशः भारतः। अयं विविध धर्मभाषावलम्बिनां जनानांवास-स्थानं राष्ट्रं भवति, परन्तु धर्म भाषा-वैविध्येऽपि एकस्मिन् राष्ट्रे वसन्तः बहवः जनाः अभिन्नाः एव भवन्ति, यथा एकस्मिन् गृहे वसन्तः बहवः जनाः पृथक वस्त्राभूषणानि धारयन्ति। पृथके व चिन्तयन्ति च परं मूलतः ते एकस्यैव गृहस्यैव अंगानि भवन्ति अतः अभिन्नाः एव तिष्ठन्ति। एवमेव स्वराष्ट्रे वसन्तः पृथक् भाषा भाषिणः पृथक् धर्मावलम्बिनः पृथक् विचारानुयायिनः सन्तः अपि अभिन्ना एव तिष्ठन्ति। यतो हि भारत अस्माकं राष्ट्रं वयं च अस्य राष्ट्रस्य नायकाः। राष्ट्रं यदि सुरक्षितं अस्ति तर्हि वयमपि निस्सन्देहः सुरक्षिताः, राष्ट्रं यदि विकसितं तर्हि अस्माकमपि विकासः सुनिश्चितः एव। अतः अस्माकं सर्वेषां भारतीयानां इदं प्रथमं कर्त्तव्यम् अस्ति यद् राष्ट्रियैक्यस्य बाधकानि तत्त्वानि निवारए राष्ट्रियाम् एकतां च पोषयेम।

I. एकपदेन उत्तरत। (एक शब्द में उत्तर दीजिए।)

(i) विविध जनानां देशः कः?

(अ) भारतः (ब) नेपालः (स) भूटानः (द) तिब्बतः

(ii) भारते के भाषाः सन्ति?

(अ) एकः (ब) दौ (स) त्रयः (द) विविधाः

(iii) विविध धर्मावलम्बिनां कुत्र वसन्ति?

(अ) नेपाले (ब) भूटाने (स) भारते (द) तिब्बते

(iv) भारत राष्ट्रस्य वयं के सन्ति?

(अ) राष्ट्रनायकः (ब) स्वेवकाः

(स) भक्ताः (द) नेटारः

II. पूर्णवाक्येन उत्तरत। (पूर्णवाक्य में उत्तर दीजिए।)

(i) भारते कीदृशः जनाः वसन्ति?

(ii) अस्माकं विकासः कदा भविष्यति?

III. भाषाकार्यं निर्देशानुसारम् उत्तरत।

(भाषा कार्य-निर्देशानुसार उत्तर दीजिए।)

(i) अस्माकं बहवः जनाः वसन्ति। अस्मिन् वाक्ये विशेषणं पदं किम् अस्ति?

(अ) बहवः (ब) जनाः (स) वसन्ति (द) अस्माकं

(ii) एवमेव राष्ट्रे वसन्तः इत्यत्रे अव्ययपदं चित्वा लिखत।

(अ) एवम् (ब) एव (स) राष्ट्रे (द) वसन्तः

(iii) गृहस्यैव अस्मिन् का सन्धि?

(अ) वृद्धि सन्धि (ब) यण् सन्धि

(स) स्वर सन्धि (द) गुण सन्धि

(iv) अभिन्नाः एव तिष्ठन्ति। इत्यत्र क्रिया पदे कः लकारः अस्ति?

(अ) लृट् लकारः (ब) लोट् लकारः

(स) लङ् लकारः (द) लट् लकारः

IV. अस्य गद्यांशस्य कृते उचितं शीर्षकं लिखत।

(इस गद्यांश का उचित शीर्षक लिखिए।)

उत्तराणि

1. I. (i) विद्यालयं (ii) गुरुजनानां
(iii) कलहं (iv) आलस्यं

II. (i) उत्तमः छात्रस्य स्वभावः सरलः मधुरः च भवति।
(ii) उत्तमः छात्रः श्रेष्ठ गुणान् स्वीकरोति।

III. (i) (अ) लट् लकारः (ii) (अ) प्रथमा
(iii) (क) उत्तमः (iv) (ब) मधुरः

IV. उत्तमः छात्रः

2. I. (i) एकः काकः (ii) घटम्
(iii) जलम् (iv) सुखम्

II. (i) उद्यमस्य प्रभावेण काकः सफलः अभवत्।
(ii) सः काकः पाषाण-खण्डानि आनीय घटे अधिक्षिपत्।

III. (i) (अ) सप्तमी (ii) (ब) सफलः
(iii) (स) लङ् (iv) (द) अलभत्

IV. उद्यमस्य प्रभावः।

3. I. (i) होलिकोत्सवस्य (ii) देवस्य
(iii) होलिका (iv) नारायणः

II. (i) अयं उत्सवः होलिकायाः दहनेन सम्बद्धः आसीत्।
(ii) सा प्रह्लादम् अङ्के उपावेश्य अग्नौ उपविष्टवती।

III. (i) (अ) स्त्रीः लिङ्गम् (ii) (ब) षष्ठी
(iii) (अ) प्रज्वलितेन (iv) (अ) लट्

IV. होलिका-उत्सवस्य महत्त्वम्।

4. I. (i) उत्तानपादः (ii) द्वे
(iii) ध्रुवः (iv) (अ) उत्तमः

II. (i) 'परमभक्तरूपेण संसारे ध्रुवः प्रसिद्धः जातः।
(ii) उत्तानपादस्य ज्यायसी पत्नी सुनीतिः आसीत्।

III. (i) (अ) संसारे (ii) (ब) लङ्
(iii) (स) सूनुः (iv) (ब) न + असि

IV. भक्तः ध्रुवः।

5. I. (i) काचित् नदी (ii) कश्चन संन्यासी
(iii) नौकाम् (iv) (अ) नौका

II. (i) संन्यासी अकथयत्-तस्यां नौकायां स्थितेषु कश्चित् दुष्टः आसीत् इति मन्ये अतः ते सर्वे मरणं प्राप्तवन्तः।
(ii) नौकायां स्थिताः सर्वे जनाः मरणं प्राप्तवन्तः।

III. (i) (स) लङ् (ii) (अ) तृतीया
(iii) (स) नदी (iv) (द) प्राप्तवन्तः

IV. माधोः आस्था।

6. I. (i) भारतम् (ii) स्नेहेन
(iii) हिमालयः (iv) (ब) राज्यानि

II. (i) समुद्रः भारतस्य चरणौ प्रक्षालयति।
(ii) वयं भारतदेशस्य रक्षायै सर्वस्वं यच्छामः।

III. (i) (अ) प्रथमा (ii) (स) बहुवचनम्
(iii) (अ) समुद्रः (iv) (स) नि + वस्

IV. अस्माकम् देश 'भारतम्।'

7. I. (i) (ब) हिमालयः (ii) (ब) उत्तरस्यां
(iii) (स) हिमैः (iv) (द) भू-स्वर्गः

II. (i) अस्य उपत्यकासु वनराज्यः सन्ति।
(ii) कश्मीर देशः भू-स्वर्गः अस्ति।

III. (i) (ब) लट्लकारः (ii) (ब) शिखराणि
(iii) (द) सप्तमी (iv) (स) हिमालयः

IV. पर्वतराजः हिमालयः।

8. I. (i) (अ) भारतः (ii) (द) विविधाः
(iii) (स) भारते (iv) (अ) राष्ट्रनायकः

II. (i) भारते विविधाः जनाः वसन्ति।
(ii) अस्माकं विकासः तदा भविष्यति यदा राष्ट्रस्य विकासः भविष्यति।

III. (i) (अ) बहवः (ii) (ब) एव
(iii) (अ) वृद्धि सन्धि (iv) (द) लट् लकारः

IV. राष्ट्रीय एकता।

खंड 'ख' लेखनम्

चित्रवर्णनम्

अध्याय 1

चित्रवर्णन का आशय दिए गए चित्र में विशेष या महत्त्वपूर्ण कारकों की व्याख्या करना है। चित्रवर्णन के अंतर्गत किसी विशेष स्थान, व्यक्ति तथा शीर्षक से संबंधित चित्र दिए जाते हैं। जिनका सामान्यत: चार या पाँच वाक्यों में वर्णन करना होता है।

चित्रवर्णन करते समय ध्यान रखने योग्य बातें

- दिए गए चित्र को भली-भाँति देख लेना चाहिए, जिससे चित्र में स्थित प्रत्येक बिंदु ठीक-ठीक समझ में आ जाए।
- चित्र के साथ दी गई **शब्द-सूची** को भी ध्यानपूर्वक पढ़ना चाहिए और चित्र के वर्णन से मिलान करना चाहिए।
- मञ्जूषा में दिए गए शब्दों में आवश्यकतानुसार लिङ्ग, वचन, पुरुष, विभक्ति आदि में परिवर्तन किया जा सकता है।
- वाक्य लिखते समय सरल व शुद्ध भाषा का प्रयोग करना चाहिए।
- वाक्य सरल, लघु तथा एक-दूसरे से संबंधित होने चाहिए।
- एक प्रकार का ही **भाव** अथवा **विचार** प्रस्तुत करना चाहिए।
- भूमिका अथवा उपसंहार कभी भी नहीं लिखना चाहिए।

साधित उदाहरणम्

1. दृष्ट्वा संस्कृत पदं लिखत। (प्रत्येक चित्र देखकर संस्कृत पद लिखिए।)

(i) ....

(ii) ....

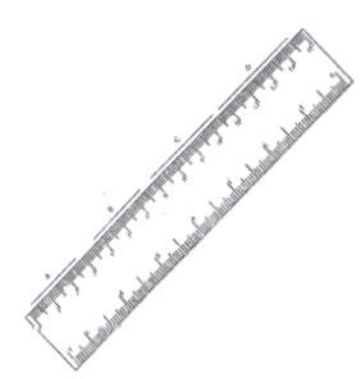

(iii) ....

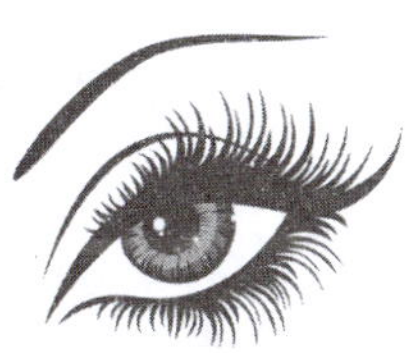

(iv) ....

(v) ....

उत्तराणि

(i) लेखनी (ii) बालिका
(iii) मापिका (iv) नयनम्
(v) माला

2. **चित्रं पश्यत। मञ्जूषायाः शब्दसहाय्येन चतुर्षु वाक्येषु चित्र वर्णनं कुरुत। (चित्र को देखिए। मञ्जूषा के शब्दों की सहायता से चार वाक्यों में चित्र का वर्णन कीजिए।)**

- **मञ्जूषा** उद्याने, भ्रमन्ति, जनाः, बालकाः, क्रीडन्ति, पादकन्दुकेन, विकसन्ति, पुष्पाणि, खगाः, वृक्षेषु, तिष्ठन्ति।

उत्तराणि

(i) उद्याने जनाः भ्रमन्ति। (ii) बालकाः पादकन्दुकेन क्रीडन्ति।
(iii) पुष्पाणि विकसन्ति। (iv) वृक्षेषु खगाः तिष्ठन्ति।

3. **चित्रं पश्यत। मञ्जूषायाः शब्दसहाय्येन चतुर्षु वाक्येषु चित्र वर्णनं कुरुत। (चित्र को देखिए और मञ्जूषा के शब्दों की सहायता से चार वाक्यों में चित्र का वर्णन कीजिए।)**

- **मञ्जूषा** छात्रान्, शिक्षकः, पाठयन्ति, पठन्ति, पुस्तकं, छात्राः, भितौ, मानचित्रं, बालकः, दृश्यते, बालिका, कुर्वन्ति, गृहकार्यं।

उत्तराणि

(i) एकः शिक्षकः छात्रान् पाठयति।
(ii) छात्राः पुस्तकं पठन्ति।
(iii) भितौ एकं मानचित्रं दृश्यते।
(iv) बालकः बालिका च गृहकार्यं कुर्वन्ति।

अभ्यास प्रश्नाः

निर्देशानुसार चित्रों का वर्णन

1. **दत्तं चित्रं दृष्ट्वा संस्कृतभाषायां तेषाम् नामानि लिखत। (दिए गए चित्र को देखकर उनका नाम संस्कृत पद लिखिए।)**

(i) ....

(ii) ....

(iii) ....

(iv) ....

2. **(क) दत्तं चित्रं दृष्ट्वा संस्कृतभाषायां तेषाम् नामानि लिखत। (दिए गए चित्र को देखकर उनका नाम संस्कृत पद लिखिए।)**

(i) ....

(ii) ....

(iii) ....

(iv) ....

(ख)

(i) ....

(ii) ....

(iii) ....

(iv) ....

(v) ....

(vi) ....

3. चित्रस्य अधः दत्तं शब्दं पठित्वा तत्संबंधितपदं चित्रस्य समक्षं लिखत।
(चित्र के नीचे दिए गए शब्दों से चित्र से संबंधित संस्कृत पद चित्र के सामने लिखिए।)

(i)  ....

(चटका, लता, पिपीलिकाः)

(ii)  ....

(कुञ्जिका, सूचिका, मापिका)

(iii)  ....

(उत्पीठिका, वीणा, घटिका)

(iv) 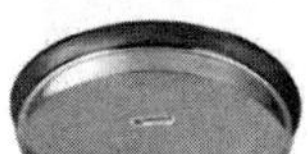 ....

(चषकः, स्थालिका, दोला)

(v)  ....

(कृषकः, छात्रा, अश्वः)

4. चित्रं पश्य पृच्छानि प्रश्नानि च उत्तरत।
(चित्र को देखिए और पूछे गए प्रश्नों के उत्तर दीजिए।)

(i) एतत् किम् अस्ति?

....

(ii) किम् इदम् सेवम् अस्ति?

....

(iii) इदम् किम् अस्ति?

....

(iv) हरिणौ किं कुरुतः?

....

(v) एषः कः अस्ति?

....

5. एकेन वाक्येन प्रत्येकं चित्रं वर्णयत।
(एक वाक्य में प्रत्येक चित्र का वर्णन कीजिए।)

(क)

....

(ख)

....

(ग)

....

(घ)

....

(ङ)

....

(च)

....

6. मञ्जूषातः उचितं पदम् आदाय चित्र वर्णनं पूरयत।
(मञ्जूषा से उचित पद लेकर चित्र वर्णन पूरा कीजिए।)

(i) एषा का अस्ति?
एषा ...... अस्ति।

(ii) सा किम् करोति?
सा ...... करोति।

(iii) सा कम् नमति?
सा ...... नमति।

(iv) सा कथम् नमति?
सा ...... नमति।

- **मञ्जूषा** हस्ताभ्याम् नमति, बालिका, ईश्वर

7. प्रदत्तं चित्रं दृष्ट्वा मञ्जूषायां प्रदत्तशब्दानां सहायतया चत्वारिवाक्यानि संस्कृतेन लिखत।
(नीचे दिए गए चित्र को देखकर मञ्जूषा में दिए गए शब्दों की सहायता से चार वाक्य संस्कृत में लिखिए।)

- **मञ्जूषा** सिंहः, वनराजः, तिष्ठति, गजः, विशालकायः, अस्ति, अत्र, हरिणः, भल्लूकः, जन्तवः, व्याघ्रः, पशवः, निवसन्ति, प्रेम्णा।

8. प्रदत्तं चित्रं दृष्ट्वा मञ्जूषायां प्रदत्तशब्दानां सहायतया चत्वारिवाक्यानि संस्कृतेन लिखत।
(नीचे दिए गए चित्र को देखकर मञ्जूषा में दिए गए शब्दों की सहायता से चार वाक्य संस्कृत में लिखिए।)

- **मञ्जूषा** भवनम्, विशाल, केचन्, छात्राः, बालकाः, तरन्ति, क्रीडन्ति, कन्दुकेन, तरणताले, पुस्तकालयः सन्ति, अस्ति।

9. प्रदत्तं चित्रं दृष्ट्वा मञ्जूषायां प्रदत्तशब्दानां सहायतया चत्वारवाक्यानि संस्कृतेन लिखत।
(नीचे दिए गए चित्र को देखकर मञ्जूषा में दिए गए शब्दों की सहायता से चार वाक्य संस्कृत में लिखिए।)

- **मञ्जूषा** प्रातःकाले, उदेति, सूर्य, वातावरणं, शुद्धं, भवति, जनाः, भ्रमन्ति, क्रीडन्ति, बालकाः।

उत्तराणि

1. (i) उलूक: (ii) हंस
(iii) छत्रम् (iv) कर वस्त्रम्

2. (क) (i) गज: (ii) चटका
(iii) विड़ाल: (iv) अग्निपेटिका
(ख) (i) वीणा (ii) मण्डूक:
(iii) पर्यङ्क: (iv) सङ्गणक
(v) नारिकेल (vi) द्विचक्रिका

3. (i) पिपीलिका (ii) कुञ्जिका
(iii) घटिका (iv) स्थालिका
(v) कृषक:

4. (i) एतत रेलयानम् अस्ति।
(ii) इदम् सेवम् अस्ति।
(iii) इदम् पादकन्दुकम् अस्ति।
(iv) हरिणौ धावत: कूर्दत: च।
(v) एष: सैनिक: अस्ति।

5. (क) महिला गच्छति। (ख) शिक्षिका पाठयति।
(ग) बालक: पुस्तकं पठति। (घ) अजा चरति।
(ङ) महिले पचत:। (च) बालिका पिबति।

6. (i) बालिका, (ii) नमति,
(iii) ईश्वरं, (iv) हस्ताभ्याम्

7. (i) वनराज सिंह: सिंहासने तिष्ठति।
(ii) एक: विशालकाय: गज: अपि अस्ति।
(iii) अत्र भल्लूक: हरिण:, व्याघ्र:, शृगालादय:, पशव: सन्ति।
(iv) सर्वे जन्तव: वने प्रेम्णा निवसन्ति।

8. (i) चित्रे एकं विशाल भवनम् अस्ति।
(ii) केचन् बालका: कन्दुकेन क्रीडन्ति।
(iii) केचन छात्रा: तरणताले तरन्ति।
(iv) अत्र एक: पुस्तकालय: अपि दृश्यते।

9. (i) प्रात: काले सूर्य उदेति।
(ii) प्रात: कालस्य वातावरणं शुद्धं भवति।
(iii) जना: प्रात: काले भ्रमन्ति।
(iv) बालका: क्रीडन्ति।

अध्याय 2

पत्र-लेखनम्

पत्र लेखन का उपयोग हम अपने दैनिक जीवन के विचारों एवं भावों को अभिव्यक्त करने के लिए करते हैं। हमारे द्वारा अपने सगे-संबंधियों, पदाधिकारियों, मित्रों, संपादको आदि को अपने विचारों से लिखित रूप में अवगत कराना पत्र लेखन कहलाता है। पत्र लेखन लोगों को समाज से जोड़कर रखता है।

पत्र के प्रकार

पत्र सामान्यत: दो प्रकार के होते हैं

1. औपचारिक पत्र
2. अनौपचारिक पत्र

पत्र लेखन करते समय ध्यान देने योग्य बातें

- पत्र लिखते समय लिखने वाले तथा पत्र प्राप्त करने वाले का **नाम** व **पता**, **दिनांक** के साथ लिखा जाना चाहिए।
- पत्र का **विषय स्पष्ट** होना चाहिए। अनावश्यक बातों को पत्र में नहीं लिखना चाहिए।
- पत्र लिखते समय क्रमबद्धता का विशेष ध्यान दिया जाना चाहिए।
- पत्र का आकार संक्षिप्त होना चाहिए तथा विषय के अनुकूल होना चाहिए। कम शब्दों में अधिक बात कहने की कोशिश करनी चाहिए।
- पत्र की भाषा सरल, सामान्य, मधुर एवं आदर सूचक एवं शुद्ध होनी चाहिए।
- पत्र अधूरा नहीं होना चाहिए। पत्र को इस प्रकार समाप्त किया जाना चाहिए कि पत्र का संदेश स्पष्ट हो सके।

साधित उदाहरणम्

औपचारिक पत्रम्

1. **भवतः नाम कपिलः अस्ति। अद्यत्वे शीतऋतु अस्ति। अत्यधिकं शैत्ये अध्ययनं न भवति। अस्मिन्-विषये स्व प्रधानाचार्यं विद्यालयस्य समय परिवर्तनं हेतु प्रार्थना-पत्रं लिखत।**

(आपका नाम कपिल है। आजकल शीत ऋतु है। ठंड बढ़ने से अध्ययन नहीं होता है। इसलिए विद्यालय का समय परिवर्तन करने के लिए प्रधानाध्यापक को पत्र लिखिए।)

परीक्षा भवनात्,
नवदिल्लीतः।
दिनाङ्क ....

सेवायाम्,
आत्मीय विद्यापीठम्,
जयपुरः।

विषयः अत्यधिक शैत्ये विद्यालयस्य समय परिवर्तनं हेतु प्रार्थना-पत्रम्।

महोदय:,

सविनयम् (i) ···· अस्ति यत् (ii)···· ऋतु: (iii) ···· अत्यधिकं (iv)····। अतएव सर्वेछात्रा: (v) ···· अनुभवन्ति। अत: निवेदनम् (vi)····। यत् अस्माकं (vii)···· समय परिवर्तनं कृत्वा (viii)···· कृपां कुरु।

भवात्मक: शिष्य:

कपिल शर्मा

षष्ठ ब

- **मञ्जूषा** शैत्यं, निवेदनम्, अद्यत्वे, कष्टं, भवति, महती, अस्ति, विद्यालयस्य।

उत्तराणि

(i) निवेदनम् (ii) अद्यत्वे (iii) शैत्यं
(iv) भवति (v) कष्टं (vi) अस्ति
(vii) विद्यालयस्य (viii) महती

अनौपचारिक पत्रम्

2. **भवान् अस्ति आलोक गुप्ता। भवान् स्वअनुजं छात्रावासे प्रवसति। छात्रावासत: समयस्य सदुपयोगार्थं स्वनुजं पत्रम् लिखत।**
(आप आलोक गुप्ता हैं। आप छात्रावास में रहते हैं छात्रवास से अपने छोटे भाई को समय का सदुपयोग करने के लिए पत्र लिखिए।)

परीक्षा भवनात्,

मेरठत:।

दिनाङ्क: ············

प्रिय अनुज:,

शुभाशीष:!

अहं (i)·······। भवत: कुशलार्थं (ii)······· प्रार्थनां करोमि। भवान् अधुना (iii)······· कक्षायाम् पठति। एष: हर्षस्य विषयोऽस्ति। (iv)······· सदैव समयस्य सुदपयोगं (v)·······। अग्रिमे जनवरी मासे (vi)······· आगमिष्यामि। त्वं परिश्रमं (vii)······· वार्षिक परीक्षायाम् सर्वोच्च स्थानं (viii)······· इयम् में शुभकामना।

भवात्मक:

अग्रज:

आलोक गुप्ता

- **मञ्जूषा** कुरु, सदैव, लभ्, त्वया, कुशलोऽस्मि, कर्त्तव्यम्, अहमपि, पञ्चम्याम्।

उत्तराणि

(i) कुशलोऽस्मि (ii) सदैव (iii) पञ्चम्याम्
(iv) त्वया (v) कर्त्तव्यम् (vi) अहमपि
(vii) कुरु (viii) लभ्

अभ्यास प्रश्ना:

मञ्जूषा की सहायता से पत्र (औपचारिक व अनौपचारिक) लेखन

औपचारिक पत्रम्

1. **भवान् रमेश: अस्ति। गृहे आवश्यक कार्याय दिन द्वयस्य अवकाशार्थं प्रधानाध्यापक: प्रति प्रार्थना-पत्रं लिखत।**
(आपका नाम रमेश है। घर पर आवश्यक कार्य हेतु दो दिन के अवकाश के लिए प्रधानाध्यापक महोदय को पत्र लिखिए।)

परीक्षा भवनात्,

कानपुर:।

दिनाङ्क: ············

सेवायाम्,
श्रीमंत: प्रधानाध्यापकमहोदय:,
भारती उच्च माध्यमिक: विद्यालय:,

जयपुरम्।

विषय: आवश्यक कार्य हेतु आकस्मिक अवकाशाय प्रार्थना-पत्रम्।

महोदय:,

(i) ···· निवेदनमस्ति यत् मम गृहे (ii) ······· कार्यमस्ति। अतोऽहं (iii) ······ आगन्तुं न शक्नोमि। अत: दिनांङ्क 1-1-······· त: 2-1-20····· पर्यन्तं दिनद्वयस्य (iv) ······ प्रदेय मामनुग्रहीष्यन्ति।

(v) ········

आज्ञाकारी शिष्य:

रमेश:

कक्षा-षष्ठम्

- **मञ्जूषा** भवताम्, अवकाशं, विद्यालये, अत्यावश्यकं, सविनयं।

2. भवान् राजशेखरः। भवान् षष्ठं कक्षायां पठति रुग्णता कारणात् दिन त्रयस्य अवकाशाय प्रधानाध्यापकः महोदयं प्रति पत्रं लिखत।

(आपका नाम राजशेखर है। आप छठी कक्षा में पढ़ते हैं। बीमारी के कारण तीन दिन के अवकाश के लिए प्रधानाध्यापक महोदय को प्रार्थना-पत्र लिखिए।)

परीक्षा भवनात्,
अजयमेरु।

दिनाङ्क ....

सेवायाम्,
श्रीमंतः प्रधानाध्यापकमहोदयः,
राजकीय उच्च माध्यमिक विद्यालयः,
अजयमेरु नगरम्।

विषयः अस्वस्थेन आकस्मिक अवकाशाय प्रार्थना-पत्रम्।

महोदयः,

सविनयं निवेदनमस्ति यत् अहं (i) ...... रुग्णोऽस्मि अतः विद्यालये (ii) ...... न शक्नोमि। अस्मात् (iii) ...... दिनाङ्क 5-1-20...... तः 7-1-20..... पर्यन्तं (iv) ...... अवकाशं दत्त्वा कृतार्थयन्तु भवन्तः।

भवताम् (v) ......
शिष्यः
राजशेखरः
कक्षा-षष्ठम्

- **मञ्जूषा** आज्ञापालकः, दिनत्रयस्य, कारणात्, आगन्तुं, ज्वरपीड़या।

3. भवान् दिवाकरः। भवतः भ्रातुः विवाहः अस्ति। अस्मात् कारणात् दिवसत्रयस्य अवकाशाय प्रधानाध्यापकं महोदयं प्रति प्रार्थना-पत्रं लिखत।

(आपका नाम दिवाकर है। आपके भाई का विवाह है। इसलिए तीन दिन का अवकाश प्राप्त करने के लिए प्रधानाध्यापक महोदय को प्रार्थना-पत्र लिखिए।)

परीक्षा भवनात्,
आगरातः।

दिनाङ्कः ....

सेवायाम्,
श्रीमंतः प्रधानाध्यापकमहोदयः,
बाल भारती पब्लिक स्कूलः,
आगरा नगरम्।

विषयः भ्रातुः विवाहे सम्मिलितार्थं अवकाशाय प्रार्थना-पत्रम्।

महोदयः,

सविनयं निवेदनमस्ति यत् मम (i) ...... विवाहः 14-1-20.... दिनाङ्क भविष्यति। अस्मात् (ii) ...... अहं विद्यालये (iii) ..... न शक्नोमि। अतः दिनाङ्कः 13-1-20..... तः 15-1-20.... पर्यन्तं दिनत्रयस्य (iv) ...... दत्त्वा माम अनुग्रहीष्यन्ति भवन्तः।

भवताम् आज्ञाकारी
(v) ....
सीता शर्मा
कक्षा-षष्ठम्

- **मञ्जूषा** शिष्या, अवकाशं, आगन्तुं, कारणात्, भ्रातुः।

4. भवान् मनीषः। भवान् षष्ठं कक्षायां पठति। भवान् स्वविद्यालयस्य क्रिकेट दलस्य कप्तानः अस्ति। निकट भविष्ये क्रिकेट प्रतियोगिता भविष्यति। एतत् कृते क्रीडासामग्री/खेलसामग्री निर्गतार्थं प्रधानाचार्यं प्रार्थना-पत्रं लिखत।

(आप मनीष हैं। आप कक्षा छहः में पढ़ते हैं। आप अपने विद्यालय की टीम के कप्तान हैं। निकट भविष्य में प्रतियोगिता होगी। इसलिए खेल सामग्री निर्गत कराने के लिए प्रधानाचार्य को पत्र लिखिए।)

परीक्षा भवनात्,
मेरठतः।

दिनाङ्कः ....

सेवायाम्,
प्रधानाचार्यः महोदयः,
मेरठ पब्लिक विद्यालयः,
मेरठः।

विषयः क्रीडा उपकरण निर्गतार्थम् प्रार्थना-पत्रम्।

महोदयः,

सविनयम् (i)...... अस्ति यत् निकटं (ii)...... अस्माकं विद्यालये क्रिकेट (iii)...... भविष्यति। (iv)...... पार्श्वे क्रीडन् सामग्री (v)......। अतएव (vi)...... भवतः प्रार्थनास्ति यत् अस्माकं क्रिकेट दलाय (vii)...... सामग्रीं व्यवस्था कृता। भवतः (viii)...... कृपा भविष्यति।

प्रार्थी
मनीषः
कक्षा-षष्ठम् अ

- **मञ्जूषा** महती, अस्माकं, भविष्ये, नास्ति, प्रतियोगिता, निवेदनम्, क्रीडन्, एतदर्थं।

अनौपचारिक पत्रम्

5. भवान् राकेशः नामधेयम्। भवतः मित्रं परीक्षायां प्रथमस्थानं प्राप्तवान्। एतदर्थं स्वमित्रं प्रति वर्धापन पत्रं लिखत।

(आपका नाम राकेश है। आपके मित्र ने परीक्षा में प्रथम स्थान प्राप्त किया है। इसलिए अपने मित्र को बधाई-पत्र लिखिए।)

वाराणसीतः

दिनाङ्कः ....

प्रिय मित्रम्,
सप्रेम (i) ....।

अद्यैव तव कुशल-पत्रं (ii) ....। एवं प्रथम श्रेण्यां (iii) ...... उत्तीर्ण स्वजनादि प्रथम स्थानम् अधिगतवान इति (iv) ...... विषयः। तव प्रयासः सर्वथा साधुवादाहिः (v) ...... मम प्रणांम निवेदय। शेष कुशलम्।

तव स्निग्धं मित्र
राकेशः

- **मञ्जूषा** स्वपितृभ्यां, हर्षस्य, परीक्षाम्, प्राप्तम्, नमस्कारः।

6. भवान् जयपुरतः राधेशर्मा अस्ति। स्व अध्ययनस्य वृत्तान्तं स्वपितरं दत्त्वा पितरं प्रति पत्रं लिखत।

(आप जयपुर से राधे शर्मा हैं। अपने अध्ययन के विषय में अपने पिता को बताते हुए पत्र लिखिए।)

रामनगर,

जयपुरम्।

दिनाङ्क ....

पूज्य (i) ......!

सादर वंदे!

अद्यैव भवतां पत्रं अधिगतम् अत्र मम (ii) ...... सम्यक् प्रवर्तते। विद्यालयस्य वातावरणं सर्वथा अनुकूलम्। अत्रत्याः (iii) ...... सप्रेमं पाठयन्ति मधुरं च व्यवहरन्ति। प्रथम मासिक (iv) ...... मम अङ्कलब्धिः सन्तोषप्रदा वर्तते। मातुः चरणाम्बुजयोः (v) ...... समर्पयामि।

भवतः आत्मजः

राधे शर्मा

- **मञ्जूषा** प्रणामाञ्जलिं, परीक्षायां, शिक्षकः, अध्ययनं, पितरः।

7. भवान् आदित्य विश्नोई अस्ति। भवान् नैनीतालस्य बिरला विद्या मन्दिर छात्रावासे निवसति। छात्रावासतः स्व मातरं पत्रं लिखत।

(आप आदित्य विश्नोई हैं। आप नैनीताल स्थित बिरला विद्या मन्दिर के छात्रावास में रहते हैं। छात्रावास से अपनी माता जी को पत्र लिखिए।)

परीक्षाभवनात्

नैनीतालतः

दिनाङ्कः ....

वन्दनीया मातरः

सादरः चरणः स्पर्शः!

अहम् सकुशलोऽस्मि। भवतः कुशलार्थम्। (i)...... प्रार्थयामि। गृहे सर्वान् जनान् (ii)...... अहं (iii)...... परिजनान् स्मरामि। पितरः कीदृशाः। माम् सर्वं (iv)...... प्रेष्यः श्वः अस्माकं विद्यालयस्य एका सरस्वती यात्रा योग नगरीं ऋषिकेशं (v)......। अहमपि तत्र गमिष्यामि अत्र शैत्यं अत्यधिकं भवति। मम् (vi)...... शीतकालीन (vii)....... नास्ति। कृपया मह्यम् कश्चित् धनराशि प्रेषय। येन अहं क्रेतुम् (viii)......। शेषः सर्वत्र कुशलाः सन्ति।

भवतः पुत्रः

आदित्यः विश्नोई

- **मञ्जूषा** गमिष्यति, कीदृशाः, सदैव, वृत्तान्तं, वस्त्राणि, सकाशे, ईश्वरं, शक्नुमः।

उत्तराणि

औपचारिक पत्रम्

1. (i) सविनयं (ii) अत्यावश्यकं (iii) विद्यालये (iv) अवकाशं (v) भवताम्

2. (i) ज्वरपीड़या (ii) आगन्तुं (iii) कारणात् (iv) दिनत्रयस्य (v) आज्ञापालकः

3. (i) भ्रातुः (ii) कारणात् (iii) आगन्तुं (iv) अवकाशं (v) शिष्या

4. (i) निवेदनम् (ii) भविष्ये (iii) प्रतियोगिता (iv) अस्माकं (v) नास्ति (vi) एतदर्थं (vii) क्रीडन् (viii) महती

अनौपचारिक पत्रम्

5. (i) नमस्कारः (ii) प्राप्तम् (iii) परीक्षाम् (iv) हर्षस्य (v) स्वपितृभ्यां

6. (i) पितरः (ii) अध्ययनं (iii) शिक्षकः (iv) परीक्षायां (v) प्रणामाञ्जलिं

7. (i) ईश्वरं (ii) कीदृशाः (iii) सदैव (iv) वृत्तातं (v) गमिष्यति (vi) सकाशे (vii) वस्त्राणि (viii) शक्नुमः

अध्याय 3

अनुच्छेद – लेखनम्

अनुच्छेद लेखन को लघु निबंध भी कहा जाता है। शब्द संख्या सीमित होने के कारण लिखते समय थोड़ी सावधानी बरतनी चाहिए। निबंध और अनुच्छेद लेखन में मुख्य अंतर यह है कि जहाँ निबंध में प्रत्येक बिंदु को अलग-अलग अनुच्छेद में लिखा जाता है, वहीं अनुच्छेद लेखन में एक ही पैराग्राफ में प्रस्तुत विषय को सीमित शब्दों में प्रस्तुत किया जाता है।

अनुच्छेद लेखन करते समय ध्यान रखने योग्य बातें

- अनुच्छेद पूर्ति में रिक्त स्थानों को मञ्जूषा की सहायता से भरना चाहिए।
- मञ्जूषा में दिए गए शब्दों को आवश्यकतानुसार **लिंग**, **वचन** और **लकार** में परिवर्तित करके लिखना चाहिए।
- मञ्जूषा के शब्दों को उनके उचित व सबसे सही स्थान पर ध्यानपूर्वक पढ़कर ही लिखना चाहिए।
- अनुच्छेद पूर्ति में रिक्त स्थानों की पूर्ति करने के पश्चात् एक बार पुनः अनुच्छेद को ध्यानपूर्वक पढ़ना चाहिए।

साधित उदाहरणम्

1. मञ्जूषाया सहायतया ''योगाभ्यास'' इति शीर्षकोपरि आधारितस्य अनुच्छेदस्य रिक्त स्थानानि पूरयत।

(मञ्जूषा की सहायता से ''योगाभ्यास'' विषय पर संस्कृत में अनुच्छेद लिखिए।)

मम पितामह (i) ……… सुहृ दः (ii)……… यत् प्रतिदिनं (iii)……… करोति। स कथयति (iv)……… योगात् (v)……… कार्याणि अपि कुर्तुं शक्नुं योगाभ्यासादेव अस्माकं जीवनः सफलः भवति। (vi)……… विद्यायां सर्वोकृष्ट व्यायामः अस्ति सूर्य नमस्कारः। (vii)……… द्वाद्वशाः स्थितयः भवन्ति। अयम् अस्मै अति लाभकारकः अस्ति। वयं प्रतिदिनं योगाभ्यासं (viii)………।

- **मञ्जूषा** अतीव, वयम्, कुर्याम्, अस्मिन्, अद्यापि लोकोत्तरः योगाभ्यासः।

उत्तराणि

(i) अतीव (ii) अद्यापि (iii) योगाभ्यासः
(iv) वयं (v) लोकोत्तरः (vi) एतस्मिन्
(vii) अस्मिन् (viii) कुर्याम

2. मञ्जूषायाः उचितपदैः ''मम विद्यालयः'' इति विषयम् अधिकृत्य संस्कृतेन अनुच्छेदं लिखत।

(मञ्जूषा के उचित पदों से ''मेरा विद्यालय'' इस विषय पर संस्कृत में अनुच्छेद लिखिए।)

- **मञ्जूषा** माध्यमिक, नगरस्य, षष्ठकक्षायां, विद्यालयः, राजकीय, प्रसिद्धश्च, विद्यालय।

उत्तराणि

(i) अयं मम विद्यालयः अस्ति।
(ii) मम विद्यालयस्य नाम राजकीय उच्च माध्यमिक विद्यालयः अस्ति।
(iii) अयं विद्यालयः आगरा नगरस्य मध्ये वर्तते।
(iv) मम विद्यालयः शोभनः प्रसिद्धश्च अस्ति।
(v) अहं षष्ठकक्षायां पठामि।

अभ्यास प्रश्नाः

मञ्जूषा की सहायता से अनुच्छेद लेखन

1. मञ्जूषायाः उचितपदैः "मम ग्रामं" इति विषयम् अधिकृत्य संस्कृतेन अनुच्छेदं लिखत।

(मञ्जूषा के उचित पदों से "मेरा गाँव" इस विषय पर संस्कृत में अनुच्छेद लिखिए।)

- **मञ्जूषा** कृषकाः, ग्रामस्य, ग्रामः, रमणीयः, चिकित्सालयः, पञ्चायत सरोवरः।

2. मञ्जूषायाः उचितपदैः "भारतदेशः" इति विषयम् अधिकृत्य संस्कृतेन अनुच्छेदं लिखत।

(मञ्जूषा के उचित पदों से "भारत देश" इस विषय पर संस्कृत में अनुच्छेद लिखिए।)

- **मञ्जूषा** भारतस्य, अस्माकं, विशालः, राज्यानि, अत्र, सर्वस्वं भारतदेशस्य।

3. मञ्जूषायाः उचितपदैः "परोपकारः" इति विषयम् अधिकृत्य संस्कृतेन अनुच्छेदं लिखत।

(मञ्जूषा के उचित पदों से "परोपकार" इस विषय पर संस्कृत में अनुच्छेद लिखिए।)

- **मञ्जूषा** पुण्याय, परोपकारः वृक्षाः, परोपकारेणैव, भवन्ति, संसारस्य।

4. मञ्जूषायाः उचितपदैः "विद्यायाः महत्त्वम्" इति विषयम् अधिकृत्य संस्कृतेन अनुच्छेदं लिखत।

(मञ्जूषा के उचित पदों से "विद्यालय का महत्त्व" इस विषय पर संस्कृत में अनुच्छेद लिखिए।)

- **मञ्जूषा** विद्याधनं, मनुष्यः, विद्याविहीनस्तु, प्रधानमस्ति, प्राप्नोति, साक्षात् कृतेऽपि, करोति।

5. मञ्जूषायाः उचितपदैः "धेनुः" इति विषयम् अधिकृत्य संस्कृतेन अनुच्छेदं लिखत।

(मञ्जूषा के उचित पदों से "धेनु (गाय)" इस विषय पर संस्कृत में अनुच्छेद लिखिए।)

- **मञ्जूषा** भारतदेशेः, मातरमिव, धेनूनां, विविधवर्णाः, सर्वाधिकं, पुष्टिकरं, धेनोः बलीवर्दाः।

6. मञ्जूषायाः उचितपदैः "संस्कृतभाषायाः महत्त्वम्" इति विषयम् अधिकृत्य संस्कृतेन अनुच्छेदं लिखत।

(मञ्जूषा के उचित पदों से "संस्कृत भाषा का महत्त्व" इस विषय पर संस्कृत में अनुच्छेद लिखिए।)

- **मञ्जूषा** संसारस्य, साहित्यं, संस्कृत भाषा, सर्वोत्तमा, लोकभाषा।

7. मञ्जूषायाः उचितपदैः "उद्यानम्" इति विषयम् अधिकृत्य संस्कृतेन अनुच्छेदं लिखत।

(मञ्जूषा के उचित पदों से "बगीचा" इस विषय पर संस्कृत में अनुच्छेद लिखिए।)

- **मञ्जूषा** उद्यानम्, पुष्पाणि, विशालाः सरोवरः, भ्रमणार्थं।

8. मञ्जूषायाः उचितपदैः "पुस्तकालयः" इति विषयम् अधिकृत्य संस्कृतेन अनुच्छेदं लिखत।

(मञ्जूषा के उचित पदों से "पुस्तकालय" इस विषय पर संस्कृत में अनुच्छेद लिखिए।)

- **मञ्जूषा** वर्णनं, अस्ति, केचन, पुस्तकानि, तूष्णीं, छात्राः, समाचारपत्राणि, अनेकानि, ग्रन्थाः, भूत्वा, स्थापिताः, सन्ति, अनेके, पुस्तकालये, अत्र, पठन्ति, इदं, पुस्कालयस्य, जनाः।

9. मञ्जूषायाः उचितपदैः "विद्यालयस्य उत्सवः" इति विषयम् अधिकृत्य संस्कृतेन अनुच्छेदं लिखत।

(मञ्जूषा के उचित पदों से "विद्यालय का उत्सव" इस विषय पर संस्कृत में अनुच्छेद लिखिए।)

- **मञ्जूषा** पारितोषिक-वितरणम्, वार्षिकसमारोहः, कर्मचारिणः, व्यस्ताः, कार्येषु, सभाध्यक्षः, विद्यालये, भवति, सन्ति, छात्राः, गायन्ति, सम्बोधयति, गीतं, वर्तते, छात्रान् वर्णनं, विद्यालयस्य, इदं।

10. मञ्जूषायाः उचितपदैः "अश्वशाला" इति विषयम् अधिकृत्य संस्कृतेन अनुच्छेदं लिखत।

(मञ्जूषा के उचित पदों से "अश्वशाला" इस विषय पर संस्कृत में अनुच्छेद लिखिए।)

- **मञ्जूषा** अश्वारोहणं, अश्वाः, जलपानाय, मार्गे, गच्छन्ति, नदीं, वहति, वृक्षाः, वर्णनं, जनाः, वेगेन, इदं, सन्ति, छात्राः, धावन्ति, तीव्र, प्रति, कुर्वन्ति, अश्वशालायाः, अस्ति।

11. मञ्जूषायाः उचितपदैः "दैनिक-दिनचर्या" इति विषयम् अधिकृत्य संस्कृतेन अनुच्छेदं लिखत।

(मञ्जूषा के उचित पदों से "दैनिक दिनचर्या" इस विषय पर संस्कृत में अनुच्छेद लिखिए।)

- **मञ्जूषा** प्रातः काले, जनाः, उद्यानं, ध्यानं, पूजां, च कुर्वन्ति, वर्णनं, प्रातराशं, कार्यालयं, विद्यालयं, सहायतां, इदं, अस्ति, जागरणं, बालकाः, प्रति, गच्छन्ति, कृत्वा, महिलाः, सर्वेपुरुषाः।

12. **मञ्जूषाया सहायतया "रक्त-दानम्" इति शीर्षकोपरि आधारितस्य अनुच्छेदस्य रिक्त स्थानानि पूरयत।**

(मञ्जूषा की सहायता से "रक्त-दान" पर आधारित अनुच्छेद के रिक्त स्थानों की पूर्ति कीजिए।)

(i) .... अस्माकं विद्यालये नगरात् (ii) .... एक: (iii) .... आगतवान्। विद्यालये एक: (iv) .... शिविर: आसीत् । चिकित्सका: स्वभाषणे अवदत् । रक्त दानस्य अस्माकं कापि हानि: न (v) .... अपितु अस्या प्रक्रियया स्व रक्त: शुद्ध भवति (vi) .... रक्तस्य नव (vii) .... भवति। अतएव इदम् पुनीत कार्य अस्ति सर्वान् नवयुवकान् कृते अयम् (viii) .... कार्य: भवति।

- **मञ्जूषा** शरीरे, अद्य, भवति, लाभप्रद:, चिकित्सका:, रक्तदान, संचार:, दल।

13. **मञ्जूषाया सहायतया "रणोत्सव:" इति विषयम् आधारितस्य अनुच्छेदस्य रिक्त स्थानानि पूरयत।**

(मञ्जूषा की सहायता से "रणोत्सव" विषय पर आधारित अनुच्छेद के रिक्त स्थानों की पूर्ति कीजिए।)

गुर्जर-प्रदेश: अस्माकं देशस्य (i) .... प्रदेश: अस्ति। (ii) .... प्रदेश: सामाजिक राजनैतिक क्षेत्रे पि अग्रणी अस्ति। (iii) .... क्षेत्र (iv) .... नाम जनपद अस्ति यस्य मुख्यालय: भुज नगरे स्थित:। कच्छ क्षेत्र: कच्छ का राग इतिनाम्म: प्रसिद्ध: अस्ति (v) .... अत्र एक विशाल क्षेत्र: अस्ति। रणोत्सव: नाम्न: अत्र एक: विशाल: सम्मर्द: भवति। निशायाम् चन्द्रं (vi) .... शीतकाले अस्य श्वेत शोभा मनोहरति। अस्मिन् सम्मर्दे वैदेशिक (vii) .... अपि बहुसंख्याम् आगच्छति। अत्र विभिन्ना: सांस्कृतिक कार्यक्रमा: आयोज्यन्ते। (viii) .... दिवस पर्यन्ता एव आयोजन सतत् चलति।

- **मञ्जूषा** पर्यटका: अस्यैव, समुन्नत: श्वेत-कच्छ:, पञ्चदश, एष:, कौमुद्यां, पर्यटका:।

14. **मञ्जूषाया सहायतया "स्वच्छता अभियान:" इति शीर्षकोपरि आधारितस्य अनुच्छेदस्य रिक्त स्थानानि पूरयत।**

(मञ्जूषा की सहायता से "स्वच्छता अभियान" पर आधारित अनुच्छेद के रिक्त स्थानों की पूर्ति कीजिए।)

मनुष्य: एक: (i) .... प्राणिरस्ति। (ii) .... समाज: (iii) .... एक यन्त्र: अस्ति यथा यन्त्रे (iv) .... आगच्छन्ति तथैव समाजे पि दोषा: आगच्छन्ति। अस्य कृते सुधारकानाम् आवश्यकता भवन्ति। (v) .... सुधारक: स्वच्छता आन्दोलन समाजस्य सुधारयति। स्वच्छता समाजस्य महती आवश्यकता अस्ति। स्वच्छताया: अर्थ: अपि विस्तृत: अस्ति। न केवलं (vi) ...., गृहम् (vii) .... केन्द्रम् अपितु अस्माकं मन: अपि स्वच्छताया: आवश्यकता अनुभवन्ति। स्वच्छता जीवनस्य प्रत्येक क्षेत्र आवश्यक:। (viii) .... ईश्वरपि रुच्यते। अतएव वयं सर्वान् स्वच्छता महत् कार्या।

- **मञ्जूषा** कतिपय:, अस्माकं, सामाजिक:, इयम्, दोषा:, अपि, वीथी, सामुदायिक।

उत्तराणि

1. (i) अयं मम ग्राम: अस्ति।
(ii) मम ग्राम: अतीव रमणीय: अस्ति।
(iii) मम ग्रामे एक: चिकित्सालय: सरोवर: च स्त:।
(iv) मम ग्रामे अनेके कृषका: निवसन्ति।
(v) ग्रामस्य मध्ये एकं पञ्चायत-भवनम् अपि अस्ति।

2. (i) भारत: अस्माकं देश: अस्ति।
(ii) एष: देश: अति विशाल: अस्ति।
(iii) अत्र अनेकानि राज्यानि सन्ति।
(iv) हिमालय: भारतस्य मुकुटमिव शोभते।
(v) वयं भारतदेशस्य रक्षायै सर्वस्वं यच्छाम:।

3. (i) परेषाम् उपकार: परोपकार: कथ्यते।
(ii) संसारस्य कल्याणं परोपकारेणैव भवति।
(iii) परोपकार: पुण्याय भवति।
(iv) वृक्षा: परोपकाराय फलन्ति।
(v) सज्जना: परोपकारेणैव प्रसन्ना: भवन्ति।

4. (i) विद्याधनं सर्वधनं प्रधानमस्ति।
(ii) विद्यया मनुष्य: कीर्तिं धनं च प्राप्नोति।
(iii) विद्याविहीनस्तु मानव: साक्षात् पशुरेव भवति।
(iv) विद्या व्यये कृतेऽपि नित्यं वर्धते।
(v) विद्यया एव मनुष्य: उन्नतिं करोति।

5. (i) अस्माकं भारतदेशे धेनो: महत्त्वं सर्वाधिकं वर्तते।
(ii) जना: धेनु: मातरमिव पूजयन्ति।
(iii) धेनूनां दुग्धं मधुरं पुष्टिकरं च भवति।
(iv) धेनव: विविधवर्णा: भवन्ति।
(v) धेनो: वत्सा: बलीवर्दा: भवन्ति।

6. (i) संस्कृतभाषा संसारस्य सर्वासां भाषाणां जननी अस्ति।
(ii) संस्कृत भाषायां विपुलं साहित्यं वर्तते।
(iii) संस्कृत भाषा शुद्धा: परिष्कृता दोषरहिता च अस्ति।
(iv) इयं सर्वोत्तमा भाषा वर्तते।
(v) प्राचीनकाले इयं भाषा लोकभाषा आसीत्।

7. (i) इदं रमणीयम् उद्यानम् अस्ति।
(ii) उद्याने विविधानि मनोहराणि पुष्पाणि सन्ति।
(iii) उद्याने बहव: विशाला: वृक्षा: सन्ति।
(iv) उद्यानस्य मध्ये एक: सरोवर: अपि अस्ति।
(v) प्रात:काले अत्र जना: भ्रमणार्थं आगच्छन्ति।

8. (i) इदं वर्णनं पुस्तकालयस्य अस्ति।
(ii) अत्र जना: पुस्तकानि पठन्ति।
(iii) केचन छात्रा: समाचारपत्राणि पठन्ति।
(iv) छात्रा: पुस्तकालये तूष्णीं भूत्वा पठन्ति।
(v) पुस्तकालये अनेके ग्रन्था: स्थापिता: सन्ति।

9. (i) इदं वर्णनं विद्यालयस्य उत्सवस्य वर्तते।
(ii) वार्षिकसमारोहे छात्रा: गीतं गायन्ति।
(iii) सभाध्यक्ष: छात्रान् सम्बोधयति।
(iv) विद्यालये पारितोषिक-वितरणं भवति।
(v) सर्वेछात्रा: कर्मचारिण: च कार्येषु व्यस्ता: सन्ति।

10. (i) इदं वर्णनम् अश्वशालाया: अस्ति।
(ii) छात्रा: अश्वारोहणं कुर्वन्ति।
(iii) अश्वा: जलपानाय नदीं प्रति गच्छन्ति।
(iv) अश्वा: तीव्र वेगेन धावन्ति।
(v) मार्गे वृक्षा: सन्ति।

11. (i) इदं वर्णनं दैनिक-दिनचर्याया: अस्ति।
(ii) जना: प्रात: काले जागरणं कुर्वन्ति।
(iii) जना: ध्यानं, पूजां च कुर्वन्ति।
(iv) बालका: प्रातराशं कृत्वा विद्यालयं गच्छन्ति।
(v) सर्वेपुरुषा: महिला: च कार्यालयं प्रति गच्छन्ति।

12. (i) अद्य (ii) चिकित्सका: (iii) दल:
(iv) रक्तदान (v) भवति (vi) शरीरे
(vii) संचार: (viii) लाभप्रद:

13. (i) समुन्नत: (ii) एष: (iii) अस्यैव
(iv) कच्छ (v) श्वेत-कच्छ: (vi) कौमुद्यां
(vii) पर्यटका: (viii) पंञ्चदश:

14. (i) सामाजिक: (ii) अस्माकं (iii) अपि
(iv) दोषा: (v) कतिपय: (vi) वीथी
(vii) सामुदायिक (viii) इयम्

अध्याय 4

संवाद लेखनम्

जब दो या दो से अधिक व्यक्ति किसी विषय पर परस्पर बातचीत करते हैं, तो उस बातचीत को संवाद कहते हैं। इसी बातचीत को यदि लिखित रूप दे दिया जाए, तो यह संवाद-लेखन कहलाएगा। सामान्यत: संवाद लेखन किसी विशेष विषय पर प्रश्नोत्तर शैली में लिखा जाता है।

संवाद लेखन करते समय ध्यान रखने योग्य बातें

- संवाद लेखन की भाषा **सरल, संक्षिप्त** और **रचनात्मक** होनी चाहिए।
- संवाद लेखन में पात्रों का संबोधन उनके संबंध के अनुकूल करना चाहिए अर्थात् हमें अपने मित्र के लिए **समानता सूचक शब्द** और अपने से बड़ों के लिए आदरसूचक शब्दों का प्रयोग करना चाहिए।
- संवाद लेखन में **विराम चिह्नों** का यथासंभव उचित प्रयोग किया जाना चाहिए।
- संवाद लेखन करते समय संवाद किस अवसर पर लिखा जा रहा है यह विशेष रूप से ध्यान रखना चाहिए।
- संवाद में प्रश्न जिस लकार अथवा वाच्य में होता है, उत्तर भी उसी **लकार** अथवा **वाच्य** में दिया जाना चाहिए।
- आदेशात्मक शैली में दिए जाने वाले उत्तर प्रायः भूतकाल अथवा वर्तमान काल में होते हैं।
- परीक्षा में मञ्जूषा की सहायता से संवाद पूर्ण करने के लिए दिए जाते हैं। संवाद का विषय समझते हुए उचित मञ्जूषा का चयन करना चाहिए।

साधित उदाहरणम्

1. पूर्वोत्तर भारतस्य तीर्थ यात्रोपरि आधारितं संवादं मञ्जूषाया सहायतया अधोदत्त प्रत्येकं संवादं पूरयत।

(पूर्वोत्तर भारत की तीर्थ यात्रा पर आधारित संवाद को अधोलिखित मञ्जूषा की सहायता से पूरा कीजिए।)

दीपकः अहो अर्जुनः मित्र । त्वं (i)……?

अर्जुनः सुष्ठु त्वं कथमसि? दीपक।

दीपकः अहं अपि (ii)……

अर्जुनः चिराद् (iii)…… कुत्र अगच्छः?

दीपकः अहं तीर्थ यात्रायाम् अगच्छम्।

अर्जुनः कुत्र गच्छसि त्वं? कश्चिद्। (iv)…… अपि वद।

दीपकः अहं (v)…… प्रदेशं गच्छामि।

अर्जुनः अहा! असम तु अतीव रमणीकः। त्वं तत्र किम्-किम् अदर्शत्?

दीपकः सर्व प्रथमम् अहं देवी (vi)…… मातरः अदर्शम्। तत्पश्चात् बाला जी मन्दिरम्, (vii)…… महादेवं अदर्शम्।

अर्जुनः एतदतिरिक्तः किम् अपश्यः?

दीपकः एतदतिरिक्त द्वाद्वश ज्योतिर्लिङ्गेषु (viii)…… पर्वते भीमा शंकरम् अपश्यम्।

अर्जुनः असम (ix)…… अन्य का विशेषता?

दीपकः अस्ति एका विशेषता। संसारस्य लघुतं नदी द्वीपः असम प्रदेशे वर्तते। (x)…… अपि असम प्रदेशे एव वर्तते।

अर्जुनः शोभनम्-शोभनम् अहमपि गमिष्यामि तत्र।

- **मञ्जूषा** अस्मान्, डाकिनी, कुशलोऽस्मि, महत्तरः, दृष्टोऽसि, कथमसि, शुक्रेश्वरः, कामाख्या, असम, प्रदेशस्य।

उत्तराणि

(i) कथमसि (ii) कुशलोऽस्मि (iii) दृष्टोऽसि
(iv) अस्मान् (v) असम (vi) कामाख्या
(vii) शुक्रेश्वरः (viii) डाकिनी (ix) प्रदेशस्य
(x) महत्तरः

2. **असम प्रदेशस्य विशेषतोपरि आधारितान् संवादान् मञ्जूषायाम् दत्तानि पदानि सहायतया पूरयत।**
(असम प्रदेश की विशेषता पर आधारित संवादों को मञ्जूषा में दिए गए पदों की सहायता से पूरा कीजिए।)

शिक्षिका: (कक्षायाम् प्रविशति) (i)……! सुप्रभातम्
छात्रा: अत्र भवती (ii)……। अद्य किम् पाठयति?
शिक्षिका: किं त्वं जानासि? असम प्रदेशस्य विषये।
छात्रा: आम्। किंचित् वयं (iii)……।
शिक्षिका: संसारे लघुतम् नदी द्वीप: क: अस्ति?
एक छात्र: अत्र भवती (iv)……।
शिक्षिका: आम्। एष (v)…… स्थित:।
शिक्षिका: विश्वस्य महत्तर नदी द्वीप: क: अस्ति?
एक: छात्र: (vi)…… भगवती।
शिक्षिका: शोभनम्। शोभनम्। अधुना वद। का असम प्रदेशस्य राजधानी:?
एक: छात्र: (vii)…… अत्र भवती आचार्या।
शिक्षिका: (viii)…… वदसि।

• **मञ्जूषा** जानाम:, आचार्या:, माजुली, सुष्ठु, सुप्रभातम्, दिसपुर, ब्रह्मपुत्रौ सुप्रभातम्।

उत्तराणि

(i) सुप्रभातम् (ii) आचार्या
(iii) जानाम: (iv) उमानन्द:
(v) ब्रह्मपुत्रौ (vi) माजुली
(vii) दिसपुर (viii) सुष्ठु

अभ्यास प्रश्ना:

मञ्जूषा की सहायता से संवाद लेखन

1. **उत्कल प्रदेशस्य शैक्षणिक यात्रायाम् आधारितं संवादम् अधोदत्तं मञ्जूषायां सहायतया पूरयत।**
(उड़ीसा प्रदेश की शैक्षणिक यात्रा पर आधारित संवाद को नीचे दी गई मञ्जूषा की सहायता से पूरा कीजिए।)

प्रथमा: प्रिय छात्रा:। सुप्रभातम्
द्वितीया (i) ………… नमोऽस्तु।
प्रथमा युष्माभि: शैक्षणिकं भ्रमणं कृतम्।
द्वितीया (ii) ……….
प्रथमा: किम् यूयम् सर्वे प्रसन्ना:?
द्वितीया आम् । वयं सर्वे (iii) ……….
प्रथमा: यूयम् कुत्र अगच्छत?
द्वितीया वयं (iv) ………… अगच्छाम
प्रथमा: कोणार्क: कुत्र अस्ति?
द्वितीया कोणार्क: (v) ………… अस्ति।

• **मञ्जूषा** ओरिसा प्रदेशे, सादरं, प्रसन्ना:, कोणार्कमन्दिरम्, आम्।

2. **पुस्तकालयस्योपरि संवादान् मञ्जूषात: पदानि चित्वा पूरयत।**
(पुस्तकालय पर आधारित संवादों को मञ्जूषा से पद चुनकर पूरा कीजिए।)

प्रथमा: एष: क:?
द्वितीया एष: (i) ……………… अस्ति।
प्रथमा: अत्र छात्रा: किम् कुर्वन्ति?
द्वितीया अत्र छात्रा: पुस्तकानि, (ii) ………………… च पठन्ति।
प्रथमा: किम् अत्र ते परस्परम् न वदन्ति?
द्वितीया आम् , अत्र ते न (iii) ……………।
ते (iv) …………… उपविशन्ति।

• **मञ्जूषा** वदन्ति, पुस्तकालय:, समाचार-पत्राणि, तूष्णीम्।

3. **प्रथमम् वायुयात्रायाम् आधारितं संवादान् अधोदत्तं मञ्जूषाया पदानि सहायतया पूरयत।**
(प्रथम वायुयान यात्रा पर आधारित संवादों को नीचे दी गई मञ्जूषा की सहायता से पूरा कीजिए।)

खग: हे (i) ……………! कुत्र गच्छसि?
बालक: अहं (ii) ………… गच्छामि। त्वं किं करोषि?
खग: अहं (iii)……………… विचरामि।
बालक: अहमपि गगने विचरितम् इच्छामि। परं मम (iv)…………… न सन्ति।
खग: त्वं (v) …………… कथं न गच्छसि:? प्रतिदिनम् आकाशे वायुयानानि गच्छन्ति।

• **मञ्जूषा** वायुयानेन, पक्षा:, आकाशे, विद्यालयं, बालक।

4. **कक्षोपरि संवादान् अधोदत्तं मञ्जूषाया सहायतया पदानि चित्वा पूरयत।**
(कक्षा पर आधारित वार्ता के संवादों को मञ्जूषा में दिए गए पदों की सहायता से पूरा कीजिए।)

संजीव: भो मित्र! त्वं कस्याम् (i) …………… पठसि?
अंकित: मित्र! अहं षष्ठयाम् कक्षायाम् पठामि। त्वं कस्याम् कक्षायाम् पठसि?
संजीव: अहं (ii)…………… कक्षायां पठामि।
अंकित: तव कक्षायां आचार्यस्य किं नाम अस्ति?
संजीव: मम कक्षायां (iii) ………… आनंद: अस्ति।

अंकित: त्वं कक्षायां कति (iv) .... पठन्ति?

संजीव: मम कक्षायां चत्वारिशत् छात्रा: पठन्ति। त्वं कक्षायां च?

अंकित: मम कक्षायां पञ्चाशत छात्रा: (v) ....।

- **मञ्जूषा** छात्राः, कक्षायां, सप्तभ्याम्, आचार्यस्य, पठन्ति।

5. द्वे सख्ये मध्ये वार्तालापयोपरि आधारितान् संवादान् अधोदत्तं मञ्जूषाया सहायतया पूरयत।

(दो सखियों के बीच हुए वार्तालाप पर आधारित संवादों को नीचे की दी गई मञ्जूषा से पूरा कीजिए।)

शीला सखि त्वं नामं (i) .... अस्ति?

मीना मम् नाम मीना, अस्ति। सखि त्वं किम् नाम अस्ति?

शीला मम् नाम शीला अस्ति।

मीना त्वं (ii) .... वससि?

शीला अहं जयपुर आख्ये (iii) .... वसामि। त्वं च?

मीना अहं कानपुर (iv) .... नगरेवसामि।

शीला त्वं पितुः किम् नाम् अस्ति?

मीना मम् (v) .... नाम श्री राजेन्द्र प्रसाद अस्ति।

- **मञ्जूषा** पितुः, आख्ये, नगरे, कुत्र, किम्।

6. क्रिकेट विश्वकपस्योपरि आधारितान् संवादान् अधोलिखिताः मञ्जूषातः पदानि चित्वा संवादान् पूरयत।

(क्रिकेट विश्व कप पर आधारित संवादों को नीचे दी गई मञ्जूषा से शब्द चुनकर पूरा कीजिए।)

सुशान्तः अरे पीयूषः त्वं ह्यः कुत्र आसीत्। (i)....... तव गृहम् अगच्छम्।

पीयूषः अहम् तु ह्यः स्व मातुलः गृहम् (ii)...........।

सुशान्तः त्वं न (iii)...........? ह्यः विश्व कप (iv).......... आसीत्।

पीयूषः जानामि। किन्तु मम मनः अतीव (v).......... जातः।

सुशान्तः खिन्नतायाः को पि विषयः (vi)...........। विजयः पराजयः तु ईश्वराधी नः भवति। परन्तु प्रतिभागं तु (vii)........... कार्यं अस्ति।

पीयूषः ह्यः किम् अभवत्? यत् अस्माकं पराजयः अभवत्।

सुशान्तः ह्यः अस्माकं प्रतिस्पर्द्धा (viii).......... देशेन सह अभवत्।

प्रारम्भे अस्माकं दलस्य विजयः अभवत्। (ix).......... दश प्रतिस्पर्धायाम् अस्माकं विजयः अभवत्। किन्तु अन्तिम प्रतिस्पर्धायाम् हन्तं अस्माकं पराजयः अभवत्।

पीयूषः अस्मिन् का चिन्ता। अस्माकं दलस्य क्रीडकाः अति परिश्रमेण कृताः।

सुशान्तः अस्माकं देशस्य प्रधानमन्त्री (x).......... अपि क्रीडकानाम् प्रशंसा कृताः।

- **मञ्जूषा** प्रतिस्पर्द्धा, खिन्नः, अहं, महाभागेन, निरन्तरम्, जानासि, अगच्छम्, नास्ति, ऑस्ट्रेलिया, महत्।

उत्तराणि

1. (i) सादरं (ii) आम् (iii) प्रसन्ना: (iv) कोणार्कमन्दिरम् (v) ओरिसाप्रदेशे।

2. (i) पुस्तकालयः (ii) समाचार-पत्राणि (iii) वदन्ति (iv) तूष्णीम्

3. (i) बालक (ii) विद्यालयं (iii) आकाशे (iv) पक्षाः (v) वायुयानेन

4. (i) कक्षायाम् (ii) सप्तभ्यां (iii) आचार्यस्य (iv) छात्राः (v) पठन्ति।

5. (i) किम् (ii) कुत्र (iii) नगरे (iv) आख्ये (v) पितुः

6. (i) अहं (ii) अगच्छम् (iii) जानासि (iv) प्रतिस्पर्द्धा (v) खिन्नः (vi) नास्ति (vii) महत् (viii) ऑस्ट्रेलिया (ix) निरन्तरम् (x) महाभागेन।

अध्याय 1

वर्णमाला तथा वर्णविचार:

1.1 वर्ण की परिभाषा

मुख से उच्चारण की जाने वाली सबसे छोटी ध्वनि वर्ण कहलाती है। इन वर्णों के टुकड़े नहीं किए जा सकते हैं; जैसे—अ, इ, च्, ग् आदि।
वर्ण निम्नलिखित तीन प्रकार के होते हैं

I. स्वर वर्ण

जिनके उच्चारण में किसी अन्य वर्ण की सहायता न लेनी पड़े, वे स्वर वर्ण कहे जाते हैं; जैसे—अ, आ, इ, ई, उ, ऊ, ऋ, ॠ, लृ, ए, ऐ, ओ, औ।

स्वर के भेद

स्वर तीन प्रकार के होते हैं

1. **ह्रस्व स्वर** जिनको बोलने में सबसे कम (अर्थात् एक मात्रा) समय लगता है, ह्रस्व स्वर कहलाते हैं। ये संख्या में पाँच होते हैं; जैसे—अ, इ, उ, ऋ, लृ।
2. **दीर्घ स्वर** जिनको बोलने में अधिक (अर्थात् दो मात्राओं का) समय लगता है, दीर्घ स्वर कहलाते हैं। ये स्वर आठ होते हैं; जैसे— आ, ई, ऊ, ॠ, ए, ऐ, ओ, औ।
3. **प्लुत स्वर** जिन स्वरों के उच्चारण में ह्रस्व स्वर से तिगुना (तीन मात्रा) समय लगता है, उसे प्लुत स्वर कहते हैं; जैसे—ओ३म्, हे रा३म्! इसके प्रतीक के रूप में 3 (तीन) लिखा जाता है।
   व्याकरण की दृष्टि से स्वर के अन्य दो भेद भी होते हैं
   (i) **मूल स्वर** मूल स्वर वे स्वर होते हैं, जिनको टुकड़ों में विभाजित नहीं किया जा सकता। ये मुख्यत: पाँच होते हैं; जैसे— अ, इ, उ, ऋ , लृ।
   (ii) **सन्धि स्वर** सन्धि स्वर दो स्वरों की सन्धि से बनते हैं। इनके उच्चारण में भी दीर्घ स्वर जितना ही समय लगता है। ये मुख्यत: आठ होते हैं; आ, ई, ऊ, ॠ, ए, ऐ ओ, औ।
   जैसे—

अ	+	अ	=	आ,	इ	+	इ	=	ई,
उ	+	उ	=	ऊ	ऋ	+	ॠ	=	ॠ,
अ	+	इ	=	ए,	अ	+	ए	=	ऐ,
अ	+	उ	=	ओ,	अ	+	ओ	=	औ।

II. व्यंजन-वर्ण

जो वर्ण किसी स्वर की सहायता से बोले जाते हैं, व्यंजन वर्ण कहलाते हैं; जैसे—क् + अ = क।

> **हलन्त का चिह्न** स्वर रहित व्यंजन के नीचे हलन्त का चिह्न (्) लगाया जाता है।
> **अवधेयम्** किसी भी व्यंजन में 'अ' स्वर जुड़ने पर उसके नीचे लगे हलन्त चिह्न (्) का लोप हो जाता है;
> जैसे–क् + अ = क, ग् + अ = ग

व्यंजन के भेद

व्यंजन तीन प्रकार के होते हैं

1. **स्पर्श व्यंजन** जिन वर्णों के उच्चारण में हमारी जिह्वा मुख के किसी भी भाग का स्पर्श करती है, वे स्पर्श व्यंजन कहलाते हैं। ये संख्या में पच्चीस (25) होते हैं;
   जैसे— क वर्ग — क्, ख्, ग्, घ्, ङ्।
   च वर्ग — च्, छ्, ज्, झ्, ञ्।
   ट वर्ग — ट्, ठ्, ड्, ढ्, ण्।
   त वर्ग — त्, थ्, द्, ध्, न्।
   प वर्ग — प्, फ्, ब्, भ्, म्।

नोट उपरोक्त सभी वर्गों के अन्तिम वर्ण ङ्, ञ्, ण्, न् और म् 'अनुनासिक वर्ण' कहलाते हैं।

2. **अन्त:स्थ व्यंजन** जिन वर्णों के उच्चारण में हमारी जिह्वा, कंठ आदि स्वर तंत्रियों का थोड़ा स्पर्श करती है, वे अन्त:स्थ व्यंजन कहलाते हैं। ये संख्या में चार (4) होते हैं; जैसे—य् व्, र्, ल्।
3. **ऊष्म वर्ण** जिन वर्णों के उच्चारण में स्वर तंत्रियों से ऊष्म वायु रगड़कर बाहर निकलती है, वे ऊष्म वर्ण कहलाते हैं। ये संख्या में चार (4) होते हैं; जैसे—श्, ष्, स्, ह्।

1.2 अयोगवाह की परिभाषा

जिन वर्णों का प्रयोग पृथक् रूप से नहीं किया जा सकता, उन्हें अयोगवाह कहते हैं। इनके प्रयोग से ध्वनियों में भी परिवर्तन आ जाता है। ये वर्ण

अनुस्वार और विसर्ग के रूप में भी जाने जाते हैं। इनका वर्णन निम्न प्रकार है

1. **अनुस्वार** नासिका से उच्चारित होने वाले वर्ण अनुस्वार कहलाते हैं। इनका चिह्न (ं) होता है; जैसे—पंखा, गंगा आदि।
2. **अनुनासिक** इसका प्रयोग स्वर के बाद होता है; जैसे—धुँआ, चाँदनी आदि।
3. **विसर्ग** स्वर वर्णों के बाद लगने वाला चिह्न (:) विसर्ग कहलाता है। इसके उच्चारण में 'ह्' की ध्वनि होती है; जैसे—रामः, मोहनः, सिंहः आदि।

1.3 संयुक्त वर्ण

जब कोई स्वर रहित वर्ण दूसरे वर्ण (व्यंजन) से जुड़ जाता है, तो इनके मेल से संयुक्त वर्ण बन जाता है।

जैसे—
त् + र = त्र = त्रिशूलः, त्रयस्वः।
श् + र = श्र = परिश्रमः, विश्रामः।
द् + य = द्य = नद्यः, विद्यालयः।
प् + र = प्र = प्रातः, प्रकाशः।
क् + ष = क्ष = क्षत्रियः, क्षेत्रं।
ज् + ञ = ज्ञ = ज्ञानी, ज्ञातः।

1. **वर्ण-संयोग** स्वर या व्यंजन वर्णों के संयोग से नए शब्दों का निर्माण वर्ण संयोग कहलाता है।

   जैसे— र् + अ + म् + ए + श् + अः = रमेशः।
   क् + अ + म् + अ + ल् + अ = कमल।
   अ + व् + अ + स् + अ + र् + अ = अवसर।

2. **वर्ण-विन्यास** जब किसी शब्द में आए हुए वर्णों को अलग-अलग कर देते हैं, तो वह वर्ण-विन्यास या वर्ण-विच्छेद कहलाता है।

   जैसे— फलम् = फ् + अ + ल् + अ + म्
   रामः = र् + आ + म् + अः
   प्रतिष्ठा = प् + र् + अ + त् + इ + ष् + ठ् + आ।

1.4 उच्चारण स्थानानि

वर्णों के उच्चारण स्थान आठ (8) होते हैं

(i) कंठ, (ii) तालुः (iii) मूर्धा
(iv) दंत्य (v) ओष्ठौ (vi) नासिका
(vii) जिह्वामूलम् (viii) उरः।

इन उच्चारण स्थानों की सहायता से उच्चारित किए जाने वाले वर्ण निम्नलिखित हैं

• अ, क् वर्ग, ह्, विसर्ग	कंठः
• इ, च वर्ग, य्, श्	तालुः
• ऋ, ट वर्ग, र्, ष्	मूर्धाः
• लृ, त वर्ग, ल्, स्	दंत्य
• उ, प वर्ग	ओष्ठौ
• ङ, ञ, ण, न्, म्	नासिका
• अनुस्वार (ं)	नासिका
• 'व्' कार	दंतोष्ठ
• ए, ऐ	कंठ, तालु
• ओ, औ	कंठोष्ठम्
• क, ख्	जिह्वामूलम्

नोट संस्कृत में वर्णों के उच्चारण स्थान आठ होते हैं, लेकिन अनेक वर्ण दो स्थानों की सहायता से बोले जाते हैं, इसलिए यह (11) ग्यारह भी माने गए हैं।

1.5 अकारान्त तथा आकारान्त शब्द

अकारान्त शब्द वे शब्द जिनका अंतिम अक्षर 'अ' होता है, अकारान्त शब्द कहलाते हैं; जैसे-

अध्यापक् + अ = अध्यापक
बालक् + अ = बालक
छात्र् + अ = छात्र
सिंह् + अ = सिंह

आकारान्त शब्द वे शब्द जिनका अंतिम अक्षर 'आ' होता है, आकारान्त शब्द कहलाते हैं; जैसे—बालिक् + आ = बालिका
रम् + आ = रमा
लत् + आ = लता

अभ्यास प्रश्नाः

बहुविकल्पीय एवं वर्णनात्मक प्रश्नों सहित

1. प्रदत्तविकल्पेभ्यः उचितम् उत्तरं चिनुत।
(दिए गए विकल्पों में से उचित उत्तर चुनिए।)

(i) **दीर्घ स्वरः अस्ति।**
(क) आ (ख) क् (ग) ख् (घ) ट्

(ii) **ह्रस्व स्वरः अस्ति।**
(क) त् (ख) अ (ग) ड् (घ) म्

(iii) **'क' वर्गस्य वर्णः अस्ति।**
(क) म् (ख) प् (ग) घ् (घ) ट्

(iv) **'प' वर्गस्य वर्णः अस्ति।**
(क) च् (ख) म् (ग) छ् (घ) ज्

(v) **'च' वर्गस्य वर्णः अस्ति।**
(क) छ् (ख) थ् (ग) द् (घ) ध्

(vi) **स्पर्श व्यंजन-अस्ति।**
(क) य् (ख) व् (ग) श् (घ) त्

(vii) **अंतःस्थ व्यंजन अस्ति।**
(क) द् (ख) र् (ग) ह् (घ) म्

(viii) विसर्गस्य (:) का उच्चारणः भवति।
(क) 'ह' इव (ख) 'अ' इव (ग) 'व्' इव (घ) 'ग' इव

(ix) संयुक्त व्यंजन कः अस्ति?
(क) मृ (ख) श्र (ग) प (घ) ऐ

(x) 'क' वर्णस्य उच्चारण स्थानम् अस्ति।
(क) कंठः (ख) तालुः (ग) मूर्धाः (घ) दंत्यः

उत्तराणि

(i) (क) आ (ii) (ख) अ (iii) (ग) घ्
(iv) (ख) म् (v) (क) छ् (vi) (घ) त्
(vii) (ख) र् (viii) (क) 'ह' इव (ix) (ख) श्र
(x) (क) कंठः

2. अधोदत्तां वर्णमालां पूरयत।
(नीचे दी गई वर्णमाला को पूरा कीजिए।)

(क) व्यंजन–
(i) क् ...... ग् ...... ङ्
(ii) ..... छ् ..... झ् ......
(iii) ट् ...... ड् ...... ण्
(iv) ...... थ् ...... ध् .....
(v) प् .... म्

(ख) स्वर
अ ..... इ ..... उ .... ऋ .... ए ..... ओ .....

उत्तराणि

(क) (i) ख्, घ् (ii) च्, ज्, ञ् (iii) ठ्, ढ्
(iv) त्, द्, न् (v) फ्, ब्, भ्
(ख) आ, ई, ऊ, ॠ, ऐ, औ

3. अधोलिखितानां पदानां वर्णविच्छेदं कुरुत।
(निम्नलिखित शब्दों का वर्ण-विच्छेद कीजिए।)

(i) बालकाः = ... + ... + ...+ .... + ... + ...
(ii) पुष्पः = ... + ... + ...+ .... + ...
(iii) पठति = ... + ... + ...+ .... + ... + ...
(iv) वदन्ति = ... + ... + ...+ .... + ... + ... + ...
(v) उपवनम् = ... + ... + ...+ .... + ... + ... + ...

उत्तराणि

(i) ब् + आ + ल् + अ + क् + आः
(ii) प् + उ + ष् + प् + अः
(iii) प् + अ + ठ् + अ + त् + इ
(iv) त् + अ + द् + अ + न् + त् + इ
(v) उ + प् + अ + व् + अ + न् + अ + म्

4. अधोदत्त पदानां वर्ण विच्छेदं रिक्त स्थानं पूर्तिं कुरुत।
(नीचे दिए गए पदों के वर्ण विच्छेद के रिक्त स्थानों की पूर्ति कीजिए।)

(i) फलम् = फ् + ... + ल् + ... + म्
(ii) विश्वासः = व् + इ + श् + ... + आ + स् + ...
(iii) मयूराः = म् + ... य् + ... + र् + ...
(iv) अवसरः = अ + व् + ... + स् + ... र् + ...
(v) प्रतिष्ठाः = प् + ... + अ + त् + इ + ष् + ठ् + ...

उत्तराणि

(i) अ, अ (ii) व, अः (iii) अ, ऊ, आः
(iv) अ, अ, अ (v) र्, आ

5. अधोलिखितानां पदानां वर्णसंयोगं कृत्वा लिखत।
(निम्नलिखित पदों का वर्णसंयोग करके लिखिए।)

(i) म् + इ + ल् + अ + न् + त् + इ
(ii) इ + त् + य् + आ + द् + इ
(iii) स् + व् + आ + ग् + अ + त् + अ + म्
(iv) प् + अ + र् + आ + ज् + अ + य् + अः
(v) र् + अ + त् + न् + आ + क् + अ + र् + अः
(vi) स् + अ + र् + अ + स् + त् + ई + र् + ए

उत्तराणि

(i) मिलन्ति (ii) इत्यादि (iii) स्वागतम्
(iv) पराजयः (v) रत्नाकरः (vi) सरस्तीरे

6. अधोलिखित वर्णेषु ह्रस्व-स्वरान् दीर्घ-स्वरान् च पृथक्-पृथक् कृत्वा लिखत।
(निम्नलिखित वर्णों में ह्रस्व तथा दीर्घ स्वर अलग-अलग करके लिखिए।)

ई, उ, ओ, अ, ऋ, ऊ, ऐ, इ, ए, औ, आ, ऌ

ह्रस्व-स्वराः ....
दीर्घ-स्वराः ....

उत्तराणि

ह्रस्व-स्वराः उ, अ, ऋ, इ, ऌ
दीर्घ-स्वराः ई, ओ, ऊ, ऐ, ए, औ, आ

7. रिक्त स्थानानि पूरयत।
(रिक्त स्थानों को पूरा कीजिए।)

(i) संस्कृत भाषायां स्वराः .... सन्ति। (11, 13)
(ii) प्लुत स्वरस्य प्रतीकं .... अस्ति। (३)
(iii) स्वर रहित-व्यंजनस्य अधः .... चिह्नं प्रयुक्तम्। (:, ्)
(iv) अनुनासिकः वर्णः .... अस्ति। (प्रथम वर्णः अन्तिम वर्णः)
(v) .... वर्णस्य उच्चारण-स्थानं मूर्धाः अस्ति। (ष्, स्)

उत्तराणि

(i) 13 (ii) ३ (iii) ्
(iv) अंतिम वर्णः (v) ष्

8. ह्रस्व स्वराः के सन्ति? (ह्रस्व स्वर कौन-कौन से हैं?)

9. दीर्घ स्वराः के सन्ति? (दीर्घ स्वर कौन-कौन से हैं?)

10. व्यञ्जनानि कानि भवन्ति? (व्यञ्जन कौन-कौन से हैं?)

उत्तराणि

8. अ, इ, उ, ऋ एते चत्वारः ह्रस्व स्वराः सन्ति।
9. आ, ई, ऊ, ॠ, ए, ऐ, ओ, औ एते अष्ट स्वराः दीर्घस्वराः सन्ति।
10. स्वराणां सहयोगेन उच्चार्यमाणः वर्णाः व्यंजनानि सन्ति।

लिङ्गम्, वचनम्, पुरुषः च

अध्याय 2

2.1 लिङ्गम्

संस्कृत में लिङ्ग की दृष्टि से शब्दों को तीन भागों में बाँटा गया है, जो निम्न हैं

1. **पुल्लिङ्ग शब्दः** जिन शब्दों से पुरुष जाति का बोध होता है, उन्हें पुल्लिङ्ग शब्द कहते हैं; जैसे—बालकः, रामः, सिंह, छात्रः, वृक्षः, गजः, अश्वः आदि।
2. **स्त्रीलिङ्ग शब्दः** जिन शब्दों से स्त्री जाति का बोध होता है, उन्हें स्त्रीलिङ्ग शब्द कहते हैं; जैसे—रमा, लता, बालिका, अजा, महिला, छात्रा, कन्या, माला आदि।
3. **नपुंसकलिङ्ग शब्दः** जिन शब्दों से न तो पुरुष जाति का और न ही स्त्री जाति का बोध होता है, ऐसे शब्दों को नपुंसकलिङ्ग शब्द कहते हैं; जैसे—फलम्, पुस्तकम्, गृहम्, वस्त्रम्, भवनम् आदि।

शब्दों के प्रकार

'शब्द' के अंत में या तो स्वर होता है अथवा व्यंजन। इस आधार पर शब्द निम्नलिखित दो प्रकार के होते हैं

1. **अजन्त या स्वरान्त शब्दः** जिन शब्दों के अंत में कोई स्वर होता है, उन्हें अजन्त या स्वरान्त कहते हैं; जैसे– देव, लता, हरि, नदी, गो, पितृ, मधु, वस्तु आदि।
2. **हलन्त् या व्यंजनांत शब्द** जिन शब्दों के अंत में कोई व्यंजन होता है, उन्हें हलन्त या व्यंजनांत शब्द कहते हैं; जैसे- सरित्, राजन् , आत्मन् आदि।

उपरोक्त के अतिरिक्त लिंग व अंतिम अक्षर की दृष्टि से शब्दों को निम्नलिखित छः वर्गों में बाँटा गया है

(i) **अजन्त पुल्लिंग शब्द**

अजन्त पुल्लिग शब्दों के अन्तर्गत निम्नलिखित स्वरान्तों/अजन्तों को सम्मिलित किया जाता है

अकारान्ताः बालकः, अजः, देवः, अश्वः, घटः, आदयः।
इकारान्ताः हरिः, मुनिः, भूपतिः, राशिः, अतिथिः आदयः।
उकारान्ताः साधुः, शिशुः, रिपुः, गुरुः, शत्रुः आदयः।
ऋकारान्ताः मातृ, पितृ, रातृ, होतृ आदयः।

(ii) **हलन्त पुल्लिंग शब्द**

हलन्त पुल्लिग शब्दों के अन्तर्गत निम्नलिखित व्यंजनांत/हलन्त शब्दों को सम्मिलित किया जाता है

नकारान्ताः आत्मन् , शशिन् , राजन् आदयः।
तकारान्ताः भगवत् , महत् , श्रीमत् आदयः।

(iii) **अजन्त स्त्रीलिंग शब्द**

अजन्त स्त्रीलिंग शब्दों के अन्तर्गत निम्नलिखित स्वरान्तों/अजन्तों को सम्मिलित किया जाता है

आकारान्ताः माला, आर्या, कन्या, ग्रीवा आदयः।
इकारान्ताः बुद्धिः, मतिः, प्रीतिः आदयः।
ईकारान्ताः नदी, कौमुदी, गौरी, जननी आदयः।
उकारान्ताः धेनुः, रज्जुः, चञ्चुः आदयः।
ऋकारान्ताः मातृ आदयः।

(iv) **हलन्त स्त्रीलिंग शब्द**

हलन्त स्त्रीलिंग शब्दों के अन्तर्गत निम्नलिखित व्यंजनांत/हलन्त शब्दों को सम्मिलित किया जाता है

वाच् , सरित्, तडित् आदयः।

(v) **अजन्त नपुंसकलिंग शब्द**

अजन्त नपुंसकलिंग शब्दों के अन्तर्गत निम्नलिखित स्वरान्तों/अजन्तों को सम्मिलित किया जाता है

अकारान्ताः फलम् , पत्रम् , अमृतम् , उपवनम् आदयः।
इकारान्ताः वारि, दधि, अक्षि आदयः।
उकारान्ताः मधु, वस्तु, अश्रु, आदयः।
ऋकारान्ताः कर्तृ आदि।

(vi) **हलन्त नपुंसकलिंग शब्द**

हलन्त नपुंसकलिंग शब्दों के अन्तर्गत निम्नलिखित व्यंजनांत/हलन्त शब्दों को सम्मिलित किया जाता है

जगत्, महत्, रजस् , सरस् आदयः।

पुल्लिंग शब्द सूची

अकारान्तः

- अनलः = आग
- अश्वः = घोड़ा
- आकाशः = आकाश
- उलूकः = उल्लू
- वृषभः = बैल
- खगः = पक्षी
- घटः = घड़ा
- जलदः = बादल
- नकुलः = नेवला
- बकः = बगुला
- मकरः = मगरमच्छ
- रामः = राम
- वरः = वर
- पटः = पट
- हरः = शिव
- अजः = बकरा
- अनिलः = हवा
- ईश्वरः = ईश्वर
- उष्ट्रः = ऊँट
- काकः = कौआ
- गर्दभः = गधा
- चन्द्रः = चाँद
- दन्तः = दाँत
- पतङ्गः = सूर्य
- भल्लूकः = रीछ
- यज्ञः = यज्ञ
- लाभः = लाभ
- शेषः = शेषनाग
- सर्पः = साँप
- क्षत्रियः = क्षत्रिय

इकारान्तः

- ऋषिः = ऋषि
- कपिः = बन्दर
- हरिः = भगवान विष्णु
- असिः = तलवार
- भूपतिः = राजा
- विधिः = कानून
- औषधिः = दवाई
- जलधिः = समुद्र
- कविः = कविता करने वाला
- यतिः = संन्यासी
- राशिः = समूह
- अतिथिः = मेहमान
- हिमाद्रिः = हिमालय
- गिरिः = पर्वत
- अद्रिः = पर्वत
- व्याधिः = रोग, बीमारी

उकारान्तः

- साधुः = सज्जन
- विधुः = चन्द्रमा
- शिशुः = बालक
- तरुः = पेड़
- बन्धुः = भाई
- वायुः = हवा
- ऋतु = मौसम
- रिपुः = शत्रु
- भानुः = सूर्य
- प्रभुः = स्वामी
- सिन्धुः = समुद्र
- इक्षुः = गन्ना
- इन्दुः = चन्द्रमा
- गुरुः = शिक्षक
- शत्रुः = दुश्मन
- बिन्दुः = बूँद

ऋकारान्तः

- पितृ = पिता
- सवितृ = सूर्य
- नप्तृ = दौहित्र
- होतृ = हवन करने वाला
- भ्रातृ = भाई
- भर्तृ = स्वामी
- क्रेतृ = खरीदने वाला
- गन्तृ = जाने वाला

स्त्रीलिंग शब्द सूची

आकारान्तः

- आर्या = श्रेष्ठ
- एला = इलायची
- कक्षा = श्रेणी
- ईडा = पूजा
- कला = मिनट
- कन्या = लड़की
- ग्रीवा = गर्दन
- छाया = छाया
- भत्या = नौकरानी
- यमुना = यमुना नदी
- गंगा = नदी (गंगा)
- पादुका = जूती
- माला = हार
- रसना = जीभ/जिह्वा

ईकारान्तः

- कौमुदी = चाँदनी
- घटी = घड़ी
- दासी = नौकरानी
- नदी = दरिया
- पृथ्वी = भूमि
- मृगी = हरिणी
- विदुषी = विद्यावती
- गौरी = गौरी
- जननी = माता
- देवी = देवी
- नारी = स्त्री
- भगिनी = बहन
- राज्ञी = रानी
- श्रेणी = कक्षा

नपुंसकलिंग शब्द सूची

अकारान्तः

- अमृतम् = अमृत
- उपवनम् = बाग
- उद्यानम् = बगीचा
- कमलम् = कमल
- चक्रम् = चक्र
- जलम् = पानी
- ताम्रम् = ताँबा
- नेत्रम् = आँख
- फलम् = फल
- मासम् = माँस
- मित्रम् = मित्र, सखा, सरवा
- रजतम् = चाँदी
- लौहम् = लौहा
- विषम् = विष, जहर
- सलिलम् = जल, पानी
- अस्त्रम् = अस्त्र/हथियार
- उदकम् = जल
- औषधम् = दवाई
- गगनम् = आकाश
- चिबुकम् = ठोड़ी
- तृणम् = तिनका
- दर्पणम् = शीशा
- पुष्पम् = फूल
- भूषणम् = गहना
- मुखम् = मुँह
- रत्नम् = रत्न
- रुप्यकम् = रुपया
- वित्तम् = धन
- शस्त्रम् = हथियार
- सुवर्णम् = सोना

पुल्लिंग से स्त्रीलिंग

पुल्लिंग स्त्रीलिंग (अकारान्त)

- बालः = बाला
- अजः = अजा
- छात्रः = छात्रा
- शिक्षकः = शिक्षिका
- अश्वः = अश्वा
- बालकः = बालिका
- सुतः = सुता
- गायकः = गायिका

पुल्लिंग – स्त्रीलिंग (ईकारान्त)

- नरः = नारी
- दासः = दासी
- काकः = काकी
- गर्दभः = गर्दभी
- देवः = देवी
- उष्ट्रः = उष्ट्री

2.2 वचनम्

संस्कृत में वचन तीन प्रकार के होते हैं।

एकवचनम् जिससे किसी व्यक्ति या वस्तु की एक संख्या का बोध होता है; जैसे– बालकः, लता, फलम्।

द्विवचनम् जिससे किसी व्यक्ति या वस्तु की दो संख्याओं का बोध होता है; जैसे— बालकौ, लते, फले।

बहुवचनम् जिससे किसी व्यक्ति या वस्तु की दो से अधिक संख्याओं का बोध होता है; जैसे— बालकाः, लताः, फलानि।

तीनों वचनों के अन्य उदाहरण

एकवचनम्	**द्विवचनम्**	**बहुवचनम्**
रामः	रामौ	रामाः
बालक	बालकौ	बालकाः
रमा	रमे	रमाः
फलम्	फले	फलानि
सः	तौ	ते
सा	ते	ताः
त्वम्	युवाम्	यूयम्
अहम्	आवाम्	वयम्

2.3 पुरुष

संस्कृत में पुरुष तीन प्रकार के होते हैं

(i) **प्रथम पुरुष** जहाँ कर्ता किसी अन्य के लिए प्रयुक्त होता है, उसे प्रथम पुरुष कहते हैं। यह तीनों लिङ्गों व तीनों वचनों में होता है। जैसे—

	एकवचनम्	**द्विवचनम्**	**बहुवचनम्**
पुल्लिङ्गम्	सः	तौ	ते
स्त्रीलिङ्गम्	सा	ते	ताः
नपुंसकलिङ्गम्	तत्	ते	तानि

(ii) **मध्यम पुरुष** जहाँ कर्ता का प्रयोग मध्यम पुरुष के लिए प्रयुक्त होता है अर्थात् जिससे वार्तालाप होता अर्थात् जो श्रोता होता है, उसे मध्यम पुरुष कहते हैं। यह तीनों लिङ्गों में समान होता है।

जैसे—

एकवचनम्	**द्विवचनम्**	**बहुवचनम्**
त्वम्	युवाम्	यूयम्

(iii) **उत्तम पुरुष** जहाँ कर्ता अपने (स्वयं) के लिए अर्थात् स्वयं वक्ता के लिए प्रयुक्त होता है, उसे उत्तम पुरुष कहते हैं। यह तीनों लिङ्गों में समान होता है।

जैसे—

एकवचनम्	**द्विवचनम्**	**बहुवचनम्**
अहम्	आवाम्	वयम्

अभ्यास प्रश्नाः

बहुविकल्पीय एवं वर्णनात्मक प्रश्नों सहित

1. प्रदत्त विकल्पेभ्यः उचितम् उत्तरं चिनुत।
(दिए गए विकल्पों में से उचित उत्तर चुनिए।)

(i) **अधोलिखितेषु पुल्लिङ्ग शब्दः अस्ति।**
(अ) छात्रः (ब) रमा (स) लता (द) फलम्

(ii) **नपुंसकलिङ्ग शब्दः अस्ति।**
(अ) सीता (ब) वनम् (स) नरः (द) सिंहः

(iii) **स्त्रीलिङ्ग शब्दः अस्ति।**
(अ) पुष्पाणि (ब) महिला (स) रामः (द) जलम्

(iv) **नपुंसकलिङ्ग शब्दः अस्ति।**
(अ) अजा (ब) बालिका (स) कमलानि (द) हरिः

(v) **पुल्लिङ्ग शब्दः अस्ति।**
(अ) पुस्तकम् (ब) नारिकेलम्
(स) चटका (द) कृष्णः

(vi) **स्त्रीलिङ्ग शब्दः अस्ति।**
(अ) अजा (ब) सः (स) तत् (द) छात्रः

(vii) **मध्यम पुरुष एकवचने रूपं अस्ति।**
(अ) अहम् (ब) त्वम् (स) सः (द) तत्

(viii) **उत्तम पुरुष द्विवचने रूपम् अस्ति।**
(अ) आवाम् (ब) वयम् (स) युवाम् (द) तौ

(ix) **नपुसंकलिंग बहुवचने रूपं अस्ति।**
(अ) मित्रे (ब) फलम् (स) फलानि (द) बालकाः

(x) **प्रथम पुरुष बहुवचने रूपं अस्ति।**
(अ) तानि (ब) तत् (स) यूयम् (द) वयम्

उत्तराणि

(i) (अ) छात्रः (ii) (ब) वनम्
(iii) (ब) महिला (iv) (स) कमलानि
(v) (द) कृष्णः (vi) (अ) अजा
(vii) (ब) त्वम् (viii) (अ) आवाम्
(ix) (स) फलानि (x) (अ) तानि

2. अधोलिखितानां शब्दानां लिंग परिवर्तनं कुरुत।
(निम्नलिखित शब्दों का लिंग परिवर्तन कीजिए।)

(i) अश्वः (ii) देवी
(iii) सुतः (iv) बालिका
(v) नारी (vi) गायकः

उत्तराणि

(i) अश्वा (ii) देवः (iii) सुता (iv) बालकः
(v) नरः (vi) गायिका

3. **अधोलिखितेषु वाक्येषु लिंग परिवर्तनं कृत्वा लिखत।**
(निम्नलिखित वाक्यों में लिंग परिवर्तन करके लिखिए।)

(i) **छात्रा गायति।**
(ii) **बालकः नृत्यति।**
(iii) **छात्रः पठति।**
(iv) **सा विद्यालयं गच्छति।**
(v) **विडालः धावति।**
(vi) **लेखिका लिखति।**

उत्तराणि

(i) छात्रः गायति। (ii) बालिका नृत्यति।
(iii) छात्रा पठति। (iv) सः विद्यालयं गच्छति।
(v) विडाला धावति। (vi) लेखकः लिखति।

4. **अधोलिखितान् शब्दान् एकवचनात् द्विवचने परिवर्तनं कुरुत।**
(निम्नलिखित शब्दों को एकवचन से द्विवचन में परिवर्तित कीजिए।)

(i) **वृक्षः** (ii) **मित्रम्**
(iii) **फलम्** (iv) **सा**
(v) **छात्रा** (vi) **सिंहः**

उत्तराणि

(i) वृक्षौ (ii) मित्रे (iii) फले (iv) ते
(v) छात्रे (vi) सिंघै सिंहे

5. **अधोलिखितान् शब्दान् एकवचनात् बहुवचने परिवर्तनं कुरुत।**
(निम्नलिखित शब्दों को एकवचन से बहुवचन में परिवर्तित कीजिए।)

(i) **बालकः** (ii) **लता**
(iii) **पत्रम्** (iv) **सः**
(v) **अहम्** (vi) **त्वम्**

उत्तराणि

(i) बालकाः (ii) लताः (iii) पत्राणि (iv) ते
(v) वयम् (vi) यूयम्

6. **अधोलिखितान् शब्दान् बहुवचनात् एकवचने परिवर्तनं कुरुत।**
(निम्नलिखित शब्दों को बहुवचन से एकवचन में परिवर्तित कीजिए।)

(i) **ताः** (ii) **शाखाः**
(iii) **मित्राणि** (iv) **मुनयः**
(v) **कानि** (vi) **पर्वताः**

उत्तराणि

(i) सा (ii) शाखा (iii) मित्रम् (iv) मुनिः
(v) किम् (vi) पर्वतः

7. **निर्देशानुसारं वचनपरिवर्तनं कुरुत।**
(निर्देशानुसार वचन परिवर्तन कीजिए।)

(i) **सा पठति। (द्विवचने)**
(ii) **बालिकाः गच्छन्ति। (एकवचने)**
(iii) **त्वम् धावसि। (बहुवचने)**
(iv) **ताः नृत्यन्ति। (एकवचने)**
(v) **गजाः चलन्ति। (द्विवचने)**
(vi) **मयूरः नृत्यति। (बहुवचने)**

उत्तराणि

(i) ते पठतः। (ii) बालिका गच्छति।
(iii) यूयम् धावथ। (iv) सा नृत्यति।
(v) गजौ चलत। (vi) मयूराः नृत्यन्ति।

8. **अधोलिखितेषु पदेषु नपुंसकलिंग पदानि चयनं कृत्वा लिखत।**
(निम्नलिखित पदों में से नपुंसकलिंग पदों को चुनकर लिखिए।)

सर्पः, उदकम्, औषधम् , कक्षा, कला, अस्त्रम् , अमृतम्, पटः, काकः, उद्यानम्।

उत्तराणि

(i) उदकम् (ii)औषधम् (iii) अस्त्रम् (iv)अमृतम्
(v) उद्यानम्

9. **अधोलिखितेषु पदेषु द्विवचनान्तानि पदानि चित्वा लिखत।**
(निम्नलिखित पदों में से द्विवचन वाले पद चुनकर लिखिए।)

मुनी, मित्रम्, देवौ, अहम् , युवाम्, तौ, एषः, का, तानि, पठतः, लते, साधू।

उत्तराणि

(i) मुनी (ii) देवौ (iii) युवाम् (iv) तौ
(v) पठतः (vi) लते (vii) साधू

10. **अधोलिखितेषु पदेषु अकारान्तपदानि चित्वा लिखत।**
(निम्नलिखित पदों में से अकारान्त पदों को चुनकर लिखिए।)

अनलः, खगः, आर्या, गौरी, उपवनम्, सलिलम् , विदुषी, सर्पः, लाभः कविः, गिरिः।

उत्तराणि

(i) अनलः (ii) खगः (iii) उपवनम् (iv) सलिलम्
(v) सर्पः (vi) लाभः ।

11. **अधोलिखितेषु पदेषु हलन्त पदानि चित्वा लिखत।**
(निम्नलिखित पदों में से हलन्त पद चुनकर लिखिए।)

शिशुः, राजन् , आत्मन् , सुधा, मनस् , पयस् , सरित्, वारि

उत्तराणि

(i) राजन् (ii) आत्मन् (iii) मनस् (iv) पयस्
(v) सरित्

12. **अधोलिखितेषु पदेषु उत्तम पुरुषवाचकानि पदानि चित्वा लिखत।**
(अधोलिखित पदों में से उत्तम पुरुष वाचक पदों को चुनकर लिखिए।)

शिशुः, राजन् , आत्मन् , सुधा, मनस् , पयस् , सरित्, वारि त्वम् , अहम् , युवाम् , तौ, आवाम् , यूयम् , वयम् , सा

उत्तराणि

(i) अहम् (ii) आवाम् (iii) वयम्

13. अधोलिखितेषु पदेषु प्रथम पुरुष वाचकानि पदानि चित्वा लिखत। (निम्नलिखित पदों में से प्रथम पुरुष वाचक पदों को चुनकर लिखिए।)

तत् , अहम् , त्वम् , तानि, सः, तौ, वयम् , यूयम् , मम, ते

उत्तराणि

(i) तत् (ii) तानि (iii) सः (iv) तौ (v) ते

14. भिन्न प्रकृतिकं पदं चिनुत। (भिन्न प्रकृति वाला पद चुनिए।)

(i) तत्, सा, तानि, ते
(ii) रामेण, बालकस्य, लताः, रमा
(iii) पठतः, पठन्ति, गच्छन्ति, गमिष्यन्ति
(iv) अहं, आवां, वयं, सः
(v) फलम्, गृहम्, कमलम्, पुस्तकानि

उत्तराणि

(i) सा (यह स्त्रीलिङ्ग है—शेष सभी नपुंसकलिङ्ग है)
(ii) लताः (यह बहुवचन है—शेष सभी एकवचन है)
(iii) पठतः (यह द्विवचन है—शेष सभी बहुवचन है)
(iv) सः (यह प्रथम पुरुष है—शेष सभी उत्तम पुरुष है)
(v) पुस्तकानि (यह बहुवचन है—शेष सभी एकवचन है)

15. अधोलिखितेषु पदेषु पुल्लिङ्ग-स्त्रीलिङ्ग पदानि पृथक् कृत्वा लिखत। (निम्नलिखित शब्दों में से पुल्लिंग व स्त्रीलिङ्ग शब्दों को अलग करके लिखिए।)

बालकः, छात्रः, रामः, ललिता, रमा, नदी, हरि, महिलाः, माला, जनः, अश्वः, गजः, बालिकाः, लता

पुल्लिङ्ग	स्त्रीलिङ्ग
....	....
....	....
....	....
....	....
....	....

उत्तराणि

पुल्लिङ्ग	स्त्रीलिङ्ग	पुल्लिङ्ग	स्त्रीलिङ्ग
बालकः	ललिता	हरि	महिलाः
छात्रः	रमा	जनः	माला
रामः	नदी	अश्वः	बालिका

16. एकवचनांत, द्विवचनांत, बहुवचनांत पदानि च पृथक् कृत्वा लिखत। (एकवचन, द्विवचन और बहुवचन पदों को अलग करके लिखिए।)

सा, तौ, ताः, सः, तानि, तत्, त्वम्, वयम्, यूयं, आवां, अहं, युवाम्

एकवचन	द्विवचन	बहुवचन
....	....	....
....	....	....
....	....	....

उत्तराणि

एकवचन	द्विवचन	बहुवचन
सा	तौ	ताः
सः	युवाम्	तानि
तत्	आवां	वयम्
त्वम्		यूयं
अहं		

अध्याय 3

विशेष्य-विशेषणम् बोधनम्

3.1 विशेष्य-विशेषण की परिभाषा

ऐसे शब्द जो संज्ञा या सर्वनाम की विशेषता बताते हैं, विशेषण कहलाते हैं तथा जिन शब्दों/पद की विशेषता बताई जाए, वे विशेष्य कहलाते हैं।

जैसे- योग्यः बालकः पठति।

यहाँ योग्यः शब्द विशेषण पद है और बालकः (संज्ञा) शब्द विशेष्य है।

1. **गुणवाचक विशेषण**

जिन शब्दों द्वारा संज्ञा के गुण अथवा दोष का बोध होता है, उन्हें 'गुणवाचक विशेषण' (Adjective of Quality) कहते हैं।

2. **परिमाणवाचक विशेषण**

जिन विशेषण शब्दों द्वारा संज्ञा की मात्रा (नाप-तौल) का बोध होता है, उन्हें 'परिमाणवाचक विशेषण' (Adjective of Quantity) कहते हैं।

3. **संख्यावाचक विशेषण**

जिन विशेषण शब्दों से संज्ञा की संख्या का बोध होता है, उन्हें संख्यावाचक विशेषण (Adjective of Number) कहते हैं; जैसे—**एक** मेज, **चार** कुर्सियाँ, **दस** पुस्तकें, **कुछ** रुपए इत्यादि।

4. सार्वनामिक विशेषण

जो सर्वनाम शब्द संज्ञा के लिए विशेषण का काम करते हैं, उन्हें 'सार्वनामिक विशेषण' (Demonstrative Adjective) कहते हैं। जैसे– 'यह', 'वह', 'जो', 'कौन', 'क्या', 'कोई', 'ऐसा', 'ऐसी', 'वैसा', 'वैसी' इत्यादि।

यह हमेशा स्मरण रखें कि विशेष्य के लिए जो लिंग, विभक्ति और वचन होंगे, वही लिंग, विभक्ति और वचन विशेषण के भी होंगे; जैसे–

लिंग	विभक्ति	एकवचन	द्विवचन	बहुवचन
पुल्लिंग	प्रथमा	**योग्यः** बालकः	**योग्यौ** बालकौ	**योग्याः** बालकाः
स्त्रीलिंग	प्रथमा	**योग्या** बालिका	**योग्ये** बालिके	**योग्याः** बालिकाः
नपुंसकलिंग	प्रथमा	**मधुरम्** आम्रम्	**मधुरे** आम्रे	**मधुराणि** आम्राणि
पुल्लिंग	प्रथमा	**सः** छात्रः	**तौ** छात्रौ	**ते** छात्राः
स्त्रीलिंग	प्रथमा	**सा** छात्रा	**ते** छात्रे	**ताः** छात्राः
नपुंसकलिंग	प्रथमा	**तत्** चित्रम्	**ते** चित्रे	**तानि** चित्राणि

अभ्यास प्रश्नाः

बहुविकल्पीय एवं
वर्णनात्मक प्रश्नों सहित

I. अधोलिखितेषु विशेषणपदानि अवचित्य लिखत।
(निम्नलिखित में से विशेषण पदों को चुनकर लिखिए।)

ज्येष्ठः, क्षणिकः, कटुः, रूपं, रक्तः, अग्निः शोभनः राष्ट्र, परिश्रमी, रामः, काकः, पक्वः

उत्तराणि

ज्येष्ठः, क्षणिकः, कटुः, शोभनः, परिश्रमी, पक्वः

II. अधोलिखितेषु विकल्पेषु समुचितम् उत्तरं चित्वा लिखत।
(निम्नलिखित विकल्पों में से उचित उत्तर चुनकर लिखिए।)

1. 'पर्वतात्' इत्यस्य विशेषणपदं किम्?
(अ) उन्नतात् (ब) उन्नत् (स) उन्नतः (द) उन्नात्

2. 'वाटिकायाम्' इत्यस्य विशेषणपदं किम्?
(अ) तस्याम् (ब) तां (स) तयाम् (द) तस्याः

3. 'तत्' इत्यस्य उचितं विशेष्यपदं किम्?
(अ) मनः (ब) रामः (स) कृष्णः (द) बाला

4. 'गृहे' इत्यस्य विशेषणपदं किम्?
(अ) अस्मात् (ब) एके (स) एकस्मिन् (द) एका

5. 'बालकैः' इत्यस्य विशेषणपदं किम्?
(अ) त्रिभिः (ब) तिसृभिः (स) त्रिभ्यः (द) त्रिषु

6. 'पवित्रं' इत्यस्य विशेषणपदं किम्?
(अ) जलम् (ब) जल (स) जलोदरः (द) जलजः

7. 'मयूरस्य' इत्यस्य विशेषणपदं किम्?
(अ) नीलः (ब) नीलवर्णस्य (स) नीलम् (द) नीलय

8. 'महिलाः' इत्यस्य संख्या विशेषणं किम्?
(अ) चत्वारः (ब) चलस्रः (स) चत्वाराः (द) चत्वारि

9. 'वृक्षः' इत्यस्य विशेषणं किम्?
(अ) विशालः (ब) विशालम् (स) विशालो (द) विशालौ

10. विशेषणपदं लिखत।
(अ) पुष्पम् (ब) उन्नतः (स) लता (द) मृगः

11. विशेषण पदं लिखत।
(अ) पर्वतः (ब) हरितः (स) वचनम् (द) अश्वः

12. विशेष्य पदं लिखत।
(अ) दयालुः (ब) पीतः (स) आकाश (द) दीर्घः

13. विशेषण पदं लिखत।
(अ) मृगः (ब) पुष्पम् (स) आम्रः (द) नूतनः

14. विशेष्यपदं लिखत।
(अ) विशालः (ब) मित्रम् (स) आर्द्रः (द) स्वस्थः

15. विशेष्यपदं लिखत।
(अ) अम्ल (ब) लता (स) कृष्ण (द) शुष्क

16. विशेषणपदं लिखत।
(अ) पिकः (ब) साधु (स) गजः (द) बालकः

17. विशेषणपदं लिखत।
(अ) वने (ब) सर्प (स) दिने (द) एकः

18. विशेष्यपदं लिखत।
(अ) अस्मिन् (ब) करुणं (स) क्रन्दनम् (द) इयं

19. विशेषणपदं लिखत।
(अ) सघन (ब) भाषा (स) कथा (द) धेनुः

20. विशेष्यपदं लिखत।

(अ) उद्यानम् (ब) पर्वतीय
(स) कृश: (द) शूर:

उत्तराणि

1. (अ) उन्नतात् 2. (अ) तस्याम्
3. (अ) मन: 4. (स) एकस्मिन्
5. (अ) त्रिभि: 6. (अ) जलम्
7. (ब) नीलवर्णस्य 8. (ब) चतस्र:
9. (अ) विशाल: 10. (ब) उन्नत:
11. (ब) हरित: 12. (स) आकाश
13. (द) नूतन: 14. (ब) मित्रम्
15. (ब) लता 16. (ब) साधु
17. (द) एक: 18. (स) क्रन्दनम्
19. (अ) सघन 20. (अ) उद्यानम्

अध्याय 4

कारक-बोधनम्

4.1 कारक की परिभाषा

वाक्य में कर्ता का क्रिया से जो संबंध होता है, वह कारक कहलाता है; जैसे— बालक: पठति। बालक पढ़ता है। यहाँ पठति क्रिया को संपन्न करने वाला बालक है। अत: बालक कर्ता है।

कारक के प्रकार

संस्कृत में कारक छ: प्रकार के होते हैं। संस्कृत में षष्ठी को अर्थात् संबंध को कारक नहीं माना जाता है, क्योंकि उसका संबंध क्रिया से नहीं होता है। अपितु अन्य कारकों से होता है। कारकों को प्रदर्शित करने के लिए हिंदी में कारक चिह्नों का प्रयोग किया जाता है, जिन्हें परसर्ग कहते हैं। विभक्ति के अनुसार कारक व उनके चिह्न को निम्न तालिका से समझ सकते हैं

विभक्तिः	कारक	चिह्न	एकवचन	द्विवचन	बहुवचन
प्रथमा	कर्ता	ने	बालक:	बालकौ	बालका:
द्वितीया	कर्म	को	बालकम्	बालकौ	बालकान्
तृतीया	करण	से, द्वारा	बालकेन्	बालकाभ्याम्	बालकै:
चतुर्थी	सम्प्रदान	के लिए	बालकाय	बालकाभ्याम्	बालकेभ्य:
पञ्चमी	अपादान	से (अलग होना)	बालकात्	बालाकाभ्याम्	बालकेभ्य:
षष्ठी	संबंध	क, की, के, रा री रे, ना, नी, ने	बालकस्य	बालकयो:	बालकानाम्
सप्तमी	अधिकरण	में, पे, पर	बालके	बालकयो:	बालकेषु
संबोधन	संबोधन	हे! अरे! भो! इत्यादि	हे बालक!	हे बालकौ!	हे बालका:

नोट संबोधन कर्ता का ही रूप होता है अर्थात् यह प्रथमा विभक्ति से ही जुड़ा होता है। इसलिए उसकी गणना भी कारकों में नहीं होती है।

कारक-विभक्ति

1. कर्ता कारक (प्रथमा विभक्ति)

क्रिया को सम्पादित करने वाला कर्ता कहलाता है। कर्ता में प्रथमा विभक्ति होती है। इसका कारक चिह्न 'ने' होता है।

जैसे— राम: रावणं अमारयत्।
राम **ने** रावण को मारा।

2. कर्म कारक (द्वितीया विभक्ति)
जिस वस्तु या पुरुष के ऊपर क्रिया का प्रभाव पड़ता है, उसे कर्म कारक कहते हैं तथा कर्म में द्वितीया विभक्ति होती है।
जैसे– रामः बाणं अक्षिपत्।
राम ने बाण **को** चलाया।

3. करण कारक (तृतीया विभक्ति)
क्रिया की सिद्धि में जो सर्वाधिक सहायक होता है, उसे कारक की करण संज्ञा कहते हैं और इसमें तृतीया विभक्ति प्रयुक्त होती है।
जैसे—रामः वाणेन रावणं अमारयत्।
(राम ने बाण **से** रावण को मारा।)

4. सम्प्रदान कारक (चतुर्थी विभक्ति)
दान कर्म के द्वारा कर्ता जिसको संतुष्ट करना चाहता है। वह सम्प्रदान कारक कहा जाता है और सम्प्रदान में चतुर्थी विभक्ति प्रयुक्त होती है।
जैसे—रामः पापाय रावणं अमारयत्।
(राम ने पापों **के लिए** रावण को मारा।)

5. अपादान कारक (पंचमी विभक्ति)
पृथक् होने पर जो स्थिर है, उसकी अपादान संज्ञा होती है और अपादान में पंचमी विभक्ति होती है।
जैसे—रामः पापात् रक्षार्थं रावणं अमारयत्।
(राम ने **पाप से** रक्षा के लिए रावण को मारा।)

6. संबंध कारक (षष्ठी विभक्ति)
संबंध में षष्ठी विभक्ति प्रयुक्त होती है;
जैसे—रामः भारतस्य रक्षार्थं रावणं अमारयत्।
(राम ने भारत **की** रक्षा के लिए रावण को मारा।)

7. अधिकरण कारक (सप्तमी विभक्ति)
क्रिया की सिद्धि में जो आधार होता है, उसकी अधिकरण संज्ञा होती है और अधिकरण में सप्तमी विभक्ति होती है।
जैसे—रामः रावणं समुद्रतटे अमारयत्।
(राम ने रावण को समुद्र के किनारे मारा।)

विशेष विभक्ति का प्रयोग

संस्कृत की कुछ धातुओं के योग में विशेष विभक्ति का प्रयोग नियम है, जो निम्नलिखित हैं

द्वितीया विभक्ति

- सः ईश्वरं भवति।
- बालकः अध्यापकं प्रश्नं पृच्छति।
- सः अजां ग्रामं नयति।
- भिक्षुकः भोजनं याचते।
- माता बालकं रक्षति।
- बालकः पर्वतम् आरोहति।

चतुर्थी विभक्ति

- माता बालकेभ्यः कथां कथयति।
- बालकः फलेभ्यः स्पृहयति।

पंचमी विभक्ति

- बीजात् पादपाः जायते।
- गङ्गा हिमालयात् निर्गच्छति।

सप्तमी विभक्ति

- जीवेषु दयस्व कुरू।

अभ्यास प्रश्नाः

बहुविकल्पीय एवं वर्णनात्मक प्रश्नों सहित

अधोलिखितेषु विकल्पेषु समुचितं उत्तरं चित्वा लिखत।
(निम्नलिखित विकल्पों में से उचित उत्तर चुनकर लिखिए।)

1. वयं .... अलम्।
(अ) शत्रुः (ब) शत्रवः (स) शत्रुभ्यः (द) शत्रोः
2. .... अध्ययनं रोचते।
(अ) अहम् (ब) आवाम् (स) वयम् (द) मह्यम्
3. मोहनः स्वमित्रं .... निवारयति।
(अ) पापः (ब) पापे (स) पापात् (द) पापस्य
4. .... ऋते कोऽपि सहयोगं न करोति।
(अ) धनात् (ब) धनस्य (स) धनम् (द) धने
5. .... विना वृष्टिः न भवति।
(अ) मेघम् (ब) मेघस्य
(स) मेघात् (द) मेघे
6. 'बालः शय्याम् अधिशेते।' इस वाक्य के रेखांकित पद में कौन-सी विभक्ति है?
(अ) पञ्चमी (ब) तृतीया (स) द्वितीया (द) चतुर्थी
7. 'कर्णेन बधिरः' के रेखांकित पद में कौन-सी विभक्ति है?
(अ) तृतीया (ब) चतुर्थी (स) षष्ठी (द) सप्तमी
8. 'अहं रामेण सह गच्छामि' में रेखांकित पद में कौन-सी विभक्ति है? सही विकल्प चुनकर लिखिए।
(अ) द्वितीया (ब) सप्तमी (स) तृतीया (द) द्वितीया
9. अश्वात् पतति इस वाक्य के रेखांकित पद में कौन-सी विभक्ति है?
(अ) चतुर्थी (ब) पञ्चमी (स) तृतीया (द) पञ्चमी
10. 'सः नेत्राभ्यां पश्यति' में रेखांकित पद में विभक्ति है
(अ) तृतीया (ब) सप्तमी
(स) पञ्चमी (द) चतुर्थी

11. करण कारके का विभक्तिः भवति?
(अ) द्वितीया (ब) तृतीया (स) प्रथमा (द) चतुर्थी

12. सम्प्रदानकारके का विभक्तिः भवति?
(अ) चतुर्थी (ब) प्रथमा (स) षष्ठी (द) पंचमी

13. कर्ता कारके का विभक्तिः भवति?
(अ) द्वितीया (ब) प्रथमा (स) पंचमी (द) चतुर्थी

14. कर्म कारके का विभक्तिः भवति?
(अ) प्रथमा (ब) तृतीया (स) चतुर्थी (द) द्वितीया

15. अपादानकारके का विभक्तिः भवति?
(अ) द्वितीया (ब) तृतीया (स) प्रथमा (द) पंचमी

16. श्याम विद्यालयम् अगच्छत्। इत्यत्र किं कर्म?
(अ) श्याम (ब) विद्यालयम् (स) कर्म (द) अगच्छत्

17. गिरीशः पुस्तकं पठति। इत्यत्र कः कर्ता?
(अ) पठति (ब) पुस्तकं (स) गिरीशः (द) कर्ता

18. वानरः वृक्षे कूर्दति। इत्यत्र कः कर्ता?
(अ) वानरः (ब) कूर्दति (स) वृक्षे (द) कर्ता

19. अहं सूर्यं पश्यामि। इत्यत्र किं कर्म?
(अ) अहं (ब) सूर्यं (स) पश्यामि (द) कर्म

20. ऋते ज्ञानात् न मुक्तिः अत्र अपादान किम्?
(अ) ऋते (ब) ज्ञानात् (स) न (द) मुक्ति

21. बालकः मात्रे प्रणमति। अत्र सम्प्रदान किम्?
(अ) बालकः (ब) मात्रे (स) प्रणमति (द) बालक

22. मोहन कन्दुकेन क्रीडति। अत्र करण किम्?
(अ) मोहन (ब) कन्दुकेन (स) क्रीडति (द) क्रीड

23. गां दोग्धि पयः अत्र कर्म किम्?
(अ) गां (ब) दोग्धि (स) पयः (द) गृहे

उत्तराणि

1. (स) शत्रुभ्यः 2. (द) मह्यम्
3. (स) पापात् 4. (अ) धनात्
5. (स) मेघात् 6. (स) द्वितीया
7. (अ) तृतीया 8. (स) तृतीया
9. (द) पञ्चमी 10. (अ) तृतीया
11. (ब) तृतीया 12. (अ) चतुर्थी
13. (ब) प्रथमा 14. (द) द्वितीया
15. (द) पंचमी 16. (ब) विद्यालयम्
17. (स) गिरीशः 18. (अ) वानरः
19. (ब) सूर्यं 20. (ब) ज्ञानात्
21. (ब) मात्रे 22. (ब) कन्दुकेन
23. (अ) गां

अध्याय 5 शब्दरूपाणि

5.1 शब्दरूप की परिभाषा

संस्कृत भाषा में कोई भी शब्द अपने मूल रूप में वाक्य में प्रयुक्त नहीं होता है। वाक्य प्रयोग करते समय उसमें रूपांतरण होता है। इसी को 'शब्दरूप' कहते हैं। हिंदी भाषा में ने, को, के लिए, का, में, पर आदि परसर्गों का प्रयोग करते हैं, किंतु संस्कृत भाषा में इन परसर्गों के अर्थ को दर्शाने के लिए विभिन्न शब्दरूपों का प्रयोग किया जाता है।

जैसे—'राम को' इस अर्थ के लिए 'रामम्' शब्दरूप का प्रयोग होता है। इसी प्रकार 'राम का' के अर्थ में 'रामस्य' केवल एक ही शब्दरूप प्रयुक्त होता है। ये रूप तीनों लिङ्गों में चलते हैं- पुल्लिङ्ग, स्त्रीलिङ्ग, नपुंसकलिङ्ग।

1. अकारांत पुल्लिङ्ग राम शब्दरूपाणि

विभक्तिः	एकवचनम्	द्विवचनम्	बहुवचनम्
प्रथमा (राम ने)	रामः	रामौ	रामाः
द्वितीया (राम को)	रामम्	रामौ	रामान्
तृतीया (राम से, के द्वारा)	रामेण	रामाभ्याम्	रामैः
चतुर्थी (राम के लिए)	रामाय	रामाभ्याम्	रामेभ्यः
पञ्चमी (राम से)	रामात्	रामाभ्याम्	रामेभ्यः
षष्ठी (राम का, के, की)	रामस्य	रामयोः	रामाणाम्
सप्तमी (राम में, पर)	रामे	रामयोः	रामेषु
सम्बोधनम्	हे राम!	हे रामौ!	हे रामाः!

अन्य अकारांत पुल्लिङ्ग शब्दाः

शब्दाः	अर्थः	एकवचनम्	द्विवचनम्	बहुवचनम्
जनकः	पिता	जनकः	जनकौ	जनकाः
नृपः	राजा	नृपः	नृपौ	नृपाः
भ्रमरः	भँवरा	भ्रमरः	भ्रमरौ	भ्रमराः
बालकः	बालक	बालकः	बालकौ	बालकाः

अश्वः	घोड़ा	अश्वः	अश्वौ	अश्वाः
शिवः	शिव	शिवः	शिवौ	शिवाः
कृषकः	किसान	कृषकः	कृषकौ	कृषकाः
मानव	मनुष्य	मानवः	मानवौ	मानवाः
मोहनः	मोहन	मोहनः	मोहनौ	मोहनाः
विप्रः	ब्राह्मण	विप्रः	विप्रौ	विप्राः
पुत्रः	पुत्र	पुत्रः	पुत्रौ	पुत्राः
विद्यालयः	पाठशाला	विद्यालयः	विद्यालयौ	विद्यालयाः

2. अकारांत नपुंसकलिङ्ग 'गृह' शब्दरूपाणि

विभक्तिः	एकवचनम्	द्विवचनम्	बहुवचनम्
प्रथमा	गृहम्	गृहे	गृहाणि
द्वितीया	गृहम्	गृहे	गृहाणि
तृतीया	गृहेण	गृहाभ्याम्	गृहैः
चतुर्थी	गृहाय	गृहाभ्याम्	गृहेभ्यः
पञ्चमी	गृहात्	गृहाभ्याम्	गृहेभ्यः
षष्ठी	गृहस्य	गृहयोः	गृहाणाम्
सप्तमी	गृहे	गृहयोः	गृहेषु
सम्बोधनम्	हे गृहम्!	हे गृहे!	हे गृहाणि!

नोट पत्र, क्षेत्र, धन, आम्र, पुष्प, फल, वस्त्र, पुस्तक आदि शब्द अकारांत (नपुंसकलिङ्ग) के रूप भी गृह की भाँति ही होते हैं। नपुंसकलिङ्ग शब्दों के रूप प्रथमा तथा द्वितीया में एकसमान होते हैं।

अन्य नपुंसकलिङ्ग शब्दाः

शब्दाः	अर्थः	एकवचनम्	द्विवचनम्	बहुवचनम्
वनम्	जंगल	वनम्	वने	वनानि
पुस्तकम्	पुस्तक	पुस्तकम्	पुस्तके	पुस्तकानि
मित्रम्	दोस्त	मित्रम्	मित्रे	मित्राणि
वस्त्रम्	कपड़े	वस्त्रम्	वस्त्रे	वस्त्राणि
आम्रम्	आम	आम्रम्	आम्रे	आम्राणि
उद्यानम्	बगीचा	उद्यानम्	उद्याने	उद्यानानि
पुष्पम्	फूल	पुष्पम्	पुष्पे	पुष्पाणि
कलम्	कलम	कलमम्	कलमे	कलमानि

3. आकारांत स्त्रीलिङ्ग 'रमा' शब्दरूपाणि

विभक्ति	एकवचनम्	द्विवचनम्	बहुवचनम्
प्रथमा	रमा	रमे	रमाः
द्वितीया	रमाम्	रमे	रमाः
तृतीया	रमया	रमाभ्याम्	रमाभिः
चतुर्थी	रमायै	रमाभ्याम्	रमाभ्यः
पञ्चमी	रमायाः	रमाभ्याम्	रमाभ्यः
षष्ठी	रमायाः	रमयोः	रमाणाम्
सप्तमी	रमायाम्	रमयोः	रमासु
सम्बोधनम्	हे रमा!	हे रमे!	हे रमाः!

नोट मञ्जूषा, माला, शाखा, नाला, लता, वाटिका, अध्यापिका, पाठशाला आदि आकारांत (स्त्रीलिङ्ग) शब्दों के रूप भी 'बालिका' की भाँति होते हैं।

अन्य स्त्रीलिङ्ग शब्दाः

शब्दः	अर्थः	एकवचनम्	द्विवचनम्	बहुवचनम्
कन्या	कन्या	कन्या	कन्ये	कन्याः
बालिका	लड़की	बालिका	बालिके	बालिकाः
महिला	स्त्री	महिला	महिले	महिलाः
कक्षा	कक्षा	कक्षा	कक्षे	कक्षाः
गंगा	गंगा	गङ्गा	गङ्गे	गङ्गाः
यमुना	यमुना	यमुना	यमुने	यमुनाः
क्रीडा	खेल	क्रीडा	क्रीडे	क्रीडाः
वसुधा	पृथ्वी	वसुधा	वसुधे	वसुधाः
कविता	कविता	कविता	कविते	कविताः
शोभा	सुंदरता	शोभा	शोभे	शोभाः

4. इकारांत स्त्रीलिङ्ग 'नदी' शब्दरूपाणि

विभक्ति	एकवचनम्	द्विवचनम्	बहुवचनम्
प्रथमा	नदी	नद्यौ	नद्यः
द्वितीया	नदीम्	नद्यौ	नदीः
तृतीया	नद्या	नदीभ्याम्	नदीभिः
चतुर्थी	नद्यै	नदीभ्याम्	नदीभ्यः
पञ्चमी	नद्याः	नदीभ्याम्	नदीभ्यः
षष्ठी	नद्याः	नद्योः	नदीनाम्
सप्तमी	नद्याम्	नद्योः	नदीषु
सम्बोधनम्	हे नदि!	हे नद्यौ!	हे नद्यः!

नोट मुनि, रवि, हरि, कपि, कवि आदि इकारांत पुल्लिंग शब्दों के रूप होते हैं।

5. उकारांत पुल्लिङ्ग 'साधु' शब्दरूपाणि

विभक्ति	एकवचनम्	द्विवचनम्	बहुवचनम्
प्रथमा	साधुः	साधू	साधवः
द्वितीया	साधुम्	साधू	साधून्
तृतीया	साधुना	साधुभ्याम्	साधुभिः

चतुर्थी	साधवे	साधुभ्याम्	साधुभ्यः
पञ्चमी	साधोः	साधुभ्याम्	साधुभ्यः
षष्ठी	साधोः	साध्वोः	साधूनाम्
सप्तमी	साधौ	साध्वोः	साधुषु
सम्बोधनम्	हे साधो!	हे साधू!	हे साधवः!

नोट शिशु, गुरु, विष्णु आदि उकारांत पुल्लिङ्ग शब्दों के रूप होते हैं।

6. ऋकारांत पुल्लिङ्ग 'पितृ' शब्दरूपाणि

विभक्ति	एकवचनम्	द्विवचनम्	बहुवचनम्
प्रथमा	पिता	पितरौ	पितरः
द्वितीया	पितरम्	पितरौ	पितृन्
तृतीया	पित्रा	पितृभ्याम्	पितृभिः
चतुर्थी	पित्रे	पितृभ्याम्	पितृभ्यः
पञ्चमी	पितुः	पितृभ्याम्	पितृभ्यः
षष्ठी	पितुः	पित्रोः	पितृणाम्
सप्तमी	पितरि	पित्रोः	पितृषु
सम्बोधनम्	हे पितः!	हे पितरौ!	हे पितरः!

7. ऋकारांत स्त्रीलिङ्ग 'मातृ' शब्दरूपाणि

विभक्ति	एकवचनम्	द्विवचनम्	बहुवचनम्
प्रथमा	माता	मातरौ	मातरः
द्वितीया	मातारम्	मातरौ	मातृः
तृतीया	मात्रा	मातृभ्याम्	मातृभिः
चतुर्थी	मात्रे	मातृभ्याम्	मातृभ्यः
पञ्चमी	मातुः	मातृभ्याम्	मातृभ्यः
षष्ठी	मातुः	मात्रोः	मातृणाम्
सप्तमी	मातरि	मात्रोः	मातृषु
सम्बोधनम्	हे मातः!	हे मातरौ!	हे मातरः!

5.2 सर्वनाम शब्द

जो शब्द संज्ञा के स्थान पर प्रयुक्त किए जाते हैं, सर्वनाम शब्द कहलाते हैं। संस्कृत में सर्वनाम शब्द का लिंग पूर्व निर्धारित नहीं होता है। सर्वनाम शब्द जिस शब्द के साथ प्रयुक्त होते हैं, उसी का लिङ्ग अपना लेते हैं।

जैसे— रामः विद्यालयं गच्छति। (राम विद्यालय जाता है।)

सः तत्र पठति (वह वहाँ पढ़ता है।)

यहाँ पर सः श्ब्द राम के स्थान पर प्रयुक्त हुआ है। अतः 'सः' सर्वनाम शब्द है।

सर्वनाम शब्द से भी तीनों लिङ्गों (पुल्लिङ्ग, स्त्रीलिङ्ग नपुंसकलिङ्ग) में भिन्न-भिन्न रूप बनते हैं।

1. तत् (वह) शब्द पुल्लिङ्ग

विभक्ति	एकवचनम्	द्विवचनम्	बहुवचनम्
प्रथमा	सः	तौ	ते
द्वितीया	तम्	तौ	तान्
तृतीया	तेन	ताभ्याम्	तैः
चतुर्थी	तस्मै	ताभ्याम्	तेभ्यः
पञ्चमी	तस्मात्	ताभ्याम्	तेभ्यः
षष्ठी	तस्य	तयोः	तेषाम्
सप्तमी	तस्मिन्	तयोः	तेषु

तत् (वह) शब्द स्त्रीलिङ्ग

विभक्ति	एकवचनम्	द्विवचनम्	बहुवचनम्
प्रथमा	सा	ते	ताः
द्वितीया	ताम्	ते	ताः
तृतीया	तया	ताभ्याम्	ताभिः
चतुर्थी	तस्यै	ताभ्याम्	ताभ्यः
पञ्चमी	तस्याः	ताभ्याम्	ताभ्यः
षष्ठी	तस्याः	तयोः	तासाम्
सप्तमी	तस्याम्	तयोः	तासु

तत् (वह) शब्द नपुंसकलिङ्ग

विभक्ति	एकवचनम्	द्विवचनम्	बहुवचनम्
प्रथमा	तत्	ते	तानि
द्वितीया	तत्	ते	तानि

(शेष विभक्तियों के रूप पुल्लिङ्ग तत् की तरह होते हैं।)

2. यत् (जो) शब्द पुल्लिङ्ग

विभक्ति	एकवचनम्	द्विवचनम्	बहुवचनम्
प्रथमा	यः	यौ	ये
द्वितीया	यम्	यौ	यान्
तृतीया	येन	याभ्याम्	यैः
चतुर्थी	यस्मै	याभ्याम्	येभ्यः
पञ्चमी	यस्मात्	याभ्याम्	येभ्यः
षष्ठी	यस्य	ययोः	येषाम्
सप्तमी	यस्मिन्	ययोः	येषु

यत् (जो) शब्द स्त्रीलिङ्ग

विभक्ति	एकवचनम्	द्विवचनम्	बहुवचनम्
प्रथमा	या	ये	याः
द्वितीया	याम्	ये	याः
तृतीया	यया	याभ्याम्	याभिः
चतुर्थी	यस्यै	याभ्याम्	याभ्यः
पञ्चमी	यस्याः	याभ्याम्	याभ्यः
षष्ठी	यस्याः	ययोः	यासाम्
सप्तमी	यस्याम्	ययोः	यासु

यत् (जो) शब्द नपुंसकलिङ्ग

विभक्ति	एकवचनम्	द्विवचनम्	बहुवचनम्
प्रथमा	यत्	ये	यानि
द्वितीया	यत्	ये	यानि
तृतीया	येन	याभ्याम्	यैः
चतुर्थी	यस्मै	याभ्याम्	येभ्यः
पञ्चमी	यस्मात्	याभ्याम्	येभ्यः
षष्ठी	यस्य	ययोः	येषाम्
सप्तमी	यस्मिन्	ययोः	येषु

3. युष्मद् (तुम) शब्द (तीनों लिंगों में समान)

विभक्ति	एकवचनम्	द्विवचनम्	बहुवचनम्
प्रथमा	त्वम्	युवाम्	यूयम्
द्वितीया	त्वाम्	युवाम्	युष्मान्
तृतीया	त्वया	युवाभ्याम्	युष्माभिः
चतुर्थी	तुभ्यम्	युवाभ्याम्	युष्मभ्यम्
पञ्चमी	त्वत्	युवाभ्याम्	युष्मत्
षष्ठी	तव	युवयोः	युष्माकम्
सप्तमी	त्वयि	युवयोः	युष्मासु

4. अस्मद् (मैं) शब्द (तीनों लिंगों में समान)

विभक्ति	एकवचनम्	द्विवचनम्	बहुवचनम्
प्रथमा	अहम्	आवाम्	वयम्
द्वितीया	माम्	आवाम्	अस्मान्
तृतीया	मया	आवाभ्याम्	अस्माभिः
चतुर्थी	मह्यम्	आवाभ्याम्	अस्मभ्यम्
पञ्चमी	मत्	आवाभ्याम्	अस्मत्
षष्ठी	मम्	आवयोः	अस्माकम्
सप्तमी	मयि	आवयोः	अस्मासु

5. किम् (कौन) शब्द पुल्लिङ्ग

विभक्ति	एकवचनम्	द्विवचनम्	बहुवचनम्
प्रथमा	कः	कौ	के
द्वितीया	कम्	कौ	कान्
तृतीया	केन	काभ्याम्	कैः
चतुर्थी	कस्मै	काभ्याम्	केभ्यः
पञ्चमी	कस्मात्	काभ्याम्	केभ्यः
षष्ठी	कस्य	कयोः	केषाम्
सप्तमी	कस्मिन्	कयोः	केषु

किम् (कौन) शब्द स्त्रीलिङ्ग

विभक्ति	एकवचनम्	द्विवचनम्	बहुवचनम्
प्रथमा	का	के	काः
द्वितीया	काम्	के	काः
तृतीया	कया	काभ्याम्	काभिः
चतुर्थी	कस्यै	काभ्याम्	काभ्यः
पञ्चमी	कस्याः	काभ्याम्	काभ्यः
षष्ठी	कस्याः	कयोः	कासाम्
सप्तमी	कस्याम्	कयोः	कासु

किम् (कौन) शब्द नपुंसकलिङ्ग

विभक्ति	एकवचनम्	द्विवचनम्	बहुवचनम्
प्रथमा	किम्	के	कानि
द्वितीया	किम्	के	कानि
तृतीया	केन	काभ्याम्	कैः

(शेष सभी विभक्तियों के रूप पुल्लिंग के समान ही होते हैं।)

एतत् (यह) शब्द पुल्लिङ्ग

विभक्ति	एकवचनम्	द्विवचनम्	बहुवचनम्
प्रथमा	एषः	एतौ	एते
द्वितीया	एतम्	एतौ	एतान्
तृतीया	एतेन	एताभ्याम्	एतैः
चतुर्थी	एतस्मै	एताभ्याम्	एतेभ्यः
पञ्चमी	एतस्मात्	एताभ्याम्	एतेभ्यः
षष्ठी	एतस्य	एतयोः	एतेषाम्
सप्तमी	एतस्मिन्	एतयोः	एतेषु

एतत् (यह) शब्द स्त्रीलिङ्ग

विभक्ति	एकवचनम्	द्विवचनम्	बहुवचनम्
प्रथमा	एषा	एते	एताः
द्वितीया	एताम्	एते	एताः
तृतीया	एतया	एताभ्याम्	एताभिः
चतुर्थी	एतस्यै	एताभ्याम्	एताभ्यः
पञ्चमी	एतस्याः	एताभ्याम्	एताभ्यः
षष्ठी	एतस्याः	एतयोः	एतासाम्
सप्तमी	एतस्याम्	एतयोः	एतासु

एतत् (यह) नपुंसकलिङ्ग

विभक्ति	एकवचनम्	द्विवचनम्	बहुवचनम्
प्रथमा	एतत्	एते	एतानि
द्वितीया	एतत्	एते	एतानि
तृतीया	एतेन	एताभ्याम्	एतैः
चतुर्थी	एतस्मै	एताभ्याम्	एतेभ्यः
पञ्चमी	एतस्मात्	एताभ्याम्	एतेभ्यः
षष्ठी	एतस्य	एतयोः	एतेषाम्
सप्तमी	एतस्मिन्	एतयोः	एतेषु

5.3 संख्यावाचक शब्दाः

1 तः 10 पर्यन्तम्

1. एकः/एका/एकम्	2. द्वौ/द्वे/द्वे
3. त्रयः/तिस्रः/त्रीणि	4. चत्वारः/चतस्रः/चत्वारि
5. पञ्च	6. षट्
7. सप्त	8. अष्ट
9. नव	10. दश

अभ्यास प्रश्नाः

बहुविकल्पीय एवं वर्णनात्मक प्रश्नों सहित

1. प्रदत्तविकल्पेभ्यः उचितम् उत्तरं चित्वा लिखत।
(दिए गए विकल्पों में से उचित उत्तर चुनकर लिखिए।)

(i) 'राम' शब्दस्य प्रथमा-द्विवचने रूपं भविष्यति?
(अ) रामः (ब) रामौ (स) रामात् (द) रामस्य

(ii) 'गृह' शब्दस्य तृतीया एकवचनम् अस्ति
(अ) गृहेण (ब) गृहस्य (स) गृहात् (द) गृहम्

(iii) 'रमा' शब्दस्य स्त्रीलिङ्ग चतुर्थी एकवचनम् अस्ति
(अ) रमे (ब) रमाः (स) रमायै (द) रमासु

(iv) 'मुनि' शब्दस्य द्वितीया एकवचनम् अस्ति
(अ) मुनिम् (ब) मुनेः (स) मुनौ (द) मुनिषु

(v) 'साधु' शब्दस्य षष्ठी द्विवचनम् अस्ति
(अ) साधूम् (ब) साध्वोः (स) साधू (द) साधु

(vi) 'पितृ' शब्दस्य चतुर्थी एकवचनम् अस्ति
(अ) पिता (ब) पित्रा (स) पित्रे (द) पितरम्

(vii) 'मातृ' शब्दस्य सप्तमी एकवचनम् अस्ति
(अ) मातरि (ब) मात्रोः (स) मात्रे (द) मातरः

(viii) 'तत्' पुल्लिङ्ग शब्दस्य चतुर्थी एकवचनम् अस्ति
(अ) तत् (ब) तस्मै (स) सः (द) ते

(ix) 'तत्' स्त्रीलिङ्ग सप्तमी एकवचनम् अस्ति
(अ) ताः (ब) तासु (स) तयोः (द) तस्याम्

(x) 'युष्मद्' पञ्चमी एकवचन अस्ति
(अ) यूयम् (ब) युष्मत् (स) त्वाम् (द) युवयोः

(xi) 'अस्मद्' षष्ठी बहुवचनम् अस्ति
(अ) अस्माकं (ब) मम (स) मयि (द) अहम्

(xii) 'किम्' पुल्लिंग प्रथमा बहुवचनम् अस्ति
(अ) कस्य (ब) के (स) कः (द) कौ

उत्तराणि

(i) (ब) रामौ	(ii) (अ) गृहेण
(iii) (स) रमायै	(iv) (अ) मुनिम्
(v) (ब) साध्वोः	(vi) (स) पित्रे
(vii) (अ) मातरि	(viii) (ब) तस्मै
(ix) (द) तस्याम्	(x) (ब) युष्मत्
(xi) (अ) अस्माकं	(xii) (ब) के

2. कोष्ठका शुद्धं विकल्पं चिनुत रिक्तस्थानानि च पूरयत।
(कोष्ठक में से शुद्ध विकल्प चुनिए और रिक्त स्थान भरिए।)
जैसे– सा गृहम् अगच्छत् (गृहम्, गृहे, गृहाणि)

(i) रज्जकः ..... रञ्जयति। (वस्त्राणि, वस्त्रम, वस्त्रे)
(ii) वृक्षात् ...... पतन्ति (पत्रं, पत्राणि, पत्रे)
(iii) ते ...... नयंतु। (पुष्प, पुष्पाणि, पुष्पः)
(iv) ललना ..... आनयति (फलम, फले फलानि)
(v) इदं रमेशस्य ...... अस्ति। (पुस्तकम्, पुस्तके, पुस्तकानि)

उत्तराणि

(i) वस्त्राणि (ii) पत्राणि (iii) पुष्पाणि
(iv) फलानि (v) पुस्तकम्

3. उचित पदं विचित्य रिक्तस्थानानि पूरयत।
(उचित शब्द विकल्प चुनिए और रिक्त स्थान भरिए।)

जैसे– बालिका नृत्यति

बालिका नृत्यति।	सा क्रीडति।
बालिके नृत्यतः।	ते क्रीडतः।
बालिकाः नृत्यन्ति।	ताः क्रीडन्ति

(i) ········· पठन्ति (सा/ताः)
(ii) ········· नमति (देवः/देवाः)
(iii) ········· हरिणाः गच्छतः (ते/ताः)
(iv) ········· तरन्ति (सा/ताः)
(v) ········· कूजतः (खगः/खगौ)

उत्तराणि

(i) ताः (ii) देवः (iii) ते
(iv) ताः (v) खगौ

4. आकारान्त स्त्रीलिङ्गपदानां उदाहरणं दृष्ट्वा रिक्तस्थानानि पूरयत।
(आकारान्त स्त्रीलिङ्ग शब्दों को उदाहरण से देखकर रिक्त स्थान भरिए।)

जैसे शिक्षिका	शिक्षिके	शिक्षिकाः
(i) बालिका	·········	बालिकाः
(ii) लता	लते	·········
(iii) ·········	माले	मालाः
(iv) अजा	·········	·········
(v) मूषिका	मूषिके	·········

उत्तराणि

(i) बालिके (ii) लताः (iii) माला
(iv) अजे, अजाः (v) मूषिकाः

5. सः, तौ, ते (पुल्लिङ्गेभ्यः) उचितं सर्वनामं पदम-चित्वा।
(उचित सर्वनाम शब्द चुनें।)

जैसे– कृषकः गच्छति	कृषकौ गच्छतः	कृषकाः गच्छन्ति
सः गच्छति	तौ गच्छतः	ते गच्छन्ति
(i) गजः चलति	गजौ चलतः	गजाः चलन्ति
······ चलति	······ चलतः	······ चलन्ति
(ii) सैनिकः रक्षति	सैनिकौ रक्षतः	सैनिकाः रक्षन्ति
······ रक्षति	······ रक्षतः	······ रक्षन्ति
(iii) छात्रः क्रीडति	छात्रौ क्रीडतः	छात्राः क्रीडन्ति
······ क्रीडति	······ क्रीडतः	······ क्रीडन्ति
(iv) रामः नमति	रामौ नमतः	रामाः नमन्ति
······ नमति	······ नमतः	······ नमन्ति
(v) बालकः हसति	बालकौ हसतः	बालकाः हसन्ति
······ हसति	······ हसतः	······ हसन्ति

उत्तराणि

(i) सः, तौ, ते (ii) सः, तौ, ते (iii) सः, तौ, तेः
(iv) सः, तौ, ते (v) सः, तौ, तेः

6. सः तौ, ते इत्येतेभ्यः उचितं सर्वनामपदं चित्वा रिक्तस्थानानि पूरयत
(सर्वनाम शब्दों को चुनकर रिक्त स्थानों की पूर्ति करें।)

जैसे– छात्राः पठन्ति	ते पठन्ति।
(i) वानराः कूर्दन्ति	········ कूर्दन्ति।
(ii) नरः वदति	········ वदति।
(iii) देवौ नमतः	········ नमतः।
(iv) छात्राः लिखन्ति	········ लिखन्ति।
(v) गजः चलति	········ चलति।

उत्तराणि

(i) ते (ii) सः (iii) तौ
(iv) ते (v) सः

7. कोष्ठकातः उचितं शब्दं चित्वा वाक्यं पूरयत।
(कोष्ठक से उचित शब्द चुनकर वाक्य पूरा करिए।)

जैसे– सिंहः गर्जति।	(गर्जति/गर्जन्ति)
(i) ········· भ्रमतः।	(नरौ/नराः)
(ii) ········· कूर्दन्ति।	(वानराः/वानरः)
(iii) ········· खादति।	(बालिका/बालिके)
(iv) ········· चरन्ति।	(अजाः/अजा)
(v) ········· वदतः।	(महिला/महिले)

उत्तराणि

(i) नरौ (ii) वानराः (iii) बालिका
(iv) अजाः (v) महिले

8. प्रथमा विभक्तेः (अकारान्त-पुल्लिंग) उदाहरणं दृष्ट्वा रिक्तस्थानानि पूरयत।
(प्रथमा विभक्ति (अकारान्त पुल्लिंग) के उदाहरण को देखकर रिक्त स्थान भरिए।)

जैसे– वृक्षः	वृक्षौ	वृक्षाः
(i) काकः	········	काकाः
(ii) शिक्षकः	········	शिक्षकाः
(iii) ········	नरौ	नराः
(iv) सैनिक	सैनिकौ	········
(v) कृषकः	कृषकौ	········

उत्तराणि

(i) काकौ (ii) शिक्षकौ (iii) नरः
(iv) सैनिकाः (v) कृषकाः

9. कोष्ठकात् उचित पदानि चित्वा रिक्तस्थान पूर्ति कुरुत।
(कोष्ठक से उचित पद चुनकर रिक्त स्थानों की पूर्ति कीजिए।)

(i) तव नाम ······ अस्ति? (किम्/के)
(ii) त्वं ······ आगच्छसि? (कुतः/कुत्र)
(iii) त्वं ······ पाठशालायां पठसि? (कस्यां/किम्)
(iv) तव पितुः नाम ······ ? (किम्/कः)
(v) त्वं अत्र ······ आगच्छसि? (किमर्थम्/कम्)

(vi) ……… मम माता अस्ति। (सा/ताः)

(vii) ……… मोदकानि रोचते। (मह्यं/सः)

उत्तराणि

(i) किम् (ii) कुतः (iii) कस्यां

(iv) किम् (v) किमर्थम् (vi) सा

(vii) मह्यं

10. **कोष्ठकात् उचित विकल्पं चित्वा रिक्तस्थानानि पूरयत।**
(कोष्ठक से उचित विकल्प चुनकर रिक्त स्थानों की पूर्ति कीजिए।)

(i) सीता …… सह गच्छति। (रामेण/रामे)

(ii) …… पुष्पाणि पतन्ति। (वृक्षस्य/वृक्षात्)

(iii) सरोवरे …… तरतः। (वर्तिका/वर्तिके)

(iv) तत् एकं …… अस्ति। (फले/फलम्)

(v) ग्रामे एकम् …… अपि अस्ति। (आपणम्/आपणे)

(vi) वृक्षोपरि …… कूर्दन्ति। (वानरम्/वानराः)

(vii) सा …… पतति। (यानम्/यानात्)

उत्तराणि

(i) रामेण (ii) वृक्षात् (ii) वर्तिके

(iv) फलम् (v) आपणम् (vi) वानराः

(vii) यानात्

11. **निर्देशानुसार शब्दरूपाणि लिखत। (निर्देशानुसार शब्दरूप लिखिए।)**

(i) तत् (स्त्री)-सप्तमी विभक्तिः

(ii) अस्मद्-पञ्चमी विभक्तिः

(iii) युष्मद्-द्वितीया विभक्तिः

(iv) बालिका-तृतीया विभक्तिः

(v) राम-चतुर्थी विभक्तिः

(vi) बालक-षष्ठी विभक्तिः

(vii) फल (नपु.)-पञ्चमी विभक्तिः

(viii) गृह (नपु.)-तृतीया विभक्तिः

(ix) तत् (पु.)-पञ्चमी विभक्तिः

(x) किम् (नपु.)-सप्तमी विभक्तिः

उत्तराणि

(i)	तस्याम्	तयोः	तासु
(ii)	मत्	आवाभ्याम्	अस्मत्
(iii)	त्वाम्	युवाम्	युष्मान्
(iv)	बालिकया	बालिकाभ्याम्	बालिकाभिः
(v)	रामाय	रामाभ्याम्	रामेभ्यः
(vi)	बालकस्य	बालकयोः	बालकानाम्
(vii)	फलात्	फलाभ्याम्	फलेभ्यः
(viii)	गृहेण	गृहाभ्याम्	गृहैः
(ix)	तस्मात्	ताभ्याम्	तेभ्यः
(x)	कस्मिन्	कयोः	केषु

12. **समुचित शब्दरूपेण रिक्तस्थानानि पूरयत।**
(उचित शब्दरूप से रिक्त स्थानों की पूर्ति कीजिए।)

विभक्तिः	एकवचनम्	द्विवचनम्	बहुवचनम्
प्रथमा	महिला	……	……
द्वितीया	……	……	शिशून्
तृतीया	मुनिना	……	……
चतुर्थी	रामाय	……	……
पञ्चमी	……	फलाभ्याम्	……
षष्ठी	लतायाः	……	लतानाम्
सप्तमी	……	गुर्वोः	……
सम्बोधनम्	……	……	हे हरयः!

उत्तराणि

प्रथमा	महिले	महिलाः
द्वितीया	शिशुम्	शिशू
तृतीया	मुनिभ्याम्	मुनिभिः
चतुर्थी	रामाभ्याम्	रामेभ्यः
पञ्चमी	फलात्	फलेभ्यः
षष्ठी	लतयोः	—
सप्तमी	गुरौ	गुरुषु
सम्बोधनम्	हे हरे!	हे हरी!

13. **रिक्तस्थानानि पूरयत। (रिक्त स्थानों की पूर्ति कीजिए।)**

(क) (i) **प्रथमा विभक्ति**

बालक	बालकः	बालकौ	बालकाः
नर	……	……	……
राम	……	……	……

(ii) **द्वितीया विभक्ति**

बालक	बालकम्	बालकौ	बालकान्
नर	……	……	……
राम	……	……	……

(iii) **तृतीया विभक्ति**

बालक	बालकेन	बालकाभ्याम्	बालकैः
फल	……	……	……
राम	……	……	……

(iv) **चतुर्थी विभक्ति**

बालक	बालकाय	बालकाभ्याम्	बालकेभ्यः
फल	……	……	……
राम	……	……	……

(v) **पञ्चमी विभक्ति**

बालक	बालकात्	बालकाभ्याम्	बालकेभ्यः
फल	……	……	……
राम	……	……	……

(vi) **षष्ठी विभक्ति**

बालक	बालकस्य	बालकयोः	बालकानाम्
फल	......	......	......
राम	......	......	......

(vii) **सप्तमी विभक्ति**

बालक	बालके	बालकयोः	बालकेषु
फल	......	......	......
राम	......	......	......

(viii) **सम्बोधनम्**

बालक	हे बालक!	हे बालकौ!	हे बालकाः!
फल	......	......	......
राम	......	......	......

उत्तराणि

(i)	नरः	नरौ	नराः
	रामः	रामौ	रामाः
(ii)	नरम्	नरौ	नरान्
	रामम्	रामौ	रामान्
(iii)	फलेन	फलाभ्याम्	फलैः
	रामेण	रामाभ्याम्	रामैः
(iv)	फलाय	फलाभ्याम्	फलेभ्यः
	रामाय	रामाभ्याम्	रामेभ्यः
(v)	फलात्	फलाभ्याम्	फलेभ्यः
	रामात्	रामाभ्याम्	रामेभ्यः
(vi)	फलस्य	फलयोः	फलानाम्
	रामस्य	रामयोः	रामाणाम्
(vii)	फले	फलयोः	फलेषु
	रामे	रामयोः	रामेषु
(viii)	हे फलम्!	हे फले!	हे फलानि!
	हे राम!	हे रामौ!	हे रामाः!

(ख)

प्रथमा	रमा	रमे	रमाः
द्वितीया	......	......	......
तृतीया	......	......	......
चतुर्थी	......	......	......
पञ्चमी	......	......	......
षष्ठी	......	......	......
सप्तमी	......	......	......
सम्बोधनम्	हे रमा!	हे रमे!	हे रमाः!

उत्तराणि

द्वितीया	रमाम्	रमे	रमाः
तृतीया	रमया	रमाभ्याम्	रमाभिः
चतुर्थी	रमायै	रमाभ्याम्	रमाभ्यः
पञ्चमी	रमायाः	रमाभ्याम्	रमाभ्यः
षष्ठी	रमायाः	रमयोः	रमाणाम्
सप्तमी	रमायाम्	रमयोः	रमासु

14. अधोलिखितेषु पदेषु मूलशब्द, लिङ्ग, विभक्तिः वचनस्य निर्देशनं कुरुत। (निम्नलिखित शब्दों में मूलशब्द, लिङ्ग, विभक्ति तथा वचन का निर्देशन कीजिए।)

पद	मूलशब्द	लिङ्ग	विभक्ति	वचनम्
(i) केषु	.....	.....	.....	......
(ii) अस्मिन्	.....	.....	.....	......
(iii) तेषाम्	.....	.....	.....	......
(iv) कस्मात्	.....	.....	.....	......
(v) ग्रामस्य	.....	.....	.....	......
(vi) देवीभ्यः	.....	.....	.....	......
(vii) बालुकाभिः	.....	.....	.....	......
(viii) खगान्	.....	.....	.....	....
(ix) वानराः	.....	.....	.....	......
(x) पुस्तकानि	.....	.....	.....	......

उत्तराणि

	मूलशब्द	लिङ्ग	विभक्तिः	वचनम्
(i)	किम्	पुल्लिङ्ग	सप्तमी	बहुवचनम्
(ii)	इदम्	पुल्लिङ्ग	सप्तमी	एकवचनम्
(iii)	तत्	नपुंसकलिंङ्ग	षष्ठी	बहुवचनम्
(iv)	किम्	पुल्लिङ्ग	पञ्चमी	एकवचनम्
(v)	ग्राम	पुल्लिङ्ग	षष्ठी	एकवचनम्
(vi)	देवी	स्त्रीलिङ्ग	चतुर्थी	बहुवचनम्
(vii)	बालुका	स्त्रीलिङ्ग	तृतीया	बहुवचनम्
(viii)	खग	पुल्लिङ्ग	द्वितीया	बहुवचनम्
(ix)	वानर	पुल्लिङ्ग	प्रथमा	बहुवचनम्
(x)	पुस्तक	नपुंसकलिंङ्ग	प्रथमा	बहुवचनम्

15. (क) पुल्लिङ्ग रूपं लिखत। (पुल्लिंग रूप लिखिए।)

जैसे– छात्रा छात्रः

(i) नायिका ....

(ii) वृद्धा ....

(iii) बालिका ....

(iv) शिक्षिका ....

(v) सेविका ....

उत्तराणि

(i) नायकः (ii) वृद्धः (iii) बालकः

(iv) शिक्षकः (v) सेवकः

(ख) स्त्रीलिङ्गरूप लिखत। (स्त्रीलिंग रूप लिखिए।)

जैसे– छात्रः छात्रा

बालकः बालिका

(i) सुत ....

(ii) अध्यापक ....

(iii) गायक ......

(iv) बालः ......

(v) कोकिलः ....

उत्तराणि

(i) सुता (ii) अध्यापिका (iii) गायिका
(iv) बाला (v) कोकिला

16. रिक्त स्थानानि पूरयत। (रिक्त स्थानों को भरिए।)

जैसे– फलम्	फले	फलानि
(i) पत्रम्	......	पत्राणि
(ii)	छत्रे	छत्राणि
(iii) पर्णम	पर्णे	......
(iv) चित्रम्	......	चित्राणि
(v) विमानम्	विमाने	......

उत्तराणि

(i) पत्रे (ii) छत्रम् (iii) पर्णानि
(iv) चित्रे (v) विमानानि

17. तत् सर्वनाम शब्दस्य उचितेन रूपेण वाक्यानि पूरयत।
(तत (वह) सर्वनाम के उचित रूप द्वारा वाक्य पूरे कीजिए।
जैसे– हर्षः पठति। सः लिखति।)

(i) प्रिया हसति। ...... न क्रन्दति (सः, सा, तत)
(ii) छात्राः पठन्ति। ...... न क्रीडन्ति। (ता, ते, सः)
(iii) वानरौ कूर्दतः। ...... कूर्दतः। (सः, तत, तौ)
(iv) छात्रा गायन्ति। ...... गीतं गायन्ति। (तौ, सा, ताः)
(v) कृषकाः सिञ्चन्ति। ...... खनन्ति अपि। (ते, ताः, सा)

उत्तराणि

(i) सा (ii) ते (iii) तौ
(iv) ताः (v) ते

18. उदाहरणानुसारं सर्वनाम पदं संशोध्य वाक्यानि पुनः लिखत।
(उदाहरण के अनुसार सर्वनाम-पद शुद्ध करके वाक्य को पुनः लिखिए।)

जैसे–एषः पत्राणि	एतानि पत्राणि।
(i) एतत् कृषकः	......
(ii) एषा वृक्षः	......
(iii) एतत फलानि	......
(iv) एषा बालिकाः	......
(v) एषाः शिक्षिके	......

उत्तराणि

(i) एषः कृषकः। (ii) एषः वृक्षः। (iii) एतानि फलानि।
(iv) एताः बालिकाः। (v) एते शिक्षिके।

19. किम् सर्वनाम्-शब्दरुपस्य सहायतयां प्रश्नान् पूरयत।
(सर्वनाम शब्द रूप की सहायता से प्रश्न पूरा कीजिए।)

कथनम्	प्रश्नः
जैसे– बालकः पठति	कः पठति?
(i) बालकः ग्रामं गच्छति।	बालकः ...... गच्छति?
(ii) बालकः कलमेन लिखति।	बालकः ...... लिखति?
(iii) बालकः स्वमित्राय पुस्तकं ददाति।	बालकः ...... पुस्तकं ददाति?
(iv) बालकाः विद्यालयात् आगच्छन्ति।	बालकाः ...... आगच्छन्ति?
(v) बालकस्य पुरस्कारं ददाति।	...... पुरस्कारं ददाति?
(vi) बालकाः विद्यालये पठन्ति।	बालकाः ...... पठन्ति?

उत्तराणि

(i) कम् (ii) केन (iii) कस्मै
(iv) कस्मात् (v) कस्य (vi) कस्मिन्।

20. अधोलिखितेषु रिक्तस्थानेषु निर्दिष्टं विभक्तिम् आधृत्य पदानि पूरयत (निम्नलिखित रिक्त स्थानों में निर्दिष्ट विभक्ति के आधार पर पद भरो।)

(i) नेत्रम् (प्रथमा) नेत्रम् नेत्रे (i)......
(ii) भगवत् (द्वितीया) भगवन्तम् (ii)...... भगवतः
(iii) भल्लूकः (द्वितीया) (iii)........... भल्लूकौ भल्लूकान्
(iv) राजन (चतुर्थी) राज्ञे राजभ्याम् (iv)...........
(v) (द्विचक्रिका) (तृतीया) द्विचक्रिकया द्विचक्रिके (v)...........

उत्तराणि

(i) नेत्रानि (ii) भगवन्तौ (iii) भल्लूकम्
(iv) राजभ्यः (v) द्विचक्रिकाभिः

21. अधोलिखित पदानि संशोधयत।
(निम्नलिखित पदों का संशोधन कीजिए।)

(i) गृहेन (ii) नदीसु
(iii) मुनीनि (iv) माते
(v) रमाषु (vi) भ्रमरीः
(vii) यमुणा (viii) उद्यानाणि

उत्तराणि

(i) गृहेण (ii) नदीषु (iii) मुनीन्
(iv) मात्रे (v) रमासु (vi) भ्रमराः
(vii) यमुना (viii) उद्यानानि

22. अधोलिखितानां पदानां बहुवचनानि लिखत।
(अधोलिखित पदों के बहुवचन बनाकर लिखिए।)

जैसे– एकवचन	बहुवचन
रामस्य	रामाणाम्
(i) गृहे	......
(ii) मित्रम्	.....
(iii) मुनिना	.....
(iv) पितुः	......

उत्तराणि

(i) गृहेषु (ii) मित्राणि (iii) मुनिभिः
(iv) पितृणाम्

23. निम्नकारकाणां चिह्नानि लिखत।
(निम्न कारकों के चिह्न (अर्थ) लिखिए।)

कारक	चिह्न (अर्थ)
जैसे– कर्ता	ने
(i) कर्म	....
(ii) करण	....
(iii) संप्रदान	....
(iv) अपादान	....
(v) संबंध	....
(vi) अधिकरण	....
(vii) संबोधन	....

उत्तराणि

(i) को (ii) से, के द्वारा (iii) के लिए
(iv) से, अलग (v) का, के, की (vi) में, पर
(vii) हे!, अरे!

24. निम्नकारकाणां समक्षं तेषां विभक्त्यः लिखत।
(निम्न कारकों के सामने उनकी विभक्ति लिखिए।)

कारकाणि	विभक्तिः
जैसे– कर्ता	प्रथमा
(i) कर्म	....
(ii) करण	....
(iii) सम्प्रदान	....
(iv) अपादान	....
(v) संबंध	....
(vi) अधिकरण	....
(vii) सम्बोधन	....

उत्तराणि

(i) द्वितीया (ii) तृतीया (iii) चतुर्थी
(iv) पंचमी (v) षष्ठी (vi) सप्तमी
(vii) अष्टमी

25. रिक्तस्थानेषु शब्दरूपेण प्रयुक्ताः विभक्तिः प्रयुक्तानि कारकाणि च लिखत। (निम्न शब्द रूपों के सामने विभक्ति और कारक लिखिए।)

प्रथम कारक	विभक्ति	कारक
जैसे– पिता	प्रथमा	कर्ता
(i) पिरतम्	......	......
(ii) पित्रा	......	......
(iii) पित्रे	......	......
(iv) पितुः	......	......
(v) पितरि	......	......
(vi) हे पितः	......	......

उत्तराणि

(i) द्वितीया/कर्म (ii) तृतीया/करण
(iii) चतुर्थी/सम्प्रदान (iv) पंचमी/अपादान
(v) सप्तमी/अधिकरण (vi) सम्बोधन

26. रिक्तस्थानेषु 'रामः' शब्दस्य रूपाणि दृष्ट्वा तद्भव 'नृप' शब्दस्य स्थानि लिखत।
(राम के रूपों को देखकर 'नृप' के रूपों को) रिक्त स्थानों से भरो।

विभक्तिः		
जैसे– प्रथमा	रामः	नृपः
(i) द्वितीया	रामम्	....
(ii) तृतीया	रामेण	....
(iii) चतुर्थी	रामाय	....
(iv) पञ्चमी	रामात्	....
(v) षष्ठी	रामस्य	....
(vi) सप्तमी	रामे	....
(vii) सम्बोधन	हे राम!	....

उत्तराणि

(i) नृपम् (ii) नृपेण (iii) नृपाय
(iv) नृपात् (v) नृपस्य (vi) नृपे
(vii) हे नृप।

27. निम्नलिखितानां शब्दरूपाणां हिन्द्याम् अर्थान लिखत।
(निम्नलिखित शब्द रूपों के हिन्दी में अर्थ लिखो।)

शब्द-रूप	अर्थ
जैसे– बालकः	बालक, बालक ने
(i) बालकम्	......
(ii) बालकेन	......
(iii) बालकाय	......
(iv) बालकात	......
(v) बालकस्य	......
(vi) बालके	......
(vii) हे बालक!	......

उत्तराणि

(i) बालक को
(ii) बालक से
(iii) बालक के लिए
(iv) बालक से (अलग होने के अर्थ में)
(v) बालक (का, के, की)
(vi) बालक (में, पर)
(vii) हे! (बालक) अरे!

अध्याय 6

क्रियापदानि धातुरूपाणि च

6.1 क्रिया व धातु की परिभाषा

जो शब्द किसी कार्य के करने या होने का बोध कराते हैं, **क्रिया** शब्द कहलाते हैं; जैसे—पढ़ना, बोलना, लिखना, वर्षा होना आदि।

क्रिया के मूल रूप को **धातु** कहते हैं; जैसे—पठ् (पढ़ना), वद् (बोलना), गम् (जाना), लिख् (लिखना) आदि। प्रत्येक धातु से अनेक क्रियापद बनते हैं। संस्कृत भाषा में काल को लकार कहते हैं। वर्तमानकाल के लिए 'लट्लकार', भूतकाल के लिए 'लङ्लकार', भविष्यकाल के लिए 'लृट्लकार', आज्ञार्थ के लिए 'लोट्लकार' तथा चाहिए अर्थ के लिए 'विधिलिङ्लकार' का प्रयोग किया जाता है।

धातु के भेद

धातु के दो भेद होते हैं

1. **सकर्मक धातु** जिस क्रिया में फल या व्यापार अलग-अलग होते हैं, वह सकर्मक धातु कहलाती है; जैसे— सः ग्रन्थं पठति अर्थात् वह ग्रंथ को पढ़ता है। यहाँ पढ़ना व्यापार और उसका फल कर्ता पर न होकर कर्म पर है। अतः पढ़ना सकर्मक धातु है।

   उदाहरण पठ्, रक्ष्, पा, गम्, खाद्, दृश्, कृ, लिख् आदि।

2. **अकर्मक धातु** जिस क्रिया का फल या व्यापार दोनों कर्ता के ही अधीन हो अकर्मक धातु कहलाती है; जैसे-सः तिष्ठति अर्थात् वह बैठता है। यहाँ बैठना व्यापार और उसका फल दोनों कर्ता में ही है। अतः यहाँ स्था (तिष्ठ्) अकर्मक धातु है।

   उदाहरण भू, स्था, वस् , अस्, हस् आदि।

6.3 गण

विभिन्न धातुओं के समूह को गण कहते हैं। प्रत्येक गण का नाम उसकी प्रथम धातु के आधार पर रखा गया है; जैसे— भ्वादि गण का नाम उसकी प्रथम धातु भू (भू + आदि गण)। सभी गणों का भिन्न-भिन्न चिह्न होता है, उसे विकरण कहते हैं। विकरण प्रत्यय के आधार पर समस्त धातुओं को निम्नलिखित दस गणों में विभक्त किया गया है

क्र.सं.	गण का नाम	धातुएँ
1.	भ्वादिगण	भू आदि धातुएँ
2.	अदादिगण	अद् आदि धातुएँ
3.	जुहोत्यादिगण	हुँ आदि धातुएँ
4.	दिवादिगण	दिव् आदि धातुएँ
5.	स्वादिगण	सु आदि धातुएँ
6.	तुदादिगण	तद् आदि धातुएँ
7.	रुधादिगण	रुध् आदि धातुएँ
8.	तनादिगण	तन् आदि धातुएँ
9.	क्रयादिगण	क्री आदि धातुएँ
10.	चुरादिगण	चुर् आदि धातुएँ

6.4 महत्त्वपूर्ण धातु व उनके रूप

1. पठ् (पढ़ना) धातु के रूप

लट्लकार (वर्तमानकाल)

पुरुषः	एकवचनम्	द्विवचनम्	बहुवचनम्
प्रथम	पठति (एक पढ़ता है)	पठतः (दो पढ़ते हैं)	पठन्ति (बहुत पढ़ते हैं)
मध्यम	पठसि (तुम पढ़ते हो)	पठथः (तुम दो पढ़ते हो)	पठथ (तुम सब पढ़ते हो)
उत्तम	पठामि (मैं पढ़ता हूँ)	पठावः (हम दो पढ़ते हैं)	पठामः (हम सब पढ़ते हैं)

लङ्लकार (भूतकाल)

पुरुषः	एकवचनम्	द्विवचनम्	बहुवचनम्
प्रथम	अपठत् (उसने पढ़ा)	अपठताम् (उन दोनों ने पढ़ा)	अपठन् (उन सबने पढ़ा)
मध्यम	अपठः (तूने पढ़ा)	अपठतम् (तुम दोनों ने पढ़ा)	अपठत (तुम सबने पढ़ा)
उत्तम	अपठम् (मैंने पढ़ा)	अपठाव (हम दोनों ने पढ़ा)	अपठाम (हम सबने पढ़ा)

लृट्लकार (भविष्यकाल)

पुरुषः	एकवचनम्	द्विवचनम्	बहुवचनम्
प्रथम	पठिष्यति (वह पढ़ेगा)	पठिष्यतः (वे दो पढ़ेंगे)	पठिष्यन्ति (वे सब पढ़ेंगे)
मध्यम	पठिष्यसि (तू पढ़ेगा)	पठिष्यथः (तुम दो पढ़ोगे)	पठिष्यथ (तुम सब पढ़ोगे)
उत्तम	पठिष्यामि (मैं पढ़ूँगा)	पठिष्यावः (हम दो पढ़ेंगे)	पठिष्यामः (हम सब पढ़ेंगे)

लोट्लकार (आज्ञार्थक काल)

पुरुषः	एकवचनम्	द्विवचनम्	बहुवचनम्
प्रथम	पठतु (वह पढ़े)	पठताम् (वे दोनों पढ़ें)	पठन्तु (वे सब पढ़ें)
मध्यम	पठ (तुम पढ़ो)	पठतम् (तुम दोनों पढ़ो)	पठत (तुम सब पढ़ो)
उत्तम	पठानि (मैं पढ़ूँ)	पठाव (हम दोनों पढ़ें)	पठाम (हम सब पढ़ें)

विधिलिङ्लकार (चाहिए अर्थ में)

पुरुषः	एकवचनम्	द्विवचनम्	बहुवचनम्
प्रथम	पठेत् (उसे पढ़ना चाहिए)	पठेताम् (उन दोनों को पढ़ना चाहिए)	पठेयुः (उन सबको पढ़ना चाहिए)
मध्यम	पठेः (तुमको पढ़ना चाहिए)	पठेतम् (तुम दोनों को पढ़ना चाहिए)	पठेत (तुम सबको पढ़ना चाहिए)
उत्तम	पठेयम् (मुझे पढ़ना चाहिए)	पठेव (हम दोनों को पढ़ना चाहिए)	पठेम (हम सबको पढ़ना चाहिए)

2. भू (होना) धातु के रूप

लट्लकार (वर्तमानकाल)

पुरुषः	एकवचनम्	द्विवचनम्	बहुवचनम्
प्रथम	भवति	भवतः	भवन्ति
मध्यम	भवसि	भवथः	भवथ
उत्तम	भवामि	भवावः	भवामः

लङ्लकार (भूतकाल)

पुरुषः	एकवचनम्	द्विवचनम्	बहुवचनम्
प्रथम	अभवत्	अभवताम्	अभवन्
मध्यम	अभवः	अभवतम्	अभवत्
उत्तम	अभवम्	अभवाव	अभवाम

लृट्लकार (भविष्यकाल)

पुरुषः	एकवचनम्	द्विवचनम्	बहुवचनम्
प्रथम	भविष्यति	भविष्यतः	भविष्यन्ति
मध्यम	भविष्यसि	भविष्यथः	भविष्यथ
उत्तम	भविष्यामि	भविष्यावः	भविष्यामः

लोट्लकार (आज्ञार्थक काल)

पुरुषः	एकवचनम्	द्विवचनम्	बहुवचनम्
प्रथम	भवतु	भवताम्	भवन्तु
मध्यम	भव	भवतम्	भवत
उत्तम	भवानि	भवाव	भवाम

विधिलिङ्लकारः ('चाहिए' अर्थ में)

पुरुषः	एकवचनम्	द्विवचनम्	बहुवचनम्
प्रथम	भवेत्	भवेताम्	भवेयुः
मध्यम	भवेः	भवेतम्	भवेत
उत्तम	भवेयम्	भवेव	भवेम

3. खाद् (खाना) धातु के रूप

लट्लकार (वर्तमानकाल)

पुरुषः	एकवचनम्	द्विवचनम्	बहुवचनम्
प्रथम	खादति	खादतः	खादन्ति
मध्यम	खादसि	खादथः	खादथ
उत्तम	खादामि	खादावः	खादामः

लङ्लकार (भूतकाल)

पुरुषः	एकवचनम्	द्विवचनम्	बहुवचनम्
प्रथम	अखादत्	अखादताम्	अखादन्
मध्यम	अखादः	अखादतम्	अखादत
उत्तम	अखादम्	अखादाव	अखादाम

लृट्लकार (भविष्यकाल)

पुरुषः	एकवचनम्	द्विवचनम्	बहुवचनम्
प्रथम	खादिष्यति	खादिष्यतः	खादिष्यन्ति
मध्यम	खादिष्यसि	खादिष्यथः	खादिष्यथ
उत्तम	खादिष्यामि	खादिष्यावः	खादिष्यामः

लोट्लकार (आज्ञार्थक काल)

पुरुषः	एकवचनम्	द्विवचनम्	बहुवचनम्
प्रथम	खादतु	खादताम्	खादन्तु
मध्यम	खाद	खादतम्	खादत
उत्तम	खादानि	खादाव	खादाम

विधिलिङ्लकार ('चाहिए' अर्थ में)

पुरुषः	एकवचनम्	द्विवचनम्	बहुवचनम्
प्रथम	खादेत्	खादेताम्	खादेयुः
मध्यम	खादेः	खादेतम्	खादेत
उत्तम	खादेयम्	खादेव	खादेम

4. गम् (गच्छ् = जाना) धातु के रूप

लट्लकार (वर्तमानकाल)

पुरुषः	एकवचनम्	द्विवचनम्	बहुवचनम्
प्रथम	गच्छति	गच्छतः	गच्छन्ति
मध्यम	गच्छसि	गच्छथः	गच्छथ
उत्तम	गच्छामि	गच्छावः	गच्छामः

लङ्लकार (भूतकाल)

पुरुषः	एकवचनम्	द्विवचनम्	बहुवचनम्
प्रथम	अगच्छत्	अगच्छताम्	अगच्छन्
मध्यम	अगच्छः	अगच्छतम्	अगच्छत
उत्तम	अगच्छम्	अगच्छाव	अगच्छाम

लृट्लकार (भविष्यकाल)

पुरुषः	एकवचनम्	द्विवचनम्	बहुवचनम्
प्रथम	गमिष्यति	गमिष्यतः	गमिष्यन्ति
मध्यम	गमिष्यसि	गमिष्यथः	गमिष्यथ
उत्तम	गमिष्यामि	गमिष्यावः	गमिष्यामः

लोट्लकार (आज्ञार्थक काल)

पुरुषः	एकवचनम्	द्विवचनम्	बहुवचनम्
प्रथम	गच्छतु	गच्छताम्	गच्छन्तु
मध्यम	गच्छ	गच्छतम्	गच्छत
उत्तम	गच्छानि	गच्छाव	गच्छाम

विधिलिङ्लकार ('चाहिए' अर्थ में)

पुरुषः	एकवचनम्	द्विवचनम्	बहुवचनम्
प्रथम	गच्छेत्	गच्छेताम्	गच्छेयुः
मध्यम	गच्छेः	गच्छेतम्	गच्छेत
उत्तम	गच्छेयम्	गच्छेव	गच्छेम

5. दृश् (पश्य = देखना) धातु के रूप

लट्लकार (वर्तमानकाल)

पुरुषः	एकवचनम्	द्विवचनम्	बहुवचनम्
प्रथम	पश्यति	पश्यतः	पश्यन्ति
मध्यम	पश्यसि	पश्यथः	पश्यथ
उत्तम	पश्यामि	पश्यावः	पश्यामः

लङ्लकार (भूतकाल)

पुरुषः	एकवचनम्	द्विवचनम्	बहुवचनम्
प्रथम	अपश्यत्	अपश्यताम्	अपश्यन्
मध्यम	अपश्यः	अपश्यतम्	अपश्यत
उत्तम	अपश्यम्	अपश्याव	अपश्याम

लृट्लकार (भविष्यकाल)

पुरुषः	एकवचनम्	द्विवचनम्	बहुवचनम्
प्रथम	द्रक्ष्यति	द्रक्ष्यतः	द्रक्ष्यन्ति
मध्यम	द्रक्ष्यसि	द्रक्ष्यथः	द्रक्ष्यथ
उत्तम	द्रक्ष्यामि	द्रक्ष्यावः	द्रक्ष्यामः

लोट्लकार (आज्ञार्थक काल)

पुरुषः	एकवचनम्	द्विवचनम्	बहुवचनम्
प्रथम	पश्यतु	पश्यताम्	पश्यन्तु
मध्यम	पश्य	पश्यतम्	पश्यत
उत्तम	पश्यानि	पश्याव	पश्याम

विधिलिङ्लकार ('चाहिए' अर्थ में)

पुरुषः	एकवचनम्	द्विवचनम्	बहुवचनम्
प्रथम	पश्येत्	पश्येताम्	पश्येयुः
मध्यम	पश्येः	पश्येतम्	पश्येत
उत्तम	पश्येयम्	पश्येव	पश्येम

6. स्था (तिष्ठ् रुकना) धातु के रूप

लट्लकार (वर्तमानकाल)

पुरुषः	एकवचनम्	द्विवचनम्	बहुवचनम्
प्रथम	तिष्ठति	तिष्ठतः	तिष्ठन्ति
मध्यम	तिष्ठसि	तिष्ठथः	तिष्ठथ
उत्तम	तिष्ठामि	तिष्ठावः	तिष्ठामः

लङ्लकार (भूतकाल)

पुरुषः	एकवचनम्	द्विवचनम्	बहुवचनम्
प्रथम	अतिष्ठत्	अतिष्ठताम्	अतिष्ठन्
मध्यम	अतिष्ठः	अतिष्ठतम्	अतिष्ठत
उत्तम	अतिष्ठम्	अतिष्ठाव	अतिष्ठाम

लृट्लकार (भविष्यकाल)

पुरुषः	एकवचनम्	द्विवचनम्	बहुवचनम्
प्रथम	स्थास्यति	स्थास्यतः	स्थास्यन्ति
मध्यम	स्थास्यसि	स्थास्यथः	स्थास्यथ
उत्तम	स्थास्यामि	स्थास्यावः	स्थास्यामः

लोट्लकार (आज्ञार्थक काल)

पुरुषः	एकवचनम्	द्विवचनम्	बहुवचनम्
प्रथम	तिष्ठतु	तिष्ठताम्	तिष्ठन्तु
मध्यम	तिष्ठ	तिष्ठतम्	तिष्ठत
उत्तम	तिष्ठानि	तिष्ठाव	तिष्ठाम

विधिलिङ्लकार ('चाहिए' अर्थ में)

पुरुषः	एकवचनम्	द्विवचनम्	बहुवचनम्
प्रथम	तिष्ठेत्	तिष्ठेताम्	तिष्ठेयुः
मध्यम	तिष्ठेः	तिष्ठेतम्	तिष्ठेत
उत्तम	तिष्ठेयम्	तिष्ठेव	तिष्ठेम

7. धाव् (दौड़ना) धातु के रूप

लट्लकार (वर्तमानकाल)

पुरुषः	एकवचनम्	द्विवचनम्	बहुवचनम्
प्रथम	धावति	धावतः	धावन्ति
मध्यम	धावसि	धावथः	धावथ
उत्तम	धावामि	धावावः	धावामः

लङ्लकार (भूतकाल)

पुरुषः	एकवचनम्	द्विवचनम्	बहुवचनम्
प्रथम	अधावत्	अधावताम्	अधावन्
मध्यम	अधावः	अधावतम्	अधावत
उत्तम	अधावम्	अधावाव	अधावाम

लृट्लकार (भविष्यकाल)

पुरुषः	एकवचनम्	द्विवचनम्	बहुवचनम्
प्रथम	धाविष्यति	धाविष्यतः	धाविष्यन्ति
मध्यम	धाविष्यसि	धाविष्यथः	धाविष्यथ
उत्तम	धाविष्यामि	धाविष्यावः	धाविष्यामः

लोट्लकार (आज्ञार्थक काल)

पुरुषः	एकवचनम्	द्विवचनम्	बहुवचनम्
प्रथम	धावतु	धावताम्	धावन्तु
मध्यम	धाव	धावतम्	धावत
उत्तम	धावानि	धावाव	धावाम

विधिलिङ्लकार ('चाहिए' अर्थ में)

पुरुषः	एकवचनम्	द्विवचनम्	बहुवचनम्
प्रथम	धावेत्	धावेताम्	धावेयुः
मध्यम	धावेः	धावेतम्	धावेत
उत्तम	धावेयम्	धावेव	धावेम

8. पा (पिब् = पीना) धातु के रूप

लट्लकार (वर्तमानकाल)

पुरुषः	एकवचनम्	द्विवचनम्	बहुवचनम्
प्रथम	पिबति	पिबतः	पिबन्ति
मध्यम	पिबसि	पिबथः	पिबथ
उत्तम	पिबामि	पिबावः	पिबामः

लङ्लकार (भूतकाल)

पुरुषः	एकवचनम्	द्विवचनम्	बहुवचनम्
प्रथम	अपिबत्	अपिबताम्	अपिबन्
मध्यम	अपिबः	अपिबतम्	अपिबत
उत्तम	अपिबम्	अपिबाव	अपिबाम

लृट्लकार (भविष्यकाल)

पुरुषः	एकवचनम्	द्विवचनम्	बहुवचनम्
प्रथम	पास्यति	पास्यतः	पास्यन्ति
मध्यम	पास्यसि	पास्यथः	पास्यथ
उत्तम	पास्यामि	पास्यावः	पास्यामः

लोट्लकार (आज्ञार्थक काल)

पुरुषः	एकवचनम्	द्विवचनम्	बहुवचनम्
प्रथम	पिबतु	पिबताम्	पिबन्तु
मध्यम	पिब	पिबतम्	पिबत
उत्तम	पिबानि	पिबाव	पिबाम

विधिलिङ्लकार ('चाहिए' अर्थ में)

पुरुषः	एकवचनम्	द्विवचनम्	बहुवचनम्
प्रथम	पिबेत्	पिबेताम्	पिबेयुः
मध्यम	पिबेः	पिबेतम्	पिबेत
उत्तम	पिबेयम्	पिबेव	पिबेम

9. खेल् (खेलना) धातु के रूप

लट्लकार (वर्तमानकाल)

पुरुषः	एकवचनम्	द्विवचनम्	बहुवचनम्
प्रथम	खेलति	खेलतः	खेलन्ति
मध्यम	खेलसि	खेलथः	खेलथ
उत्तम	खेलामि	खेलावः	खेलामः

लङ्लकार (भूतकाल)

पुरुषः	एकवचनम्	द्विवचनम्	बहुवचनम्
प्रथम	अखेलत्	अखेलताम्	अखेलन्
मध्यम	अखेलः	अखेलतम्	अखेलत
उत्तम	अखेलम्	अखेलाव	अखेलाम

लृट्लकार (भविष्यकाल)

पुरुषः	एकवचनम्	द्विवचनम्	बहुवचनम्
प्रथम	खेलिष्यति	खेलिष्यतः	खेलिष्यन्ति
मध्यम	खेलिष्यसि	खेलिष्यथः	खेलिष्यथ
उत्तम	खेलिष्यामि	खेलिष्यावः	खेलिष्यामः

लोट्लकार (आज्ञार्थक काल)

पुरुषः	एकवचनम्	द्विवचनम्	बहुवचनम्
प्रथम	खेलतु	खेलताम्	खेलन्तु
मध्यम	खेल	खेलतम्	खेलत
उत्तम	खेलानि	खेलाव	खेलाम्

विधिलिङ्लकार ('चाहिए' अर्थ में)

पुरुषः	एकवचनम्	द्विवचनम्	बहुवचनम्
प्रथम	खेलेत्	खेलेताम्	खेलेयुः
मध्यम	खेलेः	खेलेतम्	खेलेत
उत्तम	खेलेयम्	खेलेव	खेलेम

10. लिख् (लिखना) धातु के रूप

लट्लकार (वर्तमानकाल)

पुरुषः	एकवचनम्	द्विवचनम्	बहुवचनम्
प्रथम	लिखति	लिखतः	लिखन्ति
मध्यम	लिखसि	लिखथः	लिखथ
उत्तम	लिखामि	लिखावः	लिखामः

लङ्लकार (भूतकाल)

पुरुषः	एकवचनम्	द्विवचनम्	बहुवचनम्
प्रथम	अलिखत्	अलिखताम्	अलिखन्
मध्यम	अलिखः	अलिखतम्	अलिखत्
उत्तम	अलिखम्	अलिखाव	अलिखाम

लृट्लकार (भविष्यकाल)

पुरुषः	एकवचनम्	द्विवचनम्	बहुवचनम्
प्रथम	लेखिष्यति	लेखिष्यतः	लेखिष्यन्ति
मध्यम	लेखिष्यसि	लेखिष्यथः	लेखिष्यथ
उत्तम	लेखिष्यामि	लेखिष्यावः	लेखिष्यामः

लोट्लकार (आज्ञार्थक काल)

पुरुषः	एकवचनम्	द्विवचनम्	बहुवचनम्
प्रथम	लिखतु	लिखताम्	लिखन्तु
मध्यम	लिख	लिखतम्	लिखत
उत्तम	लिखानि	लिखाव	लिखाम

विधिलिङ्लकार ('चाहिए' अर्थ में)

पुरुषः	एकवचनम्	द्विवचनम्	बहुवचनम्
प्रथम	लिखेत्	लिखेताम्	लिखेयुः
मध्यम	लिखेः	लिखेतम्	लिखेत
उत्तम	लिखेयम्	लिखेव	लिखेम

11. दा (यच्छ् = देना) धातु के रूप

लट्लकार (वर्तमानकाल)

पुरुषः	एकवचनम्	द्विवचनम्	बहुवचनम्
प्रथम	यच्छति	यच्छतः	यच्छन्ति
मध्यम	यच्छसि	यच्छथः	यच्छथ
उत्तम	यच्छामि	यच्छावः	यच्छामः

लङ्लकार (भूतकाल)

पुरुषः	एकवचनम्	द्विवचनम्	बहुवचनम्
प्रथम	अयच्छत्	अयच्छताम्	अयच्छन्
मध्यम	अयच्छः	अयच्छतम्	अयच्छत
उत्तम	अयच्छम्	अयच्छाव	अयच्छाम

लृट्लकार (भविष्यकाल)

पुरुषः	एकवचनम्	द्विवचनम्	बहुवचनम्
प्रथम	दास्यति	दास्यतः	दास्यन्ति
मध्यम	दास्यसि	दास्यथः	दास्यथ
उत्तम	दास्यामि	दास्यावः	दास्यामः

लोट्लकार (आज्ञार्थक काल)

पुरुषः	एकवचनम्	द्विवचनम्	बहुवचनम्
प्रथम	यच्छतु	यच्छताम्	यच्छन्तु
मध्यम	यच्छ	यच्छतम्	यच्छत
उत्तम	यच्छानि	यच्छाव	यच्छाम

विधिलिङ्लकार ('चाहिए' अर्थ में)

पुरुषः	एकवचनम्	द्विवचनम्	बहुवचनम्
प्रथम	यच्छेत्	यच्छेताम्	यच्छेयुः
मध्यम	यच्छेः	यच्छेतम्	यच्छेत
उत्तम	यच्छेयम्	यच्छेव	यच्छेम

12. अस् (होना) धातु के रूप

लट्लकार (वर्तमानकाल)

पुरुषः	एकवचनम्	द्विवचनम्	बहुवचनम्
प्रथम	अस्ति	स्तः	सन्ति
मध्यम	असि	स्थः	स्थ
उत्तम	असि	स्वः	स्मः

लङ्लकारः (भूतकाल)

पुरुषः	एकवचनम्	द्विवचनम्	बहुवचनम्
प्रथम	आसीत्	आस्ताम्	आसन्
मध्यम	आसीः	आस्तम्	आस्त
उत्तम	आसम्	आस्व	आस्म

लृट्लकार (भविष्यकाल)

पुरुषः	एकवचनम्	द्विवचनम्	बहुवचनम्
प्रथम	भविष्यति	भविष्यतः	भविष्यन्ति
मध्यम	भविष्यसि	भविष्यथः	भविष्यथ
उत्तम	भविष्यामि	भविष्याव	भविष्यामः

लोट्लकार (आज्ञार्थककाल)

पुरुषः	एकवचनम्	द्विवचनम्	बहुवचनम्
प्रथम	अस्तु	स्ताम्	सन्तु
मध्यम	एधि	स्तम्	स्त
उत्तम	असानि	असाव	असाम

विधिलिङ्लकार ('चाहिए' अर्थ में)

पुरुषः	एकवचनम्	द्विवचनम्	बहुवचनम्
प्रथम	स्यात्	स्याताम्	स्युः
मध्यम	स्याः	स्यातम्	स्यात
उत्तम	स्याम्	स्याव	स्याम

13. कृ (करना) धातु के रूप

लट्लकार (वर्तमानकाल)

पुरुषः	एकवचनम्	द्विवचनम्	बहुवचनम्
प्रथम	करोति	कुरुतः	कुर्वन्ति
मध्यम	करोषि	कुरुथः	कुरुथ
उत्तम	करोमि	कुर्वः	कुर्मः

लङ्लकार (भूतकाल)

पुरुषः	एकवचनम्	द्विवचनम्	बहुवचनम्
प्रथम	अकरोत्	अकुरुताम्	अकुर्वन्
मध्यम	अकरोः	अकुरुतम्	अकुरुत
उत्तम	अकरवम्	अकुर्व	अकुर्म

लृट्लकार (भविष्यकाल)

पुरुषः	एकवचनम्	द्विवचनम्	बहुवचनम्
प्रथम	करिष्यति	करिष्यतः	करिष्यन्ति
मध्यम	करिष्यसि	करिष्यथः	करिष्यथ
उत्तम	करिष्यामि	करिष्यावः	करिष्यामः

लोट्लकार (आज्ञार्थक काल)

पुरुषः	एकवचनम्	द्विवचनम्	बहुवचनम्
प्रथम	करोतु	कुरुताम्	कुर्वन्तु
मध्यम	कुरु	कुरुतम्	कुरुत
उत्तम	करवाणि	करवाव	करवाम

विधिलिङ्लकार ('चाहिए' अर्थ में)

पुरुषः	एकवचनम्	द्विवचनम्	बहुवचनम्
प्रथम	कुर्यात्	कुर्याताम्	कुर्युः
मध्यम	कुर्याः	कुर्यातम्	कुर्यात
उत्तम	कुर्याम्	कुर्याव	कुर्याम

अभ्यास प्रश्नाः

बहुविकल्पीय एवं वर्णनात्मक प्रश्नों सहित

1. प्रदत्त विकल्पेभ्यः उचितम् उत्तरं चित्वा लिखत।
(दिए गए विकल्पों में से उचित उत्तर चुनकर लिखिए।)

(i) 'पठ्' धातोः लट् लकारे-उत्तम पुरुष एकवचनम् अस्ति
(अ) पठन्ति (ब) पठामि
(स) पठसि (द) पठति

(ii) 'भू' धातोः लोट् लकारे-प्रथम पुरुष बहुवचनम् अस्ति
(अ) भवानि (ब) भवाम
(स) भवन्तु (द) भवतु

(iii) 'खाद्' धातोः लङ्ग लकारे-मध्यम पुरुष एकवचनम् अस्ति
(अ) अखादः (ब) अखादत्
(स) अखादन् (द) अखादम्

(iv) 'गम्' धातोः लृट् लकारे-प्रथम पुरुष बहुवचनम् अस्ति
(अ) गमिष्यतः (ब) गमिष्यन्ति
(स) गमिष्यामि (द) गमिष्यति

(v) 'दृश्' धातोः विधिलिङ्गलकारे-प्रथम पुरुष एकवचनम् अस्ति
(अ) पश्येयुः (ब) पश्येम
(स) पश्येत् (द) पश्येव

(vi) 'स्था' धातोः लृट् लकारे-मध्यम पुरुष द्विवचनम् अस्ति
(अ) स्थास्यथः (ब) स्थास्यावः
(स) स्थास्यामः (द) स्थास्यति

(vii) 'धाव्' धातोः लङ्ग लकारे-मध्यम पुरुष बहुवचनम् अस्ति
(अ) अधावत (ब) अधावः
(स) अधावन् (द) अधावाव

(viii) 'पा' धातोः लृट् लकारे-उत्तम पुरुष एकवचनम् अस्ति
(अ) पास्यथः (ब) पास्यामि
(स) पास्यति (द) पास्यतः

(ix) 'भू' धातोः लट् लकारे-प्रथम पुरुष एकवनचम् अस्ति
(अ) भवति (ब) भवतः
(स) भवन्ति (द) भवसि

(x) 'अस्' धातोः लङ्ग लकारे-प्रथम पुरुष एकवचनम् अस्ति
(अ) अस्ति (ब) आसीत्
(स) आस्ताम् (द) आसन्

(xi) 'लिख्' धातोः लृट् लकारे प्रथम पुरुष बहुवचनम् अस्ति
(अ) लिखति (ब) लेखन्ति
(स) लेखिष्यन्ति (द) लेखति

(xii) 'गम्' धातोः लट् लकारे उत्तम पुरुष बहुवचनम् अस्ति
(अ) गच्छामः (ब) गच्छति
(स) गच्छसि (द) गच्छन्ति

उत्तराणि

(i) (ब) पठामि (ii) (स) भवन्तु
(iii) (अ) अखादः (iv) (ब) गमिष्यन्ति
(v) (स) पश्येत् (vi) (अ) स्थास्यथः
(vii) (अ) अधावत (viii) (ब) पास्यामि
(ix) (अ) भवति (x) (ब) आसीत्
(xi) (स) लेखिष्यन्ति (xii) (अ) गच्छामः

2. उदाहरणस्यानुसारं अनुसृव्य वाक्यानि पुनः लिखत।
(उदाहरण के अनुसार वाक्य को पुनः लिखिए।)

जैसे-तौ चलतः। तौ चलिष्यतः।

(i) अहम् <u>खादामि</u>। ....
(ii) बालकः <u>पठति</u>। ....
(iii) यूयं <u>लिखथ</u>। ....
(iv) वयं हसामः। ....
(v) बालिका <u>क्रीडति</u>। ....

उत्तराणि

(i) अहम् खादिष्यामि। (ii) बालकः पठिष्यति।
(iii) यूयं लेखिष्यथ। (iv) वयं हसिष्यामः।
(v) बालिका क्रीडिष्यति।

3. उदाहरणानुसारम् रिक्तस्थानानि पूरयत।
(उदाहरण के अनुसार रिक्त स्थान भरिए।)

(i) जैसे- सः पठति।
त्वं ....
अहं ....

(ii) जैसे– हरिः पत्र लेखिष्यति।
अहं पत्रं ....
त्वं पत्रं ....

(iii) जैसे-बालकः कन्दुकेन क्रीडति।
ते कन्दुकेन ....
वयं कन्दुकेन ....

(iv) जैसे-सः पाठम् अपठत्।
अहं पाठम् ....
त्वं किम् .... ?

उत्तराणि

(i) त्वं **पठसि,** अहं **पठामि**
(ii) अहं पत्रं **लेखिष्यामि**, त्वं पत्रं **लेखिष्यसि**
(iii) ते कन्दुकेन **क्रीडन्ति**, वयं कन्दुकेन **क्रीडामः**
(iv) अहं पाठम् **अपठम्**, त्वं किम् **अपठः**?

4. निर्देशानुसारं परिवर्तनं कुरुत।
(निर्देश के अनुसार परिवर्तन कीजिए।)

जैसे– त्वं पठसि (बहुवचन) = यूयं पठथ।
(i) अहं क्रीडामि। (बहुवचन) = ...
(ii) सः पठति। (द्विवचन) = ...
(iii) यूयं लिखथ। (एकवचन) = ...
(iv) युवां गच्छथः। (लृट् लकार) = ...
(v) आवां लेखिष्यावः। (लट् लकार) = ...
(vi) वयं कुर्मः। (लृट लकार) = ...

उत्तराणि

(i) वयं क्रीडामः। (ii) तौ पठतः।
(iii) त्वं लिखसि। (iv) युवां गमिष्यथः।
(v) आवां लिखावः। (vi) वयं करिष्यामः।

5. अधोलिखितं तालिकां पूरयत।
(निम्नलिखित तालिका को पूरा कीजिए।)

(i) खाद् (खाना) लट्लकारः

	एकवचनम्	द्विवचनम्	बहुवचनम्
प्रथम पुरुष	खादति	.....	......
मध्यम पुरुष	खादसि	.....	.....
उत्तम पुरुष	खादामि	......	.....

(ii) पिब् (पीना) लट्लकारः

	एकवचनम्	द्विवचनम्	बहुवचनम्
प्रथम पुरुष	सः पिबति	.....	.....
मध्यम पुरुष	......	......	.....
उत्तम पुरुष	......	......	.....

उत्तराणि

(i) खादतः, खादन्ति
खादथः, खादथ
खादावः, खादामः

(ii) तौ पिबतः, ते पिबन्ति
त्वं पिबसि, युवां पिबथः यूयं पिबथ
अहं पिबामि, आवां पिबावः, वयं पिबामः

6. रिक्तस्थानानि पूरयत। (रिक्त स्थानों की पूर्ति कीजिए।)

(i) पठति, पठामि, पठन्ति
सः ......। बालिकाः ......।
अहमपि ......।

(ii) धावामि, धावामः, धावसि
किं त्वं ......? अहं ....।
वयं सर्वे ....।

(iii) गमिष्यन्ति, गमिष्यतः, गमिष्यावः
बालकाः श्वः ....। तौ अपि ....।
आवां ....।

उत्तराणि

(i) पठति, पठन्ति, पठामि
(ii) धावसि, धावामि, धावामः
(iii) गमिष्यन्ति, गमिष्यतः, गमिष्यावः

7. उदाहरणानुसारं रिक्तस्थानानि पूरयत।
(उदाहरणानुसार रिक्त स्थानों की पूर्ति कीजिए।)

(i) बालिकाः <u>गायन्ति</u>।
किं त्वमपि ....?
अहं तु गीतं ......।

(ii) माता अहं दुग्धं <u>पिबामि</u>।
तौ अपि दुग्धं ......।
सा दुग्धं ......।

(iii) अहं ग्रामं <u>गच्छामि</u>।
मया सह त्वमपि ....?
रमा अपि सार्धं ....।

उत्तराणि

(i) गायसि, गायामि
(ii) पिबतः, पिबति
(iii) गच्छसि, गमिष्यति

8. अधोलिखितानि रेखांकित क्रियापदानि संशोधयत।
(निम्नलिखित रेखांकित क्रियापदों को शुद्ध कीजिए।)

(i) अहं श्वः ग्रामं <u>गच्छामि</u>। = ...।
(ii) सा बालिका कुत्र <u>गच्छसि</u>। = ...।
(iii) अहं कन्दुकेन <u>क्रीडति</u>। = ...।
(iv) अश्वाः तीव्रं <u>धावति</u>। = ...।
(v) किं त्वं विद्यालये <u>पठति</u>? = ...।

उत्तराणि

(i) गमिष्यामि (ii) गच्छति (iii) क्रीडामि
(iv) धावन्ति (v) पठसि

9. निम्नलिखितेषु क्रियापदेषु धातवः के सन्ति, इति यथास्थानं लिखत।
(निम्नलिखित क्रिया पदों में कौन-सी धातु है? ये यथा स्थान लिखिए।)

क्रियापदपानि	धातवः
(i) पश्यामि	....
(ii) अस्ति	....
(iii) खादति	....
(iv) नयति	....
(v) इच्छति	....
(vi) पिबति	....
(vii) लिखति	....

उत्तराणि

(i) दृश् (ii) अस् (iii) खाद्
(iv) नी (v) इष् (vi) पा
(vii) लिख्

10. निम्नलिखित धातुनां गणान् निर्देशत्।
(निम्नलिखित धातुओं के गण बताओ।)

क्री, भू, दिव्, सु, चुर, अद्

उत्तराणि

क्री – क्रयादिगण भू – भ्वादिगण
दिव – दिवादिगण सु – स्वादिगण
चुर – चुरादिगण अद् – अदादिगण

11. निर्देशानुसारं धातुरूपाणि लिखत।
(निर्देशानुसार धातुरूप लिखिए।)

धातु	लकार	पुरुष	एकवचनम्	द्विवचनम्	बहुवचनम्
(i) दृश्	लृट्	प्र० पु०	......	......	....
(ii) भू	लोट्	उ० पु०	......	......	....
(iii) चिन्त्	लङ्ग	म० पु०	......	......	....
(iv) नी	लृट्	प्र० पु०	......	......	....
(v) स्था	लट्	उ० पु०	......	......	....
(vi) गम्	लोट्	म० पु०	......	......	....
(vii) पठ्	लङ्ग	प्र० पु०	......	......	....

उत्तराणि

(i) द्रक्ष्यति	द्रक्ष्यतः	द्रक्ष्यन्ति
(ii) भवानि	भवाव	भवाम
(iii) अचिन्तयः	अचिन्तयतम्	अचिन्तयत
(iv) नेष्यति	नेष्यतः	नेष्यन्ति
(v) तिष्ठामि	तिष्ठावः	तिष्ठामः
(vi) गच्छ	गच्छतम्	गच्छत
(vii) अपठत्	अपठताम्	अपठन्।

12. अधोलिखितेषु क्रियापदेषु मूलधातु-लकार-पुरुष वचनानां च निर्देशनं कुरुत।
(निम्नलिखित क्रिया पदों के मूलधातु, पुरुष और वचन लिखिए।)

क्रियापदम्	मूलधातुः	लकारः	पुरुषः	वचनम्
(i) आसीत्	....	......	....	....
(ii) अहसताम्	....	......	....	....
(iii) दास्यसि	....	......	....	....
(iv) सृजामि	....	......	....	....
(v) अपठतम्	....	......	....	....
(vi) सन्तु	....	......	....	....
(vii) कुरुथ	....	......	....	....
(viii) नमामि	....	......	....	....
(ix) गायावः	....	......	....	....
(x) खादथः	....	......	....	....
(xi) गमिष्यामि	....	......	....	....
(xii) लिखत	....	......	....	....
(xiii) क्रीडन्ति	....	......	....	....

उत्तराणि

मूलधातुः	लकारः	पुरुषः	वचनम्
(i) अस्	लङ्ग	प्रथम पुरुष	एकवचनम्
(ii) हस्	लङ्ग	प्रथम पुरुष	द्विवचनम्
(iii) दा	लृट्	मध्यम पुरुष	एकवचनम्
(iv) सृज्	लट्	उत्तम पुरुष	एकवचनम्
(v) पठ्	लङ्ग	मध्यम पुरुष	द्विवचनम्
(vi) अस्	लोट्	प्रथम पुरुष	बहुवचनम्
(vii) कृ	लट्	मध्यम पुरुष	बहुवचनम्
(viii) नम्	लट्	उत्तम पुरुष	एकवचनम्
(ix) गै	लट्	उत्तम पुरुष	द्विवचनम्
(x) खाद्	लट्	मध्यम पुरुष	द्विवचनम्
(xi) गम्	लृट्	उत्तम पुरुष	एकवचनम्
(xii) लिख्	लोट्	मध्यम पुरुष	बहुवचनम्
(xiii) क्रीड्	लट्	प्रथम पुरुष	बहुवचनम्

13. निम्नलिखित क्रियापदेषु धातुन् लिखत।
(निम्नलिखित क्रियाओं में प्रकृति (मूल स्प अर्थात् धातु रूप) लिखिए।)

(i) पठति (ii) खादामि
(iii) लिखति (iv) नमति
(v) वदति (vi) रक्षति
(vii) पचति

उत्तराणि

(i) पठ् (ii) खाद् (iii) लिख्
(iv) नम् (v) वद् (vi) रक्ष्
(vii) पच्

14. **निम्नलिखित क्रिया पदेषु धातु प्रत्यया: च लिखत।**
(निम्नलिखित क्रिया पदों में से धातु प्रत्यय लिखिए।)

(i) वदति (ii) नयति
(iii) खेलथ: (iv) अस्ति
(v) पठेत (vi) लिखन्ति

उत्तराणि

(i) ति (ii) ति (iii) थ:
(iv) ति (v) तिङ् (vi) झि

15. **निम्नलिखित धातुमि: लट्लकारप्रथम पुरुष एकवचने क्रियापदानि रचयत।**
(निम्नलिखित धातुओं से लटलकार, प्रथम पुरुष और एकवचन क्रिया रूप बनाइए।)

(i) पठ (ii) चल
(iii) भ्रम (iv) स्था
(v) गै

उत्तराणि

(i) पठ - पठति (ii) चल - चलति
(iii) भ्रम - भ्रमति (iv) स्था - तिष्ठति
(v) गै - गायति

16. **अधोलिखितानां लकारे परिवर्तनं कुरुत**
(निम्नलिखित का लकार परिवर्तन कीजिए।)

(i) स: गच्छति।	(लृट लकार)
(ii) तत्र किं अस्ति?	(लृट लकार)
(iii) बालका: किं करिष्यन्ति?	(लट् लकार)
(iv) छात्र: गमिष्यति।	(लट् लकार)
(v) सा लेखिष्यति।	(लट् लकार)
(vi) ते खादन्ति।	(लङ् लकार)
(vii) अहम् ददामि।	(लृट लकार)
(viii) राम: हसति।	(लृट लकार)
(ix) यूयं पठथ।	(लृट लकारे)
(x) अश्व: धाविष्यति।	(लट् लकार)

उत्तराणि

(i) स: गमिष्यति। (ii) तत्र किं भविष्यति।
(iii) बालका: किं कुर्वन्ति। (iv) छात्र: गच्छति।
(v) सा लिखति। (vi) ते अखादन्
(vii) अहं दास्यामि। (viii) राम: हसिष्यति।
(ix) यूयं पठिष्यथ (x) अश्व धावति।

17. **धातु: इति क:? उदाहरणेन स्पष्टयत।**
(धातु किसे कहते हैं? उदाहरण देकर स्पष्ट करें।)

उत्तराणि

क्रिया के मूल रूप को धातु कहते हैं; यथा
भू = होना, पठ् = पढ़ना, कृ = करना।
ये भवति, पठति तथा करोति आदि क्रियाओं के मूल रूप हैं।

18. **क्रिया पदम् इति किम्? उदाहरणेन स्पष्टयत।**
(क्रिया किसे कहते हैं? उदाहरण देकर स्पष्ट करो।)

उत्तराणि

किसी कार्य के करने या होने को क्रिया कहते हैं,
यथा— भवति (होता है), पठति (पढ़ता है) करोति (करता है)

संधि-प्रकरणम्

अध्याय **7**

7.1 संधि की परिभाषा

दो वर्णों (अक्षर) या ध्वनियों के परस्पर मेल से होने वाले परिवर्तन (विकार) को संधि कहते हैं।

'संधि व संयोग में अंतर

दो समीपवर्ती वर्णों के मेल से उत्पन्न होने वाले विकार को संधि कहते हैं; जैसे-यदि + अपि = यद्यपि। व्यंजन तथा स्वरों के जुड़ जाने को संयोग कहते हैं; जैसे—विद्यालयम् + अगच्छत् = विद्यालयमगच्छत्।

7.2 संधि-विच्छेद

यदि परस्पर मिले हुए वर्णों (अक्षर) को अलग-अलग करके संधि से पूर्व (पहले की तरह) की स्थिति में पहुँचा दिया जाए, तो यह प्रक्रिया 'संधि-विच्छेद' कहलाती है; जैसे—

हिमालय: = हिम + आलय:
सदैव = सदा + एव
दिनेश: = दिन + ईश:
सूर्योदय: = सूर्य + उदय:

संधि के भेद

स्वर संधि	व्यंजन संधि	विसर्ग संधि
इस संधि में स्वरों का स्वरों के साथ मेल होता है।	इस संधि में व्यंजन का स्वरों अथवा व्यंजन के साथ मेल होता है।	इस संधि में विसर्ग का व्यंजन या स्वर के साथ मेल होता है।
जैसे दीक्षा+अंतः=दीक्षांतः	**जैसे** सत्+चित्=सच्चित्	**जैसे** क्षीणः+भवति=क्षीणो भवति

1. स्वर संधि

इसके छः भेद होते हैं

(i) दीर्घ संधि (ii) गुण संधि
(iii) वृद्धि संधि (iv) यण् संधि
(v) अयादि संधि (vi) पूर्वरूप संधि

(i) दीर्घ स्वर संधि (अकः सवर्णे दीर्घः)

यदि ह्रस्व अथवा दीर्घ स्वर 'अ', 'आ', 'इ', 'ई', 'उ', 'ऊ' एवं 'ऋ' के बाद ह्रस्व या दीर्घ स्वर आए, तो दोनों मिलकर दीर्घ स्वर 'आ', 'ई', 'ऊ' और 'ॠ' हो जाते हैं; जैसे—

अ + अ = आ	अ + आ = आ
आ + अ = आ	आ + आ = आ
इ + इ = ई	इ + ई = ई
ई + इ = ई	ई + ई = ई
उ + उ = ऊ	उ + ऊ = ऊ
ऊ + उ = ऊ	ऊ + ऊ = ऊ
ऋ + ऋ = ॠ	

दीर्घ संधि के उदाहरण

राम + अवतारः = रामावतारः
प्राण + आयामः = प्राणायामः
सीमा + अंतः = सीमांतः
चिकित्सा + आलयः = चिकित्सालयः
अति + इव = अतीव
परि + ईक्षा = परीक्षा
सती + इच्छा = सतीच्छा
मही + ईश्वरः = महीश्वरः
लघु + उत्तरः = लघूत्तरः
लघु + ऊर्मिः = लघूर्मिः
भू + उद्धारः = भूद्धारः
वधू + उर्मिः = वधूर्मिः
मातृ + ऋणः = मातॄणः

(ii) गुण संधि (आद्गुणः)

जब किसी स्वर में कोई भिन्न स्वर मिल जाता है तब उनके स्थान पर ए, ओ, अर् हो जाता है अर्थात् गुण संधि हो जाती है; जैसे—

अ + इ = ए	अ + ई = ए
आ + इ = ए	आ + ई = ए
अ + उ = ओ	अ + ऊ = ओ
आ + उ = ओ	आ + ऊ = ओ
अ + ऋ = अर्	आ + ऋ = अर्
अ + लृ = अल्	आ + लृ = अल्

गुण संधि के उदाहरण

भारत + इंदुः = भारतेंदुः
योग + ईशः = योगेशः
रूपा + इन्द्रः = रूपेन्द्रः
महा + ईश्वरः = महेश्वरः
वसंत + उत्सवः = वसंतोत्सवः
जल + उर्मिः = जलोर्मिः
गंगा + उदकः = गंगोदकः
महा + ऊर्मिः = महोर्मिः
ब्रह्म + ऋषिः = ब्रह्मर्षिः
महा + ऋण = महर्ण

(iii) वृद्धि संधि (वृद्धि रेचि)

जब दो भिन्न स्वरों को मिलाने से ऐ, औ और आर् आए तो वहाँ वृद्धि संधि होती है; जैसे—

अ + ए = ऐ	अ + ऐ = ऐ
आ + ए = ऐ	आ + ऐ = ऐ
अ + ओ = औ	अ + औ = औ
आ + ओ = औ	आ + औ = औ

वृद्धि संधि के उदाहरण

लोक + एषणा = लोकैषणा
भाव + एक्यः = भावैक्यः
तथा + एव = तथैव
राजा + ऐश्वर्यम् = राजैश्वर्यम्
दंत + ओष्ठः = दंतौष्ठः
परम + औदार्यः = परमौदार्यः
महा + ओजः = महौजः
महा + औघः = महौघः

(iv) यण् संधि (इकोयणचि)

जब इक् स्वर (ई, उ, ऋ, लृ) के साथ कोई भी स्वर जोड़ा जाए तो वहाँ यण् संधि होती है; जैसे—

इ + अ = य्	ई + अ = य्
इ + आ = या	ई + आ = या
इ + उ = यु	इ + ऊ = यू
ई + ऊ = यू	इ + ए = ये
ई + ऐ = यै	उ + अ = व
उ + आ = वा	ऊ + आ = वा
उ + इ = वि	उ + ई = वी
उ + ए = वे	उ + ऐ = वै
ऊ + ओ = वो	ऊ + औ = वौ
ऋ + अ = र	ऋ + आ = रा
ऋ + इ = रि	

यण् संधि के उदाहरण

अभि	+	अर्थी:	=	अभ्यर्थी:
नदी	+	अर्पण:	=	नद्यर्पण:
अति	+	आचार:	=	अत्याचार:
सखी	+	आगमनं	=	सख्यागमनम्
प्रति	+	उपकार:	=	प्रत्युपकार:
वि	+	ऊह:	=	व्यूह:
नदी	+	ऊर्मि:	=	नद्यूर्मि:
अधि	+	एषणा:	=	अध्येषणा:
नदी	+	ऐश्वर्य:	=	नद्यैश्वर्य:
सु	+	अच्छ:	=	स्वच्छ:
मधु	+	आलय:	=	मध्वालय:
भू	+	आदि:	=	भ्वादि:
अनु	+	इत:	=	अन्वित:
अनु	+	ईक्षण:	=	अन्वीक्षण:
प्रभु	+	एषणा	=	प्रभ्वेषणा
वधू	+	ऐश्वर्य:	=	वध्वैश्वर्य:
सरयू	+	ओघ:	=	सरय्वोघ:
वधू	+	औदार्य:	=	वध्वौदार्य:
धातृ	+	अंश:	=	धात्रंश:
मातृ	+	आनंद:	=	मात्रानंद:
पितृ	+	इच्छा	=	पित्रिच्छा

(v) **अयादि संधि (एचोऽयवायाव:)**

यदि ए, ओ, ऐ, औ के बाद इनसे अतिरिक्त कोई दूसरा स्वर आ जाता है, तो अयादि संधि हो जाती है। इसे अयादि चतुष्टय भी कहते हैं; जैसे—

ए + अ = अय्   ओ + अ = अव्

ऐ + आ = आय्   औ + आ = आव्

अयादि संधि के उदाहरण

ने	+	अनम्	=	नयनम् (ए + अ = अय्)
कवे	+	ए	=	कवये (ए + ए = अय्)
नै	+	अक:	=	नायक: (ऐ + अ = आय्)
पो	+	अनम्	=	पवनम् (ओ + अ = अव्)
पौ	+	अक:	=	पावक: (औ + अ = आव्)

(vi) **पूर्वरूप संधि (एङः पदान्तादति)**

जब किसी शब्द के अंत में 'ए' या 'ओ' होता है और उसके पश्चात् 'अ' आता है, तो 'अ' को पूर्वरूप अर्थात् 'अ' अपना रूप छोड़कर पूर्व वर्ण जैसा हो जाता है और 'अ' का संकेत (ऽ) अवग्रह रह जाता है; जैसे—

ए + अ = ऽ   ओ + अ = ऽ

पूर्णरूप संधि के उदाहरण

एते	+	अपि	=	एतेऽपि
हरे	+	अव	=	हरेऽव
रमे	+	अत्र	=	रमेऽत्र
को	+	अपि	=	कोऽपि
को	+	अवादीत्	=	कोऽवादीत्
बालको	+	अपि	=	बालकोऽपि

अभ्यास प्रश्ना:

बहुविकल्पीय एवं वर्णनात्मक प्रश्नों सहित

1. प्रदत्त विकल्पेभेय: उचितम् उत्तरं चित्वा लिखित।
(दिए गए विकल्पों में से उचित उत्तर चुनकर लिखिए।)

(i) 'सूर्य + अस्त:' अत्र संधि: भविष्यति।
(अ) सूर्यअस्त (ब) सूर्यास्त:
(स) सूर्यसतम् (द) सूर्य: अस्त

(ii) 'विद्यालय:' इत्यस्मिन् पदे संधि: अस्ति।
(अ) दीर्घ (ब) वृद्धि
(स) यण् (द) गुण

(iii) 'पितृ + ऋणम्' अत्र संधि: भविष्यति।
(अ) पितृऋणम् (ब) पित्रणम्
(स) पितृणम् (द) पित्रण

(iv) 'गणेश:' इत्यस्मिन् पदे संधि: अस्ति।
(अ) यण् (ब) गुण
(स) वृद्धि (द) अयादि

(v) 'सूर्योदय:' अत्र संधिविच्छेदं किम्।
(अ) सूर्ग + उदय: (ब) सूर्यो + दय:
(स) सूर्यो + उदय: (द) सूर्य + दय:

(vi) 'स्वागतम्' अत्र संधि अस्ति।
(अ) दीर्घ (ब) वृद्धि
(स) यण् (द) गुण

(vii) 'इत्यादि' अत्र संधि-विच्छेदं किम्?
(अ) इत्या + दि (ब) इति + आदि
(स) इत्य + दि (द) इति + दि

(viii) 'नै + अक:' अत्र संधि अस्ति।
(अ) नायक: (ब) नैक:
(स) नेअक: (द) नैअक:

(ix) 'पवनम्' अत्र संधि अस्ति।
(अ) यण् (ब) वृद्धि (स) अयादि (द) दीर्घ

(x) 'सदैव' अत्र संधि विच्छेद: अस्ति।
(अ) सदा + एव (ब) सदे + व
(स) सद् + एव (द) सदै + अव

(xi) 'नृपैश्वर्यम्' अत्र संधि अस्ति।
(अ) अयादि (ब) वृद्धि:
(स) दीर्घ (द) गुण

उत्तराणि

(i) (ब) सूर्यास्तः (ii) (अ) दीर्घ
(iii) (स) पितृणम् (iv) (ब) गुण
(v) (अ) सूर्य + उदयः (vi) (स) यण्
(vii) (ब) इति + आदि (viii) (अ) नायकः
(ix) (स) अयादि (x) (अ) सदा + एव
(xi) (ब) वृद्धिः

2. अधोलिखितेषु वाक्येषु संधि संधिविच्छेदं वा कृत्वा रिक्तस्थानानि पूरयत। (निम्नलिखित वाक्यों में संधि अथवा संधि-विच्छेद करके रिक्त स्थानों की पूर्ति कीजिए।)

(i) मम नाम .... अस्ति। (रमा + ईशः)
(ii) .... तव नाम किम्? (महोदयः)
(iii) .... सत्यं वद। (सदा + एव)
(iv) सा .... गच्छति। (विद्यालयः)
(v) अत्र तव .... अस्ति। (सु + आगतम)
(vi) विवेकानंदस्य मूलनाम .... आसीत्। (नरेन्द्रः)

उत्तराणि

(i) रमेशः (ii) महा + उदयः (iii) सदैव
(iv) विद्या + आलयः (v) स्वागतम् (vi) नर + इंद्रः

3. अधोलिखितेषु वाक्येषु कोष्ठगत रिक्तस्थानेषु स्थूलपदानां समुचितं सन्धि विच्छेदं कृत्वा लिखत।
(निम्नलिखित वाक्यों में कोष्ठगत रिक्तस्थानों में स्थूल शब्दों की उचित सन्धि विच्छेद करके लिखिए।)

(i) कालिदास **अद्यापि** (........ + ...) सर्वत्र प्रसिद्धः।
(ii) शिक्षकस्य **प्रश्नस्योत्तरं** (........ + ...) देहि।
(iii) **परमेश्वरः** (........ + ...) एकः एव भवति।
(iv) **अभीष्टानि** (........ + ...) वस्तूनि प्राप्य सन्तुष्टः अभवत्।
(v) सः प्रतिज्ञां करोति **दास्यामीति** (........ + ...)।
(vi) अहं **चिकित्सार्थं** (........ + ...) गयिष्यामि।

उत्तराणि

(i) अद्य + अपि (ii) प्रश्नस्य + उत्तरं
(iii) परम + ईश्वरः (iv) अभि + इष्टानि
(v) दास्यामि + इति (vi) चिकित्सा + अर्थम्

4. अधोलिखितेषु पदेषु संधि-विच्छेदं कुरुत। (निम्नलिखित पदों का संधि-विच्छेद कीजिए।)

(i) तत्रैव = ... + ...
(ii) प्राणायामः = ... + ...
(iii) इत्यलम् = ... + ...
(iv) अतीव = ... + ...
(v) परीक्षा = ... + ...
(vi) भवनम् = ... + ...
(vii) पित्राज्ञा = ... + ...
(viii) दैत्यारिः = ... + ...

उत्तराणि

(i) तत्र + एव (ii) प्राण + आयामः
(iii) इति + अलम् (iv) अति + इव
(v) परि + ईक्षा (vi) भो + अनम्
(vii) पितृ + आज्ञा (viii) दैत्य + अरिः

5. अधोलिखितेषु पदेषु संधि कृत्वा लिखत। (निम्नलिखित पदों की संधि कीजिए।)

(i) तथा + एव = ...
(ii) मातृ + ऋणम् = ...
(iii) मधु + अरिः = ...
(iv) पो + अनः = ...
(v) श्री + ईशः = ...
(vi) पर + उपकारः = ...
(vii) महा + इंद्रः = ...
(viii) भानु + ऊष्मा = ...

उत्तराणि

(i) तथैव (ii) मातृणम् (iii) मध्वरिः
(iv) पवनः (v) श्रीशः (vi) परोपकारः
(vii) महेन्द्रः (viii) भानूष्मा

6. कोष्ठकात् उचित विकल्पं चित्वा रिक्त स्थानेषु लिखत।
(कोष्ठक से उचित विकल्प चुनकर रिक्त स्थानों में लिखिए।)

(क) (i) सूर्यास्तः = ... (सूर्य + अस्तः/सूर्या + स्त)
(ii) सूक्तिः = ... (सु + तिः/सू + उक्तिः)
(iii) प्रतीक्षा = ... (प्रति + ईक्षा/प्रती + क्षा)
(iv) लंकेशः = ... (लंका + ईशः/लके + शः)
(v) एकैकः = ... (एका + कः/एक + एकः)
(vi) वसंतोत्सवः = ... (वसंत + उत्सवः/वसंतो + त्सवः)
(vii) अत्यंतः = ... (अति + अंतः/अत् + अंतः)

(ख) (i) सु + अल्पः = ... (स्वल्पः/सुल्पः)
(ii) धातृ + अंशः = ... (धातृअंश/धात्रंशः)
(iii) नै + अकः = ... (नायकः/नैकः)
(iv) कवे + ए = ... (कवै/कवये)
(v) प्रति + उपकारः = ... (प्रत्युपकारः/प्रतिउपकारः)
(vi) सप्त + ऋषिः = ... (सप्तर्षिः/सप्तऋषिः)
(vii) गण + ईशः = ... (गणईशः/गणेश)
(viii) दीक्षा + अंतः = ... (दीक्षांतः/दीक्षांता)

उत्तराणि

(क) (i) सूर्य + अस्तः (ii) सू + उक्तिः
(iii) प्रति + ईक्षा (iv) लंका + ईशः
(v) एक + एकः (vi) वसंत + उत्सवः
(vii) अति + अंतः

(ख) (i) स्वल्पः (ii) धात्रंशः
(iii) नायकः (iv) कवये
(v) प्रत्युपकारः (vi) सप्तर्षिः
(vii) गणेशः (viii) दीक्षांतः

अध्याय

8

अव्ययपदानि

8.1 अव्यय की परिभाषा

जिन पदों में किसी प्रकार का परिवर्तन (विकार) नहीं होता है वे पद अव्यय पद कहलाते हैं। इन अव्यय शब्दों के रूप तीनों लिङ्गों, सभी विभक्तियों और सभी वचनों में एक समान रहते हैं। कुछ प्रमुख अव्यय शब्दों के अर्थ एवं वाक्य-प्रयोग निम्नलिखित हैं

अव्ययपदः	अर्थ	वाक्य-प्रयोगः	हिंदी अनुवादः
इतस्ततः	इधर-उधर	वानराः इतस्ततः कूर्दन्ति।	बंदर इधर-उधर कूदते हैं।
अपि	भी	अहम् अपि भोजनं खादामि।	मैं भी भोजन खाऊँगा।
अधुना	अभी	अधुना अहं गृहकार्यं करोमि।	अभी मैं गृह कार्य करूँगा।
सह	साथ	पिता पुत्रेण सह गच्छति।	पिता पुत्र के साथ जाता है।
सर्वदा	सा	सर्वदा सत्यं वद।	सदा सत्य बोलो।
अत्र	यहाँ	अत्र मेलापकं भवति।	यहाँ मेला होता है।
तत्र	वहाँ	तत्र पुष्पाणि सन्ति।	वहाँ फूल हैं।
कदा	कब	त्वं कदा ग्रामं गच्छसि?	तुम गाँव कब जाओगे?
कुतः	कहाँ से	त्वं कुतः आगच्छसि?	तुम कहाँ से आते हो?
किम्	क्या	त्वं किं पश्यसि?	तुम क्या देखते हो?
प्रातः	सुबह	प्रातः सूर्यः उदेति।	सुबह सूर्य उगता है।
पुरा	पहले	पुरा शुद्धोधनं नामस्य राजा आसीत्।	पहले शुद्धोधन नाम का राजा हुआ।
अद्य	आज	सीता अद्य देवालयं न गतवती।	सीता आज मंदिर नहीं गई।
विना	बिना	जलं विना जीवनं न सम्भवति।	जल के बिना जीवन संभव नहीं है।
कदा	कब	वृष्टिः कदा भविष्यति?	बरसात कब होगी?
शनैः	धीरे	वृद्धः शनै चलति।	वृद्ध धीरे चलता है।
उच्चैः	ऊँचा/जोर से	बालकः उच्चैः रुदन्ति।	बालक जोर से रोता है।
एव	ही	ईश्वरः एव सर्वं करोति।	ईश्वर ही सब करता है।
ह्यः	(बीता हुआ कल)	अहं ह्यः गृहं न गतवान्।	मैं कल घर नहीं गया।
कुत्र	कहाँ	अमरस्य कलमः कुत्र अस्ति?	अमर की कलम कहाँ है?
उपरि	ऊपर	बिडालः उपरि अस्ति।	बिल्ली ऊपर है।
अधः	नीचे	बिडालः अधः अस्ति।	बिल्ली नीचे है।
कोणे	कोने पर	बिडालः कोणे अस्ति।	बिल्ली कोने पर है।
केन्द्रे	केन्द्र में	बिडालः केन्द्रे अस्ति।	बिल्ली केन्द्र में है।
समीपे	पास में	बिडालः समीपे अस्ति।	बिल्ली पास में है।
दूरे	दूर	बिडालः दूरे अस्ति	बिल्ली दूर है।

अभ्यास प्रश्नाः

बहुविकल्पीय एवं
वर्णनात्मक प्रश्नों सहित

1. **प्रदत्त विकल्पेभ्यः उचितम् उत्तरं चित्वा लिखत।**
(दिए गए विकल्पों में से उचित उत्तर चुनकर लिखिए।)

(i) त्वं ······ गमिष्यसि?
(अ) कुत्र (ब) अद्य (स) एकदा (द) इतस्ततः

(ii) अहं ······ विद्यालयं गमिष्यामि।
(अ) कुत्र (ब) अत्र (स) श्वः (द) अद्य

(iii) अहं ······ क्रीडामि।
(अ) अपि (ब) अतः (स) अत्र (द) कुत्र

(iv) अहं जनकेन ······ गृहं गमिष्यामि।
(अ) अत्र (ब) इतस्ततः (स) अधुना (द) सह

(v) धेनवः ······ भ्रमन्ति।
(अ) इतस्ततः (ब) श्वः (स) अद्यः (द) अधुना

(vi) ······ निर्जने वने तण्डुला?
(अ) पुरा (ब) प्रातः (स) कुत्र (द) कुतः

(vii) ······ कमलानि सन्ति।
(अ) तत्र (ब) तदा (स) यथा (द) तथा

(viii) गजः ······ चलति।
(अ) कदा (ब) सहसा (स) शनैः (द) शीघ्रः

(ix) सा ······ अवदत्।
(अ) सहसा (ब) अत्र (स) इतस्ततः (द) यथा

(x) अहं अत्र ······ पठामि।
(अ) कदा (ब) तावत् (स) एव (द) यावत्

(xi) बालकाः ······ हसन्ति।
(अ) उच्चैः (ब) नीच्चैः (स) यदा (द) कदा

उत्तराणि

(i) (अ) कुत्र (ii) (स) श्वः
(iii) (अ) अपि (iv) (द) सह
(v) (अ) इतस्ततः (vi) (द) कुतः
(vii) (अ) तत्र (viii) (स) शनैः
(ix) (अ) सहसा (x) (स) एव
(xi) (अ) उच्चैः

2. **कोष्ठकात् उचितं विकल्पं चित्वा वाक्यपूर्तिं कुरुत।**
(कोष्ठक से उचित विकल्प चुनकर वाक्यों की पूर्ति कीजिए।)

(i) स ······ वदति तथैव करोति। (यथा, चिरम्, धिक्)
(ii) जनः वृक्षस्य ······ तिष्ठति। (सर्वदा, अधः उपति)
(iii) ······ बालकाः क्रीडन्ति। (तत्र, तूष्णीम्, पुनः)
(iv) जलं ······ गच्छति। (प्रातः, उच्चैः नीचैः)
(v) रमेश ······ अपठत्। (धिक्, ह्यः, नमः)

उत्तराणि

(i) यथा (ii) अधः (iii) तत्र
(iv) नीचैः (v) ह्यः

3. **कोष्ठकात् उचित अव्ययपदं चित्वा रिक्तस्थानानि पूरयत।**
(कोष्ठक से उचितं अव्ययपद चुनकर रिक्त स्थानों की पूर्ति कीजिए।)

(i) अहमपि ······ ग्रामं गमिष्यामि। (श्वः/अद्य)
(ii) शिशवः ······ गच्छन्ति। (शनैः/अत्र)
(iii) बालकः बालिकाः ······ पठन्ति। (च/इतस्ततः)
(iv) त्वं ग्रामात् ······ आगच्छसि? (कदा/कुत्र)
(v) रामेण ······ सीता अपि वनं गच्छति। (सह/कुतः)
(vi) सः ······ हसन्ति। (उच्चैः/शनैः)

उत्तराणि

(i) श्वः (ii) शनैः (iii) च
(iv) कदा (v) सह (vi) उच्चैः

4. **मञ्जूषातः उचितं अव्यय पदानि चित्वा रिक्तस्थानानि पूरयत।**
(मञ्जूषा से उचित अव्यय पद चुनकर रिक्त स्थानों की पूर्ति कीजिए।)

(क) (i) ······ अहं गृहं गच्छामि।
(ii) रामः मोहनेन ······ आपणं गच्छति।
(iii) अहम् ······ चलचित्रं पश्यामि।
(iv) पशवः ······ भ्रमन्ति।
• **मञ्जूषा** इतस्ततः, अपि, सह, अधुना।

(ख) (i) त्वं ······ आगच्छसि?
(ii) बालकः विद्यालयं ······ गच्छसि?
(iii) अहं ······ एव निवसामि।
(iv) अहं ······ जयपुरं नगरं गमिष्यामि।
• **मञ्जूषा** श्वः, अत्र, कदा, कुतः।

(ग) (i) भारते ······ पर्वताः सन्ति।
(ii) इत्थं ······ भविष्यति?
(iii) अहं ······ ईश्वरं स्मरामि।
(iv) त्वं ······ करोषि?
• **मञ्जूषा** किम्, प्रातः, कदा, उच्चैः।

(घ) (i) कच्छपः ······ चलति।
(ii) ······ बालकः अश्वात् अपतत्।
(iii) अहं अत्र ······ तिष्ठामि।
(iv) ······ अस्मिन् बिले सर्पः अस्ति।
• **मञ्जूषा** नूनम्, एव, सहसा, शनैः।

उत्तराणि

(क) (i) अधुना (ii) सह (iii) अपि (iv) इतस्ततः
(ख) (i) कुतः (ii) कदा (iii) अत्र (iv) श्वः
(ग) (i) उच्चैः (ii) कदा (iii) प्रातः (iv) किम्
(घ) (i) शनैः (ii) सहसा (iii) एव (iv) नूनम्

5. अधोदत्तेषु वाक्येषु अव्ययपदानि चिनुत।
(नीचे दिए गए वाक्यों में अव्ययपद छाँटिए।)

(i) पक्षिणः इतस्ततः भ्रमन्ति।
(ii) अत्र बालकाः सन्ति।
(iii) धनं विना कार्यं न चलति।
(iv) बालिका सहसा अवदत्।
(v) अधुना अहं कार्यं करोमि।
(vi) अद्य सोमवासरः अस्ति।
(vii) श्वः मंगलवासरः भविष्यति।
(viii) अहम् अपि नृत्यामि।
(ix) असत्यं मा वद।
(x) सज्जनाः कुत्र लभन्ते।

उत्तराणि

(i) इतस्ततः (ii) अत्र (iii) विना
(iv) सहसा (v) अधुना (vi) अद्य
(vii) श्वः (vii) अपि (ix) मा
(x) कुत्र

6. मञ्जूषातः उचितं अव्यय पदानि चित्वा रिक्तस्थानानि पूरयत।
(मञ्जूषा से उचित अव्यय पद चुनकर रिक्त स्थानों की पूर्ति कीजिए।)

(क) (i) सः अस्माकम् वचनं ······· श्रृणोति।
(ii) ······· दीपावली अस्ति।
(iii) रामः श्याम ······· संस्कृत पठति।

- **मञ्जूषा** अद्य, चिरम्, अपि।

(ख) (i) ······· वयं तत्र चलामः।
(ii) ······· इदं कुरू।
(iii) ······· गोवर्धन पूजाः भविष्यति।

- **मञ्जूषा** श्वः, अधुना, ननु।

(ग) (i) ······· त्वम् इत्थं वदसि।
(ii) ······· अत्र एकः नृपः आसीत।
(iii) रिक्त पुत्र पिता ······· गच्छति।

- **मञ्जूषा** अतः, सह, पुरा।

उत्तराणि

(क) (i) चिरम् (ii) अद्य (iii) अपि
(ख) (i) अधुना (ii) ननु (iii) श्वः
(ग) (i) अतः (ii) पुरा (iii) सह

7. निम्नलिखितानाम् अव्ययानाम् अर्थान् निर्दैश्य वाक्यानि रचयत।
(निम्न अव्यवों का अर्थ बताकर वाक्य बनाइए।)
(उच्चैः, ह्यः, नूनम्, अत्र, अपि, इतस्ततः, विना)

उत्तराणि

अव्यय पद	अर्थ	वाक्य प्रयोग
उच्चैः	ऊँचा/ जोर से	सिंहः वने उच्चैः गर्जति।
ह्यः	बीता हुआ कल	ह्यः रविवासरः आसीत् ।
नूनम्	अवश्य ही	नूनम् तव पुत्राः वीरगतिमेव प्राप्ताः।
अत्र	यहाँ	अत्र एकं विशालम् उपवनम् अस्ति।
अपि	भी	अस्य वर्णः अपि कृष्णः, कर्म अपि कृष्णम्।
इतस्ततः	इधर-उधर	वने पशवः इतस्ततः भ्रमन्ति।
विना	बिना	सः मातरं विना व्याकुलम् आसीत्।

अध्याय 9
प्रत्ययाः

9.1 प्रत्यय की परिभाषा

जो शब्दांश संज्ञा, सर्वनाम और क्रिया आदि के अंत में लगकर उनके अर्थ में परिवर्तन कर देते हैं, वे प्रत्यय कहलाते हैं। प्रत्यय दो प्रकार के होते हैं

1. **कृत् प्रत्यय** जो प्रत्यय क्रिया (धातु) से होते हैं, कृत् प्रत्यय कहलाते हैं। इसमें क्त, क्तवतु, क्त्वा, ल्यप्, तुमुन्, शतृ, शानच्, क्तिन्, तव्यत् अनीयर् आदि प्रत्यय आते हैं; जैसे— पठ् + क्त्वा = पठित्वा, चि + तुमुन् = चेतुम्
2. **तद्धित प्रत्यय** जो प्रत्यय संज्ञा शब्दों से होते हैं, तद्धित प्रत्यय कहलाते हैं। इसमें मतुप, तल, तृच, अण आदि प्रत्यय आते हैं; जैसे— शिव + अण = शैवः, धन + मतुप = धनवान्

9.2 कृत (कृदन्त) प्रत्यय

कृत प्रत्यय के अंतर्गत तुमुन् और क्त्वा प्रत्यय को निम्न प्रकार समझा जा सकता है

1. तुमुन् प्रत्यय

तुमुन् प्रत्यय का प्रयोग 'के लिए' अर्थ में होता है। तुमुन् का 'तुम्' शेष रहता है। यह अव्यय होता है अत: इसका रूप परिवर्तित नहीं होता है।

जैसे—पठ् + तुमुन् = पठितुम्,

सुरेश: पठितुं विद्यालयं गच्छति।

(सुरेश पढ़ने के लिए विद्यालय जाता है।)

तुमुन् प्रत्यान्त शब्दा:

धातु		प्रत्यय		शब्द	अर्थ
क्री	+	तुमुन्	=	क्रेतुम्	खरीदने के लिए
क्रीड्	+	तुमुन्	=	क्रीडितुम्	खेलने के लिए
कृ	+	तुमुन्	=	कर्तुम्	करने के लिए
खाद्	+	तुमुन्	=	खादितुम्	खाने के लिए
गण्	+	तुमुन्	=	गणयितुम्	गिनने के लिए
गै	+	तुमुन्	=	गातुम्	गाने के लिए
चल्	+	तुमुन्	=	चलितुम्	चलने के लिए
ज्ञा	+	तुमुन्	=	ज्ञातुम्	जानने के लिए
पच्	+	तुमुन्	=	पक्तुम्	पकाने के लिए
पा	+	तुमुन्	=	पातुम्	पीने के लिए
पृच्छ्	+	तुमुन्	=	प्रष्टुम्	पूछने के लिए
स्था	+	तुमुन्	=	स्थातुम्	बैठने के लिए
स्ना	+	तुमुन्	=	स्नातुम्	नहाने के लिए
नम्	+	तुमुन्	=	नन्तुम् नमितुम्	नमन के लिए
ग्रह	+	तुमुन्	=	गृहीतुम्	ग्रहण करने के लिए
जि	+	तुमुन्	=	जेतुम्	जीतने के लिए
दा	+	तुमुन्	=	दातुम्	देने के लिए

2. क्त्वा प्रत्यय

क्त्वा प्रत्यय का प्रयोग 'कर' या 'करके' अर्थ में होता है। 'क्त्वा' का त्वा शेष रहता है। यह अव्यय होता है अत: इसके रूप नहीं चलते हैं।

जैसे— पठ् + क्त्वा = पठित्वा, पढ़कर

रमेश: पठित्वा गृहं गच्छति।

(रमेश पढ़कर घर जाता है।)

क्त्वा प्रत्यान्त शब्दा:

धातु		प्रत्यय		शब्द	अर्थ
नश्	+	क्त्वा	=	नष्ट्वा	नष्ट करके
रक्ष्	+	क्त्वा	=	रक्षित्वा	रक्षा करके
नी	+	क्त्वा	=	नीत्वा	ले जाकर
गम्	+	क्त्वा	=	गत्वा	जाकर
लभ्	+	क्त्वा	=	लब्ध्वा	लेकर
पृच्छ्	+	क्त्वा	=	पृष्ट्वा	पूछकर
नम्	+	क्त्वा	=	नत्वा	नमस्कार करके
दा	+	क्त्वा	=	दत्वा	देकर
दृश्	+	क्त्वा	=	दृष्ट्वा	देखकर
धाव्	+	क्त्वा	=	धावित्वा	दौड़कर
भक्ष्	+	क्त्वा	=	भक्षयित्वा	खाकर
भी	+	क्त्वा	=	भीत्वा	डरकर
वद्	+	क्त्वा	=	वदित्वा	बोलकर
श्रु	+	क्त्वा	=	श्रुत्वा	सुनकर
हन्	+	क्त्वा	=	हत्वा	मारकर
लिख्	+	क्त्वा	=	लिखित्वा	लिखकर
पच्	+	क्त्वा	=	पक्त्वा	पकाकर
रच्	+	क्त्वा	=	रचयित्वा	रचना करके

क्त्वा तथा तुमुन्–प्रत्यय का प्रयोग

इनका प्रयोग दो वाक्यों को जोड़ने के लिए किया जाता है। जैसे—

तुमुन् प्रत्यय

(i) छात्रा: पठितुं विद्यालयम् आगच्छन्ति।
(छात्र पढ़ने के लिए विद्यालय में आते हैं।)

(ii) स: फलानि क्रेतुम् आपणं गच्छति।
(वह फल खरीदने के लिए बाजार जाता है।)

क्त्वा प्रत्यय

(i) विद्यालयं गत्वा स्वपाठं पठ्।
(विद्यालय जाकर अपना पाठ पढ़ो।)

(ii) पत्रं लिखित्वा अहं गच्छामि।
(मैं पत्र लिखकर घर को जाऊँगा।)

अभ्यास प्रश्ना:

बहुविकल्पीय एवं वर्णनात्मक प्रश्नों सहित

1. प्रदत्त विकल्पेभ्य: उचितम् उत्तरं चित्वा लिखत।
(दिए गए विकल्पों में से उचित उत्तर चुनकर लिखिए।)

(i) 'क्रेतुम्' अत्र क: प्रत्यय:?
(अ) क्त (ब) क्त्वा
(स) तुमुन् (द) ल्यप्

(ii) 'ज्ञातुम्' अत्र प्रत्यय: अस्ति।
(अ) ज्ञा + तुमुन् (ब) ज्ञा + तुम्
(स) ज्ञे + तुम (द) ज्ञान + तुम्

(iii) 'गत्वा' अत्र क: प्रत्यय:?
(अ) गम् + ता (ब) गम् + त्वा
(स) गम् + क्त्वा (द) गत् + वा

(iv) 'दातुम्' अत्र का धातुः?
(अ) दद् (ब) दा (स) दातु (द) दान्

(v) 'नष्ट्वा' अत्र का धातुः?
(अ) नट् (ब) नष्ट (स) नश् (द) नष्

उत्तराणि

(i) (स) तुमुन् (ii) (अ) ज्ञा + तुमुन्
(iii) (स) गम् + क्त्वा (iv) (ब) दा (v) (स) नश्

2. कोष्ठकात् उचित विकल्पं चित्वा रिक्तस्थानानि पूरयत।
(कोष्ठक से उचित विकल्प चुनकर रिक्त स्थानों की पूर्ति कीजिए।)

(i) बालकाः मोदकानि ······ इच्छन्ति। (खादितुम्/खादित्वा)
(ii) अहं देवालयं ······ ईश्वरं स्मरामि। (गत्वा/गन्तुम)
(iii) बालकाः मेलापकं ······ गच्छन्ति। (दृष्टुवा/द्रष्टुम्)
(iv) रमेशः ······ ग्रामं गच्छति। (पठित्वा/पठिता)
(v) महेशः ······ एव वदति। (चिन्तयित्वा/चिन्तिता)
(vi) सीता ······ उद्यानं याति। (भ्रमितुम्/भ्रन्तुम्)

उत्तराणि

(i) खादितुम् (ii) गत्वा (iii) द्रष्टुम्
(iv) पठित्वा (v) चिन्तयित्वा (vi) भ्रमितुम्

3. उचितं विकल्पं चित्वा वाक्यपूर्ति कुरुत।
(उचित विकल्प चुनकर वाक्यपूर्ति कीजिए।)

(i) धनी धनं ··········· पुण्यम् अर्जयति। (दायिता, दत्वा, दात्वा)
(ii) युवां चलचित्रं ··········· इच्छन्ति। (दृष्टवा, द्रष्टुम, द्रष्टुम्)
(iii) बाह्मणोऽपि श्राद्धं ··········· गृहम् उपावृतः।
(गृहत्वा, गृहीत्वा, गहीत्वा)
(iv) काकः जलं ··········· आनन्दम् अनुभूतः।
(पठित्वा, पित्वा, पीत्वा)
(v) मोहनः भोजनं ··········· विद्यालय गच्छति।
(भोक्त्वा, भुक्त्वा, भूक्त्वा)

उत्तराणि

(i) दत्वा (ii) द्रष्टुम् (iii) गृहीत्वा
(iv) पीत्वा (v) भुक्त्वा

4. अर्थेन सह मेलयत। (अर्थ के साथ मिलान कीजिए।)

(i)	क्रेतुम्	(क)	रक्षा करके
(ii)	खनितुम्	(ख)	खरीदने के लिए
(iii)	चलितुम्	(ग)	खोदने के लिए
(iv)	जेतुम्	(घ)	चलने के लिए
(v)	रक्षित्वा	(ङ)	जीतने के लिए

उत्तराणि

(i) (ख) खरीदने के लिए (ii) (ग) खोदने के लिए
(iii) (घ) चलने के लिए (iv) (ङ) जीतने के लिए
(v) (क) रक्षा करके

5. परस्परं मेलयत। (आपस में मिलान कीजिए।)

खंड (अ)		खंड (ब)	
(i)	पठ् + क्त्वा	(क)	खादित्वा
(ii)	हस् + तुमुन्	(ख)	हसितुम्
(iii)	खाद् + क्त्वा	(ग)	पठित्वा
(iv)	दा + तुमुन्	(घ)	रचयित्वा
(v)	रच् + क्त्वा	(ङ)	दातुम्

उत्तराणि

(i) (ग) पठित्वा (ii) (ख) हसितुम्
(iii) (क) खादित्वा (iv, (ङ) दातुम्
(v) (घ) रचयित्वा

अनुवादकार्यम्

अध्याय 10

10.1 हिंदी वाक्यों का संस्कृत में अनुवाद

हिंदी वाक्य का संस्कृत में अनुवाद करते समय कुछ नियमों का प्रयोग करना होता है; जैसे—कर्ता, क्रिया, सर्वनाम पदों का प्रयोग, अव्यय शब्दों का प्रयोग, विशेषण शब्दों का प्रयोग, लकारों का प्रयोग तथा कारक शब्दों का प्रयोग आदि।

कर्ता की पहचान

वाक्य अनुवाद करते समय सर्वप्रथम कर्ता अथवा सर्वनाम पदों की पहचान अनिवार्य रूप से करनी चाहिए कि कर्ता किस पुरुष में है और किस वचन में है। कर्ता के पुरुष और वचन के अनुरूप ही क्रिया का प्रयोग किया जाता है।

यहाँ सर्वप्रथम हम कर्ता अर्थात् सर्वनाम के विभिन्न रूपों को निम्न तालिका के माध्य से समझेंगे

पुरुष	एकवचन	द्विवचन	बहुवचन
प्रथम	सः (वह)	तौ (वे दोनों)	ते (वे सब)
मध्यम	त्वम् (तुम)	युवाम् (तुम दोनों)	यूयम् (तुम सब)
उत्तम	अहम् (मैं)	आवाम् (हम दोनों)	वयम् (हम सब)

क्रिया का प्रयोग

कर्ता अथवा सर्वनाम के पश्चात् क्रिया का ज्ञान होना अनिवार्य है। वाक्य में कर्ता जिस पुरुष और वचन में होगा क्रिया भी उसी पुरुष और वचन में प्रयोग की जाएगी। यहाँ गम् धातु की क्रिया के रूपों को निम्न तालिका के माध्यम से समझाया गया है

पुरुष	एकवचन	द्विवचन	बहुवचन
प्रथम	गच्छति	गच्छतः	गच्छन्ति
मध्यम	गच्छसि	गच्छथः	गच्छथ
उत्तम	गच्छामि	गच्छावः	गच्छामः

कर्ता और क्रिया के अध्ययन के पश्चात् इनका छोटे-छोटे वाक्यों में प्रयोग करना चाहिए; जैसे—

वाक्य	संस्कृत में अनुवाद
वह जाता है।	सः गच्छति।
वे दोनों जाते हैं।	तौ गच्छतः।
वे सब जाते हैं।	ते गच्छन्ति।
तुम जाते हो।	त्वम् गच्छसि।
तुम दोनों जाते हो।	युवाम् गच्छथः।
तुम सब जाते हो।	यूयम् गच्छथ।
मैं जाता हूँ।	अहं गच्छामि।
हम दोनों जाते हैं।	आवां गच्छावः।
हम सब जाते हैं।	वयं गच्छामः।

अन्य क्रिया का प्रयोग

वाक्य	संस्कृत में अनुवाद
राम पढ़ता है।	रामः पठति।
बालक खेलता है।	बालकः क्रीडति।
बालिका खाती है।	बालिका खादति।
हाथी चलता है।	गजः चलति।
अनेक घोड़े दौड़ते हैं।	अश्वाः धावन्ति।
दो लड़कियाँ नाचती हैं।	बालिके नृत्यतः।
दो मोर नाचते हैं।	मयूरौ नृत्यतः।
अनेक पक्षी उड़ते हैं।	खगाः उड्डयन्ति।
सीता जाती है।	सीता गच्छति।

प्रश्नवाचक का प्रयोग

वाक्य	संस्कृत में अनुवाद
यह कौन है?	एषः कः अस्ति?
ये दो कौन हैं?	एतौ कौ स्तः?
ये सब कौन हैं?	एते के सन्ति?
यह कौन (स्त्री) है?	एषा का अस्ति?
ये दो कौन (स्त्रियाँ) हैं?	एते के स्तः?
ये कौन (स्त्रियाँ) हैं?	एताः का सन्ति?
यह क्या है?	एतत् किम् अस्ति?
ये दोनों क्या हैं?	एते के स्तः?
ये सब क्या है?	एतानि कानि सन्ति?

अव्यय का प्रयोग

वाक्य	संस्कृत में अनुवाद
यहाँ आओ।	अत्र आगच्छतु।
मैं कल जयपुर जाऊँगा।	अहं श्वः जयपुरं गमिष्यामि।
जानवर इधर-उधर घूमते हैं।	पशवः इतस्ततः भ्रमन्ति।
अब तुम कहाँ जाओगे?	अधुना त्वं कुत्र गमिष्यसि?
मैं आज नहीं खाऊँगा।	अहं अद्य न खादिष्यामि।

सर्वनाम का प्रयोग

वाक्य	संस्कृत में अनुवाद
वह कौन है?	सः कः अस्ति?
वह सूर्य है।	सः सूर्य अस्ति।
यह अध्यापक है।	एषः अध्यापकः अस्ति।
वे दो कौन हैं?	तौ कौ स्तः?
वे दो पथिक हैं।	तो पथिकौ स्तः।
ये दो छात्राएँ हैं	एते छात्रे स्तः।
वे सब कौन हैं?	ते के सन्ति?

विशेषण का प्रयोग

वाक्य	संस्कृत में अनुवाद
यह मीठा फल है।	इदं मधुरं फलम् अस्ति।
राम सुन्दर बालक है।	रामः सुन्दरः बालकः अस्ति।
सीता चतुर बालिका है।	सीता चतुरा बालिका अस्ति।
यह चित्र सुन्दर है।	एतत् सुन्दरं चित्रम् अस्ति।
यह बालिका विदुषी है।	इयं विदुषी बालिका अस्ति।
यह एक बालक है।	अयं एकः बालकः अस्ति।
ये पाँच फूल हैं।	इमानि पञ्च पुष्पाणि सन्ति।
यह एक घोड़ा है।	अयं एकः अश्वः अस्ति।
दूसरा बालक क्या कर रहा है?	द्वितीयः बालकः किं करोति?
तीन बालिकाएँ आ रही हैं।	तिस्रः बालिकाः आगच्छन्ति।

लकार प्रयोग

लट् लकार (वर्तमान काल) में अनुवाद के नियम

- वर्तमान काल में लट् लकार का प्रयोग होता है। इसमें कर्ता में प्रथमा विभक्ति का प्रयोग होता है तथा क्रिया का प्रयोग कर्ता के अनुसार किया जाता है।

प्रथम पुरुष के कुछ हिंदी वाक्यों का संस्कृत अनुवाद

वाक्य	संस्कृत में अनुवाद
रमेश पढ़ता है।	रमेशः पठति।
वे दोनों पढ़ते हैं।	तौ पठतः।

वे सब पढ़ते हैं।	ते पठन्ति।
बालक जाता है।	बालकः गच्छति।
किसान खेत में जाता है।	कृषकः क्षेत्रं गच्छति।

मध्यम पुरुष के कुछ हिंदी वाक्यों का संस्कृत में अनुवाद

वाक्य	संस्कृत में अनुवाद
तुम पुस्तक पढ़ते हो।	त्वं पुस्तक पठसि।
तुम दोनों यहाँ दौड़ते हो।	युवां अत्र धावथः।
तुम दोनों पत्र लिखते हो।	युवां पत्रं लिखथः।
तुम सब वहाँ गाते हो।	यूयं तत्र गायथ।
तुम सब कब खाते हो?	यूयं कदा खादथ?

उत्तम पुरुष के कुछ हिंदी वाक्यों का संस्कृत अनुवाद

वाक्य	संस्कृत में अनुवाद
मैं पाठ पढ़ता हूँ।	अहं पाठं पठामि।
मैं गेंद से खेलता हूँ।	अहं कन्दुकेन क्रीडामि।
हम दोनों बाजार जाते हैं।	आवाम् आपणं गच्छावः।
हम दोनों यहाँ रहते हैं।	आवाम् अत्र वसावः।
हम सब पानी पीते हैं।	वयं जलं पिबामः।
हम सब पत्र लिखते हैं।	वयं पत्रं लिखामः।

लङ् लकार (भूतकाल) में अनुवाद के नियम

- जो काम हो चुका होता है, उसके लिए भूतकाल का प्रयोग किया जाता है तथा संस्कृत में इसके लिए लङ् लकार का प्रयोग होता है।
- कहीं-कहीं पर वर्तमान काल, प्रथम पुरुष के वाक्य के साथ क्रिया में 'स्म' का प्रयोग किया जाता है;

  जैसे–गच्छति स्म = जा रहा था।

  खादति स्म = खा रहा था।
- इस प्रकार की क्रिया का प्रयोग प्रायः 'था' के लिए किया जाता है।

प्रथम पुरुष के कुछ हिंदी वाक्यों का संस्कृत अनुवाद

वाक्य	संस्कृत में अनुवाद
वह गया।	सः अगच्छत्।
राम वन गया था।	रामः वनम् अगच्छत्।
वे दोनों वहाँ गए।	तौ तत्र अगच्छताम्।
वे सब गए।	ते अगच्छन्।
बालक खेलने गया था।	बालकः क्रीडितुम् अगच्छन्।

मध्यम पुरुष के कुछ हिंदी वाक्यों का संस्कृत अनुवाद

वाक्य	संस्कृत में अनुवाद
तुम गए थे।	त्वम् अगच्छः।
तुम दोनों गए थे।	युवाम् अगच्छतम्।
तुम सब गए थे।	यूयम् अगच्छत्।
तुम क्यों हँस रहे थे?	त्वं कयम् अहसः?
तुम दोनों कहाँ जा रहे थे?	युवां कुत्र अगच्छतम्?
तुम दोनों खेल रहे थे।	युवाम् अक्रीडतम्।

उत्तम पुरुष के कुछ हिंदी वाक्यों का संस्कृत अनुवाद

वाक्य	संस्कृत में अनुवाद
मैं गया था।	अहम् अगच्छम्।
हम दोनों गए थे।	आवाम् अगच्छाव।
हम सब गए थे।	वयम् अगच्छाम।
मैंने पुस्तक पढ़ी थी।	अहं पुस्तकम् अपठम्।
मैंने यह कार्य किया।	अहम् इदं कार्यम् अकुर्वम्।
हम दोनों घर गए थे।	आवां गृहम् अगच्छाव।
हम दोनों खेल रहे थे।	आवाम् अक्रीडाव।

लृट् लकार (भविष्यत् काल) में अनुवाद के नियम

- जब कोई कार्य आने वाले समय में होता प्रतीत हो, तो वह भविष्यत् काल कहलाता है। इसमें लृट् लकार का प्रयोग होता है।
- इसके रूप लट् लकार के समान चलते हैं तथा इसमें ति, तः, न्ति आदि प्रत्ययों के पहले स्य/ष्य जुड़ जाता है।

  जैसे–पठिष्यति, पास्यति

प्रथम पुरुष के कुछ हिंदी वाक्यों का संस्कृत अनुवाद

वाक्य	संस्कृत में अनुवाद
बालक खेलेगा।	बालकः क्रीडिष्यति।
वे दोनों खेलेंगे।	तौ क्रीडिष्यतः।
वे सब खेलेंगे।	ते क्रीडिष्यन्ति।
छात्र खेल के मैदान में दौड़ेंगे।	छात्रः क्रीडांगणे धाविष्यन्ति।
वे दोनों दूध पियेंगे।	तौ दुग्धं पास्यतः।

मध्यम पुरुष के कुछ हिंदी वाक्यों का संस्कृत अनुवाद

वाक्य	संस्कृत में अनुवाद
तुम खेलोगे।	त्वं क्रीडिष्यसि।
तुम दोनों खेलोगे।	युवां क्रीडिष्यथः।
तुम सब खेलोगे।	यूयं क्रीडिष्यथ।
तुम यहाँ कब आओगे?	त्वम् अत्र कदा आगमिष्यसि?
तुम दोनों भोजन खाओगे।	युवां भोजन खादिष्यथः।

उत्तम पुरुष के कुछ हिंदी वाक्यों का संस्कृत अनुवाद

वाक्य	संस्कृत में अनुवाद
मैं गेंद खेलूँगा।	अहं कन्दुकं क्रीडिष्यामि।
हम दोनों खेलेंगे।	आवां क्रीडिष्यावः।
हम सब खेलेंगे।	वयं क्रीडिष्यामः।
हम दोनों गेंद से खेलेंगे।	आवां कन्दुकेन क्रीडिष्यावः।
हम सब बाजार जाएँगे।	वयम् आपणं गमिष्यामः।

कारक प्रयोग

कर्ता कारक (प्रथमा विभक्ति)

- कर्ता कारक में प्रथमा विभक्ति होती है। इसका कारक चिह्न 'ने' है;
- संज्ञा शब्दों का अर्थ स्पष्ट करने के लिए उनमें प्रथमा विभक्ति लगाई जाती है; जैसे—नरः, अश्वः, मोहनः, शशकः आदि।

कर्ता कारक के कुछ हिंदी वाक्यों का संस्कृत में अनुवाद

वाक्य	संस्कृत में अनुवाद
राम और श्याम दौड़ते हैं।	रामः श्यामः च धावतः।
यह एक गाँव है।	एषः एकं ग्रामम् अस्ति।

कर्म कारक (द्वितीया विभक्ति)

- कर्ता, क्रिया द्वारा जिसको सबसे अधिक चाहता है, उसकी कर्म संज्ञा होती है तथा कर्म में द्वितीया विभक्ति होती है;
  जैसे-रामः ग्रामं गच्छति (राम गाँव को जाता है।)
  यहाँ 'गच्छति' क्रिया का फल 'ग्राम' पर पड़ता है। अतएव इसमें द्वितीया विभक्ति हुई है।
  कर्म कारक के कुछ हिंदी वाक्यों का संस्कृत में अनुवाद

वाक्य	संस्कृत में अनुवाद
बालक वेद पढ़ते हैं।	बालकाः वेदं पठन्ति।
हम सब नाटक देखते हैं।	वयं नाटकं पश्यामः।

करण कारक (तृतीया विभक्ति)

- क्रिया की सिद्धि में जो सर्वाधिक सहायक होता है, उस कारक की करण संज्ञा होती है तथा करण कारक में तृतीया विभक्ति होती है। इसका चिह्न 'से' या 'द्वारा' है;
  करण कारक के कुछ हिंदी वाक्यों का संस्कृत में अनुवाद

वाक्य	संस्कृत में अनुवाद
वह कलम से लिखती है।	सा कलमेन लिखति।
रमा जल से मुख धोती है।	रमा जलेन मुखं प्रक्षालयति।

संप्रदान कारक (चतुर्थी विभक्ति)

- दान कर्म के द्वारा कर्ता जिसको संतुष्ट करना चाहता है, वह संप्रदान कारक कहा जाता है और संपद्रान में चतुर्थी विभक्ति होती है;
  संप्रदान कारक के कुछ हिंदी वाक्यों का संस्कृत में अनुवाद

वाक्य	संस्कृत में अनुवाद
राजा निर्धनों के लिए धन देता है।	नृपः निर्धनाय धनं यच्छति।
बालक अपने मित्र के लिए पुस्तक देता है।	बालकः स्वमित्राय पुस्तकं ददाति।

अपादन कारक (पञ्चमी विभक्ति)

- पृथक् होने पर जो स्थिर है उसकी अपादान संज्ञा होती है तथा अपादान में पञ्चमी विभक्ति होती है। इसकी पहचान चिह्न 'से' है;
  अपादन कारक के कुछ हिंदी वाक्यों का संस्कृत में अनुवाद

वाक्य	संस्कृत में अनुवाद
वृक्ष से पत्ता गिरता है।	वृक्षात् पत्रं पतति।
राजा गाँव से आता है।	नृपः ग्रामात् आगच्छति।

संबंध कारक (षष्ठी विभक्ति)

संबंध कारक से संबंधी हिंदी वाक्यों का संस्कृत में अनुवाद
दो या दो से अधिक शब्दों से जब संबंध प्रकट किया जाता है, तब उसमें षष्ठी विभक्ति होती है। इसका चिह्न का, के, की, रा, रे, री है।
संबंध कारक के कुछ हिंदी वाक्यों का संस्कृत में अनुवाद

वाक्य	संस्कृत में अनुवाद
वृक्ष के नीचे बालक सोता है।	वृक्षस्य अधः बालकः शेते।
यह मेरा विद्यालय है।	अयं मम विद्यालयः अस्ति।

अधिकरण कारक (सप्तमी विभक्ति)

- क्रिया की सिद्धि में जो आधार होता है, उसमें सप्तमी विभक्ति होती है। अधिकरण कारक का चिह्न 'में', 'पर' है।
  अधिकरण कारक के कुछ हिंदी वाक्यों का संस्कृत में अनुवाद

वाक्य	संस्कृत में अनुवाद
तिलों में तेल है।	तिलेषु तैलं विद्यते।
पिता पुत्र से स्नेह करता है।	पिता पुत्रे स्निह्यति।

सम्बोधन

- हे, अरे, भो आदि सम्बोधक चिह्नों द्वारा जिसे पुकारा जाता है उसमें संबोधन होता है। संबोधन में प्रथमा विभक्ति होती है तथा ये सम्बोधक चिह्न शब्द से पहले लगते हैं;
  संबोधन कारक के कुछ हिंदी वाक्यों का संस्कृत में अनुवाद

वाक्य	संस्कृत में अनुवाद
अरे श्यामा! तुम कहाँ जा रही हो?	हे श्यामा! त्वं कुत्र गच्छसि।
हे राम! तुम यहाँ आओ।	हे राम! त्वं अत्र आगच्छ।

अभ्यास प्रश्नाः

बहुविकल्पीय एवं वर्णनात्मक प्रश्नों सहित

1. अधोलिखितानां शब्दानां संस्कृत पर्यायपदानि लिखत।
(निम्नलिखित शब्दों के संस्कृत में पर्याय पद लिखिए।)

(क) (i) कौआ = ...
(ii) बैल = ...
(iii) घोड़ा = ...
(iv) बकरी = ...
(v) किताब = ...
(vi) फल = ...
(vii) घर = ...
(viii) दर्जी = ...

(ix) किसान = ...

(x) पक्षी = ...

उत्तराणि

(i) काक: (ii) वृषभ: (iii) अश्व:
(iv) अजा (v) पुस्तकम् (vi) फलम्
(vii) गृहम् (viii) सौचिक: (ix) कृषक:
(x) खग:

(ख)

	एकवचनम्	द्विवचनम्	बहुवचनम्
(i)	एक बालक बालक:	दो बालक	अनेक बालक ....
(ii)	एक वृक्ष को	दो वृक्षों को वृक्षौ	अनेक वृक्षों को ....
(iii)	एक फल से फलेन	दो फलों से	अनेक फलों से ....
(iv)	बालक के लिए	दो बालकों के लिए	अनेक बालकों के लिए बालकेभ्य:
(v)	घर से गृहात्	दो घरों से	अनेक घरों से ....
(vi)	छात्र का छात्रस्य	दो छात्रों का	अनेक छात्रों का ....
(vii)	विद्यालय में	दो विद्यालयों में	अनेक विद्यालयों में विद्यालयेषु
(viii)	हे राम!	हे रामो!	हे रामो! ....

उत्तराणि

	एकवचनम्	द्विवचनम्	बहुवचनम्
(i)	बालक:	**बालकौ**	**बालका:**
(ii)	**वृक्षम्**	वृक्षौ	**वृक्षान्**
(iii)	फलेन	**फलाभ्याम्**	**फलै:**
(iv)	**बालकाय**	**बालकाभ्याम्**	बाल्केभ्य:
(v)	गृहात्	**गृहाभ्याम्**	**गृहेभ्य:**
(vi)	छात्रस्य	**छात्रयो:**	**छात्राणाम्**
(vii)	**विद्यालये**	**विद्यालयो:**	विद्यालयेषु
(viii)	**हे राम:!**	**हे रामौ!**	**हे रामा:!**

(ग) (i) फलों को = ...

(ii) घरों के लिए = ...

(iii) राम का = ...

(iv) दो आँखों से = ...

(v) विद्यालय से (अलग) = ...

उत्तराणि

(i) फलानि (ii) गृहेभ्य:
(iii) रामस्य (iv) नेत्राभ्याम्
(v) विद्यालयात्

(घ) (i) खाता है = ...

(ii) पकाती है = ...

(iii) दोनों भागते हैं = ...

(iv) नाचती हैं (सब) = ...

(v) गामिष्यामि = ...

उत्तराणि

(i) खादति (ii) पचति
(iii) धावत: (iv) नृत्यन्ति
(v) गमिष्यामि

2. अधोलिखितानि वाक्यानि संस्कृते अनूद्य लिखत।
(निम्नलिखित वाक्यों का संस्कृत में अनुवाद करके लिखिए।)

(i) वह घर जाता है।
(ii) छात्र विद्यालय जाते हैं।
(iii) तुम कहाँ से आए हो?
(iv) पशु इधर-उधर घूमते हैं।
(v) बगीचे में कमल खिलते हैं।
(vi) वे दोनों भोजन करते हैं।
(vii) बालक सीढ़ियों से गिरता है।
(viii) सीमा भोजन पकाती है।
(ix) वृक्ष से फल गिरते हैं।
(x) मैं कल जोधपुर जाऊँगा।

उत्तराणि

(i) स: गृहं गच्छति।
(ii) छात्रा: विद्यालयं गच्छन्ति।
(iii) त्वं कुत: आगच्छसि?
(iv) पशव: इतस्तत: भ्रमन्ति।
(v) उद्याने कमलानि विकसन्ति।
(vi) तौ भोजनं कुरुत:।
(vii) बालक: सोपानात् पतति।
(viii) सीमा भोजनं पचति।
(ix) वृक्षात् फलानि पतन्ति।
(x) अहं श्व: जोधपुरं गमिष्यामि।

3. परस्परं मेलनं कुरुत। (आपस में मिलान कीजिए।)

खंड (अ)	खंड (ब)
(i) दो बालिकाएँ	(क) मयूरा:
(ii) गाँव से	(ख) वृषभौ
(iii) खेलता है	(ग) क्रीडति
(iv) दो बैल	(घ) ग्रामात्
(v) अनेक मोर	(ङ) बालिके

उत्तराणि

(i) (ङ) बालिके (ii) (घ) ग्रामात्
(iii) (ग) क्रीडति (iv) (ख) वृषभौ
(v) (क) मयूरा:

अशुद्धि संशोधनम्

अध्याय **11**

11.1 कर्ता तथा क्रिया संबंधी अशुद्धियाँ

कर्ता तथा क्रिया किसी भी वाक्य का महत्त्वपूर्ण तत्त्व है। इनमें आपस में समन्वय होना आवश्यक है। अत: इनके प्रयोग में किसी भी प्रकार की त्रुटि नहीं होनी चाहिए। इनके अतिरिक्त संस्कृत में वाक्य संशोधन करते समय व्याकरण के महत्त्वपूर्ण नियमों को ध्यान में रखना चाहिए।
वचन-लिङ्ग-पुरुष-लकार आदि की दृष्टि से अशुद्ध वाक्यों को शुद्ध करने के लिए निम्नलिखित नियमों को ध्यान में रखना चाहिए

1. एकवचन कर्ता के साथ एकवचन, द्विवचन के साथ द्विवचन तथा बहुवचन के साथ बहुवचन की क्रिया का प्रयोग किया जाता है।
2. वाक्य किस काल का है? जिस काल का वाक्य होगा, क्रिया भी उसी काल की लगानी चाहिए।
3. वाक्य में कर्ता कौन है? कर्ता जिस पुरुष और वचन का होगा, क्रिया भी उसी वचन और पुरुष की लगानी चाहिए।
4. अप्रत्यक्ष कर्ता अर्थात् सः, तौ, ते, सा, ते, ताः आदि के लिए प्रथम पुरुष के कर्ता का ही प्रयोग करना चाहिए।
5. यदि प्रथम और मध्यम पुरुष के कर्ताओं का एक साथ प्रयोग हुआ है, तो क्रिया मध्यम पुरुष के कर्ता के अनुसार प्रयोग की जाती है।
6. क्रिया सभी लिङ्गों के लिए समान होती है, जैसे—

- सीता गच्छति।
- स: राम: अस्ति
- एतत् पत्रम् अस्ति
- राम: गच्छति
- सा रमा अस्ति

कर्ता तथा क्रिया का प्रयोग

जिस प्रकार वाक्य निर्माण करते समय कर्ता और क्रिया महत्त्वपूर्ण भूमिका रखते हैं ठीक उसी प्रकार अशुद्धि-संशोधन करते समय भी ये महत्त्वपूर्ण भूमिका निभाते हैं। वाक्य में कर्ता पुल्लिङ्ग, स्त्रीलिङ्ग और नपुंसकलिङ्ग के साथ एकवचन, द्विवचन तथा बहुवचन के रूप में होता है। कर्ता के अनुसार ही वाक्य में क्रिया का प्रयोग किया जाता है तथा क्रिया के मूल रूप में कर्ता के वचन पुरुष के अनुसार ही विभिन्न प्रत्ययों को जोड़ा जाता है। इसका संक्षिप्त अध्ययन हम निम्न तालिका द्वारा कर सकते हैं

वचन	कर्ता पुल्लिङ्ग	कर्ता स्त्रीलिङ्ग	कर्ता नपुंसकलिङ्ग	धातुओं के अंत में प्रयुक्त प्रत्यय
एकवचन	भवान, सः कोई भी संज्ञा शब्द (नाम)	सा, लता, भवती, नदी	फलम्, तत्, इदम्	ति
द्विवचन	तौ, श्यामौ, भवन्तौ	ते, लते, भवत्यौ	फले, ते, इमे	तः
बहुवचन	ते, श्यामाः, भवन्तः	ताः, लताः, भवत्यः	फलानि, तानि, इमानि	अन्ति

मध्यम तथा उत्तम पुरुष के लिए वचनों में निम्न प्रकार परिवर्तन किया जाएगा—

	एकवचन	द्विवचन	बहुवचन
मध्यम पुरुष कर्ता	त्वम्	युवाम्	यूयम्
	↓	↓	↓
धातु के अंत में प्रयुक्त प्रत्यय	सि	थः	थ

	एकवचन	द्विवचन	बहुवचन
उत्तम पुरुष कर्ता	अहम्	आवाम्	वयम्
	↓	↓	↓
धातु के अंत में प्रयुक्त प्रत्यय	आमि	आवः	आमः

ध्यान रखने योग्य महत्त्वपूर्ण अशुद्धि संशोधन

(क) पुरुष दृष्ट्या अशुद्धि संशोधनम्

	अशुद्ध वाक्यानि	शुद्ध वाक्यानि
(i)	रामः हसामि।	रामः हसति।
(ii)	छात्रा लिखसि।	छात्रा लिखति।
(iii)	त्वं पिबामि।	त्वं पिबसि।
(iv)	वयं हसावः।	वयं हसामः।
(v)	यूयं पठ।	यूयं पठत।
(vi)	त्वं हसत।	त्वं हससि।

(ख) वचन दृष्ट्या अशुद्धि संशोधनम्

	अशुद्ध वाक्यानि	शुद्ध वाक्यानि
(i)	बालकाः उद्याने विचरति।	बालकाः उद्याने विचरन्ति।
(ii)	गुरुः उपदिशन्तु।	गुरुः उपदिशतु।
(iii)	ते अत्रैव तिष्ठति।	ते अत्रैव तिष्ठन्ति।
(iv)	बालकौ कन्दुकेन क्रीडन्ति।	बालकाः कन्दुकेन क्रीडन्ति।
(v)	साधवः तत्र गच्छतु।	साधवः तत्र गच्छन्तु।
(vi)	तौ उद्याने भ्रमन्ति।	तौ उद्याने भ्रमतः।

(ग) कारक दृष्ट्या अशुद्धि संशोधनम्

अशुद्ध वाक्यानि	शुद्ध वाक्यानि
(i) पिता पुत्रात् क्रुध्यति।	पिता पुत्राय क्रुध्यति।
(ii) रामम् नमः।	रामाय नमः।
(iii) रमेशः कलमस्य लिखति।	रमेशः कलमेन लिखति।
(iv) जनकः पुत्रम् सह गच्छति।	जनकः पुत्रेण सह गच्छति।
(v) सः अजां ग्रामे नयति।	सः अजां ग्रामं नयति।
(vi) बालकः सिंहम् विभेति।	बालकः सिंहात् विभेति।

(घ) लिङ्ग दृष्ट्या अशुद्धि संशोधनम्

अशुद्ध वाक्यानि	शुद्ध वाक्यानि
(i) सर्वाः बालकाः हसन्ति।	सर्वे बालकाः हसन्ति।
(ii) सः मम् मित्रः अस्ति।	सः मम मित्रम् अस्ति।
(iii) एकदा एकः वृद्धा अपतत्।	एकदा एका वृद्धाः अपतत्।
(iv) अहं पादेन गच्छामि।	अहं पादाभ्यां गच्छामि।
(v) इयम् आपः।	इमाः आपः।
(vi) वृक्षे चत्वारि खगाः सन्ति।	वृक्षे चत्वारः खगाः सन्ति।

(ङ) लकार दृष्ट्या अशुद्धि संशोधनम्

अशुद्ध वाक्यानि	शुद्ध वाक्यानि
(i) सेवकः हसते	सेवकः हसति।
(ii) सीता भोजनं पच्यते।	सीता भोजनं पचति।
(iii) अहम् ग्रामं गच्छिष्यामि।	अहं ग्रामं गमिष्यामि।
(iv) धर्माचरणेन सुखं लभति।	धर्माचरणेन सुखं लभते।
(v) सा जलं पिविष्याति।	सा जलं पास्यति।
(vi) श्वः बुद्धवारः आसीत्।	श्वः बुधवारः भविष्यति।

अभ्यास प्रश्नाः

बहुविकल्पीय एवं वर्णनात्मक प्रश्नों सहित

1. प्रदत्त विकल्पेभ्यः उचितम् उत्तरं चित्वा लिखत।
(दिए गए विकल्पों में से उचित उत्तर चुनकर लिखिए।)

(i) **सा** मम मित्रम् अस्ति।
(अ) तत् (ब) सः (स) अहम् (द) त्वम्

(ii) तत् **एकः** फलम् अस्ति।
(अ) एकम् (ब) एकस्य
(स) एका (द) एकतः

(iii) **ह्यः सोमवासरः अस्ति।**
(अ) भवति (ब) सन्ति
(स) आसीत् (द) स्तः

(iv) सः **रामस्य** सह गच्छति।
(अ) रामे (ब) रामेण (स) रामात् (द) रामः

(v) किं त्वं **पठति**।
(अ) पठसि (ब) पठामि (स) पठन्ति (द) पठतः

(vi) अत्र **द्वौ बालिके** स्तः।
(अ) बालिका (ब) बालकाः
(स) बालकौ (द) बालकः

(vii) अहं गृहं **गच्छति**।
(अ) गच्छामि (ब) गच्छन्ति (स) गच्छसि (द) गच्छतु

(viii) अलं **हसनात्**।
(अ) हसनम् (ब) हसितेन (स) हसनेन (द) हसेत्

(ix) **एषः** फलम् अस्ति।
(अ) एतत् (ब) एषा
(स) एषम् (द) अयं

(x) **गणेशम्** नमः।

(अ) गणेशस्य (ब) गणेशात् (स) गणेशः (द) गणेशाय

उत्तराणि

(i) (ब) सः (ii) (अ) एकम्

(iii) (स) आसीत् (iv) (ब) रामेण

(v) (अ) पठसि (vi) (स) बालकौ

(vii) (अ) गच्छामि (viii) (ब) हसितेन

(ix) (अ) एतत् (x) (द) गणेशाय

2. कोष्ठकात् उचितं विकल्पं चित्वा रिक्तस्थानानि पूरयत। (कोष्ठक से उचित विकल्प चुनकर रिक्त स्थानों की पूर्ति कीजिए।)

(क) (i) गोपालकः दुग्धं ……। (आनयति/आनयन्ति)

(ii) रामः गृहं प्रति ……। (गच्छन्ति/गच्छति)

(iii) रमा श्व विश्नाथ मन्दिरं ……। (गच्छति/गमिष्यति)

(iv) बालकाः कन्दुकेन ……।(क्रीडन्ति/क्रीडति)

(v) अहं भोजनं ……। (खादति/खादामि)

(vi) तौ बालौ ……। (कूर्दतः/कूर्दन्ति)

(vii) पश्वः इतस्ततः ……। (विचरति/विचरन्ति)

(viii) त्वं किं ……। (पश्यति/पश्यसि)

(ख) (i) पिता …… सह गच्छति। (पुत्रेण/पुत्राय)

(ii) ग्रामं परितः …… सन्ति। (वृक्षम्/वृक्षाः)

(iii) श्री …… नमः। (रामस्य/रामाय)

(iv) इदं मम …… अस्ति। (पुस्तकं/पुस्तकानि)

(v) सा …… कार्यं करोति। (बालिकाः/बालिका)

(vi) अयं …… वृक्षात् पतति। (बालकः/बालकाः)

(vii) माता …… पचति। (ओदनानि/ओदनं)

(viii) एताः …… सन्ति। (अजः/अजाः)

(ग) (i) बालकाः …… खादन्ति। (मोदकं/मोदकानि)

(ii) …… नद्यां तरन्ति। (तौ/ते)

(iii) अहमपि …… गमिष्यामि। (ग्रामे/ग्रामं)

(iv) राधिका …… जलम् आनयति। (कूपे/कूपात्)

(v) …… सुन्दरं चित्रम् अस्ति। (एतत्/एतानि)

(vi) अस्मिन् …… मम गृहम् अस्ति। (नगरे/नगरं)

(vii) बालकः …… बिभेति। (सिंहस्य/सिंहात्)

उत्तराणि

(क) (i) आनयति (ii) गच्छति

(iii) गमिष्यति (iv) क्रीडन्ति

(v) खादामि (vi) कूर्दतः

(vii) विचरन्ति (viii) पश्यसि

(ख) (i) पुत्रेण (ii) वृक्षाः

(iii) रामाय (iv) पुस्तकं

(v) बालिका (vi) बालकः

(vii) ओदनं (viii) अजाः

(ग) (i) मोदकानि (ii) ते

(iii) ग्रामं (iv) कूपात्

(v) एतत् (vi) नगरे

(vii) सिंहात्

3. अधोलिखितेषु वाक्येषु रेखांकित पदानि शुद्धं कृत्वा पुनः लिखत। (निम्नलिखित वाक्यों में रेखांकित शब्दों को शुद्ध करके पुनः लिखिए।)

(क) लिङ्ग प्रयोगः

(i) श्यामः मम मित्रः अस्ति। = ………

(ii) इदं मम ग्रामम् अस्ति। = ………

(iii) अत्र शीतलं वायु प्रवहति। = ………

(iv) सः पुष्पं सुन्दरं अस्ति। = ………

(v) ताः बालकाः गच्छन्ति। = ………

(vi) अयं वाटिका अस्ति। = ………

(vii) इदं फलानि सन्ति। = ………

(viii) सः बालिके स्तः। = ………

(ख) कर्ता-क्रियापद प्रयोगः

(i) श्यामः मोहनः च गच्छति। = ………

(ii) सीता राधिका वा पठन्ति। = ………

(iii) ते अश्वात् पतेमः। = ………

(iv) त्वं कुत्र पठामि? = ………

(v) बालिकाः सोपानात् अपतत्। = ………

(vi) पुष्पाणि विकसत्। = ………

(vii) छात्राः कन्दुकेन क्रीडतः। = ………

(viii) अहं अपणं गच्छति। = ………

(ग) संज्ञा-सर्वनाम प्रयोगः

(i) वृक्षोपरि खगः तिष्ठन्ति। = ………

(ii) ते बालिकाः नृत्यन्ति। = ………

(iii) तौ छात्राः धावतः। = ………

(iv) वयं कुत्र गच्छसि? = ………

(v) अहं ग्रामं गच्छावः। = ………

(vi) ताः बालिके कार्यं कुर्वन्ति। = ………

(vii) सः बालकौ क्षेत्रे धावतः। = ………

(viii) मम नाम रामे अस्ति। = ………

(घ) शुद्ध विभक्ति प्रयोगः

(i) विष्णुः वैकुण्ठे अधिशेते।

(ii) सज्जनः आसने अधितिष्ठति।

(iii) गुरुजनस्य अनुसरति।

(iv) भिक्षुकः दातारेण पणकं याचते।

(v) छात्राः गुरुजनात् प्रश्नं पृच्छन्ति।

(vi) शिष्यः गुरुणा पाठं पठति।

(vii) गोपालः गोविन्दस्य शतं धारयति।

(viii) रामस्य तुल्यः कोऽपि वीरः न आसीत्।

उत्तराणि

(क) (i) मित्रम् (ii) अयं
(iii) शीतला (iv) तत्
(v) ते (vi) इयं
(vii) इमानि (viii) ते

(ख) (i) गच्छतः (ii) पठति
(iii) पतेयुः (iv) पठसि
(v) अपतन् (vi) विकसन्ति
(vii) क्रीडन्ति (viii) गच्छामि

(ग) (i) खगाः (ii) ताः
(iii) ते (iv) त्वं
(v) आवां (vi) बालिकाः
(vii) तौ (viii) रामः

(घ) (i) वैकुण्ठम् (ii) आसनम्
(iii) गुरुजनम् (iv) दातारं
(v) गुरुजनं (vi) गुरोः
(vii) गोविन्दाय (viii) रामेण

4. अधोलिखितेषु वाक्येषु शुद्ध विभक्तिप्रयोगं कृत्वा पुनः लिखत। (निम्नलिखित वाक्यों में शुद्ध विभक्ति प्रयोग करके पुनः लिखिए।)

(क) (i) वृक्षे, उपरि काकः तिष्ठति।
(ii) सविता **मातरं** स्मरति।
(iii) त्वम् **मम** सह आगच्छ।
(iv) बालकः **अश्वेन** अपतत्।
(v) **माम्** पुस्तकं रोचते।

(ख) (i) **तं** धनं दातव्यम्।
(ii) अलं **विवादात्**।
(iii) **गवां** पयः दोग्धि।
(iv) बालकः **चौरं** बिभेति।
(v) छात्रः **गुरवे** प्रश्नं पृच्छति।

(ग) (i) **तं** बालकाय दुग्धं प्रयच्छ।
(ii) विद्या **विनयात्** शोभते।
(iii) त्वम् **राज्यस्य** रक्षसि।
(iv) **रामस्य** समः कृष्णः।
(v) **ग्रामस्य** बहिः उपवनमस्ति।
(vi) तव **जनकं** नमः।

(घ) (i) **बालिका** मोदकं रोचते।
(ii) **विप्रं** गां ददाति।
(iii) सः **पादात्** खञ्जः।
(iv) सः **ग्रामे** गच्छति।
(v) **कविभ्यः** कालिदासः श्रेष्ठः।
(vi) **गुरोः** नमः।

(ङ) (i) गंगा **नदीभ्यः** पवित्रतमा।
(ii) नदी **पर्वतं** प्रभवति।
(iii) नृपः **चौराय** त्रायते।
(iv) भिक्षुकः **धनिकात्** धनं याचते।
(v) **ग्रामस्य** निकषा उपवनमस्ति।
(vi) सज्जनः **सुखात्** जीवति।

उत्तराणि

(क) (i) **वृक्षस्य** उपरि काकः तिष्ठति।
(ii) सविता **मातुः** स्मरति।
(iii) त्वं **मया** सह आगच्छ।
(iv) बालकः **अश्वात्** अपतत्।
(v) **मह्यम्** पुस्तकं रोचते।

(ख) (i) **तस्मै** धनं दातव्यम्।
(ii) अलं **विवादेन**।
(iii) **गां** पयः दोग्धिम्।
(iv) बालकः **चौरात्** बिभेति।
(v) छात्रः **गुरुं** प्रश्नं पृच्छति।

(ग) (i) **तस्मै** बालकाय दुग्धं प्रयच्छ।
(ii) विद्या **विनयेन** शोभते।
(iii) त्वं **राज्यं** रक्षसि।
(iv) **रामेण** समः कृष्णः।
(v) **ग्रामात्** बहिः उपवनमस्ति।
(vi) तव **जनकाय** नमः।

(घ) (i) **बालिकायै** मोदकं रोचते।
(ii) **विप्राय** गां ददाति।
(iii) सः **पादेन** खञ्जः।
(iv) सः **ग्रामं** गच्छति।
(v) **कविषु** कालिदासः श्रेष्ठः।
(vi) **गुरवे** नमः।

(ङ) (i) गंगा **नदीषु** पवित्रतमा।
(ii) नदी **पर्वतात्** प्रभवति।
(iii) नृपः **चौरात्** त्रायते।
(iv) भिक्षुकः **धनिकं** धनं याचते।
(v) **ग्रामं** निकषा उपवनमस्ति।
(vi) सज्जनः **सुखेन** जीवति।

खंड 'घ' पठित अवबोधनम् : दीपकम् भाग-1

वयं वर्णमालां पठाम

(हम वर्णमाला पढ़ते हैं।)

अध्याय 1

पाठ का सार प्रस्तुत पाठ में वर्णमाला तथा उच्चारण स्थानों का परिचय दिया गया है। वर्ण दो प्रकार के होते हैं-स्वर तथा व्यंजन। स्वरों का उच्चारण स्वतंत्र रूप से होता है, परंतु व्यंजनों के उच्चारण में स्वरों की सहायता ली जाती है। स्वर दो प्रकार के होते हैं-समान अक्षर तथा संधि अक्षर। व्यंजन के चार भेद होते हैं-वर्ण्य वर्ण, अन्त:स्थ वर्ण, ऊष्म वर्ण तथा अयोगवाह वर्ण।

वर्णों के उच्चारण में मुख के जिस भाग की सहायता ली जाती है, वह वर्ण उसी के नाम से जाना जाता है; जैसे-क्, ख् वर्णों का उच्चारण कंठ से होता है तो ये वर्ण कंठ्य कहलाते हैं। प्, फ् वर्णों का उच्चारण ओष्ठ से होता है, तो ये वर्ण ओष्ठ्य कहलाते हैं।

पाठ का हिंदी अनुवाद

1. वर्णाः द्विविधाः भवन्ति-स्वराः व्यञ्जनानि च।
स्वराणाम् उच्चारणं स्वतन्त्र रूपेण भवति।
स्वराः द्विविधाः सन्ति-समानाक्षराणि सन्ध्यक्षराणि च।
समानाक्षराणि अ, आ, इ, ई, उ, ऊ, ऋ, ॠ, ऌ।
सन्ध्यक्षराणि ए, ऐ, ओ, औ।
द्वयोः द्वयोः निश्चित-स्वरयोः सन्धिद्वारा ये नवीनाः स्वर-वर्णाः जायन्ते, ते सन्ध्यक्षर-स्वराः भवन्ति।
यथा अ + इ = ए।
अ + ए = ऐ
अ + उ = ओ
अ + ओ = और
अनुनासिक-स्वराः मुखेन सह नासिकया अपि उच्चारिताः स्वराः अनुनासिक-स्वराः सन्ति
यथा अं, आँ, ईं, ई, उँ, ऊँ, ऋ
ॠ, लृँ, एँ, ऐं, ओं, औ

शब्दार्थाः **वर्णाः** = वर्ण, **द्विविधाः** = दो प्रकार के, **समानाक्षराणि** = समान अक्षर, **सन्ध्यक्षराणि** = संधि अक्षर, **मुखेन** = मुँह से, **नासिकया** = नासिका से।

हिंदी अनुवाद
वर्ण दो प्रकार के होते हैं-स्वर व व्यंजन।
स्वरों का उच्चारण स्वतंत्र रूप से होता है।
स्वर ये दो प्रकार के होते हैं-समान अक्षर व संधि अक्षर।
समान अक्षर अ, आ, इ, ई, उ, ऊ, ऋ, ॠ, न, ऌ।
संधि अक्षर ए, ऐ, ओ, औ।
दो निश्चित स्वरों की सन्धि से जो नए स्वर-वर्ण बनते हैं, वे सन्धि स्वर होते हैं; जैसे अ + इ = ए।
अ + ए = ऐ
अ + उ = ओ
अ + ओ = और
अनुनासिक स्वर मुँह के साथ नासिका से भी उच्चारित होने वाले स्वर अनुनासिक स्वर होते हैं; जैसे अं, आँ, ईं, ई, उँ, ऊँ, ऋ
ॠ, लृँ, एँ, ऐं, ओं, औ

2. **व्यञ्जनानाम्** उच्चारणे कस्यचित् स्वरस्य सहायता अवश्यं भवति। अतः वर्णमालायां व्यञ्जनानाम् उच्चारणार्थं सर्वत्र (अ) स्वरस्य योजनं भवति। उदाहरणम्
क् + अ = क, ख् + अ = ख।
ग् + अ = ग, घ् + अ = घ
अत्र व्यंजंन केवलम् क, ख्, ग, घ, इत्यमेव अस्ति। अत्र 'अ' स्वरः केवलम् उच्चारणार्थं योजितः अस्ति।

शब्दार्थाः **उच्चारणे** = उच्चारण में, **कस्यचित्** = किसी, **वर्णमालायाम्** = वर्णमाला में, **सर्वत्र** = सब जगह, **योजनम्** = जोड़, **केवलम्** = केवल।

अनुवाद व्यंजनों के उच्चारण में किसी स्वर की सहायता अवश्य होती है। अतः वर्णमाला में व्यंजनों के उच्चारण के लिए सभी जगह (अ) स्वर जोड़ा जाता है।
उदाहरण क् + अ = क, ख् + अ = ख।
ग् + अ = ग, घ् + अ = घ
यहाँ व्यंजन केवल क्, ख्, ग, घ हैं। यहाँ (अ) स्वर केवल उच्चारण के लिए जोड़ा गया है।

3. व्यञ्जनानां चत्वारः भेदाः सन्ति

(i) **वर्ग्याः (स्पर्शाः) वर्णाः**

क:-वर्ग : क, ख, ग, घ, ङ
च-वर्ग : च, छ, ज, झ, ञ
ट-वर्ग : ट, ठ, ड, ढ, ण
त-वर्ग : त, थ, द, ध, न
प-वर्ग : प, फ, ब, भ, म

वर्ग्याः (स्पर्शाः) व्यञ्जन वर्णाः स्वकीय-उच्चारण-स्थानानुसारेण पञ्चसु वर्गेषु विभक्ताः भवन्ति।

(ii) **अन्तःस्थाः वर्णाः** य, र, ल, व

अन्तःस्थाः वर्णाः बहुत्र स्वरवर्णानां स्थाने जायन्ते। अतः एते-"अर्थ-स्वराः" इत्यपि उच्यन्ते।

इ + अ = य् + अ, यदि + अपि = यद्यपि
ऋ + अ = र् + अ, पितृ + आज्ञा = पित्राज्ञा
लृ + अ = ल् + अ, लृ + आकृति = लाकृति
उ + अ = व् + अ, सु + आगतम् = स्वागतम्

(iii) **ऊष्म-वर्णाः**-श, ष, स, ह।

ऊष्मणां व्यञ्जन-वर्णानाम् उच्चारण-समये मुखात् ऊष्णः वायुः निस्सरति।

शब्दार्थाः **चत्वारः** = चार, **भेदाः** = भेद (प्रकार), **स्वकीय** = अपने, **पञ्चसु** = पाँच, **वर्गेषु** = वर्गों में, **बहुत्र** = अनेक जगह, **उच्यन्ते** = कहे जाते हैं।

हिन्दी अनुवाद व्यंजनों के चार भेद होते हैं

(i) वर्ग्याः (स्पर्श) वर्ण

क-वर्ग : क, ख, ग, घ, ङ
च-वर्ग : च, छ, ज, झ, ञ
ट-वर्ग : ट, ठ, ड, ढ, ण
त-वर्ग : त, थ, द, ध, न
प-वर्ग : प, फ, ब, भ, म

वर्ग्यः (स्पर्श) व्यंजन वर्ण अपने उच्चारण स्थानों के अनुसार पाँच वर्गों में विभक्त है।

(ii) अन्तःस्थ वर्ण-य, र, ल, व।

अन्तःस्थ वर्ण अनेक स्थानों पर स्वर वर्णों के स्थान पर लगाए जाते हैं। अतः ये 'अर्थ-स्वर' भी कहे जाते हैं।

इ + अ = य् + अ
जैसे-यदि + अपि = यद्यपि
ऋ + अ = र् + अ
जैसे-पितृ + आज्ञा = पित्राज्ञा

(iii) **ऊष्म-वर्ण** श, ष, स, ह

ऊष्म वर्ण इस वर्णों का उच्चारण करते समय मुख से उष्ण (गर्म) वायु निकलती है।

4. (iv) **अयोगवाहौ वर्णौ** अं, अः

अयोगवाहः विशिष्टः व्यञ्जन-वर्णः अस्ति। अत्र उच्चारणार्थं स्वरस्य संयोजनं पूर्वं भवति, न तु पश्चात्। अत्र द्वौ अयोगवाहौ स्तः

अं = अ + : → अनुस्वारः
अः = अ + : → विसर्गः

व्यञ्जनैः सह सर्वेषाम् अपि **स्वराणां** संयोजनं भवति।

व्यञ्जनैः सह स्वराणां संयोजनेन **गुणिताक्षराणि** भवन्ति।

शब्दार्थाः **समये** = समय पर, **मुखात्** = मुँह से, **ऊष्णः** = गर्म, **वायुः** = हवा, **निस्सरति** = निकलती है, **विशिष्टः** = विशेष, **पश्चात्** = बाद में, **गुणिताक्षराणि** = गुणित अक्षर।

हिंदी अनुवाद-ऊष्म वर्ण-श, ष, स, ह।

ऊष्म व्यंजन-वर्णों के उच्चारण के समय मुँह से गर्म वायु निकलती है।

अयोगवाह वर्ण अं, अः

अयोगवाह विशेष व्यंजन वर्ण हैं। यहाँ उच्चारण के लिए स्वर का संयोजन (योग) पहले होता है, न कि बाद में। यहाँ दो अयोगवाह हैं

अं = अ + : → अनुस्वार
अः = अ + : → विसर्ग

व्यंजनों के साथ सभी स्वरों का संयोजन (योग) होता है।

व्यजनों के साथ स्वरों के योग से गुणित अक्षर बनते हैं।

5. **संयुक्त-व्यञ्जनानि** एकाधिक-व्यञ्जन-वर्णानां मेलनेन संयुक्त-व्यञ्जनानि भवन्ति।

क्ष = क् + ष् + अ, कक्षा = क् + अ + क् + ष् + आ
त्र = त् + र् + अ, पत्रम् = प् + अ + त् + र् + अ + म्
ज्ञ = ज् + ञ् + अ, ज्ञानम् = ज् + ञ् + आ + न् + अ + म्
द्य = द् + य् + अ, विद्या = व् + इ + द् + य् + आ

एवमेव सर्वेषां व्यञ्जनानां सर्वैः व्यञ्जनैः सह मेलनेन संयुक्त-व्यञ्जनानि भवन्ति।

क्य → चाणक्यः, क्र → क्रमः, द्य → पद्यम्
र्ण → अर्णवः, न्द्र → इन्द्रः, ष्ट्र → उष्ट्रः
न्त्र → मन्त्रः, ष्ठ्य → ओष्ठ्यः, न्ध्य → सन्ध्या

शब्दार्थाः **एकाधिक** = एक से अधिक, **एवमेव** = इसी प्रकार, **सर्वेषां** = सभी के, **मेलनेन** = मिलान से।

हिंदी अनुवाद एक से अधिक व्यंजन वर्णों के मेल से संयुक्त व्यंजन बनते हैं

क्ष = क् + ष् + अ, कक्षा = क् + अ + क् + ष् + आ
त्र = त् + र् + अ, पत्रम् = प् + अ + त् + र् + अ + म्
ज्ञ = ज् + ञ् + अ, ज्ञानम् = ज् + ञ् + आ + न् + अ + म्
द्य = द् + य् + अ, विद्या = व् + इ + द् + य् + आ

इसी प्रकार सभी व्यंजनों का सभी व्यंजनों के साथ मेल होने से संयुक्त व्यंजन बनते हैं

क्य → चाणक्य, क्र → क्रम, द्य = पद्यम्
र्ण → अर्णव, न्द्र → इन्द्र, ष्ट्र = उष्ट्र
न्त्र = मन्त्र, ष्ठ्य → ओष्ठ्य, न्ध्य = सन्ध्या

गुणिताक्षराणि

	स्वराः →	अ	आ	इ	ई	उ	ऊ
व्यञ्जनानि ↓	मात्राः →		ा	ि	ी	ु	ू
क्	→	क	का	कि	की	कु	कू
ख्	→						
ग्	→						
घ्	→						
ङ्	→						
च्	→	च	चा	चि	ची	चु	चू
छ्	→						
ज्	→						
झ्	→						
ञ्	→						

ठ्	→						
ड्	→						
ढ्	→						
ण्	→						
त्	→	त	ता	ति	ती	तु	तू
थ्	→						
द्	→						
ध्	→						
न्	→						
प्	→	प	पा	पि	पी	पु	पू
फ्	→						
ब्	→						
भ्	→						
म्	→						

वदामः लिखामः च

ऋ	ॠ	ऌ	ए	ऐ	ओ	औ
ृ	ॄ	ॢ	े	ै	ो	ौ
कृ	कॄ	क्लृ	के	कै	को	कौ
चृ	चॄ	चॢ	चे	चै	चो	चौ
ट् →	ट	टा	टि	टी	टु	टू

टृ	टॄ	टॢ	टे	टै	टो	टौ
तृ	तॄ	तॢ	ते	तै	तो	तौ
पृ	पॄ	पॢ	पे	पै	पो	पौ

य्	→	य	या	यि	यी	यु	यू	यृ	यॄ	यॢ	ये	यै	यो	यौ
र्	→							रृ	रॄ	रॢ				
ल्	→							लृ	लॄ	लॢ				
व्	→													
श्	→	श	शा	शि	शी	शु	शू	शृ	शॄ	शॢ	शे	शै	शो	शौ
ष्	→													
स्	→													
ह्	→													
ं	→	अं	आं	इं	ईं	उं	ऊं	ऋं	ॠं	ऌं	एं	ऐं	ओं	औं
ः	→	अः	आः	इः	ईः	उः	ऊः	ऋः	ॠः	ऌः	एः	ऐः	ओः	औः

वयम् अयोगवाहानाम् अभ्यासं कुर्मः

क्	स्वरः	ं →	कं	कां												
ख्	स्वरः	ः →	खः	खाः					ऋ	ॠ	ऌ	एतानि त्रीणि गुणिताक्षराणि क्रमेण इत्येवमपि प्रकारान्तरेण लिख्यन्ते				

वर्ण-वियोगः

अजः = अ + ज् + अ + :

रामः = ... + ... + ... + ... + ...

हरिः = ... + ... + ... + ... + ...

सीता = ... + ... + ... + ...

गुरुः = ... + ... + ... + ... + ...

वधूः = ... + ... + ... + ... + ...

ऋषिः = ... + ... + ... + ...

मातृणम् = म् + आ + त् + ऋ + ण् + अ + म्

क्लृप्तम् = क् + लृ + प् + त् + अ + म्

लृकारः = ... + ... + ... + ... + ... + ...

देवाः = ... + ... + ... + ... + ...

एकैकः = ... + ... + ... + ... + ... + ...

ओम् = ... + ... + ...

ओषधम् = ... + ... + ... + ... + ... + ...

क्य वाक्यम्व् = व् + आ + क् + य् + अ + म्

न्य मूर्धन्यः = ... + ... + ... + ... + ... + ... + ... + ... + ...

व्य तालव्यः = ... + ... + ... + ... + ... + ... + ... +

ह्य बाह्यम् = ब् + आ + ह् + य् + अ + म्

क्र क्रीडा = क् + र् + ई + ड् + आ

ग्र ग्रहणम् = ... + ... + ... + ... + ... + ... + ... + ...

व्र वव्र = ... + ... + ... + ... + ... +

द्र द्रष्टा = द् + र् + अ + ष् + ट् + आ

प्र प्रगतिः = ... + ... + ... + ... + ... + ... + ... + ...

ब्र ब्रह्म = ब् + र् + अ + ह् + म् + अ

ह्म ब्रह्मचारी = ... + ... + ... + ... + ... + ... + ... + ... + ... + ...

ह्व जाह्ववी = ... + ... + ... + ... + ... + ... + ...

ध्व ध्वनिः = ध् + व् + अ + न् + इ + :

स्व सरस्वती = ... + ... + ... + ... + ... + ... + ... + ... + ...

र्ण वर्णः = व् + अ + र् + ण् + अ + :

र्म कर्म = ... + ... + ... + ... + ...

र्ष सप्तर्षिः = ... + ... + ... + ... + ... + ... + ... + ... + ...

क्क ढक्का = ढ् + अ + क् + क् + आ

त्त वित्तम् = ... + ... + ... + ... + ... + ... + ...

द्ध सिद्धार्थः = ... + ... + ... + ... + ... + ... + ... + ... + ...

द्म पद्मम् = प् + अ + द् + म् + अ + म्

ब्द शब्दः = ... + ... + ... + ... + ... + ...

ङ्क पङ्कजम् = ... + ... + ... + ... + ... + ... + ... + ...

ञ्ज व्यञ्जनम् = ... + ... + ... + ... + ... + ... + ... + ... + ...

ण्ठ कण्ठः = ... + ... + ... + ... + ... + ...

न्ध सन्धिः = ... + ... + ... + ... + ... + ...

म्भ प्रारम्भः = ... + ... + ... + ... + ... + ...

स्क सँस्कर्ता = स + अँ + स + क् + अ + र् + त् + आ

स्क काँस्कान् = ... + ... + ... + ... + ... + ... + ...

स्मिँ कस्मिँश्चिद् = ... + ... + ... + ... + ... + ... + ...

ल्ल पुॉल्लिङ्ग् = ... + ... + ... + ... + ... + ... + ...

यं संयमः = स् + अ + ं + य् + अ + म् + अ + :

वं संवादः = ... + ... + ... + ... + ... + ... + ... + ...

स हंसः = ... + ... + ... + ... + ... + ...

:ख दुःखम् = द् + उ् + ÷ + ख् + अ् + म्

:क प्रातः कालः = ... + ... + ... + ... + ... + ... + ... + ... + ... + ... + ...

न्द्र इन्द्रः = इ + न् + द् + र् + अ + :

न्त्र मन्त्री = ... + ... + ... + ... + ... + ... + ...

ष्ट्र राष्ट्रम् = ... + ... + ... + ... + ... + ...

ण्ठ्य कण्ठ्यः = क् + अ + ण् + ठ् + य् + अ + :

न्त्य दन्त्यः = ... + ... + ... + ... + ... + ... + ...

त्स्य मत्स्यः = + ... + ... + ... + ... + ... + ...

ष्ठ् औष्ठ्य = + ... + ... +

न्ध्य सन्ध्यक्षरम् = स् + अ + न् + ध् + य् + अ + क् + ष् + अ + र् + अ + म्

ंस्क संस्कृतम् = + ... + ... + ... + ... + ... + ... + ... + ...

ष्ट्य धाष्ट्यम् = ध् + आ + र् + ष् + ट् + य् + अ + म्

त्स्न्य कात्स्न्यम् = क् + आ + र् + त् + स् + न् + य् + अ + म्

वर्ण–संयोगः

द् + आ + श् + अ + र् + अ + थ् + इ + : = दाशरथिः

ह् + इ + म् + आ + ल् + अ + य् + अ + : = ...

क् + ऋ + ष् + ण् + अ + : = ...

न् + अ + र् + ए + न् + द् + र् + अ + : = ...

म् + अ + ञ् + ज् + उ + ल् + अ + : = ...

प् + उ + ष् + क् + अ + र् + अ + : = ...

क् + उ + क् + क् + उ + ट् + अ + : = ...

स् + व् + अ + स् + त् + इ + क् + अ + : = ...

श + इ + क् + ष् + अ + क् + अ + : = ...

स् + अ + ङ + ग् + अ + ण् + अ + क् + अ + म् = ...

क् + अ + न् + द् + उ + क् + अ + : = ...

ध् + आ + र् + ष् + ट् + य् + अ + म् = ...

= क् + आ + र् + त् + स् + न् + य् + अ + म = ...

NCERT फोल्डर: पाठ्यपुस्तक 'दीपकम्' के प्रश्नोत्तर

प्र.1 कस्य चित्रम्? वदन्तु लिखन्तु च।
(किसका चित्र है? देखिए और लिखिए।)

गणेशः

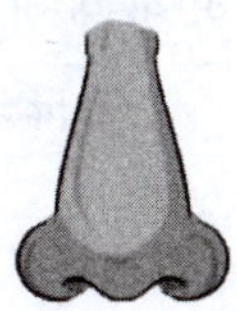

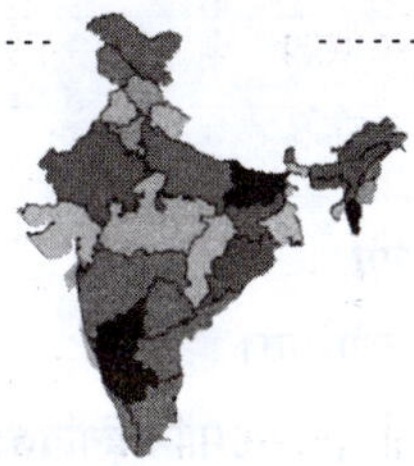

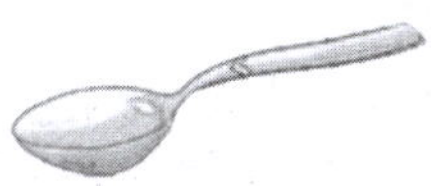

उत्तराणि

गणेशः, नासिका, कपोतः, मानचित्रः, रामः, ढक्का (डमरुः), हरिणः, चमसः, यज्ञः, पादः।

प्र.2 चित्रं पश्यन्तु। पट्टिकातः समुचितान् वर्णसमूहान् चित्वा रिक्तस्थानानि पूरयत। (चित्र को देखिए। पट्टिका से समुचित वर्ण समूह चुनकर रिक्त स्थानों की पूर्ति कीजिए)

प ङ्क जम्

च

शु

वृ

द

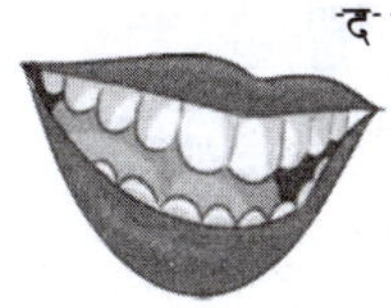

च

शूलम्

अ

ढ

श

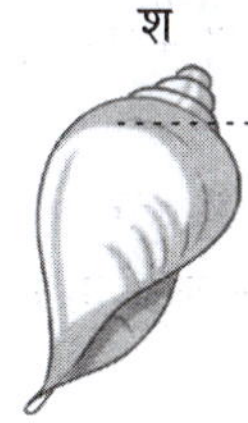

पट्टिका:	क्का त्रि ण्डः ञ्चुः क्षः ङ्क ङ्खः न्ताः न्द्रः ष्ट

उत्तराणि

(i) ङ्क (ii) न्द्रः (iii) ण्डः (iv) क्षः (v) न्ताः (vi) ञ्चुः (vii) त्रि (viii) ष्ट (ix) क्का (x) ङ्खः

प्र.3 प्रथम-वर्णेन पदं वदन्तु लिखन्तु च।
(प्रथम वर्ण के द्वारा पदों को देखिए और लिखिए।)

अ	**अग्निः**	**अस्त्रम्**
क	.....	.....
च	.....	.....
प	.....	.....
र	.....	.....
न	**नदी**	**नौका**
म	....	....
ह	....	....
त	....	....
व	....	....

उत्तराणि

क्	**कण्ठः,**	**कोकिलः**
च्	चमसः,	चन्द्रः
प्	पद्यम्,	पिपासा
र्	रात्रिः,	रक्षकः
म्	मधुरः,	महेशः
ह	हस्तः,	हिरणः
त्	तक्रम्,	तुष्टिः
ब्	बकः,	बगुला

प्र.4 स्व-परिवारस्य सदस्यानां पूर्ण-नामानि लिखत।
(अपने परिवार के सदस्यों का पूरा नाम लिखिए।)

सम्बन्धः	उपाधिः	प्रथम-नाम	मध्य-नाम	अन्त्य-नामः/कुल-नाम**
माता	श्रीमती			
पिता	श्रीमान्			
भगिनी	सुश्रीः			
भ्राता	श्रीमान्			
पिमामही	श्रीमती			
पितामहः	श्रीमान्			
मातामही	श्रीमती			
मातामहः	श्रीमान्			

उत्तराणि

छात्र स्वयं करें।

प्र.5 कक्षायाः शिक्षिकाणां शिक्षकाणां च पूर्ण-नामानि लिखत।
(कक्षा के अध्यापक और अध्यापिकाओं का पूरा नाम लिखिए।)

उपाधिः	प्रथम-नाम	मध्यम-नाम	अन्त्य-नाम

उत्तराणि

छात्र स्वयं करें।

प्र.6 मित्राणां पूर्ण-नामानि लिखत।
(मित्रों का पूरा नाम लिखिए।)

प्रथम-नाम	मध्यम-नाम	अन्त्य-नाम

उत्तराणि

छात्र स्वयं करें।

नोट * मध्य-नाम अस्ति चेद् पूर्णं नाम लिखन्तु। नास्ति चेद् रिक्तं त्यजन्तु।

** केवलं प्रथमवर्णं (Initial) न लिखन्तु। पूर्णं नाम लिखन्तु।

अभ्यास प्रश्नाः

बहुविकल्पीय एवं वर्णनात्मक प्रश्नों सहित

भाग I

बहुविकल्पीय प्रश्नाः

1. अधोलिखितेषु विकल्पेषु समुचितम् उत्तरं चित्वा लिखत।
(निम्नलिखित विकल्पों में से उचित उत्तर चुनकर लिखिए।)

(i) वर्णाः भवन्ति।
(क) द्विविधाः (ख) त्रिविधाः
(ग) चतुर्विद्याः (घ) पञ्चविद्याः

(ii) समानाक्षरं अस्ति
(क) अ (ख) ए
(ग) त्र (घ) ज्ञ

(iii) सन्ध्यक्षरं न अस्ति
(क) ए (ख) ऐ
(ग) ओ (घ) त्र

(iv) मुखेन सह नासिकया अपि उच्चारिताः स्वराः सन्ति
(क) अनुनासिकः (ख) वर्ग्याः
(ग) अन्तःस्थाः (घ) ऊष्माः

(v) कस्य व्यञ्जन-वर्णस्य संयोजनं स्वरस्य पूर्वं भवति?
(क) उष्मः (ख) अयोगवाहः
(ग) अन्तःस्थः (घ) वर्ग्याः

उत्तराणि

(i) (क) द्वविधाः (ii) (क) अ
(iii) (घ) त्र (iv) (क) अनुनासिकः
(v) (ख) अयोगवाहः

रिक्तस्थानानि पूरयत

2. (क) उचितं स्वरेन रिक्तस्थानानां पूर्ति कुरुत।
(उचित स्वर के द्वारा रिक्त स्थानों की पूर्ति कीजिए।)

(i) समानाक्षरम् ……। (अ/ए/अं)
(ii) सन्ध्यक्षरम् ……। (आ/ऐ/अः)
(iii) अनुनासिक-स्वरः ……। (अँ/अ/उ)
(iv) ए स्वरः अ एवं …… मेलनेन जायते। (ऐ/उ/इ)
(v) ओ स्वरः उ एवं …… मेलनेन जायते। (अ/ए/इ)

उत्तराणि

(i) अ (ii) ऐ (iii) अँ
(iv) इ (v) अ

(ख) उचित-व्यञ्जनेन रिक्तस्थानानि पूरयत।
(उचित व्यंजन से रिक्त स्थानों की पूर्ति कीजिए।)

(i) वर्ग्यः वर्णः …… अस्ति। (क/य/श)
(ii) ल वर्णः …… अस्ति। (वर्ग्यः/अन्तःस्थः/ऊष्म)
(iii) ह वर्णः …… अस्ति। (अन्तः/स्थः/ऊष्मः/अयोगवाह)
(iv) अयोगवाहः वर्णः न …… अस्ति। (अँ/अः/अं)
(v) विसर्गः (:) …… अस्ति। (ऊष्म/अयोगवाह/अन्तःस्थः)

उत्तराणि

(i) क (ii) अन्तःस्थः
(iii) उष्म (iv) अँ (v) अयोगवाह

(ग) उदाहरणं दृष्ट्वा उचित गुणिताक्षरेण रिक्तस्थानानि पूरयत।
(उदाहरण देखकर उचित गुणित अक्षर से रिक्त स्थानों की पूर्ति कीजिए।)

क् → क का कि की कु कू

(i) ध् → ध …. धि … … धू
(ii) ज् → …. जा …. … जु ….
(iii) ठ् → ठ …. …. ठी …. ठू
(iv) द् → …. दा …. …. दु ….
(v) फ् → …. …. फि …. …. फू

उत्तराणि

(i) धा, धी, धु (ii) ज, जि, जी, जू
(ii) ठा, ठि, ठु (iv) द, दि, दी, दू
(v) फ, फा, फी, फु

3. अधोलिखितानां वर्णानां उचित क्रमैः लिखत।
(निम्नलिखित वर्णों को उचित क्रम में लिखिए।)

(i) झ, छ, च, ञ, ज (ii) भ, म, फ, ब, प
(iii) व, र, ल, य (iv) ह, स, श, ष
(v) ण, ड, ठ, ट, ढ़

उत्तराणि

(i) च, छ, ज, झ, ञ
(ii) प, फ, ब, भ, म
(iii) य, र, ल, व
(iv) श, ष, स, ह
(v) ट, ठ, ड, ढ, ण

मेलनं कुरुत

4. उचितं मेलनं क्रियताम्।
(उचित मिलान कीजिए।)

(क)

मात्राः	स्वराः
(i) ि	(क) आ
(ii) ु	(ख) इ
(iii) ू	(ग) ई
(iv) ा	(घ) उ
(v) ी	(ङ) ऊ

उत्तराणि

मात्रा	स्वराः
(i) ि	(ख) इ
(ii) ु	(घ) उ
(iii) ू	(ङ) ऊ
(iv) ा	(क) आ
(v) ी	(ग) ई

(ख)

वर्णानि	संयुक्त-व्यञ्जनानि
(i) द्य	(क) क् + ष् + अ
(ii) त्र	(ख) ज् + ञ् + अ
(iii) क्ष	(ग) द् + य् + अ
(iv) ज्ञ	(घ) त् + र् + अ

उत्तराणि

वर्णानि	संयुक्त-व्यञ्जनानि
(i) द्य	(ग) द् + य् + अ
(ii) त्र	(घ) त् + र् + अ
(iii) क्ष	(क) क् + ष् + अ
(iv) ज्ञ	(ख) ज् + ञ् + अ

(ग)

वर्णानि	उच्चारण-स्थानानि
(i) क, ग	(क) दन्तः
(ii) च, ज	(ख) कण्ठः
(iii) ट, ठ	(ग) तालु
(vi) द, ध	(घ) ओष्ठः
(v) प, फ	(ङ) मूर्धा

उत्तराणि

वर्णानि	उच्चारण-स्थानानि
(i) क, ग	(ख) कण्ठः
(ii) च, ज	(ग) तालु
(iii) ट, ठ	(ङ) मूर्धा
(iv) द, ध	(क) दन्तः
(v) प, फ	(घ) ओष्ठः

5. (क) अधोलिखितेषु पदेषु संयुक्त-व्यञ्जनं चित्वा लिखत।
(निम्नलिखित शब्दों में से संयुक्त व्यंजन का चयन करके लिखिए।)

(i) क्रमः …… (iv) विद्यालय ……
(ii) ज्ञानम् …… (v) सन्ध्या ……
(iii) मन्त्रः …… (vi) चाणक्य ……

उत्तराणि

(i) क्र (ii) ज्ञा (iii) न्त्र
(iv) द्या (v) न्ध्य (vi) क्य

(ख) अधोलिखितेषु व्यञ्जनेषु अयोगवाहः संयोज्य लिखत्।
(निम्नलिखित व्यंजनों में अयोगवाह जोड़कर लिखिए।)

(i) क् + स्वरः + अनुस्वारः = ……………………
(ii) य् + स्वरः + अनुस्वारः = ……………………
(iii) ल् + स्वरः + विसर्गः = ……………………
(iv) स् + स्वरः + विसर्गः = ……………………
(v) ह + सवरः + विसर्गः = ……………………

उत्तराणि

(i) कं (ii) यं (iii) लः
(iv) सः (v) हः

(ग) अधोलिखितानां शब्दानां अर्थैः सह मेलनं कुरुत।
(निम्नलिखित शब्दों का अर्थों के साथ मिलान कीजिए।)

शब्दः	अर्थाः
(i) कमलम्	(क) देश
(ii) वित्तम	(ख) गेंद
(iii) राष्ट्रम्	(ग) कमल
(iv) कन्दुकम्	(घ) हाथ
(v) हस्तः	(ङ) धन

उत्तराणि

शब्दाः	अर्थाः
(i) कमलम्	(ग) कमल
(ii) वित्तम्	(ङ) धन
(iii) राष्ट्रम्	(क) देश
(iv) कन्दुकम्	(ख) गेंद
(v) हस्तः	(घ) हाथ

व्याकरणम्

6. मञ्जूषायाः सहायतया समुचितान् वर्णसमूहन् चित्वा रिक्तस्थानानि पूरयत।
(मंजूषा की सहायता से उचित वर्णसमूह को चुनकर रिक्त स्थनों को पूरा कीजिए।)

(i) म ·····	(ii) ····· षि
(iii) क ·····	(iv) ····· यम
(v) ····· सः	(vi) ह ·····
(vii) ····· ख	(viii) सू ·····

मञ्जूषा ऋ, सं, ण्ठः, न्त्रः, आँ र्यः स्तः, हं

उत्तराणि

(i) मन्त्रः,	(ii) ऋषि,
(iii) कण्ठः	(iv) संयम
(v) हंसः	(vi) हस्तः
(vii) आँख	(viii) सूर्यः

7. वर्णानां संयोजनं कृत्वा पदं लिखत।
(वर्ण संयोजन करके पद लिखिए।)

(i) क् + उ + क् + क् + उ + ट् + अ + : = ······
(ii) श् + इ + क् + ष् + अ + क् + अ + : = ·····
(iii) प् + अ + ठ् + अ + त् + इ = ·······
(iv) न् + आ + स् + इ + क् + आ = ······
(v) व् + इ + द् + य् + आ = ·······

उत्तराणि

(i) कुक्कुरः
(ii) शिक्षकः
(iii) पठति
(iv) नासिका
(vi) विद्या

8. अधोलिखितानां पदानां वर्णविच्छेदं कुरुत।
(निम्नलिखित पदों का वर्ण-विच्छेद कीजिए।)

(i) भगिनी = ...
(ii) उपाधिः = ...
(iii) श्रीमान् = ...
(iv) चटका = ...
(v) गायकः = ...
(vi) पठति = ...

उत्तराणि

(i) भ् + अ + ग् + इ + न् + ई
(ii) उ + प् + आ + ध् + इ
(iii) श् + र् + ई + म् + आ + न्
(iv) च् + अ + ट् + अ + क् + आ
(v) ग् + आ + य् + अ + क् + अ + :
(vi) प् + अ + ठ् + अ + त् + इ

9. अधोलिखिते वर्णवियोजने उचित वर्णेन रिक्तस्थानानि पूरयत।
(निम्नलिखित वर्ण वियोजन में उचित वर्ण के द्वारा रिक्त स्थानों को पूरा कीजिए।)

(i) क् + र् + ... + ड् + आ = क्रीडा
(ii) ध् + व् + अ + ... + इ = ध्वनि
(iii) व् + अ + ... + ण् + अ + : = वर्णः
(iv) श् + अ + ... + द + अ + : = शब्दः
(iv) म + ... + स् + य् + अ + : = मत्स्यः
(vi) ओ + ष् + ... + य + अ + : = ओष्ठ्यः

उत्तराणि

(i) ई	(ii) न्	(iii) र्
(iv) ब्	(v) त्	(vi) ठ्

भाग II

अतिलघु उत्तरीय प्रश्नाः

1. वर्णाः कति विद्याः भवन्ति?
2. कः विशिष्ट व्यञ्जनः-वर्णः अस्ति?
3. कण्ठस्य स्थितिः की दृशी अस्ति?

लघु उत्तरीयाः प्रश्नाः

4. व्यञ्जन-वर्णानां कति भेदाः सन्ति?
5. ऊष्मणां व्यञ्जन-वर्णानाम् उच्चारणे मुखात् कीदृशी वायुः निस्सरति?
6. पञ्चवर्गाणां पञ्चमवर्णाः के सन्तिः?

दीर्घ उत्तरीय प्रश्नाः

7. एकाधिक-व्यञ्जनः-वर्णानां मेलनेन कानि-व्यञ्जनानि भवन्ति।
8. व्यञ्जनानाम् उच्चारणे कस्य सहायता अवश्यं भवति।
9. संस्कृतवर्णमालायो उच्चारणं भवति?

उत्तराणि

1. द्वि
2. अयोगवाह
3. कवर्गस्य
4. चत्वारः
5. उष्णः
6. ङ् ल्, ण्, न, म् सन्ति।
7. एकाधि-व्यञ्जन-वर्णानां मेलनेन संयुक्त-व्यञ्जनानि भवन्ति।
8. व्यञ्जनानाम् उच्चारणे स्वरस्य सहायता अवश्यं भवति।
9. संस्कृतवर्णमालायां स्वरव्यञ्जनयोः उच्चारणं भवति।

अध्याय 2

एषः कः? एषा का? एतत् किम्?
(यह कौन? यह कौन? यह क्या?)

पाठ का सार प्रस्तुत पाठ में पुल्लिग, स्त्रीलिंग व नपुंसकलिंग शब्दों का तीनों वचनों (एकवचन, द्विवचन व बहुवचन) में चित्रों के माध्यम से परिचय कराया गया है। क्रियाओं व सर्वनाम शब्दों का ज्ञान भी कराया गया है। इस पाठ में पुल्लिग, स्त्रीलिंग व नपुंसकलिंग शब्दों के साथ लगने वाले सर्वनामों का प्रयोग किया गया है; जैसे—सः पुल्लिंग शुकः, सा (स्त्रीलिंग) शिक्षिका, तत् (नपुंसकलिंग) फलम् आदि। विविध शब्दों के साथ लगने वाले क्रियापदों का प्रयोग भी किया गया है।

पुल्लिङ्ग

एकवचनम्	द्विवचनम्	बहुवचनम्
 बालकः (एक बालक)	 बालकौ (दो बालक)	 बालकाः (बहुत सारे बालक)
 वृक्षः (एक वृक्ष)	 वृक्षौ (दो वृक्ष)	 वृक्षाः (बहुत सारे वृक्ष)
 गजः (एक हाथी)	 गजौ (दो हाथी)	 गजाः (बहुत सारे हाथी)

स्त्रीलिङ्ग

एकवचनम्	द्विवचनम्	बहुवचनम्
 बालिका (एक बालिका)	 बालिके (दो बालिकाएँ)	 बालिकाः (बहुत सारी बालिकाएँ)
 वैद्या (एक वैद्य)	 वैद्ये (दो वैद्य)	 वैद्याः (बहुत सारी वैद्य)
 अजा (एक बकरी)	 अजे (दो बकरियाँ)	 अजाः (बहुत सारी बकरियाँ)

नपुंसकलिङ्ग

एकवचनम्	द्विवचनम्	बहुवचनम्
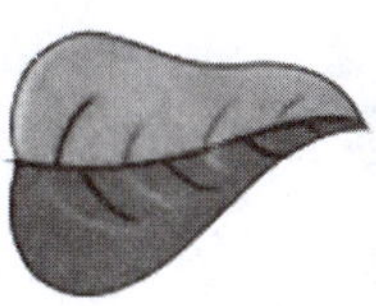 पत्रम् (एक पत्ता)	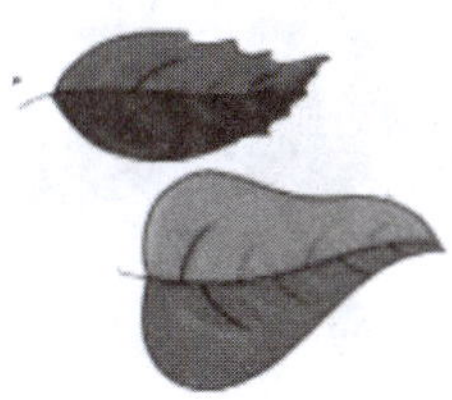 पत्रे (दो पत्ते)	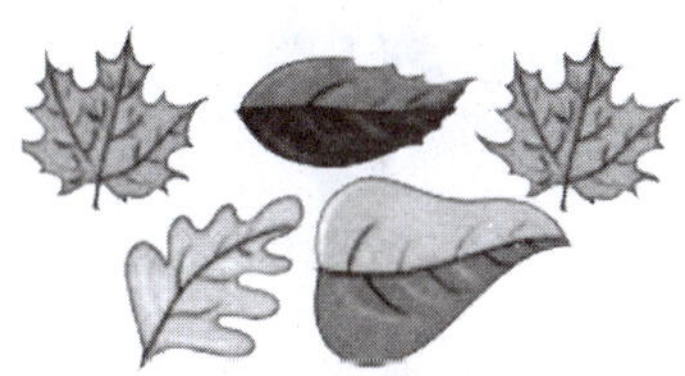 पत्राणि (बहुत सारे पत्ते)
 चक्रम् (एक चक्र)	 चक्रे (दो चक्र)	 चक्राणि (बहुत सारे चक्र)

	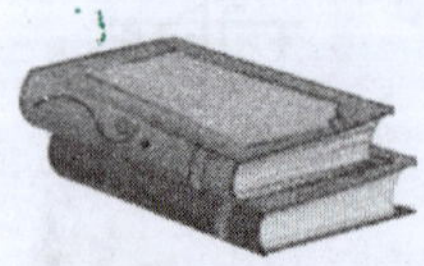	
पुस्तकम् (एक पुस्तक)	पुस्तके (दो पुस्तकें)	पुस्तकानि (बहुत सारी पुस्तकें)

क्रियापदानि

एकवचनम्	द्विवचनम्	बहुवचनम्
 पठति (पढ़ता है)	 पठतः (पढ़ते हैं)	 पठन्ति (पढ़ते हैं)
 पिबति (पीती है)	 पिबतः (पीती हैं)	 पिबन्ति (पीती हैं)
 खादति (खाता है)	 खादतः (खाते हैं)	 खादन्ति (खाते हैं)
 गच्छति (जाता है)	 गच्छतः (जाते हैं)	 गच्छन्ति (जाते हैं)
 क्रीडति (खेलता है)	 क्रीडतः (खेलते हैं)	 क्रीडन्ति (खेलते हैं)

सर्वनामप्रयोगःपुल्लिङ्ग

एकवचनम्	द्विवचनम्	बहुवचनम्
 **सः**शुकः (वह तोता है)	 **तौ** शुकौ (वे दो तोते हैं)	 **ते** शुकाः (वे सब तोते हैं)
 **एषः** बालकः (यह लड़का है)	 **एतौ** बालकौ (ये दो लड़के हैं)	 **एते** बालकाः (ये सब लड़के हैं)

स्त्रीलिङ्ग

एकवचनम्	द्विवचनम्	बहुवचनम्
 **सा** शिक्षिका (वह अध्यापिका है)	 **ते** शिक्षिके (वे दो अध्यापिकाएँ हैं)	 **ताः** शिक्षिकाः (वे सब अध्यापिकाएँ हैं)
 **एषा** बालिका (यह लड़की है)	 **एते** बालिके (ये दो लड़कियाँ हैं)	 **एताः** बालिकाः (ये सब लड़कियाँ हैं)

नपुंसकलिङ्ग

एकवचनम्	द्विवचनम्	बहुवचनम्
 **तत्** फलम् (वह फल है)	 **ते** फले (वे दो फल हैं)	 **तानि** फलानि (वे सब फल हैं)
 **एतत्** फलम् (यह फल है)	 **एते** फले (ये दोनों फल हैं)	 **एतानि** फलानि (ये सब फल हैं)

पाठ का हिंदी अनुवाद

पुल्लिङ्गम् (एकवचनम्)

1. सः कः?
   सः शिक्षकः।
   सः किं करोति?
   सः पाठयति।
   किं सः भ्रमति?
   न, सः न भ्रमति।
   सः तु पाठयति।

सः = वह (पुल्लिंग), शिक्षकः = अध्यापक, करोति = करता है, पाठयति = पढ़ाता है, भ्रमति = घूमता है।

सन्दर्भ प्रस्तुत वाक्य हमारी पाठ्यपुस्तक 'दीपकम्' के द्वितीय पाठ 'एषः कः? एषा का? एतत् किम्? से संकलित है।

हिंदी अनुवाद

वह कौन है?
वह अध्यापक है।
वह क्या करता है?
वह पढ़ाता है।
क्या वह घूमता है?
नहीं, वह घूमता नहीं है।
वह तो पढ़ाता है।

पुल्लिङ्गम् (द्विवचनम्)

2. तौ कौ?
   तौ मयूरौ।
   तौ किं कुरुतः?
   तौ नृत्यतः?
   किं तौ खादतः?
   न, तौ न खादतः।
   तौ तु नृत्यतः।

तौ = वे दो (पुल्लिंग), मयूरौ = दो मोर, कुरुतः = करते हैं, नृत्यतः = नाचते हैं, खादतः = खाते हैं, न = नहीं, तु = तो।

हिंदी अनुवाद

वे दो कौन हैं?
वे दो मोर हैं।
वे दो क्या करते हैं?
वे दो नाचते हैं।
क्या वे दो खाते हैं?
नहीं, वे दो नहीं खाते हैं।
वे दो तो नाचते हैं।

पुल्लिङ्गम् (बहुवचनम्)

3. ते के?
   ते बालकाः।ङ्
   ते किं कुर्वन्ति?
   ते क्रीडन्ति।
   किं ते गायन्ति?
   न, ते न गायन्ति।
   ते तु क्रीडन्ति।

शब्दार्थाः ते = वे सब (पुल्लिंग), बालकाः = बालक, किं = क्या, कुर्वन्ति = करते हैं, गायन्ति = गाते हैं।

हिंदी अनुवाद

वे सब कौन हैं?
वे सब बालक हैं।
वे सब क्या करते हैं?
वे सब खेलते हैं।
क्या वे सब गाते हैं?
नहीं, वे सब नहीं गाते हैं।
वे सब तो खेलते हैं।

पुल्लिङ्गम् (एकवचनम्)

4. एषः कः?,
   एषः शिक्षकः।
   शिक्षकः किं करोति?
   शिक्षकः लिखति।
   किम् एषः पठति?
   न, एषः न पठति। एषः लिखति।

शब्दार्थाः एषः = यह (पुल्लिंग), लिखति = लिखता है, किम् = क्या, पठति = पढ़ता है।

हिंदी अनुवाद

यह कौन है?
यह अध्यापक है।
अध्यापक क्या करता है?
अध्यापक लिखता है।
क्या यह पढ़ता है?
नहीं, यह नहीं पढ़ता। यह लिखता है।

पुल्लिङ्गम् (द्विवचनम्)

5. एतौ कौ?
   एतौ बालकौ।
   बालकौ किं कुरुतः?
   बालकौ पठतः।
   किम् एतौ लिखतः?
   न, एतौ न लिखतः
   एतौ तु पठतः।

शब्दार्थाः एतौ = ये दोनों (पुल्लिंग), कौ = कौन (दो), लिखतः = (दो) लिखते हैं, पठतः = (दो) पढ़ते हैं।

हिंदी अनुवाद

ये दो कौन हैं?
ये दो बालक हैं।
दो बालक क्या करते हैं?
दो बालक पढ़ते हैं।
क्या ये दोनों लिखते हैं?
नहीं, ये दोनों लिखते नहीं हैं। ये दोनों तो पढ़ते हैं।

पुल्लिङ्गम् (बहुवचनम्)

6. एते के?
एते बालकाः।
बालकाः किं कुर्वन्ति।
बालकाः पिबन्ति।
किम् एते पिबन्ति?
आम्, एते फलरसं पिबन्ति।

शब्दार्थाः एते = ये सब (पुल्लिग), कुर्वन्ति = करते हैं, पिबन्ति = पीते हैं, आम् = हाँ, फलरसं = फल का रस।

हिंदी अनुवाद

ये सब कौन हैं?
ये सब बालक हैं।
बालक क्या करते हैं?
बालक पीते हैं।
क्या ये सब पीते हैं?
हाँ, ये सब फल का रस पीते हैं।

स्त्रीलिङ्गम् (एकवचनम्)

7. सा का?
सा वृद्धा।
सा किं करोति?
सा विहरति।
किं सा क्रीडति?
न, सा न क्रीडति।
सा तु विहरति।

शब्दार्थाः सा = वह (स्त्रीलिंग), वृद्धा = बुढ़िया, विहरति = घूमती है।

हिंदी अनुवाद

वह कौन है?
वह बुढ़िया है।
वह क्या करती है?
वह घूमती है।
क्या वह खेलती है?
नहीं, वह नहीं खेलती।
वह तो घूमती है।

स्त्रीलिङ्गम् (द्विवचनम्)

8. ते के?
ते अजे?
ते किं कुरुतः?
ते चरतः।
किं ते पिबतः?
न, ते न पिबतः।
ते तु चरतः।

शब्दार्थाः ते = वे दो (स्त्रीलिंग), के = कौन (दो स्त्रीलिंग), अजे = दो बकरियाँ, चरतः = चरती है, पिबतः = पीती हैं।

हिंदी अनुवाद

वे दो कौन हैं?
वे दो बकरियाँ हैं।
वे दो क्या करती हैं?
वे दो चरती हैं।
क्या वे दो पीती हैं?
नहीं, वे दो नहीं पीती, वे दो तो चरती हैं?

स्त्रीलिङ्गम् (बहुवचनम्)

9. ताः काः?
ताः महिलाः।
ताः किं कुर्वन्ति।
ताः धावन्ति।
किं ताः गायन्ति?
न, ताः न गायन्ति।
ताः तु धावन्ति।

शब्दार्थाः ताः = वे सब (स्त्रीलिंग), महिलाः = महिलाएँ, कुर्वन्ति = करती हैं, धावन्ति = भागती हैं, गायन्ति = गाती हैं।

हिंदी अनुवाद

वे सब कौन हैं?
वे सब महिलाएँ हैं?
वे सब क्या करती हैं?
वे सब दौड़ती हैं?
क्या वे सब गाती हैं?
नहीं, वे सब नहीं गाती हैं। वे सब तो दौड़ती हैं।

स्त्रीलिङ्गम् (एकवचनम्)

10. एषा का?
एषा लता।
एषा किं करोति?
एषा खादति।
किम् एषा पठति?
न, एषा न पठति।
एषा तु खादति।

शब्दार्थाः एषा = यह (स्त्रीलिंग), करोति = करती है, खादति = खाती है, पठति = पढ़ती है।

हिंदी अनुवाद
यह कौन है?
यह लता है।
यह क्या करती है?
यह खाती है।
क्या यह पढ़ती है?
नहीं, यह नहीं पढ़ती। यह तो खाती है।

स्त्रीलिङ्गम् (द्विवचनम्)

11. एते के?
एते बालिके।
एते किं कुरुतः?
एते भ्रमतः।
किम् एते धावतः?
न, एते न धावतः।
एते तु भ्रमतः।

शब्दार्थाः **एते** = ये दो (स्त्रीलिंग), **बालिके** = दो बालिकाएँ, **भ्रमतः** = घूमती हैं (दो), **धावतः** = दौड़ती हैं (दो)।

हिंदी अनुवाद
ये दो कौन हैं?
ये दो बालिकाएँ हैं।
ये दो क्या करती हैं?
ये दो घूमती हैं।
क्या ये दोनों दौड़ती हैं?
नहीं, ये दोनों नहीं दौड़ती हैं।
ये दोनों तो घूमती हैं।

स्त्रीलिङ्गम् (बहुवचनम्)

12. एताः काः?
एताः अजाः।
एताः किं कुर्वन्ति?
एताः चरन्ति।
किम् एताः धावन्ति।
न, एताः न धावन्ति।
एताः तु चरन्ति।

शब्दार्थाः **एताः** = ये सब (स्त्रीलिंग), **अजाः** = बकरियाँ, **कुर्वन्ति** = करती हैं, **धावन्ति** = भागती हैं, **चरन्ति** = चरती हैं।

हिंदी अनुवाद
ये सब कौन हैं?
ये सब बकरियाँ हैं।
ये सब क्या करती हैं?
ये सब चरती है।
क्या ये सब भागती हैं?
नहीं, ये सब भागती नहीं हैं।
ये सब तो चरती हैं।

नपुंसकलिङ्गम् (एकवचनम्)

13. तत् किम्?
तत् चन्द्रयानम्।
किं तत् विमानम्?
न, तत् विमानम्।
तत् तु चन्द्रयानम् अस्ति।

शब्दार्थाः **तत्** = वह (नपुंसकलिंग), **चन्द्रयानम्** = चन्द्रयान, **विमानम्** = हवाई जहाज।

हिंदी अनुवाद
वह क्या है?
वह चन्द्रयान है?
क्या वह हवाई जहाज है?
नहीं, वह हवाई जहाज नहीं है।
वह तो चन्द्रयान है।

नपुंसकलिङ्गम् (द्विवचनम्)

14. ते के?
ते पुस्तके।
किं ते पत्रे?
न, ते पत्रे न।
ते तु पुस्तके स्तः।

शब्दार्थाः **ते** = वे दो (नपुंसकलिंग), **पुस्तके** = दो पुस्तकें, **पत्रे** = दो पत्र, **स्तः** = हैं (दो)।

हिंदी अनुवाद
वे दो कौन हैं?
वे दो पुस्तकें हैं।
क्या वे दो पत्र हैं?
नहीं, वे दो पत्र नहीं हैं।
वे दो तो पुस्तकें हैं।

नपुंसकलिङ्गम् (बहुवचनम्)

15. तानि कानि?
तानि रेलयानानि।
किं तानि बसयानानि?
न, तानि बसयानानि न।
तानि तु रेलयानानि सन्ति।

शब्दार्थाः **तानि** = वे सब (नपुंसकलिंग), **रेलयानानि** = रेले, **बसयानानि** = बसें, **सन्ति** = हैं।

हिंदी अनुवाद

वे सब क्या हैं?

वे सब रेलें हैं।

क्या वे सब बसें हैं?

नहीं, वे सब बसें नहीं हैं।

वे सब तो रेलें हैं।

नपुंसकलिङ्गम् (एकवचनम्)

16. एतत् किम्?

एतत् दूरदर्शनम्।

किम् एतत् सङ्गणकम्?

न, एतत् सङ्गणकं न।

एतत् तु दूरदर्शनम् अस्ति।

शब्दार्था: **एतत्** = यह (नपुंसकलिंग), **दूरदर्शनं** = दूरदर्शन (टी.वी.), **सङ्गणकं** = कंप्यूटर।

हिंदी अनुवाद

यह क्या है?

यह दूरदर्शन (टी.वी.) है।

क्या यह कम्प्यूटर है?

नहीं, यह कम्प्यूटर नहीं है।

यह तो दूरदर्शन है।

नपुंसकलिङ्गम् (द्विवचनम्)

17. एते के?

एते फले।

किम् एते कन्दुके?

न, एते कन्दुके न।

एते तु फले स्तः।

शब्दार्था: **एते** = ये दो (नपुंसकलिंग), **के** = कौन दो (नपुंसकलिंग), **कन्दुके** = दो गैंदें, **फले** = दो फल।

हिंदी अनुवाद

ये दो क्या हैं?

ये दो फल हैं।

क्या ये दो गैंदें है?

नहीं, ये दो गैंदें नहीं हैं।

ये दो तो फल हैं।

नपुंसकलिङ्गम् (बहुवचनम्)

18. एतानि कानि?

एतानि पुस्तकानि।

किम् एतानि सोपानानि सन्ति?

न, एतानि सोपानानि न।

एतानि तु पुस्तकानि सन्ति।

शब्दार्था: **एतानि** = ये सब (नपुंसकलिंग), **किम्** = क्या (नपुंसकलिंग), **सोपानानि** = सीढ़ियाँ, **सन्ति** = हैं।

हिंदी अनुवाद

ये क्या हैं?

ये पुस्तकें हैं।

क्या से सीढ़ियाँ हैं?

नहीं, ये सीढ़ियाँ नहीं हैं।

ये तो पुस्तकें हैं।

उच्चे पठन्तु स्मरन्तु अवगच्छन्तु च

पुल्लिङ्गम्			स्त्रीलिङ्गम्			नपुंसकलिङ्गम्		
एकवचनम्	**द्विवचनम्**	**बहुवचनम्**	**एकवचनम्**	**द्विवचनम्**	**बहुवचनम्**	**एकवचनम्**	**द्विवचनम्**	**बहुवचनम्**
सः	तौ	ते	सा	ते	ताः	तत्	ते	तानि
एषः	एतौ	एते	एषा	एते	एताः	एतत्	एते	एतानि
कः	कौ	के	का	के	काः	किम्	के	कानि

NCERT फोल्डर: पाठ्यपुस्तक 'दीपकम्' के प्रश्नोत्तर

प्र.1 उदाहरणं दृष्ट्वा रिक्तस्थानानि पूरयत।
(उदाहरण देखकर रिक्त स्थानों को पूरा कीजिए।)

यथा बालकः बालकौ बालकाः

(क) चषकः ....
(ख) .... देवाः
(ग) सैनिकः ....
(घ) ...... रजकौ ......
(ङ) तन्त्रज्ञः ....

उत्तराणि

(क) चषकौ चषका: (ख) देव: देवौ (ग) सैनिकौ सैनिका:
(घ) रजक: रजका: (ङ) तन्त्रज्ञौ तन्त्रज्ञा:

प्र.2 उदाहरणानुसारं पट्टिकातः पदानि चित्वा रिक्तस्थानेषु पूरयत।
(उदाहरण के अनुसार पट्टिका से पदों को चुनकर रिक्त स्थानों की पूर्ति कीजिए।)

मञ्जूषा शुकः, स्यूतः, अजा, फलम्, पुष्पम्, महिषी, वृक्षः, कुक्कुरः, पार्वती, पुस्तकम्

यथा	**सः**	**शुकः।**	
	सः	....	....
	सा	....	....
	तत्	....	....

उत्तराणि

स: वृक्ष:।	सा महिषी।	तत् पुस्तकम्।
स: स्यूत:	सा अजा	तत् फलम्
स: कुक्कुर:	सा पार्वती	तत् पुष्पम्

प्र.3 चित्राणि दृष्ट्वा संस्कृतपदानि लिखत।
(चित्रों को देखकर संस्कृत पदों को लिखिए।)

(क) .... (ख) .... (ग) ....

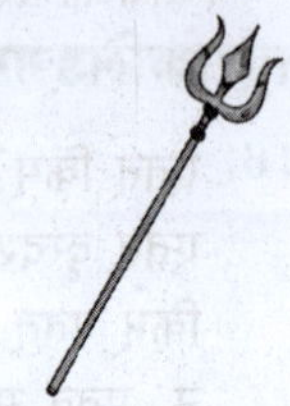

(घ) .... (ङ) .... (च) ....

उत्तराणि

(क) पुस्तकम् (ख) बालकौ
(ग) सैनिक: (घ) वातायनम्
(ङ) गायिका (च) त्रिशूल:

प्र.4 उदाहरणानुसारं पट्टिकातः पदानि चित्वा रिक्तस्थानेषु पूरयत।
(उदाहरण के अनुसार पटिटका से पदों को चुनकर रिक्त स्थानों की पूर्ति कीजिए।)

बालकः वृक्षाः शिक्षिकाः पुष्पम् फलम् अजाः
मापिकाः गायिका रजकः फलानि सः लेखनी

	एकवचनम्	**बहुवचनम्**
यथा	**पुष्पम्**	**बालकाः**
(क)	....	....
(ख)	....	....
(ग)	....	....
(घ)	....	....
(ङ)	....	....

उत्ताराणि

(क) फलम्	फलानि
(ख) गायिका	वृक्षा:
(ग) रजक:	शिक्षिका:
(घ) स:	अजा:
(क) लेखनी	मापिका:

प्र.5 पट्टिकायां कानिचन पदानि सन्ति, तानि पदानि उचिते घटे पूरयन्तु।
सैनिकः, कुक्कुरः, गायिका, महिषी, जलम्, चषकः, द्वारम्, फलम्, वृद्धा, वृक्षः, अजा, वातायनम्, अङ्कनी, पुस्तकम्, शुकः

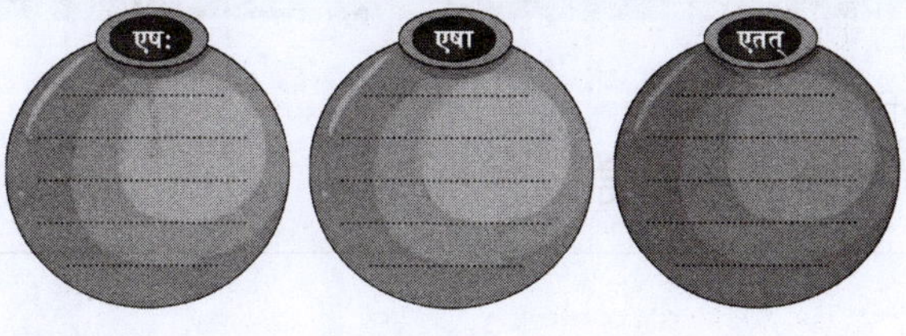

उत्तराणि

एषः-सैनिकः, कुक्कुरः, चषकः, वृक्षः, शुकः

एषा-गायिका, महिषी, वृद्धा, अजा, अङ्कनी

एतत्-जलम्, द्वारम्, फलम्, वातायनम्, पुस्तकम्

प्र.6 उदाहरणानुसारं पट्टिकातः उपयुक्तपदं चित्वा रिक्तस्थानानि पूरयत।
(उदाहरण के अनुसार पटिटका से उपयुक्त पद चुनकर रिक्त स्थानों को पूरा कीजिए।)

माला युवकौ पाठशाला मुखम् कमले
भवनानि विडालः छात्राः लेखन्यौ मालाः

यथा सा का ? सा पाठशाला।

सः कः?	तौ कौ?	ते के?
....	....	....
सा का?	ते के?	ताः काः?
....	....	....
तत् किम्?	ते के?	तानि कानि?
....	....	....

उत्तराणि

(i) सः विडालः	तौ युवकौः	ते छात्राः
(ii) सा माला	ते लेखन्यौ	ताः मालाः
(iii) तत् मुखम्	ते कमले	तानि भवनानि

प्र.7 अधोलिखितवाक्यानि अधिकृत्य उदाहरणानुसारं प्रश्ननिर्माणं कुरुत।
(निम्नलिखित वाक्यों के आधार पर उदाहरण के अनुसार प्रश्न-निर्माण कीजिए।)

यथा सः गजः। सः कः?

(क) सः बालकः। ....
(ख) सा लता। ....
(ग) सा नदी। ....
(घ) तत् फलम्। ....
(ङ) सः वृक्षः। ....

उत्तराणि

(क) सः कः?
(ख) सा का?
(ग) सा का?
(घ) तत् किम्?
(ङ) सः कः?

प्र.8 परस्परं सम्बद्धानि पदानि संयोजयन्तु, रिक्तस्थानेषु पूरयन्तु च।
(आपस में संबंधित पदों को जोड़िए और रिक्त स्थानों की पूर्ति कीजिए।)

(क) कमलम्	**गायति**	**कमलं विकसति।**
(ख) लेखकः	**चालयति**	....
(ग) फलम्	**विकसति**	....
(घ) नर्तकः	**लिखति**	....
(ङ) चालकः	**पतति**	....
(च) गायिका	**नृत्यति**	....

उत्तराणि

(ख) लेखकः लिखति। (ग) फलम् पतति।
(घ) नर्तकः नृत्यति। (ङ) चालकः चालयति।
(च) गायिका गायति।

प्र.9 कोष्ठकेभ्यः उचितानि पदानि चित्वा वाक्यानि रचयत।
(कोष्ठक से उचित पदों को चुनकर वाक्यों की रचना कीजिए।)

यथा कः/का लिखति? लेखकः लिखति। छात्रः लिखति। सा लिखति।

(क) कः/का धावति?	**(बालकाः, बालिका, शुनकः)**
(ख) कः/का पठति?	**(सुरेशः, जल, जानकी, नलिनी)**
(ग) किं पतति?	**(फलम्, जलम्, कुसुमम्)**
(घ) का/कः गच्छति?	**(शिक्षिका, बालिका, तन्त्रज्ञः)**
(ङ) का/कः/किम् अस्ति?	**(माता, पिता, वाहनम्)**

उत्तराणि

(क) शुनकः धावति। बालिका धावति।
(ख) सुरेशः पठति। जानकी पठति। नलिनी पठति।
(ग) फलम् पतति। कुसुमं पतति। जलं पतति।
(घ) शिक्षिका गच्छति। बालिका गच्छति। तन्त्रज्ञः गच्छति।
(ङ) माता अस्ति। पिता अस्ति। वाहनम् अस्ति।

अभ्यास प्रश्नाः

बहुविकल्पीय एवं वर्णनात्मक प्रश्नों सहित

भाग I

बहुविकल्पीय प्रश्नाः

1. अधोलिखितेषु विकल्पेषु समुचितम् उत्तरं चित्वा लिखत।
(निम्नलिखित विकल्पों में से उचित उत्तर चुनकर लिखिए।)

(i) सः ……
(क) बालकः (ख) बालकौ
(ग) बालकाः (घ) बालिका

(ii) तौ ……
(क) शुकः (ख) शुकौ
(ग) शिक्षिकै (घ) शिक्षिका

(iii) ते ……
(क) गायिका (ख) बालकाः
(ग) गायिकाः (घ) फलानि

(iv) तत् ……
(क) बालकः (ख) अजा
(ग) फलम् (घ) फले

(v) तानि ……
(क) पत्रम् (ख) पत्रे
(ग) पत्राणि (घ) महिला

(vi) एताः ……
(क) गायिकाः (ख) गायिके
(ग) लता (घ) फले

(vii) एषा ……
(क) पुस्तके (ख) वैद्या
(ग) पुस्तकम् (घ) वैद्ये

उत्तराणि

(i) (क) बालकः (ii) (ख) शुकौ
(iii) (ख) बालकाः (iv) (ग) फलम्
(v) (ग) पत्राणि (vi) (क) गायिकाः।
(vii) (ख) वैद्या

2. अधोलिखितेषु वाक्येषु उचितं क्रियापदं लिखत।
(निम्नलिखित वाक्यों में उचित क्रियापद लिखिए।)

(i) छात्रा ……
(क) पठति (ख) पठतः
(ग) पठन्ति (घ) पठसि

(ii) बालकाः ……
(क) पिबति (ख) पिबसि
(ग) पिबथः (घ) पिबन्ति

(iii) फलानि ……
(क) पतति (ख) पतन्ति
(ग) पतसि (घ) पततः

(iv) नरौ ……
(क) गच्छति (ख) गच्छतः
(ग) गच्छसि (घ) गच्छथः

(iv) गायिकाः ……
(क) गायति (ख) गायन्ति
(ग) गायथः (घ) गायसि

(vi) छात्रौ ……
(क) भ्रमतः (ख) भ्रमथः
(ग) भ्रमन्ति (घ) भ्रमसि

उत्तराणि

(i) (क) पठति (ii) (घ) पिबन्ति
(iii) (ख) पतन्ति (iv) (ख) गच्छतः
(v) (ख) गायन्ति (vi) (क) भ्रमतः

व्याकरणम्

3. अधोलिखितेषु पदेषु स्त्रीलिङ्ग-पदानि चित्वा लिखत।
(निम्नलिखित पदों में से स्त्रीलिंग पदों को चुनकर लिखिए।)

(i) लताः, वृक्षः, फलम्, रामः ……
(ii) बालकः, वानरः, अजा, छात्राः ……
(iii) कमलानि, मक्षिका, वृक्षाः, जलम् ……
(iv) अध्यापकः, गायिका, पुष्पम्, सैनिकः ……
(v) कलिका, हस्तौ, नयनम्, गजः ……

उत्तराणि

(i) लताः (ii) अजा (iii) मक्षिका
(iv) गायिका (v) कलिका

4. अधोलिखितेषु पदेषु बहुवचनानि पदानि चित्वा लिखत।
(निम्नलिखित पदों में से बहुवचन पद चुनकर लिखिए।)

(i) अश्वाः, गजः, अश्वौ, लते ……
(ii) सिंह, सिंहौ, सिंहाः, कमले ……
(iii) पत्रम्, पत्राणि, फले, फलम् ……
(iv) चटके, छात्रे, चटकाः, छात्रा ……
(v) सूर्यः, खगाः, महिला, अजा ……

उत्तराणि

(i) अश्वा: (ii) सिंहा: (iii) पत्राणि
(iv) चटका: (v) खगा:

5. **अधोलिखितानां शब्दानां स्त्रीलिङ्गरूपाणि लिखत।**
(निम्नलिखित शब्दों के स्त्रीलिंग रूप लिखिए।)

(i) शिक्षकः ....
(ii) अजः ....
(iii) चटकः ....
(iv) सेवकः ....
(v) लेखकः ....
(vi) गायकः ....

उत्तराणि

(i) शिक्षिका (ii) अजा (iii) चटका
(iv) सेविका (v) लेखिका (vi) गायिका।

6. **अधोलिखितानि पदानि बहुवचन रूपाणि लिखत।**
(निम्नलिखित पदों के बहुवचन रूप लिखिए।)

(i) वृक्षः ....
(ii) गजः ....
(iii) बालिका ....
(iv) वैद्या ....
(v) चक्रम् ....
(vi) पुस्तकम् ....

उत्तराणि

(i) वृक्षा: (ii) गजा: (iii) बालिका:
(iv) वैद्या: (v) चक्राणि (vi) पुस्तकानि

प्रश्ननिर्माणं कुरुत

7. **प्रश्ननिर्माणं कुरुत।**
(प्रश्न निर्माण कीजिए।)

(i) बालकः खेलति। ...... खेलति?
(ii) पत्रम् पतति। ...... पतति?
(iii) माता पचति। ...... पचति?
(iv) एषः वदति। ...... वदति?
(v) सा नृत्यति। ..... नृत्यति?
(vi) तौ हसतः। ..... हसतः?

उत्तराणि

(i) क: (ii) किम् (iii) का
(iv) क: (v) का (vi) कौ

8. **अधोलिखितानि बाध्यानि सर्वनाम पदैः पूरयत।**
(निम्नलिखित वाक्यों को सर्वनाम पदों से पूरा कीजिए।)

(i) ...... घटिका (सः, सा, तत्)
(ii) ..... कोकिले (सा, ते, तानि)
(iii) ...... चालिकाः (सा, ताः, सः)
(iv) ...... भ्रमरौ (साः, तौ, ते)
(v) .... वृक्षाः (सा, ताः, तानि)
(vi) .... कमलानि (तत्, तानि, ते)

उत्तराणि

(i) सा (ii) ते
(iii) ता: (iv) तौ
(v) ता: (vi) तानि।

9. **अधोलिखितां तालिकां पूरयत।**
(निम्नलिखित तालिका को पूरा कीजिए।)

यथा पठति	पठतः	पठन्ति
(i) लिखति	.....	लिखन्ति
(ii) वदति	.....	......
(iii)	तौ	ते
(iv)	गायतः	....
(v)	.....	तानि

उत्तराणि

(i) लिखत: (ii) वदत:, वदन्ति (iii) स:
(iv) गायति, गायन्ति (v) तत्, ते

10. **मेलनं कुरुत। (मिलान कीजिए।)**

सूची (अ)	**सूची** (ब)
(i) एषा	(क) पत्राणि
(ii) एते	(ख) बालकौ
(iii) तानि	(ग) अश्वः
(iv) सः	(घ) चटका
(v) एतौ	(ङ) लते

उत्तराणि

(i) (घ) (ii) (ङ)
(iii) (क) (iv) (ग)
(v) (ख)

भाग II

अतिलघु उत्तरीय प्रश्नाः

1. शिक्षकः किं करोति?

2. का नृत्यति?

3. वृक्षाः अस्मान् किं ददति?

4. वृद्धा किं करोति?

लघु उत्तरीयाः प्रश्नाः

5. बालकः किं कुर्वन्ति?

6. काः धावन्ति?

दीर्घ उत्तरीय प्रश्नाः

7. किं शिक्षकः पठति?

8. किं बालकौ लिखतः?

9. अजे किं किं कुरुतः?

उत्तराणि

1. पाठयति
2. बालिका
3. फलम्
4. वृद्धा तु विहरति।
5. बालकाः पिबन्ति।
6. महिलाः धावन्ति।
7. न, शिक्षकः न पठति।
8. न, बालकौ न लिखतः।
9. अजे चरतः, पिंबतः दुग्धं च यच्छतः।

अहं च त्वं च!
(मैं और तुम!)

अध्याय 3

पाठ का सार प्रस्तुत पाठ में मध्यम पुरुष व उत्तम पुरुष में सर्वनाम शब्दों का परिचय कराया गया है। मध्यम पुरुष में आने वाले सर्वनाम शब्द त्वम्, युवाम्, यूयम् व उत्तम पुरुष में आने वाले सर्वनाम शब्द अहम्, आवाम्, वयम् हैं। सर्वनाम शब्दों के साथ प्रयुक्त होने वाले 'अस्' धातु के रूपों को चित्रों के माध्यम से समझाया गया है; जैसे—त्वं असि, युवां स्थः, आवाम् स्वः आदि।

पाठ का हिंदी अनुवाद

मम नाम भरतः। अहं छात्रः।
(मेरा नाम भरत है। मैं छात्र हूँ।

मम नाम गणेशः। अहं शिक्षकः।
(मेरा नाम गणेश है। मैं शिक्षक हूँ।)

मम नाम मेनका। अहं छात्रा।
(मेरा नाम मेनका है।
मैं छात्रा हूँ।)

छात्रामम नाम प्रियंवदा। अहं शिक्षिका।
(मेरा नाम प्रियंवदा है।
मैं शिक्षिका हूँ।)

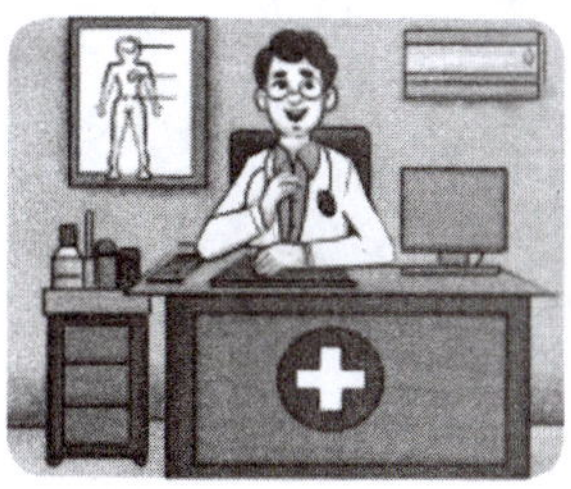

मम नाम गौतमः। अहं चिकित्सकः।
(मेरा नाम गौतम है।
मैं डॉक्टर हूँ।)

मम नाम राघवः। अह कृषकः।
(मेरा नाम राघव है। मैं कृषक
(किसान) हूँ।)

मम नाम सुमित्रा। अहं
चिकित्सिका।
(मेरा नाम सुमित्रा है।
मैं डॉक्टर हूँ।)

मम नाम राधिका। अहं सैनिकी।
(मेरा नाम राधिका है।
मैं सैनिक हूँ।)

पुल्लिङ्गम्

त्वं कः?
अहं सैनिकः।
तुम कौन हो?
मैं सैनिक हूँ।

युवां कौ?
आवां सैनिकौ।
तुम दोनों कौन हो?
हम दोनों सैनिक हैं।

यूयं के?
वयं सैनिकाः।
तुम सब कौन हो?
हम सब सैनिक हैं।

त्वं कः?
अहं गायकः।
तुम कौन हो?
मैं गायक हूँ।

युवां कौ?
आवां गायकौ।
तुम दोनों कौन हो?
हम दोनों गायक हैं।

यूयं के?
वयं गायकाः।
तुम सब कौन हो?
हम सब गायक हैं।

शब्दार्थाः **त्वम्** = तुम, **युवाम्** = तुम दो, **कौ** = कौन दो, **आवाम्** = हम दो, **सैनिकौ** = दो सैनिक, **यूयम्** = तुम सब, **वयम्** = हम सब, **कः** = कौन, **गायकः** = गायक, **गायकौ** = दो गायक, **के** = (सब) कौन (पुल्लिंग)।

त्वं कः?
अहं पत्रकारः।
(तुम कौन हो?
मैं पत्रकार हूँ।)

युवां कौ?
आवां पत्रकारौ।
(तुम दोनों कौन हो?
हम दोनों पत्रकार हैं।)

यूयं के?
वयं पत्रकाराः।
(तुम सब कौन हो?
हम सब पत्रकार हैं।)

त्वं कः?
अहं पाचकः।
(तुम कौन हो?
मैं रसोइया हूँ।)

युवां कौ?
आवां पाचकौ।
(तुम दोनों कौन हो?
हम दोनों रसोइए हैं।)

यूयं के?
वयं पाचकाः।
(तुम सब कौन हो?
हम सब रसोइए हैं।)

शब्दार्थाः **पत्रकारः** = पत्रकार, **पत्रकारौ** = दो पत्रकार, **पत्रकाराः** = अनेक पत्रकार, **पाचकः** = रसोइया, **पाचकौ** = दो रसोइए, **पाचकाः** = अनेक रसोइए।

स्त्रीलिङ्गम्

त्वं का?
अहं गायिका।
(तुम कौन हो?
मैं गायिका हूँ।)

युवां के?
आवां गायिके।
(तुम दोनों कौन हो?
हम दोनों गायिका हैं।)

यूयं काः?
वयं गायिकाः।
(तुम सब कौन हो?
हम सब गायिका हैं।)

त्वं का?
अहं तंत्रज्ञा।
(तुम कौन हो?
मैं तंत्रज्ञा (महिला इंजीनियर) हूँ।)

युवां के?
आवां तंत्रज्ञे।
(तुम दोनों कौन हो?
हम दोनों तंत्रज्ञा हैं।)

यूयं काः?
वयं तंत्रज्ञाः।
(तुम सब कौन हो?
हम सब तंत्रज्ञा हैं।)

शब्दार्थाः **गायिका** = (एक) गायिका, **गायिके** = दो गायिका, **गायिकाः** = अनेक गायिका, **तन्त्रज्ञा** = (महिला) इंजीनियर, **तन्त्रज्ञे** = दो (महिला) इंजीनियर, **तन्त्रज्ञाः** = अनेक (महिला) इंजीनियर।

त्वं का?
अहं नर्तकी।
(तुम कौन हो?
मैं नृत्यांगना हूँ।)

युवां के?
आवां नर्तक्यौ।
(तुम दोनों कौन हो?
हम दोनों नृत्यांगनाएँ हैं।)

यूयं काः?
वयं नर्तक्यः।
(तुम सब कौन हो?
हम सब नृत्यांगनाएँ हैं।)

त्वं का?
अहं पाचिका।
(तुम कौन हो।
मैं रसोइयाँ (महिला) हूँ।)

युवां के?
आवां पाचिके।
(तुम दोनों कौन हो?
हम दोनों रसोइयाँ हैं।)

यूयं काः?
वयं पाचिकाः।
(तुम सब कौन हो?
हम सब रसोइयाँ हैं।)

शब्दार्थाः **नर्तृकी** = नृत्यांगना, **नर्तक्यौ** = दो नृत्यांगनाएँ, **नर्तक्यः** = अनेक नृत्यांगनाएँ, **पाचिका** = (महिला), रसोइया, **पाचिके** = दो (महिला) रसोइयाँ, **पाचिकाः** = अनेक (महिला) रसोईयाँ।

त्वं चित्रकारः असि।
(तुम चित्रकार हो।)

युवां चित्रकारौ स्थः।
(तुम दोनों चित्रकार हो।)

यूयं चित्रकाराः स्थ।
(तुम सब चित्रकार हो।)

अहम् आरक्षकः अस्मि।
(मैं आरक्षक हूँ।)

आवाम् आरक्षकौ स्वः।
(हम दोनों आरक्षक हैं।)

वयम् आरक्षकाः स्मः।
(हम सब आरक्षक हैं।)

त्वं गायिका असि।
(तुम गायिका हो।)

युवां गायिके स्थः।
(तुम दोनों गायिका हो।)

यूयं गायिकाः स्थ।
(तुम सब गायिका हो।)

अहं चिकित्सिका अस्मि।
(मैं चिकित्सिका (महिला डॉक्टर) हूँ।)

आवां चिकित्सिके स्वः।
(हम दोनों चिकित्सिकाएँ हैं।)

वयं चिकित्सिकाः स्मः।
(हम सब चिकित्सिकाएँ हैं।)

शब्दार्थाः **चित्रकारः** चित्रकार, **आरक्षकः** = आरक्षक, **गायिका** = गायिका (गाना गाने वाली), **असि** = हो, **अस्मि** = हूँ, **स्वः** = (हम दो) हैं, **स्मः** = हम सब हैं।

'म' कारस्य अनुस्वारस्य च लेखनियमः

व्यञ्जनवर्णात् पूर्व पदान्तस्य 'म' कारस्य स्थाने 'अनुस्वारः' लेखनीय।

यथा पुस्तकं नास्ति, पुस्तकम् अस्ति।

(व्यंजन वर्ण से पूर्व वाले पद के अन्त में यदि 'मकार' हो, तो म् का अनुस्वार हो जाता है; जैसे— पुस्तकं नास्ति, पुस्तकम् अस्ति।)

NCERT फोल्डर:

पाठ्यपुस्तक 'दीपकम्' के प्रश्नोत्तर

प्र.1 उच्चैः पठन्तु अवगच्छन्तु च।
(जोर से पढ़े और समझें।)

त्वं माता, त्वं पिता, त्वं बन्धुः, त्वं सखा,
त्वं विद्या, त्वं द्रविणम्, देवदेव! त्वम् एव मम सर्वम्।
त्वमेव माता च पिता त्वमेव, त्वमेव बन्धुश्च सखा त्वमेव।
त्वमेव विद्या द्रविणं त्वमेव, त्वमेव सर्वं मम देवदेव।।

उत्तराणि

छात्र स्वयं करें।

प्र.2 उदाहरणानुगुणम् अधोलिखितेषु वाक्येषु पट्टिकातः उचितैः पदैः रिक्तस्थानानि पूरयत। (उदाहरण के अनुसार निम्नलिखित वाक्यों में पट्टिका से उचित पदों के द्वारा रिक्त स्थानों को पूर्ण कीजिए।)

त्वं, युवां, यूयं, अहम्, आवां, वयं

यथा हे बाल! त्वं छात्रः असि।

(क) ...... शिक्षकौ: स्वः।

(ख) मञ्चे ...... नर्तक्यः स्थ।

(ग) अत्र ...... अस्मि।

(घ) सभायां ...... गायिके स्थः।

(ङ) विद्यालये ...... स्मः।

(च) वैद्यालये ...... चिकित्सका असि।

उत्तराणि

(क) आवां (ख) यूयं (ग) अहम्
(घ) युवां (ङ) वयं (च) त्वं

प्र.3 चित्रं दृष्टवा उदाहरणस्य अनुगुणं वाक्यानि लिखन्त।
(चित्रों को देखकर उदाहरण के अनुसार वाक्यों को लिखिए।)

पुल्लिङ्गम्

यथा

अहं शिक्षकः अस्मि।

आवां शिक्षकौ स्वः।

वयं शिक्षकाः स्मः।

(क)

अहं तंत्रज्ञः अस्मि।

...... स्वः।

...... स्मः।

(ख)

अहं नर्तकः अस्मि।

.... स्वः।

.... स्मः।

(ग)

अहं चालकः अस्मि।

...... स्वः।

.... स्मः।

स्त्रीलिङ्गम्

यथा

अहम् आरक्षिका अस्मि।

आवाम् आरक्षिके स्वः।

वयम् आरक्षिकाः स्मः।

(घ)

अहं छात्रा अस्मि।

.... स्वः।

.... स्मः।

(ङ)

अहं गायिका अस्मि।

.... स्वः।

.... स्मः।

(च)

अहम् अनुवैद्या अस्मि।

...... स्वः।

...... स्मः।

सर्वनाम् प्रयोगः

यथा

यथा त्वं चिकित्सकः असि।

युवां चिकित्सकौ स्थः।

यूयं चिकित्सकाः स्थ।

(छ)

त्वं लेखकः असि।

...... स्थः।

...... स्थ।

(ज)

त्वं सैनिकः असि।

...... स्थः।

...... स्थ।

(झ)

त्वं क्रीडकः असि। .... स्थः। .... स्थ।

यथा

त्वं क्रीडिका असि। युवां क्रीडिके स्थः। यूयं क्रीडिकाः स्थ।

(ञ)

त्वम् अधिवक्त्री असि। .... स्थः। .... स्थ।

(ट)

त्वं छात्रा असि। .... स्थः। .... स्थ।

(ठ)

त्वं धाविका असि। .... स्थः। .... स्थ।

उत्तराणि

(क) आवां तंत्रज्ञौ, वयं तन्त्रज्ञाः।
(ख) आवां नर्तक्यौ, वयं नर्तक्यः।
(ग) आवां चालकौः, वयं चालकाः।
(घ) आवां छात्रे, वयं छात्राः
(ङ) आवां गायिके, वयं गायिकाः।
(च) आवां अनुवैद्ये, वयम् अनुवैद्याः।
(छ) युवां लेखकौ, यूयं लेखकाः।
(ज) युवां सैनिकौ, यूयं सैनिकाः।
(झ) युवां क्रीडके, यूयं क्रीडकाः।
(ञ) युवाम् अधिवक्त्रौ, यूयम् अधिवक्त्र्याः।
(ट) युवां छात्रे, यूयं छात्राः।
(ठ) युवां धाविके, यूयं धाविकाः।

प्र.4 **उदाहरणानुगुणं वाक्यानि परस्परं योजयत। (उदाहरण के अनुसार वाक्यों को परस्पर जोड़िए।)**

यथा	त्वं बालिका असि।	युवां बालिके स्थः।	यूयं बालिकाः स्थ।
(क)	त्वं बालिका असि।	आवां शिक्षकौ स्वः।	वयम् आरक्षकाः स्मः।
(ख)	अहं गायकः अस्मि।	युवां चिकित्सकौ स्थः।	यूयं बालिकाः स्थ।
(ग)	त्वं छात्रः असि।	आवां तन्त्रज्ञौ स्वः।	यूयं गृहिण्यः स्थ।
(घ)	अहं शिक्षकः अस्मि।	युवां बालिके स्थः।	यूयं चिकित्सकाः स्थ।
(ङ)	अहं नर्तकी अस्मि।	युवां सैनिकौ स्थः।	यूयं छात्राः स्थ।।
(च)	त्वं गृहिणी असि।	आवां गायकौ स्वः।	वयं शिक्षकाः स्मः।
(छ)	अहम् आरक्षकः अस्मि।	युवां छात्रौ स्थः।	वयं नर्तक्यः स्मः।
(ज)	त्वं सैनिकः असि।	आवाम् आरक्षकौ स्वः।	वयं तन्त्रज्ञाः स्मः।
(झ)	त्वं चिकित्सकः असि।	आवां नर्तक्यौ स्वः।	यूयं सैनिकाः स्थ।
(ञ)	अहं तन्त्रज्ञः अस्मि।	युवां गृहिण्यौ स्थः।	वयं गायकाः स्मः।

उत्तराणि

(क)	त्वं बालिका असि।	युवां बातिके स्थः।	यूयं बालिकाः स्थ।
(ख)	अहं गायकः अस्मि।	आवां गायकौ स्वः।	वयं गायकाः स्मः।
(ग)	त्वं छात्रः असि।	युवां छात्रौ स्थः।	यूयं छात्राः स्थ।
(घ)	अहं शिक्षकः अस्मि।	आवां शिक्षकौ स्वः।	वयं शिक्षका स्मः।
(ङ)	अहं नर्तकी अस्मि।	आवां नर्तक्यौ स्वः।	वयं नर्तक्यः स्मः।
(च)	त्वं गृहिणी असि।	युवां गृहिण्यौ स्थः।	यूयं गृहिण्यः स्थः।
(छ)	अहम् आरक्षकः अस्मि।	आवाम् आरक्षकौ स्वः।	वयम् आरक्षकाः स्मः।
(ज)	त्वं सैनिकः असि।	युवां सैनिकौ स्थः।	यूयं सैनिकाः स्थ।
(झ)	त्वं चिकित्सकः असि।	युवां चिकित्सकौ स्थः।	यूयं चिकित्सकाः स्मः।
(ञ)	अहं तंत्रज्ञः अस्मि।	आवां तंत्रज्ञौ स्वः।	वयं तंत्रज्ञाः स्मः।

प्र.5 **उदाहरणानुगुणम् उत्तराणां प्रश्ननिर्माणं कुरुत। (उदाहरण के अनुसार उत्तरों से प्रश्न-निर्माण कीजिए।)**

यथा	त्वं चिकित्सकः।	कः चिकित्सकः?	त्वं कः?
(क)	त्वं तन्त्रज्ञः	......?	.......?
(ख)	युवां बालकौ।	......?	........?
(ग)	यूयं छात्राः।	.......?	.......?
(घ)	अहं न्यायाधीशः।	.......?	........?
(ङ)	आवां गायिके।	.......?	........?
(च)	वयं शिक्षिकाः।	.......?	........?

उत्तराणि

(क) कः तंत्रज्ञः? त्वंकः?
(ख) कौ बालकौ? युवां कौ?
(ग) के छात्राः? यूयं के?
(घ) कः न्यायाधीशः? अहं कः?
(ङ) के गायिके? आवां के?
(च) काः शिक्षिकाः? वयं काः?

अभ्यास प्रश्नाः

बहुविकल्पीय एवं वर्णनात्मक प्रश्नों सहित

बहुविकल्पीय प्रश्नाः

1. अधोलिखितेषु विकल्पेषु उचितम् उत्तरं चित्वा लिखत।
(निम्नलिखित विकल्पों में से उचित उत्तर चुनकर लिखिए।)

(i) ······ **सैनिकः।**
(क) अहम् (ख) आवाम्
(ग) वयम् (घ) युवाम्

(ii) ······· **पत्रकारौ।**
(क) अहम् (ख) युवाम्
(ग) त्वम् (घ) यूयम्

(iii) ······· **पाचकाः।**
(क) त्वम् (ख) अहम्
(ग) आवाम् (घ) वयम्

(iv) **आरक्षकौ** ·······।
(क) असि (ख) अस्मि
(ग) स्वः (घ) स्थ

(v) **गायिके** ······।
(क) स्थः (ख) स्थ
(ग) असि (घ) अस्ति

(vi) **चिकित्सिका** ······।
(क) स्वः (ख) स्मः
(ग) असि (घ) स्तः

उत्तराणि
(i) (क) अहम् (ii) (ख) युवाम् (iii) (घ) वयम्
(iv) (ग) स्वः (v) (क) स्थः (vi) (ग) असि

रिक्तस्थानानि पूरयत

2. उचित सर्वनाम्पदेभ्यः रिक्तस्थानानि पूरयत।
(उचित सर्वनाम पदों से रिक्त स्थान पूर्ण कीजिए।)

(i) ······ **गायिका अस्मि।**
(ii) ······ **आरक्षकः अस्ति।**
(iii) ······ **महिलाः धावन्ति।**
(iv) ······ **चटके कूजतः।**
(v) ······ **चित्रकाराः स्थ।**
(vi) ······ **पाचिके स्थः।**

उत्तराणि
(i) अहं (ii) सः
(iii) ताः (iv) ते
(v) ते (vi) ते

3. वचनानुसारं रिक्तस्थानानि पूरयत।
(वचन के अनुसार रिक्त स्थानों को पूरा कीजिए।)

	एकवचन	द्विवचन	बहुवचन
यथा	चिकित्सकः	चिकित्सकौ	चिकित्सकाः
(i)	सैनिकः	·····	······
(ii)	······	गायकौ	······
(iii)	·····	······	पत्रकाराः
(iv)	पाचकः	·······	······
(v)	·····	तौ	······

उत्तराणि
(i) सैनिकौः, सैनिकाः (ii) गायकः, गायकाः
(iii) पत्रकारः, पत्रकारौ (iv) पाचकौ, पाचकाः
(v) स, ते

4. मञ्जूषातः कर्तृपदं चित्वा रिक्तस्थानानि पूरयत।
(मंजूषा से कर्तृ पद चुनकर रिक्त स्थानों को पूरा कीजिए।)
मञ्जूषा पाचकाः, गायकः, चित्रकारौ, सिंहाः, नर्तक्यौ, त्रिचक्रिके।

(i) ··········· **गायति।** (ii) ··········· **नृत्यतः।**
(iii) ··········· **पचन्ति।** (iv) ··········· **गर्जन्ति।**
(v) ··········· **चलतः।** (vi) ··········· **रचयतः।**

उत्तराणि
(i) गायकः (ii) नर्तक्यौ
(iii) पाचकाः (iv) सिंहाः
(v) त्रिचक्रिके (vi) चित्रकारौ।

5. अधोलिखितानां पदानां द्विवचनरूपाणि लिखत।
(निम्नलिखित शब्दों के द्विवचन रूप लिखिए।)

(i) **गायकः** = ·········
(ii) **पत्रकारः** = ·········
(iii) **अहम्** = ·········
(iv) **त्वम्** = ··········
(v) **तन्त्रज्ञा** = ··········
(vi) **पाचिका** = ·······

उत्तराणि
(i) गायकौ (ii) पत्रकारौ (iii) आवाम्
(iv) युवाम् (v) तन्त्रज्ञे (vi) पाचिके

प्रश्ननिर्माण कुरुत:

6. रेखाङ्कितपदानां प्रश्ननिर्माणं कुरुत।
(रेखांकित शब्दों का प्रश्न-निर्माण कीजिए।)

(i) अहं पाचिका। ....?
(ii) वयं लेखिका:। ....?
(iii) आवां मालाकारौ। ....?
(iv) स: भ्रमर:। ....?
(v) ते कृषका:। ....?
(vi) तौ शिक्षकौ। ....?

उत्तराणि

(i) का पाचिका? (ii) का: लेखिका:? (iii) कौ मालाकारौ?
(iv) स: क:? (v) ते के:? (vi) तौ कौ?

मेलनं कुरुत

7. अधोलिखितानां शब्दानाम् अर्थै: सह मेलनं कुरुत।
(निम्नलिखित शब्दों का अर्थ के साथ मिलान कीजिए।)

	शब्दा:		अर्था:
(क)	क्रीडक:	(i)	वर्तते
(ख)	अस्ति	(ii)	आरक्षी
(ग)	सैनिक:	(iii)	विद्यार्थिनी
(घ)	नर्तकी	(iv)	खेलक:
(ङ)	छात्रा	(v)	भट:
(च)	आरक्षक:	(vi)	नृत्याङ्गना

उत्तराणि

(क) (iv) (ख) (i) (ग) (v)
(घ) (vi) (ङ) (iii) (च) (ii)

व्याकरणम्

8. अधोलिखितांना तालिकां क्रियापदै: पूरयत।
(निम्नलिखित तालिका को क्रिया पदों से पूरा कीजिए।)

	एकवचन	द्विवचन	बहुवचन
(i)	अस्ति	....	.....
(ii)	....	स्थ:	....
(iii)	....	....	स्म:
(iv)	क:	......	....
(v)	....	के	....
(vi)	....	....	कानि

उत्तराणि

(i) स्त:, सन्ति (ii) असि, स्थ (iii) अस्मि, स्व:
(iv) कौ, के (v) का, का: (vi) किम्, के

9. अधोलिखितेभ्य: सर्वनामशब्देभ्य: संस्कृतपदं लिखत।
(निम्नलिखित सर्वनाम शब्दों के लिए संस्कृत शब्द लिखिए।)

(i) तुम दोनों ....
(ii) मैं ....
(iii) हम सब ....
(iv) तुम ....
(v) हम दोनों ....
(vi) तुम सब ....

उत्तराणि

(i) युवाम् (ii) अहम् (iii) वयम्
(iv) त्वम् (v) आवाम् (vi) यूयम्

10. रेखाङ्कितवाक्येषुक्रियापदं शुद्धंम् कृत्वा लिखत।
(रेखांकित वाक्यों में क्रिया पद को शुद्ध करके लिखिए।)

(i) शिक्षक: पाठयन्ति। (ii) पाचका: पचति।
(iii) गायकौ गायति। (iv) लेखिका लिखन्ति।
(v) अहं क्रीडसि। (vi) यूयं हससि।

उत्तराणि

(i) पाठयति (ii) पचन्ति (iii) गायत:
(iv) लिखति (v) क्रीडामि (vi) हसथ।

भाग II

अतिलघु उत्तरीय प्रश्ना:

1. रमा का अस्ति? **2.** प्रियंवदा का अस्ति?

लघु उत्तरीया: प्रश्ना:

3. अहं का अस्मि? **4.** सैनिक: किं करोति?

दीर्घ उत्तरीय प्रश्ना:

5. छात्रा किं नाम अस्ति?

6. संस्कृतभाषया वयं किं-किं कुर्म?

उत्तराणि

1. गायिका
2. शिक्षिका
3. अहं सेविका अस्मि।
4. सैनिक: भारतस्य रक्षणं करोति।
5. छात्रा नाम मेनका अस्ति।
6. पठाम:, गायाम: च।

अहं प्रातः उत्तिष्ठामि
(मैं सुबह उठती हूँ।)

अध्याय 4

पाठ का सार प्रस्तुत पाठ में बालकों की दिनचर्या के माध्यम से संस्कृत में समय लेखन को बताया गया है। संस्कृत में 'बजे' के लिए 'वादनम्' आधे के लिए 'सार्ध', 'चतुर्थ भाग' $\left(\frac{1}{4}\right)$ के लिए 'सपाद' तथा 'पौने' के लिए 'पादोन' शब्द का प्रयोग किया जाता है; जैसे—पाँच बजे के लिए 'पञ्चवादनम्', सवा पाँच बजे के लिए 'सपाद पञ्चवादनम्', साढ़े पाँच बजें के लिए 'सार्ध पञ्चवादनम्' तथा पौने छः बजे के लिए 'पादोन षड्वादनम्' का प्रयोग किया जाता है।

पाठ का हिंदी अनुवाद

नमोनमः! मम नाम सन्दीपः। अहं मम दिनचर्यां वदामि।

नमोनमः! मम नाम खुशी। अहम् अपि मम दिनचर्यां वदामि।

अहं प्रतिदिनं प्रातः पञ्चवादने (5 : 00) उत्तिष्ठामि।

प्रथमं भूमेः वन्दनं करोमि, मातपितरौ च नमामि।

ततः उष्णःपानं करोमि, यत्र कवोष्णं जलं पिबामि।

अहं सपाद पञ्चवादने (5 : 15) शौचं करोमि।
तदन्तरं मुखप्रक्षालनं दन्तधावनं च करोमि।

शब्दार्थाः **मम** = मेरा, **अहम्** = मैं, **नमोनमः** = नमस्कार, **अपि** = भी, **दिनचर्यां** = दिनचर्या, **वदामि** = बताता हूँ।

हिंदी अनुवाद

नमस्कार! मेरा नाम संदीप है।

मैं अपनी दिनचर्या बताता हूँ।

नमस्कार! मेरा नाम खुशी है।

मैं भी अपनी दिनचर्या बताती हूँ।

मैं प्रतिदिन सुबह पाँच बजे उठती हूँ।

मैं सबसे पहले भूमि की वंदना करता हूँ तथा माता-पिता को प्रणाम करता हूँ।

उसके बाद गर्म पानी पीती हूँ, क्योंकि सुबह गुनगुना पानी पीना चाहिए।

मैं सवा पाँच बजे शौच करती हूँ, फिर मुँह धोती हूँ तथा दंत मंजन करती हूँ।

अहं सार्ध पञ्चवादने (5 : 30) सूर्य-नमस्कारं योगासनं च करोमि।

अहं षड्वादने (6 : 00) स्वाध्यायं करोमि।

अहं सार्ध षड्वादने (6 : 30) मम परिसरं स्वच्छं करोमि।

ततः पादोन सप्तवादने (6 : 45) स्नानं करोमि।

शब्दार्थाः **सार्ध पञ्चवादने** = साढ़े पाँच बजे, **सूर्य-नमस्कारम्** = सूर्य नमस्कार, **योगासनम्** = योगासन, **षड्वादने** = छह बजे, **स्वाध्यायम्** = अपनी पढ़ाई, **सार्ध षड्वादने** = साढ़े छह बजे, **परिसरम्** = परिसर, **स्वच्छम्** = साफ, **करोमि** = करता हूँ, **पादोन सप्तवादने** = पौने सात बजे, **स्नानं** = स्नान।

हिंदी अनुवाद

मैं साढ़े पाँच बजे (5 : 30) सूर्य-नमस्कार तथा योगासन करती हूँ।
मैं छह बजे (6 : 00) स्वाध्याय करती हूँ।
मैं साढ़े छह बजे (6 : 30) अपने परिसर को साफ करता हूँ।
उसके बाद पौने सात बजे (6 : 45) स्नान करता हूँ।

अहं सप्तवादने (7 : 00) प्रार्थनां करोमि, गीतापाठं च करोमि।

तदन्तरं मातुः पितुः च चरणवन्दनं करोमि।

अहं सार्ध सप्तवादने (7 : 30) प्रातराशं करोमि।

तत्पश्चात् अष्टवादने (8.00) विद्यालयं गच्छामि।

शब्दार्थाः **सप्तवादने** = सात बजे, **प्रार्थनाम्** = प्रार्थना, **गीतापाठम्** = गीता का पाठ, **तदन्तरम्** = उसके बाद, **मातुः** = माता के, **पितुः** = पिता के, **चरणवन्दनम्** = चरणों में प्रणाम, **सार्ध सप्तवादने** = साढ़े सात बजे, **प्रातराशम्** = अल्पाहार, **तत्पश्चात्** = उसके बाद, **अष्टवादने** = आठ बजे, **गच्छामि** = जाता हूँ।

हिंदी अनुवाद

मैं सात बजे प्रार्थना करता हूँ तथा गीता का पाठ करता हूँ। उसके बाद माता व पिता की चरण वंदना (चरण-स्पर्श) करता हूँ।

मैं साढ़े सात (7 : 30) बजे अल्पाहार (नाश्ता) करती हूँ।

उसके बाद आठ बजे (8 : 00) विद्यालय जाती हूँ।

योग्यता विस्तार

4. भारतीय ज्ञान-परम्परायां समयः घटीयन्त्राणि च

प्राचीनभारते जनाः समयनिर्देशार्थं सूर्यस्य गति पश्यन्ति स्म। तस्य कृते ते बहुविधस्य विज्ञानस्य आविष्करणं कृतवन्तः। तादृशानि विज्ञान यन्त्राणि सामान्यतः वयं प्रसिद्धेषु देवालयेषु पश्यामः। यथा-ओडिशाराज्ये कोणार्कक्षेत्रे विद्यमाने सूर्यमन्दिरे चक्राणि सन्ति।

शब्दार्थाः **घटीयन्त्राणि** = समय सूचक यंत्र, **निर्देशार्थं** = बताने के लिए, **बहुविधस्य** = अनेक प्रकार के, **आविष्करणम्** = आविष्कार, **तादृशानि** = वैसे, **देवालयेषु** = मंदिरों में, **विद्यमाने** = स्थित।

हिंदी अनुवाद

भारतीय ज्ञान परंपरा के अनुसार प्राचीन भारत में लोग समय और समय सूचक यंत्रों का उपयोग समय बताने के लिए तथा सूर्य की गति को देखने के लिए करते थे। उसके लिए उन्होंने अनेक प्रकार से विज्ञान के आविष्कार किए। उस तरह के विज्ञान के यंत्रों को सामान्यतः हम प्रसिद्ध मंदिरों में देखते हैं; जैसे— उड़ीसा राज्य के कोणार्क क्षेत्र में स्थित सूर्य मंदिर में चक्र है।

समय वादनम् (समय बताना)

पञ्चवादनम् = पाँच बजे = 5 : 00

षड्वादनम् = छह बजे = 6 : 00

सप्तवादनम् = सात बजे = 7 : 00

अष्टवादनम् = आठ बजे = 8 : 00

सपाद पञ्चवादनम् = सवा पाँच बजे = 5 : 15

सपाद षड्वादनम् = सवा छह बजे = 6 : 15

सपाद सप्त वादनम् = सवा सात बजे = 7 : 15

सपाद अष्टवादनम् = सवा आठ बजे = 8 : 15

सार्ध पञ्चवादनम् = साढ़े पाँच बजे = 5 : 30

सार्ध षड्वादनम् = साढ़े छह बजे = 6 : 30

सार्ध सप्तवादनम् = साढ़े सात बजे = 7 : 30

सार्ध अष्टवादनम् = साढ़े आठ बजे = 8 : 30

पादोन षड्वादनम् = पौने छह बजे = 5 : 45

पादोन सप्तवादनम् = पौने सात बजे = 6 : 45

पादोन अष्टवादनम् = पौने आठ बजे = 7 : 45

पादोन नववादनम् = पौने नो बजे = 8 : 45

NCERT फोल्डर: पाठ्यपुस्तक 'दीपकम्' के प्रश्नोत्तर

प्र.1 पट्टिकात: शिष्टाचारस्य पदानि चित्वा लिखत।
(पट्टिका से शिष्टाचार पदों को चुनकर लिखिए।)

कलहः	गुरुवन्दनम्	वृद्धसेवा	अतिथिसत्कारः	अहङ्कारः
मातृप्रेम	पितृभक्तिः	ज्येष्ठेषु आदरः	कनिष्ठेषु प्रीतिः	परस्परद्वेषः
बन्धुषु	प्रीतिः	असूया	स्वाभिमानम्	परोपकारः
प्राणिषु दया	प्रियवचनम्	हिंसा	सत्यकथनम्	सत्पात्रे दानम्
सर्वेषु मैत्रीभावः	अहिंसा	समयपालनम्	स्वच्छता	प्रकृतिरक्षणम्
भ्रातृषु भगिनीषु च स्नेहः				

उत्तराणि

यथा गुरुवन्दनम्
वृद्धसेवा, अतिथिसत्कारः, मातृप्रेम, पितृभक्तिः, ज्येष्ठेषु आदरः, कनिष्ठेषु प्रीतिः, बन्धुषु, प्रीतिः, असूया, परोपकारः, प्राणिषु दया, प्रियवचनम्, सत्यकथनम्, सत्पात्रे दानम्, सर्वेषु मैत्रीभावः, अहिंसा, प्रकृतिरक्षणम्, अहिंसा।

प्र.2 उदाहरणानुगुणं समयं सङ्ख्याभिः लिखत।
(उदाहरण के अनुसार समय को संख्या में लिखिए।)

यथा पादोन-सप्तवादनम् – 6 : 45
(क) सार्ध दशवादनम् – ....
(ख) दशवादनम् – ....
(ग) सपाद-षड्वादनम् – ....
(घ) सार्ध-चतुर्वादनम् – ....
(ङ) पादोन-एकादशवादनम् – ....

उत्तराणि
(क) 10 : 30 (ख) 10 : 00 (ग) 6 : 15
(घ) 4 : 30 (ङ) 10 : 45

प्र.3 उदाहरणानुगुणं समयं शब्दैः लिखत।
(उदाहरण के अनुसार समय को शब्दों में लिखिए।)

यथा 06 : 00 — षड्वादनम्
(ग) 12 : 00 — ......
(क) 05 : 30 — ......
(घ) 06 : 45 — ......
(ख) 09 : 45 — ......
(ङ) 11 : 30 — ......

उत्तराणि
(क) सार्ध पञ्चवादनम् (ख) पादोनदशवादनम् (ग) द्वादशवादनम्
(घ) पादोन सप्तवादनम् (ङ) सार्ध एकादशवादनम्

प्र.4 रेखाङ्कितपदेन उदाहरणानुसारं प्रश्ननिर्माणं कुरुत।
(रेखांकित शब्दों में उदाहरण के अनुसार प्रश्न-निर्माण कीजिए।)

यथा सः सार्ध सप्तवादने अध्ययनं करोति। सः कदा अध्ययनं करोति?
(क) सा सपाद नववादने विद्यालयं गच्छति।
(ख) सतीशः सार्ध द्वादशवादने भोजनं करोति।
(ग) यानं पञ्चवादने आगच्छति।
(घ) गोपालः षड्वादने गोदोहनं करोति।
(ङ) माता दशवादने कार्यालयं गच्छति।

उत्तराणि
(क) सा कदा विद्यालयं गच्छति?
(ख) सतीशः कदा भोजनं करोति?
(ग) यानं कदा आगच्छति?
(घ) गोपालः कदा गोदोहनं करोति?
(ङ) माता कदा कार्यालयं गच्छति?

प्र.5 स्वस्थ दिनचर्यां सरलवाक्यैः लिखत।
(अपनी दिनचर्या को सरल वाक्यों में लिखिए।)

यथा– अहं प्रातः षड्वादने उत्तिष्ठामि।
(क) ....।
(ख) ....।
(ग) ....।
(घ) ....।
(ङ) ....।
(च) ....।
(छ) ....।
(ज) ....।
(झ) ....।
(ञ) ....।
(ट) ....।

उत्तराणि
(क) अहं प्रातः सपाद-षड्वादने शौचं करोमि।
(ख) अहं सार्ध-षड्वादने मुख प्रक्षालनं करोमि।
(ग) अहं पादोन-सप्त वादने योगासनं करोमि।
(घ) अहं सप्तवादने स्वाध्यायं करोमि।

(ङ) अहं अष्टवादने स्नानं करोमि।
(च) अहं सार्ध अष्टवादने प्रार्थनां करोमि
(छ) अहं नव वादने मातुः पितुः च वन्दनं करोमि।
(ज) अहं सपाद नव वादने प्रातराशं करोमि।
(झ) अहं सार्धनव वादने विद्यालयं गच्छामि।
(ञ) अहं चतुर्वादने विद्यालयात् गृहम् आगच्छामि।
(ट) अहं सायंकाले पञ्चवादने क्रीडितुम गच्छामि।

प्र.6 वाक्येषु शिष्टाचारपदं योजयत।
(वाक्यों में शिष्टाचार पदों को जोड़िए।)

नियमपालनं सेवां मैत्रीभावः साहाय्यं सत्कारं दयाभावः

यथा युवकः मातापित्रौः सेवां करोति।

(क) सा दुर्बलानां ········ करोति।

(ख) सर्वेषु प्राणिषु ········ भवतु।

(ग) बहु छात्राः पाठशालायाः ······ बहुवचनम्।

(घ) वयं सर्वे अतिथीनां ········ कुर्मः।

(ङ) परस्परं छात्रेषु ········ भवतु।

उत्तराणि
(क) साहाय्यं (ख) दयाभावः (ग) नियमपालनं
(घ) सत्कारं (ङ) मैत्रीभावः

अभ्यास प्रश्नाः

बहुविकल्पीय एवं वर्णनात्मक प्रश्नों सहित

बहुविकल्पीय प्रश्नाः

1. अधोलिखितेषु विकल्पेषु समुचितं उत्तरं चित्वा लिखत।
(निम्नलिखित विकल्पों में से उचित उत्तर चुनकर लिखिए।)

(i) **कः स्वदिनचर्यां वदति?**
(क) सन्निधिः (ख) खुशी (ग) मोहनः (घ) मीतेशः

(ii) **खुशी कदा उत्तिष्ठति?**
(क) चतुर्वादने (ख) पञ्चवादने
(ग) षड्वादने (घ) सप्तवादने

(iii) **खुशी कीदृशं जलं पिबति?**
(क) शीतम् (ख) घट-जलम्
(ग) कवोष्णं (घ) मधुरं

(iv) **सन्दीपः षड्वादने किं करोति?**
(क) शौचं (ख) मुखप्रक्षालनं
(ग) दन्तधावनं (घ) स्वाध्यायं

(v) **खुशी कदा सूर्य-नमस्कारं करोति?**
(क) पञ्चवादने (ख) सार्ध पञ्चवादने
(ग) षड्वादने (घ) सार्ध षड्वादने

(vi) **कः गीतापाठं करोति?**
(क) सन्दीपः (ख) खुशी (ग) माता (घ) पिता

(vii) **मातुः पितुः च चरण वन्दनं कः करोति?**
(क) खुशी (ख) रीतेशः
(ग) हितेशः (घ) सन्दीपः

उत्तराणि
(i) (ख) खुशी (ii) (ख) पञ्चवादने
(iii) (ग) कवोष्णं (iv) (घ) स्वाध्यायं
(v) (ख) सार्ध पञ्चवादने
(vi) (क) सन्दीपः (vii) (घ) सन्दीपः

2. अधोलिखितानि रिक्त स्थाने उचितं समयं पूरयत।
(निम्नलिखित रिक्त स्थान में उचित समय लिखकर पूरा कीजिए।)

(i) **गीता प्रातः (6 : 0) ······ उत्तिष्ठति।**
(षड्वादने/त्रिवादने/पञ्चवादने)

(ii) **सा (6 : 15) ········ विद्यालये गच्छति।**
(सपाद षड्वादने/सपाद सप्तवादने/पादोन सप्तवादने)

(iii) **सा (11 : 30) ········ मध्याह्न भोजनं करोति।**
(सपाद एकादशवादने/सार्ध एकादशवादने/पादोन एकादशवादने)

(iv) **सा (4 : 30) ······· गृह आगच्छति।**
(चतुर्वादने/सार्ध चुतर्वादने/सपादचतुर्वादने)

(v) **सा (5 : 00) ······· क्रीडनाय गच्छति।**
(चतुर्वादने/पञ्चवादने/षड्वादने)

उत्तराणि
(i) षड्वादने (ii) सपाद षड्वादने
(iii) सार्ध एकादशवादने (iv) सार्ध चतुर्वादने
(v) पञ्चवादने

3. वाक्येषु रेखाङ्कितपदानि आधृत्य प्रश्ननिर्माणं कुरुत।
(वाक्यों में रेखांकित पदों के आधार पर प्रश्न-निर्माण कीजिए।)

(i) प्रथमं भूमेः वन्दनं करोमि।
(क) कस्य (ख) कस्याः (ग) केन (घ) किम्

(ii) अहं सपाद पञ्चवादने मुखप्रक्षालनं करोमि।
(क) कदा (ख) कस्य
(ग) कस्याम् (घ) किम्

(iii) खुशी स्व-परिसरं स्वच्छं करोति।
(क) किम् (ख) कम्
(ग) कः (घ) कदा

(iv) सन्दीपः पादोन-सप्तवादने स्नानं करोति।

(क) कदा (ख) किमर्थम्

(ग) कति (घ) किम्

(v) बालकाः अष्टवादने विद्यालयं गच्छन्ति।

(क) किम् (ख) कुत्र

(ग) कदा (घ) कति

उत्तराणि

(i) (ख) कस्याः (ii) (क) कदा (iii) (ख) कम्

(iv) (क) कदा (v) (ख) कुत्र

4. अधोलिखितानां शब्दानां अर्थाः मञ्जूषायाः चित्वा लिखत।
(निम्नलिखित शब्दों के अर्थ मंजूषा से चुनकर लिखिए।)

- **मञ्जूषा** सम्प्रति, दन्त शोधनम्, नमनम्, नित्यम्, कथयामि, पाठशालाम्।

(i) वन्दनम् = ...

(ii) विद्यालयम् = ...

(iii) इदानीम् = ...

(iv) दन्तधावनम् = ...

(v) प्रतिदिनम् = ...

(vi) वदामि = ...

उत्तराणि

(i) नमनम् (ii) पाठशालाम्

(iii) सम्प्रति (iv) दन्तशोधनम्

(v) नित्यम् (vi) कथयामि

समय लेखनम्

5. अधोलिखितं समयं संस्कृतभाषायां लिखत।
(निम्नलिखित समय को संस्कृत भाषा में लिखिए।)

(i) 6 : 00 = ...

(ii) 6 : 30 = ...

(iii) 3 : 00 = ...

(iv) 6 : 15 = ...

(v) 2 : 45 = ...

(vi) 10 : 15 = ...

(vii) 11 : 30 = ...

उत्तराणि

(i) षड्वादनम् (ii) सार्ध षड्वादनम्

(iii) त्रिवादनम् (iv) सपाद षड्वादनम्

(v) पादोनत्रिवादनम् (vi) सपाद दशवादनम्

(vii) सार्ध एकादशवादनम्

मेलनं कुरुत

6. उचितं मेलनं कुरुत।
(उचित मिलान कीजिए।)

	(अ)	(ब)
(क)		(i) सार्ध षड्वादनम्
(ख)		(ii) सप्तवादनम्
(ग)		(iii) सार्ध सप्तवादनम्
(घ)		(iv) अष्टवादनम्
(ङ)		(v) सार्ध पञ्चवादनम्

उत्तराणि

(क) (ii) (ख) (iv)

(ग) (v) (घ) (i) (ङ) (iii)

7. मेलनं क्रियताम्।
(मिलान कीजिए।)

सूची (अ)	सूची (ब)
(क) द्विवादनम्	(i) 10 : 45
(ख) पञ्चवादनम्	(ii) 2 : 00
(ग) सपाद अष्टवादनम्	(iii) 12 : 30
(घ) पादोन एकादशवादनम्	(iv) 5 : 00
(ङ) सार्ध द्वादशवादनम्	(v) 8 : 15

उत्तराणि

(क) (ii) (ख) (iv) (ग) (v)

(घ) (i) (ङ) (iii)

रिक्तस्थानानि पूरयत्

8. मञ्जूषाया: सहायतया अधोलिखितं श्लोकं पूरयत।

(मंजूषा की सहायता से निम्नलिखित श्लोक को पूरा कीजिए।)

करा‍ग्रे वसते (i) .... करमध्ये (ii) ....।

(iii) .... तु गोविन्द: (iv) .... करदर्शनम्।।

- **मञ्जूषा** प्रभाते, लक्ष्मीः, करमूलेः, सरस्वती।

उत्तराणि

(i) लक्ष्मी:
(ii) सरस्वती
(ii) करमूले:
(iv) प्रभाते

9. समयं दृष्ट्वा घटिकां रचयत।

(समय देखकर घड़ी बनाओ।)

(i) षड्वादनम्
(ii) सार्ध सप्तवादनम्
(iii) पादोन नववादनम्

उत्तराणि

(i) (ii) (iii)

भाग II

घटनाक्रमेण अनुसारम्

अधोलिखितानां वाक्यानां घटनाक्रमानुसारेण पुन: लिखत।

(निम्नलिखित वाक्यों को घटनाक्रमानुसार पुन: लिखिए।)

1. तदनन्तरं मातु: पितु: च चरणवन्दनं करोमि।
2. तत: पादोन-सप्तवादने स्नानं करोमि।
3. अहं सप्तवादने प्रार्थनां करोमि, गीतापाठं च करोमि।
4. अहं षड्वादने स्वाध्यायं करोमि।
5. प्रथमं भूमे: वन्दनं करोमि, मातापितरौ च नमामि।
6. सार्ध-पञ्चवादने सूर्य-नमस्कारं, योगासनं च करोमि।

उत्तराणि

1. प्रथमं भूमे: वन्दनं करोमि, मातापितरौ च नमामि।
2. सार्ध-पञ्चवादने सूर्य-नमस्कारं, योगासनं च करोमि।
3. अहं षड्वादने स्वाध्यायं करोमि।
4. तत: पादोन-सप्तवादने स्नानं करोमि।
5. अहं सप्तवादने प्रार्थनां करोमि, गीतापाठं च करोमि।
6. तदनन्तरं मातु: पितु: च चरणवन्दनं करोमि।

अतिलघु उत्तरीय प्रश्ना:

1. सन्दीप: कौ नमति?
2. का स्व-दिनचर्यां वदति?

लघु उत्तरीया: प्रश्ना:

3. खुशी कति वादने विद्यालयं गच्छति?
4. '8 : 30' कृते किं पदं प्रयुक्तम्?

दीर्घ उत्तरीय प्रश्ना:

5. विज्ञानयन्त्राणि वयं कुत्र पश्याम:?
6. घटिकायन्त्रं कुत्र वर्तते?

उत्तराणि

1. मातापितरौ 2. खुशी
3. खुशी अष्टवादने विद्यालयं गच्छति।
4. '8 : 30' कृते 'सार्ध अष्टवादनम्' इति पदं प्रयुक्तम्।
5. विज्ञानयन्त्राणि वयं प्रसिद्धेषु देवालयेषु पश्याम:।
6. घटिकायन्त्रम् जयपुरनगरस्य जन्तरमन्तरे वर्तते।

शूरा वयं धीराः वयम्

(पराक्रमी हम, धैर्यवान हम)

अध्याय 5

पाठ का सार प्रस्तुत पाठ में गीत के माध्यम से भारतीयों के गुणों को दर्शाया गया है। भारतीय अत्यधिक शूरवीर हैं। ये दृढ़ चित्त वाले, साहसी, फुर्तीले, तेजस्वी व लालच रहित हैं। सभी भारतीय भगवान से प्रार्थना करते हैं कि हे भगवन्! हमें सभी कार्यों में अत्यंत प्रकाशमान व शुभ विजय प्रदान करो।

पाठ परिचय

छात्रः श्रीमन्! अहम् अद्य 'शूरा वयं धीराः वयम्' इति गीतं श्रुतवान्। **अध्यापकः** अस्तु! शोभनम्।

छात्रः श्रीमन्! अहमपि एतत् गीतं श्रुतवान्! सुन्दरं गीतं अस्ति।

अध्यापकः छात्राः! "शूरा वयं धीरा वयम्" अत्र 'वयम्' इति शब्दः केषां कृते प्रयुक्तः?

छात्राः वयं शब्द भारतीयानां कृते अस्ति इति चिन्तयामि।

छात्रः श्रीमन्! वयं भारतीयाः शूराः वीराः च स्मः।

अध्यापकः सत्यम्! वयं भारतीयाः शूराः वीराः च। एतत् एव सस्वरं मिलित्वा गायामः।

शब्दार्थाः **श्रीमन्** = श्रीमान, **अद्य** = आज, **शूरा** = पराक्रमी, **धीराः** = धैर्यशाली, **गीतं** = गीत, **श्रुतवान्** = सुना, **शोभनम्** = बहुत अच्छा, **सुन्दरं** = सुंदर, **भारतीयानां** = भारतीयों के, **कृते** = लिए, **चिन्तयामि** = सोचता हूँ, **सत्यम्** = सत्य है, **सस्वरं** = स्वरपूर्वक (राग में), **मिलित्वा** = मिलकर, **गायामः** = गाते हैं।

संदर्भ प्रस्तुत गद्यांश हमारी पाठ्यपुस्तक 'दीपकम्' के 'शूरा वयं धीराः वयम्' पाठ से उद्धृत है।

हिंदी अनुवाद

छात्र श्रीमान, मैंने आज 'शूरा वयं धीराः वयम्' इस गीत को सुना।

अध्यापकः ठीक है, बहुत अच्छा।

दूसरा छात्र श्रीमान, मैंने भी यह गीत सुना है। यह गीत सुंदर है।

अध्यापक छात्र- 'शूरा वयं धीरा वयम्' यहाँ 'वयम्' शब्द किनके लिए आया है?

छात्रा मैं सोचता हूँ कि 'वयम्' (हम सब) शब्द भारतीयों के लिए आया है।

छात्र श्रीमान, हम सब भारतीय शूरवीर हैं।

अध्यापक सत्य है। हम सब भारतीय शौर्यशाली व पराक्रमी हैं। यही हम सब मिलकर स्वर में गाते हैं।

पाठ का हिंदी अनुवाद

1. शूरा वयं धीरा वयं वीरा वयं सुतराम्।
गुणशालिनो बलशालिनो जयगामिनो नितराम्।।1।।

शब्दार्थाः **शूरा** = शौर्यशाली, **धीराः** = धैर्यवान, **वीरा** = पराक्रमी, **सुतराम्** = अत्यधिक रूप से, **गुणशालिनो** = गुणों से युक्त, **बलशालिनो** = बलवान, **जयगामिनो** = विजयी।

अन्वयः वयं (सर्वे भारतीयाः) सुतरां वयं शूराः, वयं धीराः, वयं वीराः (च) स्मः। (वयं सर्वे) नितरां गुणशालिनो, बलशालिनो जयगामिनो (च स्मः)।

हिंदी अनुवाद हम सभी भारतीय अत्यधिक पराक्रमी, वीरता से युक्त तथा धैर्यवान हैं। हम सभी गुणवान, बलवान व विजयी बनें।

2. दृढ़मानसा गतलालसाः प्रियसाहसाः सततम्।
जनसेवका अतिभावुकाः शुभचिन्तका नियतम्।।2।।

शब्दार्थाः **दृढ़ मानसा** = दृढ़ मन वाले, **गत लालसा** = लालच रहित, **प्रिय साहसाः** = साहसी, **सततम्** = हमेशा, **जन सेवका** = लोगों के सेवक, **अतिभावुकाः** = अत्यंत भावुक, **शुभ चिन्तका** = शुभ-चिंतक, **नियतम्** = निश्चित।

अन्वयः (वयम्) सततंदृढ़मानसा गतलालसाः प्रियसाहसाः (च स्मः)। (वयम्) नियतं जनसेवकाः अतिभावुकाः शुभ चिन्तका (च स्मः)।

हिंदी अनुवाद
हम सभी भारतवासी हमेशा दृढ़ निश्चयी, लालच रहित तथा साहसी रहे हैं। हम सभी निश्चित रूप से उत्तम भावना से लोगों की सेवा करने की मानसिकता से युक्त हैं तथा सभी लोगों के शुभचिंतक हैं।

3. धनकामना सुखवासना न च वञ्चना हृदये।
उर्जस्वला वर्चस्वला अतिनिश्चला विजये।।3।।

शब्दार्था: **धन कामना** = धन की इच्छा, **सुख वासना** = सुख की वासना, **वञ्चना** = धोखा (कपट), हृदये = मन में, **उर्जस्वला** = फुर्तीले, **वर्चस्वला** = तेजोयुक्त, **अतिनिश्चला** = दृढ़ निर्णय वाले, **विजये** = विजय में।

अन्वय: (अस्माकम्) हृदये धन कामना सुख वासना वञ्चना च न (अस्ति)। वर्चस्वला (वयं भारतीया:) विजये उर्जस्वला अतिनिश्चला (कार्यं कुर्म:)।

हिंदी अनुवाद हमारे हृदय में धन की अधिक कामना, सुख की विषय वासना तथा कपट की भावना नहीं है। तेजस्वी हम भारतीय विजय में ऊर्जापूर्वक अर्थात् फुर्तीले रहकर तथा दृढ़तापूर्वक कार्य करें।

4. गतभीतयो धृतनीतयो दृढ़शक्तयो निखिला।
यामो वयं समराङ्गणं विजयार्थिनो बाला:।।4।।

शब्दार्था: **गत भीतय:** = भय रहित (निडरता पूर्वक), **धृतनीतय:** = नीति मान, **दृढ़शक्तय:** = शक्तिशाली, **याम:** = जाते हैं, **समराङ्गणं** = युद्ध का मैदान, **विजयार्थिना:** = विजय चाहने वाले, **बाला:** = बालक।

अन्वय: वयं निखिला बाला: गतभीतयो दृढ़शक्तयो (च) समराङ्गणं धृतनीतयो विजयार्थिनो यामो।

हिंदी अनुवाद हम सभी बालक (भारतीय) निर्भय तथा शक्तिशाली होकर युद्ध क्षेत्र में हमेशा नीतिपूर्वक विजय की कामना करें।

5. जगदीश हे! परमेश हे! सकलेश हे भगवन्!
जयमङ्गलं परमोज्ज्वलं नो देहि परमात्मन्।।5।।

शब्दार्था: **जगदीश** = संसार के स्वामी, **परमेश** = परम् ईश्वर, **सकलेश** = सभी के ईश, **जय** = विजय, **मङ्गलं** = शुभ, **परम** = अत्यधिक, **उज्ज्वलं** = उज्ज्वल, **वयम्** = हमें, **देहि** = प्रदान करो।

अन्वय: हे जगदीश! हे परमेश! हे सकलेश भगवन! परमात्मन् (भवान्) नो परमोज्ज्वलं जयमङ्गलं देहि।

हिंदी अनुवाद यह प्रार्थना है कि हे संसार के स्वामी; हे परम ईश्वर! हे सकल (सभी) के ईश्वर! हे भगवन! हे परमात्मा आप हमें सभी कार्यों में उज्ज्वल व शुभ विजय प्रदान करें।

गीतस्य भावार्थ:

वयं सर्वे भारतीया: शूरा: वीरा:, धैर्यशालिन: च स्म:। सर्वे गुणशालिन: बलशालिन: विजेतार: च स्म:। वयं दृढसंकल्पयुक्ता: लोभरहिता: साहसयुक्ता: च स्म:। वयं सर्वे भारतवासिन: उत्तमभावेन जनानां सेवां सर्वेषां शुभचिन्तनं च कुर्म:। अस्माकं हृदये धनस्य अधिककामना:, सुखस्य विषये वासना, कपटभावना च न सन्ति। तेजोयुक्ता: वयं भारतीया: ऊर्जापूर्वकं दृढतया च कार्यं कुर्म:। वयं भारतीया: निर्भया: दृढशक्त्या च युक्ता: युद्धक्षेत्रे सर्वदा नीतिपूर्वकं विजयम् इच्छाम:। अत: इयं प्रार्थना अस्ति यत्–हे संसारस्य स्वामिन्! हे परमेश! हे सकलेश! हे भगवन्! भवान् अस्माकं कृते सर्वेषु कार्येषु उज्ज्वलं शुभं च विजयं प्रयच्छतु इति।

NCERT फोल्डर:

पाठ्यपुस्तक 'दीपकम्' के प्रश्नोत्तर

प्र.1 एतत् सम्पूर्ण गीतं सस्वरं गायन्तु, लिखन्तु, कण्ठस्थं च कुर्वन्तु।
(यह संपूर्ण गीत स्वर सहित गाइए, लिखिए और कंठस्थ कीजिए।)

उत्तराणि
छात्र स्वयं करें।

प्र.2 पाठस्य आधारेण प्रश्नानाम् उत्तराणि एकपदेन लिखन्तु।
(पाठ के आधार पर प्रश्नों के उत्तर एक पद में लिखिए।)
(क) शूरा: के?
(ख) वयं कीदृशमानसा: स्म:?
(ग) वयं कीदृशचिन्तका: स्म:?
(घ) वयं कुत्र अतिनिश्चला: स्म:?
(ङ) वयं विजयार्थिन: कुत्र: याम:?

उत्तराणि
(क) भारतीया: (ख) दृढ़ मानसा:
(ग) शुभ चिन्तका: (घ) विजये
(ङ) समराङ्गणे

प्र.3 उदाहरणानुसारम् अधोलिखितानां पदानां वचनपरिवर्तनं कुर्वन्तु।
(उदाहरण के अनुसार निम्नलिखित पदों के वचन परिवर्तन कीजिए।)

यथा शूरा: वयम् = शूर: अहम् वीरा: वयम् = वीर: अहम्।
(क) .... = बलशालिन: .... = जयगामिन:।
(ख) दृढ़मानसा: = ... प्रियसाहसा: = ... ।
(ग) .... = अतिभावुका: शुभचिन्तका: = ...।
(घ) धनकामना = ... वञ्चना = ... ।
(ङ) .... = वर्चस्वला: .... = अतिनिश्चला:।

उत्तराणि

(क) बलशाली, जयगामी।
(ख) दृढमानसः, प्रियसाहसः।
(ग) अतिभावुकः, शुभचिन्तकः
(घ) धनकामना, वञ्चनाः
(ङ) वर्चस्वला, अतिनिश्चला

प्र.4 'क' स्तम्भेन सह 'ख' स्तम्भस्य उचितं मेलनं कृत्वा रिक्तस्थाने लिखन्तु।
('क' स्तंभ का 'ख' स्तंभ से उचित मिलान करके रिक्त स्थानों में लिखिए।)

	सूची (क)	सूची (ख)
(क)	गतभीतयो धृतनीतयो	(i) शुभचिन्तका नियतम्
(ख)	यामो वयं समराङ्गणं	(ii) सकलेश हे भगवन्!
(ग)	जगदीश हे! परमेश हे!	(iii) विजयार्थिनो बालाः
(घ)	जयमङ्गलं परमोज्ज्वलं	(iv) दृढशक्तयो निखिलाः
(ङ)	जनसेवका अतिभावुकाः	(v) नो देहि परमात्मन्!
(च)	ऊर्जस्वला वर्चस्वला	(vi) अतिनिश्चला विजये

उत्तराणि

	सूची (क)	सूची (ख)
(क)	गतभीतयो धृतनीतयो	(iv) दृढशक्तयो निखिलाः
(ख)	यामो वयं समराङ्गणं	(iii) विजयार्थिनो बालाः
(ग)	जगदीश हे! परमेश हे!	(ii) सकलेश हे भगवन्!
(घ)	जयमङ्गलं परमोज्ज्वलं	(v) नो देहि परमात्मन्!
(ङ)	जनसेवका अतिभावुकाः	(i) शुभचिन्तका नियतम्।
(च)	ऊर्जस्वला वर्चस्वला	(vi) अतिनिश्चला विजये।

प्र.5 उदाहरणानुसारम् अधोलिखितानां पदानां वचनपरिवर्तनं कुर्वन्तु।
(उदाहरण के अनुसार निम्नलिखित पदों का वचन परिवर्तन कीजिए)

	एकवचनम्	बहुवचनम्
यथा	शूरः	शूराः
(क)	धीरः	....
(ख)	....	वीराः
(ग)	जनसेवकः	....
(घ)	....	धनकामनाः
(ङ)	निखिलः	....
(च)	....	बालाः

उत्तराणि

(क) धीराः (ख) वीरः
(ग) जनसेवकाः (घ) धनकामना
(ङ) निखिलाः (च) बालः

प्र.6 अधोलिखितानि पदानि परस्परं संयोज्य वाक्यानि रचयन्तु।
(निम्नलिखित पदों को परस्पर जोड़कर वाक्य बनाइए।)

	सूची (क)	सूची (ख)
(क)	छात्रः	(i) पठामि
(ख)	छात्रौ	(ii) पठसि
(ग)	छात्राः	(iii) पठति
(घ)	अहम्	(iv) पठन्ति
(ङ)	आवाम्	(v) पठथः
(च)	वयम्	(vi) पठथ
(छ)	त्वम्	(vii) पठतः
(ज)	युवाम्	(viii) पठामः
(झ)	यूयम्	(ix) पठावः

उत्तराणि

	सूची (क)	सूची (ख)
(क)	छात्रः	(iii) पठति
(ख)	छात्रौ	(vii) पठतः
(ग)	छात्राः	(iv) पठन्ति
(घ)	अहं	(i) पठामि
(ङ)	आवां	(ix) पठावः
(च)	वयं	(viii) पठामः
(छ)	त्वं	(ii) पठसि
(ज)	युवां	(v) पठथः
(झ)	यूयं	(vi) पठथ

प्र.7 कोष्ठकात् उचितं पदं चित्वा रिक्तस्थाने लिखन्तु।
(कोष्ठक से उचित पद चुनकर रिक्त स्थानों में लिखिए।)

यथा	तद्, स्त्रीलिङ्गम्, प्रथमा विभक्तिः, एकवचनम्	सा	(एषा/अहम्/सा)
(क)	अस्मद्, प्रथमा विभक्तिः, एकवचनम्	......	(वयम्/त्वम्/अहम्)
(ख)	युष्मद्, प्रथमा विभक्तिः, द्विवचनम्	......	त्वम्/सः/युवाम्)
(ग)	तद्, पुल्लिङ्गम्, प्रथमा विभक्तिः, बहुवचनम्	......	(एषः/ते/सा)
(घ)	एतद्, नपुंसकलिङ्गम्, प्रथमा विभक्तिः, बहुवचनम्	......	(एतानि/वयम्/तत्)
(ङ)	एतद्, स्त्रीलिङ्गम्, प्रथमा विभक्तिः, एकवचनम्	......	(अहम्/एषा/एतत्)
(च)	तद्, स्त्रीलिङ्गम्, प्रथमा विभक्तिः, द्विवचनम्	......	(ते/अहम्/एषा)

उत्तराणि

(क) अहम् (ख) युवाम् (ग) ते
(घ) एतानि (ङ) एषा (च) ते

प्र.8 उदाहरणमनुसृत्य उचितेन पदेन रिक्तस्थानं पूरयन्तु।
(उदारहरण के अनुसार उचित पद से रिक्त स्थानों को पूरा कीजिए।)

यथा–नायिका नृत्यति। (नृत्)

(क) बालकः ....। (लिख्)
(ख) छात्रौ ....। (क्रीड्)
(ग) अहम् ....। (गच्छ)
(घ) कविः ....। (पश्य्)
(ङ) महिला: ....। (वद्)
(च) देवाः ....। (आगच्छ्)
(छ) फलानि ....। (पत्)
(ज) गृहिण्यः ....। (उपविश्)

उत्तराणि

(क) लिखति (ख) क्रीडतः
(ग) गच्छामि (घ) पश्यति
(ङ) वदन्ति (च) आगच्छन्ति
(छ) पतन्ति (ज) उपविशन्ति

अभ्यास प्रश्ना:

बहुविकल्पीय एवं
वर्णनात्मक प्रश्नों सहित

बहुविकल्पीय प्रश्ना:

1. अधोलिखितेषु विकल्पेषु उचितम् उत्तरं चित्वा लिखत।
(निम्नलिखित विकल्पों में से उचित उत्तर चुनकर लिखिए।)

(i) "शूराः वयं धीराः वयम्" अत्र 'वयम्' शब्दः केषां कृते प्रयुक्तः?
(क) छात्राणाम् (ख) बालिकानाम्
(ग) भारतीयानाम् (घ) सैनिकानाम्

(ii) छात्राः मिलित्वा गीतं कीदृशं गायन्ति?
(क) सस्वरम् (ख) पठित्वा
(ग) कविता रूपेण (घ) पृथकः-पृथकः

(iii) सर्वे भारतीयाः कीदृशाः सन्ति?
(क) शूराः (ख) वीराः
(ग) धैर्यशालिनः (घ) सर्वे:

(iv) भारतवासिन केन भावेन जनानां सेवां कुर्वन्ति?
(क) सामान्येन (ख) उत्तमेन
(ग) उद्यमेन (घ) दृढ सङ्कल्पेन

(v) भारतीयाः कया युक्ताः युद्ध क्षेत्रे विजयम् इच्छन्ति?
(क) निर्भयाः (ख) दृढशक्त्या
(ग) 'क', 'ख' च उभयोः (घ) न कोऽपि

उत्तराणि

(i) (ग) भारतीयानाम्
(ii) (क) सस्वरः
(iii) (क) शूराः
(iv) (ख) उत्तमेन
(v) (ग) 'क', 'ख' च उभयोः

2. अधोलिखितेषु विकल्पेषु उचितम् उत्तरं चित्वा लिखत।
(निम्नलिखित विकल्पों में से उचित उत्तर चुनकर लिखिए।)

(i) 'विजये' इति पदे का विभक्तिः?
(क) प्रथमा (ख) तृतीया (ग) षष्ठी (घ) सप्तमी

(ii) 'सततम्' पदस्य समानार्थकं पदं किम् अस्ति?
(क) निरन्तरम् (ख) यदा-कदा
(ग) सुतराम (घ नितराम्

(iii) 'चिन्तयामि' इति पदे कः लकारः?
(क) लृट् (ख) लङ्
(ग) लट् (घ) लोट्

(iv) 'अहम्' शब्दस्य बहुवचनः कः अस्ति?
(क) आवाम् (ख) वयम्
(ग) यूयम् (घ) युवाम्

(v) 'संसारस्य स्वामिन्' इत्यर्थे श्लोकेषु किं पदं प्रयुक्तम्?
(क) जगदीश (ख) परमेश
(ग) सकलेश (घ) भगवन्

उत्तराणि

(i) (घ) सप्तमी (ii) (क) निरन्तरम्
(iii) (ग) लट् (iv) (ख) वयम्
(v) (क) जगदीश

3. प्रदत्त विकल्पेभ्यः उचितं उत्तरं चित्वा अन्वय पूर्ति कुरुत।
(दिए गए विकल्पों से उचित उत्तर चुनकर अन्वय पूरे कीजिए।)

(i) शूरा वयं धीरा वयं वीरा वयं सुतराम्।
गुणशालिनो बलशालिनो जयगामिनो नितराम्।

अन्वयः वयं सुतराम्, वयं शूराः वयं धीराः वयं वीराः (च) स्मः नितराम्, ... बलशालिनो जयगामिनो (च स्मः)।

(क) गुण शील (ख) गुणशालिनो
(ग) सुतराम् (घ) वीराः

(ii) धनकामना सुखवासना न च वञ्चना हृदये।
उर्जस्वला वर्चस्वला अति निश्चला विजये।।

अन्वयः (अस्माकम्) हृदये धनकामना .... वञ्चना च न (अस्ति)। वर्चस्वला (वयम् भारतीयाः) विजये उर्जस्वला अतिनिश्चला (कार्यम् कुर्मः)।

(क) निश्चला (ख) वासना
(ग) सुखवासना (घ) दु:ख वासना

उत्तराणि

(i) (ख) गुणशालिनो (ii) (ग) सुखवासना

4. अधोलिखितानि रिक्तस्थानानि पूरयत।
(निम्नलिखित रिक्त स्थानों की पूर्ति कीजिए।)

(i) शूरा वयं धीरा ……। (अहम्, आवाम्, वयम्)
(ii) वयं दृढमानसा गतलालसा: ……। (प्रिय साहसी/प्रियसाहसा:, प्रियसाहसम्)
(iii) न च वञ्चना ……। (हृदये, हृदयं, हृदया)
(iv) विजयार्थिनो वयं ……। (बाल:, बाले, बाला:)
(v) नो देहि जयमङ्गलं ……। (परमोज्ज्वला, परमोज्ज्वलं, परमोज्ज्वल)

उत्तराणि

(i) वयम् (ii) प्रियसाहसा:
(iii) हृदये (iv) बाला: (v) परमोज्ज्वलं

रिक्तस्थानानि पूरयत

5. अधोलिखितां तालिकां पूरयत।
(निम्नलिखित तालिका को पूरा कीजिए।)

	एकवचनम्	द्विवचनम्	बहुवचनम्
(क) पुल्लिङ्गम्	स:	....	....
(ख) स्त्रीलिङ्गम्	....	ते	....
(ग) नपुंसकलिङ्गम्	....	....	एतानि

उत्तराणि

(क) तौ, ते (ख) सा, ता: (ग) एतत्, एते

6. अधोलिखितानां पदानाम् एकवचने परिवर्तनं कुरुत।
(निम्नलिखित पदों को एकवचन में परिवर्तन कीजिए।)

(i) भारतीया: ....
(ii) वीरा: ....
(iii) केषाम् ....
(iv) भावुका: ....
(v) लोभ रहिता: ....
(vi) गीतानि ....

उत्तराणि

(i) भारतीय: (ii) वीर: (iii) कस्य
(iv) भावुक: (v) लोभ रहित: (vi) गीतम्

7. अधोलिखितानि क्रियापदानि बहुवचने परिवर्तनम् कुरुत।
(निम्नलिखित क्रियापदों को बहुवचन में परिवर्तित कीजिए)

(i) अस्ति ....
(ii) चिन्तयामि ....
(iii) गायति ....
(iv) क्रीडति ....
(v) धावति ....
(vi) नश्यसि ....

उत्तराणि

(i) सन्ति (ii) चिन्तयाम: (iii) गायन्ति
(iv) क्रीडन्ति (v) धावन्ति (vi) नश्यथ।

मेलनं कुरुत।

8. मेलनं कुरुत। (मिलान कीजिए।)

(क) शङ्कराचार्य (i)

(ख) महर्षि: अरविन्द: (ii)

(ग) स्वामी दयानन्द: सरस्वती (iii)

(घ) ए.पी.जे. अब्दुल: कलाम: (iv)

(ङ) शिवाजी: महाराज: (v)

(च) सुभाषचन्द्र: बोस: (vi)

उत्तराणि

(क) (iv) (ख) (i) (ग) (v)
(घ) (iii) (ङ) (vi) (च) (ii)

9. अधोलिखित शब्दानाम् अर्थैः सह मेलनं कुरुत।
(निम्नलिखित शब्दों का अर्थों के साथ मिलान कीजिए।)

सूची (अ)	सूची (ब)
(क) नितराम्	(i) संपूर्ण
(ख) नियतम्	(ii) दीजिए
(ग) गतभीतयः	(iii) निश्चित
(घ) निखिलाः	(iv) सभी के ईश
(ङ) सकलेश	(v) अत्यधिक रूप से
(च) देहि	(vi) भयरहित

उत्तराणि

(क) (v) (ख) (iii) (ग) (vi)
(घ) (i) (ङ) (iv) (च) (ii)

10. अस्मद् शब्दैः तालिकां पूरयत।
(अस्मद् शब्दों से तालिका को पूरा कीजिए।)

	एकवचन	द्विवचन	बहुवचन
(क) प्रथमा	अहम्	....	....
(ख) द्वितीया	....	आवाम्	अस्मान्
(ग) पञ्चमी	....	आवाभ्याम्	....
(घ) षष्ठी	....	....	अस्माकम्

उत्तराणि

(क) आवाम्, वयम्
(ख) माम्
(ग) मत्, अस्मत्
(घ) मम, आवयोः

भाग II

पठित अवबोधनम्

1. अधोलिखितं श्लोकं पठित्वा प्रश्नानाम् उत्तराणि लिखत।
(निम्नलिखित श्लोक को पढ़कर प्रश्नों के उत्तर लिखिए।)

धनकामना सुखवासना न च वञ्चना हृदये।
उर्जस्वला वर्चस्वला अतिनिश्चिला विजये।।

I. एकपदेन उत्तरत।
(एक पद में उत्तर दीजिए।)

(i) हृदये कस्य कामना न भवेत्?
(ii) सुखवासना कुत्र न भवेत्?
(iii) का हृदये न भवेत्?
(iv) सुखस्य का न भवेत्?

II. पूर्णवाक्येन उत्तरत।
(पूर्ण वाक्य में उत्तर दीजिए।)

(i) के तेजयुक्ताः कार्यं कुर्वन्ति।
(ii) भारतीयानां हृदये कीदृशी भावना न अस्ति।

III. विकल्पेभ्यः उचितम् उत्तरं चित्वा लिखत।
(विकल्पों से उचित उत्तर चुनकर लिखिए।)

(i) 'कामना' इति पदं कस्मिन् लिङ्गे अस्ति?
(क) पुल्लिंगे (ख) स्त्रीलिंगे
(ग) नपुंसकलिंगे (घ) न कोऽपि

(ii) 'अति' पदस्य विशेष्य पदं किम् अस्ति?
(क) उर्जस्वला (ख) वर्चस्वला
(ग) निश्चला (घ) वञ्चना

(iii) 'वित्तम्' पदस्य समानार्थकं पदं श्लोके किम् अस्ति?
(क) धनम् (ख) सुख
(ग) अति (घ) वञ्चना

(iv) 'पराजये' इति पदस्य विलोम पदं श्लोकात् चित्वा लिखत।
(क) हृदये (ख) घने (ग) विजये (घ) सुखे

उत्तराणि

I. (i) धनस्य (ii) हृदये
(iii) वञ्चना (iv) वासना

II. (i) भारतीयाः तेजयुक्ताः कार्यं कुर्वन्ति।
(ii) भारतीयानां हृदये वञ्चनायाः भावना न अस्ति।

III. (i) (ख) स्त्रीलिङ्गे (ii) (ग) निश्चला
(iii) (क) धनम् (iv) (ग) विजये

अतिलघु उत्तरीय प्रश्नाः

1. के शूराः वीराः च स्मः।
2. के मिलित्वा गीतं गायन्ति।

लघु उत्तरीय प्रश्नाः

3. भारतीयाः युद्ध क्षेत्रे किम् इच्छन्ति?
4. भारतीयाः कीदृशेन संकल्पेन युक्ताः सन्ति?

दीर्घ उत्तरीय प्रश्नाः

5. भारतीयाः कीदृशाः भूत्वा युद्ध-क्षेत्रे विजयम् इच्छन्ति?
6. भारतीयाः ईश्वरं का दातुं कथयन्ति?

उत्तराणि

1. भारतीयाः 2. छात्राः
3. भारतीयाः युद्धक्षेत्रे विजयम् इच्छन्ति।
4. भारतीयाः दृढसङ्कल्पेन युक्ताः सन्ति।
5. भारतीयाः निर्भयाः भूत्वा युद्ध-क्षेत्रे विजयम् इच्छन्ति।
6. भारतीयाः ईश्वरम् उज्ज्वलं शुभं च विजयं दातुम् कथयन्ति।

सः एव महान् चित्रकारः

(वह महान चित्रकार है।)

अध्याय 6

पाठ का सार पाठ में गुलाब के फूलों के माध्यम से विविध वर्णों से छात्रों का परिचय कराया गया है। राष्ट्रपति भवन के परिसर में विद्यमान अमृत-उद्यान में सौ से भी अधिक प्रकार के गुलाब के फूल हैं। सामान्य रूप से पाँच सौ से भी अधिक ऋतु पुष्प भी इस उद्यान में हैं। प्रकृति में सभी जगह अनेक वर्णों के पुष्प, उनके हरे पत्ते, पक्षी व जंतु विद्यमान हैं। इन्हीं अनेक वर्णों से यह विश्व सुंदर प्रतीत होता है। इन्हीं अनेक वर्णों से हमारा जीवन भी सुंदर बनता है। इन वर्णों को बनाने वाला चित्रकार परमेश्वर है। वही महान चित्रकार है।

पाठ परिचय

उद्यानस्य चित्रम् उपरि प्रदर्शितम्। एतत् राष्ट्रपति भवनस्य परिसरे विद्यमानम् अमृत-उद्यानम् अस्ति। अत्र शताधिक-प्रकारकानि पाटल पुष्पाणि सन्ति। सामान्यतः पञ्चसहस्राधिकानि ऋतु पुष्पाणनि च सन्ति। रमणीयः निसर्गः विविधैः वर्णैः सर्वेषां चित्तम् आकर्षति। तादृशानां वर्णानां परिचयम् अस्मिन् पाठे प्राप्नुमः।

शब्दार्थाः **उद्यानस्य** = उद्यान का, **उपरि** = ऊपर, **प्रदर्शितम्** = दिखाया गया, **शताधिक** = सौ से अधिक, **पाटल** = गुलाब, **पञ्चसहस्राधिकानि** = पाँच सौ से अधिक, **रमणीयः** = सुंदर, **विविध** = अनेक, **वर्ण** = रंग **तादृशानां** = वैसे, **प्राप्नुमः** = प्राप्त करते हैं।

संदर्भ प्रस्तुत गद्यांश हमारी पाठ्यपुस्तक 'दीपकम्' के षष्ठ पाठः 'सः एव महान् चित्रकारः' से उद्धृत है।

हिंदी अनुवाद NCERT पाठ्यपुस्तक में दिया गया चित्र राष्ट्रपति भवन के परिसर में स्थित अमृत-उद्यान का चित्र है। यहाँ सौ से भी अधिक प्रकार के गुलाब के फूल हैं तथा सामान्य रूप से पाँच सौ से भी अधिक ऋतु फूल हैं। प्राकृतिक रूप से सुंदर अनेक प्रकार के रंग सभी के मन को आकर्षित करते हैं। उन्हीं रंगों का परिचय हम इस पाठ में प्राप्त करते हैं।

पाठ का हिंदी अनुवाद

1. **शिक्षकः** वयम् अत्र किं-किं पश्यामः?

श्रद्धा सर्वत्र विविधानि पुष्पाणि, हरितानि पर्णानि, खगाः जन्तवः च सन्ति इति पश्यामः।

शिक्षकः सत्यम्! एवमेव तेषां वर्णाः अपि विविधाः। यथा श्रद्धा वदति 'हरितानि पर्णानि' इति, अत्र पर्णस्य कः वर्णः?

छात्राः (सर्वे) हरितः।

श्रद्धा अत्र वृक्षस्य उपरि शुकः अस्ति। सः अपि हरित वर्णेन शोभते।

शिक्षकः श्रद्धे! तव इष्टवर्णः हरितः इति चिन्तयामि। अतएव हरित वर्णम् एव पश्यसि खलु।

मेघा आचार्य! अत्र काकः अपि अस्ति, वर्णः कृष्णः। एवं पिकस्य अपि वर्णः कृष्णः।

शब्दार्थाः **पश्यामः** = देखते हैं, **जन्तव** = जंतु, **हरितानि** = हरे रंग के, **पर्णानि** = पत्ते, **इष्टवर्णः** = प्रिय रंग, काकः = कौवा।

हिंदी अनुवाद

शिक्षक हम यहाँ क्या-क्या देखते हैं?

श्रद्धा सभी जगह अनेक फूल, हरे पत्ते, पक्षी व जंतु। यही देखते हैं।

शिक्षक ठीक है। इसी प्रकार उनके रंग भी अनेक प्रकार के होते हैं। जैसा श्रद्धा कहती है, 'हरे पत्ते' (दिखाते हुए) यहाँ पत्ते का रंग कौन-सा है?

छात्राः (सभी) हरा।

श्रद्धा यहाँ पेड़ के ऊपर तोता है। वह भी हरे रंग से शोभायमान है।

शिक्षक श्रद्धा! तुम्हारा प्रिय वर्ण हरा है-यह मैं सोचती हूँ। अतः तुम निश्चित रूप से हरे रंग को ही देखती हो।

मेघा आचार्य! यहाँ कौआ भी है, जिसका रंग काला है। इसी तरह कोयल का रंग भी काला होता है।

2. **शिक्षकः** आम्! उत्तं निरीक्षणं भवत्याः। छात्राः। पश्यन्तु, अत्र पुष्पाणि अपि सन्ति। मनीष! पश्यतु जपापुष्पम्। वदतु अस्य वर्णः कः?

मनीषः रक्त वर्णः आचार्य! शुकस्य चञ्चु अपि रक्त-वर्णा। पाटलपुष्पम् अपि रक्तवर्णेन युक्तम्।

शिक्षकः शोभनम्! चित्रवर्णाः शुकाः अपि अत्र सन्ति इति जानन्ति किम्?

आदित्यः आचार्य! ते कीदृशाः भवन्ति? वयं द्रष्टुम् इच्छामः।

शिक्षकः तादृशान् शुकान् वयं प्रायः जन्तुशालायां पश्यामः। तेषां पक्षाः नीलाः पीताः रक्ताः च भवन्ति।

मञ्जुल आचार्य! पाटलपुष्पाणि अपि विविधवर्ण युक्तानि भवन्ति। मम उद्याने पीत वर्णानि श्वेत वर्णानि, नीललोहित वर्णानि, केसर वर्णानि च पाटल पुष्पाणि सन्ति।

शब्दार्थाः **जपापुष्पम्** = गुड़हल, **रक्त वर्णः** = लाल, **चञ्चुः** = चोंच, **द्रष्टुं** = देखने के लिए, **जन्तुशालायां** = चिड़िया घर में, **पीत वर्णानि** = पीले रंग के, **नीललोहित** = जामुनी, **केसर** = केसरिया।

हिंदी अनुवाद

शिक्षक हाँ! तुम्हारा निरीक्षण अच्छा है। छात्रों देखो, यहाँ फूल भी है। मनीष गुड़हल के फूल को देखो। बताओ, इसका कौन-सा रंग है।

मनीष आचार्य, लाल रंग। तोते की चोंच भी लाल रंग की होती है। गुलाब का फूल भी लाल रंग से युक्त होता है।

शिक्षक बहुत अच्छा! क्या तुम जानते हो कि यहाँ अनेक रंगों के तोते भी हैं?

आदित्य आचार्य वे कैसे होते हैं? हम सब देखना चाहते हैं।

शिक्षक वैसे तोते तो अक्सर हम जंतुशाला में देखते हैं। उनके पंख नीले, पीले व लाल होते हैं।

मंजुल आचार्य! गुलाब के फूल भी अनेक रंगों के होते हैं। मेरे बगीचे में पीले, सफेद, जामुनी व केसरिया रंग के गुलाब के फूल हैं।

3. **शिक्षकः** उत्तमम्। पश्यन्तु हंसः श्वेतः। तथा अन्ये के श्वेतवर्णाः?

मेघा आचार्य! बकः शशकः च। तथा भवतः प्रावारकम् अपि श्वेतम्।

शिक्षकः आम्! सम्यक्। सर्वे स्वस्य अन्येषां च वस्त्राणां वर्णान् अवलोकयन्तु।

मञ्जुलः आचार्य! इन्द्रधनुषः तु बहुवर्णमयं खलु। तत्र सप्तवर्णाः भवन्ति।

शिक्षकः आम्! सर्वः अपि निसर्गः बहुवर्णमयः। तेन संसारः सुन्दरः। वर्णैः एव अस्माकं जीवनम् अपि मनोरमं भवति। तत्र 'वर्णयोजकः चित्रकारः कः' इति जानन्ति किम्?

सर्वे (उच्चैः) परमेश्वरः परमेश्वरः।

शिक्षकः आम्! सः एव महान् चित्रकारः।

शब्दार्थाः **उत्तमम्** = बहुत अच्छा, **श्वेतः** = सफेद, **बकः** = बगुला, **शशः** = खरगोश, **प्रावारकम्** = कोट, **बहुवर्णमयं** = अनेक रंगों से युक्त, **निसर्गः** = प्रकृति, **चित्रकारः** = चित्र बनाने वाला।

हिंदी अनुवाद

शिक्षक बहुत अच्छा! देखो, हंस श्वेत होता है तथा दूसरे सफेद रंग वाले कौन होते हैं?

मेधा आचार्य, बगुला और खरगोश तथा आपका कोट भी सफेद है।

शिक्षक हाँ! ठीक है। सभी अपने व दूसरों के वस्त्रों के रंगों को देखें।

मंजुल आचार्य! इंद्रधनुष तो अनेक रंगों वाला होता है। उसमें सात रंग होते हैं।

शिक्षक हाँ! संपूर्ण प्रकृति भी अनेक रंगों वाली है। उससे संसार सुंदर है। रंगों से ही हमारा जीवन भी सुंदर होता है। क्या तुम जानते हो कि वर्णों को मिलाने वाला चित्रकार कौन है?

सभी (उच्च स्वर में) परमेश्वर।

शिक्षक हाँ! वही महान चित्रकार हैं।

NCERT फोल्डर: पाठ्यपुस्तक 'दीपकम्' के प्रश्नोत्तर

प्र.1 पाठस्य आधारेण प्रश्नानाम् उत्तराणि एकपदेन लिखन्तु।
(पाठ के आधार पर प्रश्नों के उत्तर एक शब्द में लिखिए।)

(क) श्रद्धा सर्वत्र किं पश्यति?

(ख) शुकः केन वर्णेन शोभते?

(ग) श्रद्धायाः इष्टवर्णः कः?

(घ) कः महान् चित्रकारः?

(ङ) आदित्यः कान् द्रष्टुम् इच्छति?

उत्तराणि

(क) विविधानि पुष्पाणि, हरितानि पर्णानि, खगाः जन्तवः च

(ख) हरितवर्णेन

(ग) हरितः

(घ) परमेश्वरः

(ङ) चित्रवर्णाः-शुकान्

प्र.2 पाठस्य आधारेण प्रश्नानाम् उत्तराणि पूर्णवाक्येन लिखन्तु।
(पाठ के आधार पर प्रश्नों के उत्तर पूर्ण वाक्य में लिखिए।)

(क) आचार्यस्य प्रावारकस्य वर्णः कः?

(ख) कुत्र विविधेषु वर्णेषु पाटलपुष्पाणि सन्तिः?

(ग) किं बहुवर्णमयम् इति मञ्जुलस्य अभिप्रायः?

(घ) चित्रवर्णशुकाः कीदृशाः भवन्ति?

(ङ) कस्य-कस्य वर्णः कृष्णः?

उत्तराणि

(क) आचार्यस्य प्रावारकस्य वर्णः श्वेतः।

(ख) मञ्जुलस्य उद्याने विविधेषु वर्णेषु पाटलपुष्पाणि सन्ति।

(ग) इन्द्रधनुः बहुवर्णमयम् इति मञ्जुलस्य अभिप्रायः।

(घ) चित्रवर्णशुकानां पक्षाः नीलाः, पीताः रक्ताः च भवन्ति।

(ङ) काकस्य पिकस्य च वर्णः कृष्णः

प्र.3 उचितवर्णेन सह शब्दं योजयन्तु।
(उचित वर्ण के साथ शब्द को मिलाइए।)

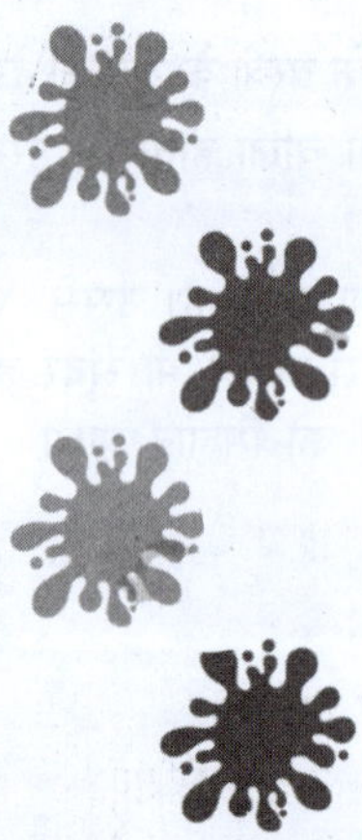

रक्तवर्णः
नीलवर्णः
कृष्णवर्णः
हरितवर्णः
पीतवर्णः
श्वेतवर्णः
पाटलवर्णः
नीललोहितः

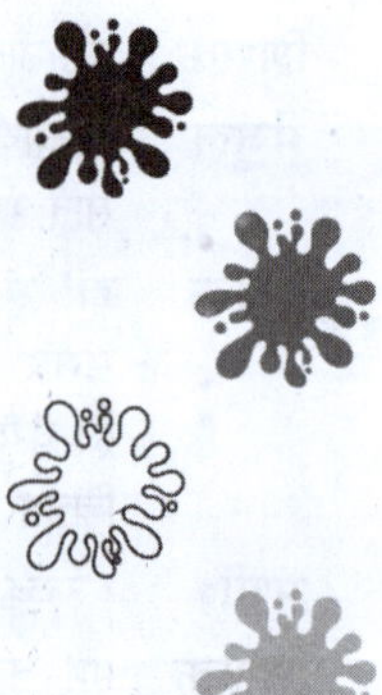

(इस प्रश्न को हल करने के लिए NCERT पाठयपुस्तक के पृष्ठ संख्या 81 पर दिए गए चित्रों को देखें।)

उत्तराणि

छात्र स्वयं करें।

प्र.4 राष्ट्रध्वजस्य समुचितैः वर्णैः अधः प्रदत्तेषु वाक्येषु रिक्तस्थानानि पूरयत।
(राष्ट्रध्वज के उचित रंगों से नीचे दिए गए वाक्यों में रिक्त स्थानों को पूरा कीजिए।)

(क) उपरि ...... वर्णः अस्ति।

(ख) मध्ये ...... वर्णः अस्ति।

(ग) अधः ...... वर्णः अस्ति।

(घ) ध्वजस्य केन्द्रे ...... वर्णः अस्ति।

उत्तराणि

(क) केसरः (ख) श्वेतः

(ग) हरितः (घ) नीलः

प्र.5 प्रश्नानाम् उत्तराणि एकपदेन लिखन्तु।
(प्रश्नों के उत्तर एक शब्द में लिखिए।)

(क) केशानां वर्णः कः?

(ख) आकाशस्य वर्णः कः?

(ग) कदलीफलस्य वर्णः कः?

(घ) तृणस्य वर्णः कः?

(ङ) महिषस्य वर्णः कः?

(च) मयूरस्य वर्णः कः?

उत्तराणि

(क) कृष्णः (ख) नीलः

(ग) हरितः (घ) पीतः

(ङ) कृष्णः (च) बहुवर्णमय

प्र.6 रेखाचित्रेषु निर्दिष्टान् वर्णान् पूरयन्तु।
(रेखाचित्रों में बताए गए रंगों को पूरा कीजिए।)

हरितः

पाटलः

नीलः

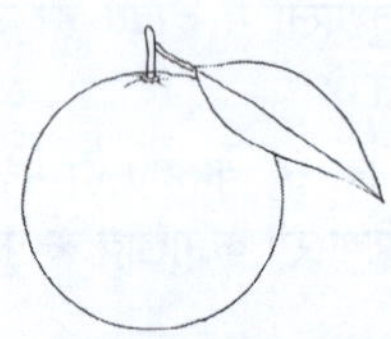

केसरः

श्वेतः

पीतः

कृष्णः

उत्तराणि

छात्र स्वयं करें।

अभ्यास प्रश्ना:

बहुविकल्पीय एवं
वर्णनात्मक प्रश्नों सहित

भाग I

बहुविकल्पीय प्रश्ना:

1. अधोलिखितेषु विकल्पेषु समुचितं उत्तरं चित्वा लिखत।
(निम्नलिखित विकल्पों में से उचित उत्तर चुनकर लिखिए।)

(i) राष्ट्रपतिभवनस्य परिसरे किं नाम् उद्यानं वर्तते?
(क) निसर्ग-उद्यानम् (ख) राष्ट्र-उद्यानम्
(ग) अमृत-उद्यानम् (घ) पाटल-उद्यानम्

(ii) पर्णस्य वर्णः कीदृशः भवति?
(क) पीतः (ख) हरितः (ग) श्वेतः (घ) रक्तः

(iii) जपापुष्पस्य वर्णः कीदृशः भवति?
(क) रक्तः (ख) श्वेतः (ग) हरितः (घ) पीतः

(iv) चित्रवर्णाः शुकाः कुत्र दृष्टुं शक्यते?
(क) गृहे (ख) जन्तुशालायाम्
(ग) पाठशालायाम् (घ) उद्याने

(v) इन्द्रधनुषे कति वर्णाः भवन्ति?
(क) द्वौ (ख) चत्वारः
(ग) पञ्च (घ) सप्त

उत्तराणि
(i) (ग) अमृत-उद्यानम् (ii) (ख) हरितः
(iii) (क) रक्तः (iv) (ख) जन्तुशालायाम्
(v) (घ) सप्त

2. प्रश्ननिर्माणं कुरुत।
(प्रश्न-निर्माण कीजिए।)

(i) पाटल पुष्पाणि विविध वर्णयुक्तानि भवन्ति।
(क) कः (ख) के (ग) कानि (घ) काः

(ii) पिकस्य वर्णः कृष्णः भवति।
(क) का (ख) कस्य (ग) कस्याः (घ) केन

(iii) वर्णैः अस्माकं जीवनं मनोरमं भवति।
(क) कस्य (ख) कस्मिन् (ग) केषाम् (घ) केषु

(iv) अत्र काकः अपि अस्ति।
(क) कुत्र (ख) कदा (ग) किम् (घ) केन

(v) वर्णानाम् परिचयं प्राप्नुमः।
(क) कस्य (ख) केषाम् (ग) कस्याम् (घ) केषु

उत्तराणि
(i) (ग) कानि (ii) (ख) कस्य
(iii) (ग) केषाम् (iv) (क) कुत्र
(v) (ख) केषाम्

रिक्तस्थानानि पूरयत

3. अधोलिखितानि रिक्तस्थानानि पूरयत।
(निम्नलिखित रिक्त स्थानों को पूरा कीजिए।)

(i) श्रद्धायाः इष्टवर्णः .... अस्ति। (हरितः/श्वेतः/कृष्णः)
(ii) .... वर्णः कृष्णः भवति। (पिकस्य/कुक्कुरस्य/चटकायाः)
(iii) अस्माकं राष्ट्रध्वजं .... कथ्यते। (श्वेतवर्णः/त्रिवर्णः/पञ्चवर्णः)
(iv) .... एव महान् चित्रकारः। (शिक्षकः/परमेश्वरः/सरस्वति)
(v) हंसः, बकः, ... च श्वेतवर्णाः भवन्ति। (शुकः/पिकः/शशः)

उत्तराणि
(i) हरितः (ii) पिकस्य (iii) त्रिवर्णः
(iv) परमेश्वरः (v) शशः

शुद्धं-अशुद्धं

4. अधोलिखितानि वाक्यानि शुद्धं कृत्वा लिखत।
(निम्नलिखित वाक्यों को शुद्ध करके लिखिए।)

(i) उपरि उद्यानस्य चित्रः अस्ति।
(ii) वयम् अत्र पुष्पाणि पश्यन्ति।
(iii) वृक्षस्य उपरि शुकाः अस्ति।
(iv) शुकस्य चञ्चु हरितवर्णा भवति।
(v) इन्द्रधनुषः रक्तवर्णमयं वर्तते।

उत्तराणि
(i) उपरि उद्यानस्य चित्रम् अस्ति।
(ii) वयम् अत्र पुष्पाणि पश्यामः।
(iii) वृक्षस्य उपरि शुकः अस्ति।
(iv) शुकस्य चञ्चु रक्तवर्णा भवति।
(v) इन्द्रधनुषः बहुवर्णमयं वर्तते।

व्याकरणम्

5. अधोलिखितानि वाक्यानि बहुवचने परिवर्तयत्।
(निम्नलिखित वाक्यों को बहुवचन में बदलिए।)

(i) सः शुकः ......
(ii) एषः सैनिकः ......
(iii) एषा माला ......
(iv) तत् वर्णम् ....
(v) सः चित्रकारः ....

उत्तराणि

(i) ते शुकाः (ii) एते सैनिकाः
(iii) एताः मालाः (iv) तानि वर्णानि
(v) ते चित्रकाराः

6. अधोलिखितानां शब्दानाम् अर्थाः मञ्जूषायां चित्वा लिखत।
(निम्नलिखित शब्दों के अर्थ मंजूषा से चुनकर लिखिए।)

- **मञ्जूषा** तोता, प्रियवर्ण, गुड़हल, गुलाब, खरगोश, जामुनी, पंख, चोंच।

(i) **चञ्चुः** = ...
(ii) **नीललोहितम्** = ...
(iii) **पाटलपुष्पम्** = ...
(iv) **इष्टवर्णः** = ...
(v) **शुकः** = ...
(vi) **जपापुष्पम्** = ...
(vii) **शशकः** = ...
(viii) **पक्षाः** = ...

उत्तराणि

(i) चोंच (ii) जामुनी (iii) गुलाब
(iv) प्रियवर्ण (v) तोता (vi) गुड़हल
(vii) खरगोश (viii) पंख

7. अधोलिखितां तालिकां पूरयत।
(निम्नलिखित तालिका को पूरा कीजिए।)

	एकवचन	द्विवचन	बहुवचन
(i)	इच्छामि	....	....
(ii)	....	पश्यतः	....
(iii)	....	....	भवन्ति
(iv)	....	पचतः	....
(v)	क्रीडसि	....	....

उत्तराणि

(i) इच्छावः, इच्छामः (ii) पश्यति, पश्यन्ति
(iii) भवति, भवतः, (iv) पचति, पचन्ति,
(v) क्रीडथः, क्रीडथ।

मेलनं कुरुत

8. उचितम् मेलनं कुरुत। (उचित मिलान कीजिए।)

सूची (अ)	सूची (ब)
(क) कमलम्	(i) रक्तवर्णः
(ख) जपापुष्पम्	(ii) हरितानि
(ग) इन्द्रधनुषः	(iii) कृष्णः
(घ) पर्णानि	(iv) श्वेतम्
(ङ) काकः	(v) सप्तवर्णाः

उत्तराणि

(क) (iv) (ख) (i) (ग) (v)
(घ) (ii) (ङ) (iii)

9. उचितं मेलनं कुरुत।
(उचित मिलान कीजिए।)

(अ)	(ब)
(क) 	(i) गन्धपुष्पम्
(ख) 	(ii) पाटलम्
(ग) 	(iii) सूर्यकान्तिः
(घ) 	(iv) चम्पकः
(ङ) 	(v) कमलम्

उत्तराणि

(क) (v) (ख) (iv) (ग) (i)
(घ) (iii) (ङ) (ii)

वाक्य निर्माणः

10. अधोलिखितैः शब्दैः वाक्यनिर्माणं कुरुत।
(निम्नलिखित शब्दों से वाक्य निर्माण कीजिए।)

(i) **एतत्** ....
(ii) **शताधिक** ....
(iii) **रणणीयम्** ....
(iv) **शुकाः** ....
(v) **कृष्णः** ....

उत्तराणि

(i) एतत् उद्यानम् अस्ति।
(ii) तत्र सताधिक-बालका: सन्ति।
(iii) उद्यानं रमणीयम् अस्ति।
(iv) तत्र पञ्च शुका: सन्ति।
(v) पिकस्य वर्ण: कृष्ण: भवति।

भाग II

पठित-अवबोधनम्

1. अधोलिखितं गद्यांशं पठित्वा प्रश्नान् उत्तरत्।
(निम्नलिखित गद्यांश को पढ़कर प्रश्नों के उत्तर दीजिए।)

शिक्षक उत्तमं। पश्यन्तु, हंस: श्वेत:। तथा अन्ये के श्वेतवर्णा:?
मेघा आचार्य! बक: शशक: च। तथा भवत: प्रावारकम् अपि श्वेतम्।
शिक्षक: आम्। सम्यक्। सर्वे स्वस्य अन्येषां च वस्त्राणां वर्णान् अवलोकयन्तु।
मञ्जुल: आचार्य! इन्द्रधनुष: तु बहुवर्णमयं खलु। तत्र सप्त वर्णा: भवन्ति।
शिक्षक: आम्! सर्व: अपि निसर्ग: बहुवर्णमय:। तेन संसार: सुन्दर:।
वर्णै: एव अस्माकं जीवनम् अपि मनोरमं भवति।
तत्र 'वर्णयोजक: चित्रकार: क:' इति जानन्ति किम्?
सर्वे (उच्चै:) परमेश्वर:, परमेश्वर:।
शिक्षक: आम्। स: एव महान् चित्रकार:।

I. **एकपदेन उत्तरत।**
(एक शब्द में उत्तर दीजिए।)
(i) **हंसस्य वर्ण: कीदृश:?**
(ii) **इन्द्रधनुषे कति वर्णा: भवन्ति?**
(iii) **क: महान् चित्रकार:?**
(iv) **बकस्य वर्ण: कीदृश:?**

II. **पूर्णवाक्येन उत्तरत।**
(पूर्ण वाक्य में उत्तर दीजिए।)
(i) **कै: अस्माकं जीवनं मनोरमं भवति?**
(ii) **सर्व: निसर्ग: कीदृश:?**

III. **निर्देशानुसारं उत्तरत।**
(निर्देशानुसार उत्तर दीजिए।)
(i) **'पश्यन्तु' इति पदं कस्मिन् वचने अस्ति?**
(क) एकवचने (ख) द्विवचने
(ग) बहुवचने (घ) न कोऽपि वचने
(ii) **'भवत:' इति पदे का विभक्ति?**
(क) प्रथमा (ख) तृतीया
(ग) चतुर्थी (घ) षष्ठी
(iii) **'तत्र सप्त वर्णा: भवन्ति' अस्मिन् वाक्ये विशेषण पदं किम् अस्ति?**
(क) तत्र (ख) सप्त
(ग) वर्णा: (घ) भवन्ति
(iv) **'कोट' पदाय नाट्यांशे किं पदं प्रयुक्तम्?**
(क) प्रावारकम् (ख) सम्यक्
(ग) निसर्ग: (घ) वस्त्राणां

उत्तराणि

I. (i) श्वेत: (ii) सप्त
(iii) परमेश्वर: (iv) श्वेत:
II. (i) वर्णै: अस्माकं जीवनं मनोरमं भवति।
(ii) सर्व: निसर्ग: बहुवर्णमय:।
III. (i) (ग) बहुवचने (ii) (घ) षष्ठी
(iii) (ख) सप्त (iv) (क) प्रावारकम्

अतिलघु उत्तरीय प्रश्ना:

1. जन्तुशालायां चित्रवर्णा: के सन्ति?

2. शुकस्य चञ्चु: वर्ण: कीदृश: भवति?

लघुउत्तरीय प्रश्ना:

3. काकस्य वर्ण: केन सदृश: भवति?

4. आदित्य: कीदृशा: शुका: द्रष्टुम् इच्छति?

दीर्घ उत्तरीय प्रश्ना:

5. अमृत-उद्यानं कुत्र अस्ति?

6. कै: सर्वेषां चित्तम् आकर्षति?

उत्तराणि

1. शुका:
2. रक्त:
3. काकस्य वर्ण पिकेन सदृश: भवति।
4. आदित्य चित्रवर्णा: शुका: द्रष्टुम् इच्छति।
5. अमृत-उद्यानं राष्ट्रपतिभवनस्य परिसरे विद्यमानम् अस्ति।
6. रमणीय: निसर्ग: विविधै: वर्णै: सर्वेषां चित्तम् आकर्षति।

अतिथिदेवो भव

(मेहमान भगवान हैं।)

अध्याय 7

पाठ का सार प्रस्तुत पाठ के माध्यम से यह बताया गया है कि अतिथि देवताओं के समान ही आदरणीय होते हैं। राधिका अपने घर की छत पर रहने वाली बिल्ली व उसके चार बच्चों की नित्य ही सेवा करती है। वह बिल्ली को दूध पिलाती है। बिल्ली के बच्चे भी राधिका से नहीं डरते। वे उसके पीछे-पीछे चलते रहते हैं। राधिका की इस गतिविधि को देखकर उसकी दादी उसे समझाती है कि जब कभी भी कोई अतिथि आ जाए, तो उनकी सेवा भी बिल्ली व उसके बच्चों की सेवा के समान ही करनी चाहिए, क्योंकि अतिथि हमारे देवों के समान होते हैं। अतः उनका सदैव आदर करना चाहिए।

पाठ परिचय

भारतीयसंस्कृतौ अतिथीनां नितरां महत्त्वम् अस्ति। 'अतिथिदेवो भव' 'इति उपनिषदः वचयनम् अस्ति। अस्माकं देशे न केवलं मनुष्याः, अपि तु अन्ये प्राणिनः अपि अतिथिभावेन पूज्यन्ते। अतिथिसेवा पञ्चमहायज्ञेषु अन्तर्भवति। 'अतिथिदेवो भव' इति वचनेन अतिथिसेवायाः भावः सर्वेषु जागरितः भवति। तादृशः कश्चन प्रसङ्गः अत्र पाठे दर्शितः।

शब्दार्थाः **अतिथीनाम्** = अतिथियों का, **नितराम्** = बहुत, **देशे** = देशे में, **प्राणिनः** = प्राणी, **अतिथिभावेनः** = अतिथि भाव से, **पूज्यन्ते** = पूजे जाते हैं, **तादृशः** = वैसा, **दर्शितः** = दिखाया गया है।

संदर्भ प्रस्तुत गद्यांश हमारी पाठ्य-पुस्तक 'दीपकम्' के सप्तमः पाठः 'अतिथि देवो भव' से संकलित है।

हिंदी अनुवाद भारतीय संस्कृति में अतिथियों का अत्यधिक महत्त्व है। 'अतिथिदेवो भव' यह उपनिषद् का वचन है। हमारे देश में न केवल मनुष्य, अपितु अन्य प्राणी भी अतिथि भाव से पूजे जाते हैं। अतिथि सेवा पाँच महायज्ञों में होती है। 'अतिथि देवोभव' इस वचन से अतिथि (मेहमान) की सेवा की भावना सभी में जागृत होती है। इसी तरह का कोई प्रसंग यहाँ पाठ में दिखाया गया है।

पाठ का हिंदी अनुवाद

1. राधिका एषु दिनेषु कूर्दमाना एव चलति। यतः गृहे नूतनाः अतिथयः सन्ति। ते च विशिष्टाः सन्ति। माता, पुत्रौ, पुत्र्यौ च मिलित्वा ते तत्र पञ्च सन्ति। अहोरात्रं तस्याः चिन्ता एकत्र एव। गृहस्य छद्याः उपरि। तत्र एव तस्याः मनः अस्ति। कुतूहलम् अस्ति, के ते इति? ते न अन्ये, काचित् मार्जारी तस्याः चत्वारः शावकाः च। आम्, ते एव विशिष्टाः अतिथयः। सा तु तेषां नामानि अपि चिन्तितवती-तन्वी, मृद्वी, शबलः भीमः च इति।

शब्दार्थाः **कूर्दमाना** = कूदती हुई, **यतः** = क्योंकि, **नूतनाः** = नए, **विशिष्टाः** = विशेष, **अहोरात्रम्** = दिन-रात, **छद्याः** उपरि = छत के ऊपर, **काचित्** = कोई, **मार्जारी** = बिल्ली, **शावकाः** = बच्चे।

हिंदी अनुवाद राधिका इन दिनों कूदती हुई ही चलती है, क्योंकि घर में नए अतिथि (मेहमान) हैं और वे विशिष्ट अतिथि हैं। माता, दो पुत्र व दो पुत्री मिलकर वे पाँच हैं। रात-दिन उसकी चिंता एक जगह ही है, घर की छत के ऊपर। वहीं उसका मन है। कुतुहल है कि वे कौन हैं? वे कोई और नहीं, (बल्कि) कोई बिल्ली व उसके चार बच्चे हैं। हाँ, वे ही विशेष अतिथि हैं। उसने तो उनके नाम भी सोच लिए हैं-तन्वी, मृद्वी, शबल और भीम।

2. तन्वी आकृत्या सुन्दरी, मृद्वी स्पर्शेन अतीव कोमला। शबलः चित्रवर्णः तथा च भीमः किञ्चित् स्थूलः। मार्जारी कदा गच्छति कदा आगच्छति एतत् सर्वम् अपि राधिका जानाति। सा मार्जार्यै क्षीरं ददाति। मार्जारी पिबति। अनन्तरं सा सधन्यवादं राधिकां पश्यति, किन्तु शावकानां समीपं राधिका गच्छति चेत् मन्दं-मन्दं पृष्ठतः आगच्छति। राधिकां दृष्ट्वा शावकाः भीताः न भवन्ति। पितामही राधिकायाः कार्यकलापान् दृष्ट्वा हसति।

शब्दार्थाः **आकृत्या** = आकृति से, **अतीव** = अत्यधिक, **क्षीरम्** = दूध, **अनन्तरम्** = इसके बाद, **पृष्ठतः** = पीछे से, **भीताः** = डर, **पितामही** = दादी, **कार्यकलापान्** = गतिविधियों को।

हिंदी अनुवाद तन्वी आकृति से सुंदर है, मृद्वी छूने में बहुत कोमल है। शबल अनेक रंगों का है तथा भीम थोड़ा मोटा है। बिल्ली कब जाती है, कब आती है, यह सब भी राधिका जानती है। वह बिल्ली को दूध देती है, बिल्ली पीती है। इसके बाद वह धन्यवाद सहित राधिका को देखती है, किंतु यदि बिल्ली के बच्चों के पास राधिका जाती है, तो वे पीछे से धीरे-धीरे आते हैं। राधिका को देखकर बच्चे डरते नहीं हैं। दादी राधिका की गतिविधियों को देखकर हँसती है।

3. सा राधिकां वदति-राधिके! अतिथयः कदा आगच्छन्ति इति न जानीमः, किन्तु यदा ते अत्र आगच्छन्ति तदा तेषाम् एतादृशी सेवा करणीया। राधिका पितामह्याः कण्ठं परितः मालाम् इव हस्तौ स्थापयन्ति पृच्छति-अस्तु, करोमि। किन्तु किमर्थं? मातामही वदति-'अतिथि देवो भवः' अर्थात् अतिथिः अस्माकं देवः अस्ति इति चिन्तयतु। तस्य आदरेण सेवां करोतु।

शब्दार्थाः **कदा** = कब, **यदा** = जब, **अत्र** = यहाँ, **एतादृशी** = इस तरह की, **परितः** = चारों ओर, **इव** = तरह, **किमर्थम्** = किसलिए, **अस्माकम्** = हमारे, **स्थापयन्ति** = डालती हुई, **आदरेण** = आदरपूर्वक।

हिंदी अनुवाद वह राधिका से कहती है-राधिका! अतिथि कब आते हैं, यह नहीं जानते हैं, किंतु जब वे यहाँ आते हैं, तब उनकी इसी तरह सेवा करनी चाहिए। राधिका दादी के गले के चारों तरफ माला की तरह अपने दोनों हाथों को डालती हुई पूछती है-ठीक है! करूँगी, किंतु किसलिए? दादी कहती है-अतिथि देवता के समान होते हैं अर्थात् अतिथि हमारे देव हैं, यह सोचो। उनकी आदरपूर्वक सेवा करो।

4. राधिका आदिनं मन्त्रम् इव वारं-वारं वदति-अतिथिदेवो भव अतिथिदेवो भव। अनन्तरं सा तन्वीं मृद्वीं शबलं भीमं च वात्सल्येन वदति-जानन्ति किम्? अतिथि देवो भवः। भवन्तः अपि वदन्तु-'अतिथि देवो भव।'

शब्दार्थाः **आदिनम्** = दिनभर, **मन्त्रम् इव** = मंत्र की तरह, **वात्सल्येन** = प्यार से, **जानन्ति** = जानते हो, **भवन्तः** = आप सब।

हिंदी अनुवाद राधिका दिनभर मन्त्र की तरह बार-बार कहती है-अतिथि देव के समान है। अतिथि देव के समान है। इसके बाद वह तन्वी, मृद्वी, शबल व भीम को प्यार से कहती है-क्या (तुम सब) जानते हो? अतिथि देव के समान होते हैं। तुम सब भी बोलो-अतिथि देव के समान होते हैं।

NCERT फोल्डर: पाठ्यपुस्तक 'दीपकम्' के प्रश्नोत्तर

प्र.1 पाठस्य आधारेण अधोलिखितानां प्रश्नानाम् उत्तराणि एकपदेन लिखत।

(पाठ के आधार पर निम्नलिखित प्रश्नों के उत्तर एक शब्द में लिखिए।)

(क) राधिका कथं चलति स्म?

(ख) गृहे कति अतिथयः सन्ति?

(ग) कां दृष्ट्वा शावकाः भीताः न भवन्ति?

(घ) मार्जार्याः कति शावकाः?

(ङ) राधिका मार्जार्यै किं ददाति?

(च) चित्रवर्णः कः अस्ति?

उत्तराणि

(क) कूर्दमाना (ख) पञ्च (ग) राधिकाम्
(घ) चत्वारः (ङ) क्षीरम् (च) शबलः

प्र.2 पाठस्य आधारेण अधोलिखितानां प्रश्नानाम् उत्तराणि पूर्णवाक्येन लिखत।

(पाठ के आधार पर निम्नलिखित प्रश्नों के उत्तर पूर्ण वाक्य में लिखिए।)

(क) मार्जारीशावकानां नामानि कानि?

(ख) राधिका मार्जारीशावकान् किं पाठयति?

(ग) विशिष्टाः अतिथयः के?

(घ) पितामही राधिकां किम् वदति?

(ङ) मार्जार्याः कदा राधिकायाः पृष्ठतः आगच्छति?

(च) मार्जार्याः शावकाः कीदृशाः सन्ति।

उत्तराणि

(क) मार्जारीशावकानां नामानि-तन्वी, मृद्वी, शबलः भीमः च इति।

(ख) राधिका मार्जारीशावकान् पाठयति-'अतिथिदेवो भव' इति।

(ग) मार्जारी शावकाः विशिष्टाः अतिथयः सन्ति।

(घ) पितामही राधिकां वदति-'अतिथिदेवो भव' इति।

(ङ) यदा राधिका शावकानां समीपं गच्छति तदा मार्जारी राधिकायाः पृष्ठतः आगच्छति।

(च) तन्वी सुन्दरी, मृद्वी अतीव कोमला, शबलः चित्रवर्णः भीमः च किञ्चित् स्थूलः।

प्र.3 अधोलिखितानां वाक्यानां प्रश्न-सूचक-वाक्यानि लिखत।

(निम्नलिखित वाक्यों के प्रश्न सूचक वाक्य लिखिए।)

यथा लेखनी अत्र अस्ति। लेखनी कुत्र अस्ति?

(क) वृक्षः तत्र अस्ति। ....?

(ख) देवालयः अन्यत्र अस्ति। ....?

(ग) वायुः सर्वत्र अस्ति। ....?

(घ) बालकाः एकत्र तिष्ठन्ति। ....?

(ङ) माता अत्र अस्ति। ....?

उत्तराणि

(क) वृक्षः कुत्र अस्ति? (ख) देवालयः कुत्र अस्ति?
(ग) वायु कुत्र अस्ति? (घ) बालकाः कुत्र तिष्ठन्ति?
(ङ) माता कुत्र अस्ति?

प्र.4 उत्पीठिकायां किम् अस्ति? किं नास्ति? इति चित्रं दृष्ट्वा लिखत।
(चौकी पर क्या है? क्या नहीं है? यह चित्र देखकर लिखिए।)

यथा–उत्पीठिकायां पुस्तकम् अस्ति।
उत्पीठिकायां घटी नास्ति।

(पुस्तकम्, घटी, लेखनी, चषकः, कूपी, स्यूतः, सङ्गणकम्, वृक्षः, फलं, कन्दुकः)

उत्तराणि

(i) उत्पीठिकायां लेखनी नास्ति।
(ii) उत्पीठिकायां चषकः नास्ति।
(iii) उत्पीठिकायां कूपी अस्ति।
(iv) उत्पीठिकायां स्यूतः अस्ति।
(v) उत्पीठिकायां सङ्गणकम् अस्ति।
(vi) उत्पीठिकायां वृक्षः नास्ति।
(vii) उत्पीठिकायां फलं नास्ति।
(viii) उत्पीठिकायां कन्दुकः अस्ति।

प्र.5 रेखाचित्रं दृष्ट्वा उदाहरणानुसारं वाक्यानि लिखत।
(रेखाचित्र को देखकर उदाहरण के अनुसार वाक्य लिखिए।)

यथा–मार्जारः कुत्र अस्ति? मार्जारः अत्र अस्ति।
सेवकः कुत्र अस्ति? सेवकः तत्र अस्ति।

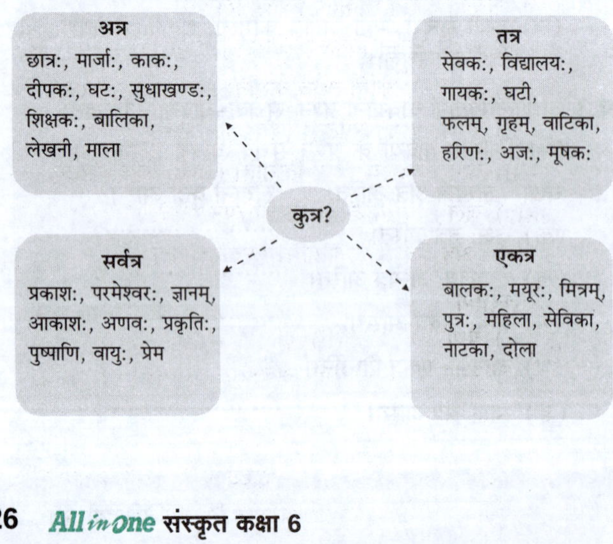

उत्तराणि

(i) छात्रः कुत्र अस्ति? छात्रः अत्र अस्ति।
(ii) लेखनी कुत्र अस्ति? लेखनी अत्र अस्ति।
(iii) वाटिका कुत्र अस्ति? वाटिका तत्र अस्ति।
(iv) मूषकः कुत्र अस्ति? मूषकः तत्र अस्ति।
(v) प्रकाशः कुत्र अस्ति? प्रकाशः सर्वत्र अस्ति।
(vi) वायुः कुत्र अस्ति? वायुः सर्वत्र अस्ति।
(vii) चटका कुत्र अस्ति? चटका एकत्र अस्ति।
(viii) दोला कुत्र अस्ति? दोला एकत्र अस्ति।

प्र.6 भोजनशालायां किं-किम् अस्ति? इति पञ्चभिः वाक्यैः लिखत।
(भोजनशाला में क्या है? यह पाँच वाक्यों में लिखिए।)

यथा भोजनशालायां पाचकः अस्ति।

(सूचकपदानि–पाचकः, पात्रम्, तण्डुलाः, शाकानि, अग्निः, जलम्)

उत्तराणि

(i) भोजनशालायां पात्रम् अस्ति।
(ii) भोजनशालायां तण्डुलाः सन्ति।
(iii) भोजनशालायां शाकानि सनति।
(iv) भोजनशालायां अग्निः अस्ति।
(v) भोजनशालायां जलम् अस्ति।

प्र.7 अधोलिखितेभ्यः वाक्येभ्यः अव्ययपदानि चित्वा लिखत।
(निम्नलिखित वाक्यों से अव्यय पद चुनकर लिखिए।)

(क) अमितः गृहात् बहिः गच्छति।
(ख) एकः वानरः वृक्षस्य उपरि तिष्ठति।
(ग) सः फलानि अधः क्षिपति।
(घ) तत्र एकः बिडालः अस्ति।
(ङ) बिडालः गृहस्य अन्तः प्रविशति।

उत्तराणि

(क) बहिः (ख) उपरि (ग) अधः (घ) तत्र (ङ) अन्तः।

प्र.8 उदाहरणानुसारं कः कुत्र अस्ति? कुत्र नास्ति? इति लिखन्तु।
(उदाहरण के अनुसार कौन कहाँ है, कहाँ नहीं है? यह लिखिए।)

यथा

सिंहः	वने	कार्यालये	सिंहः वने अस्ति। कार्यालये नास्ति।
छात्रः	आकाशे	विद्यालये	छात्रः आकाशे नास्ति। छात्रः विद्यालये अस्ति।
मत्स्यः	समुद्रे	वृक्षे	....
मधुरता	लड्डुके	कषाये	....
उष्णता	सूर्ये	चन्द्रे	....
वानरः	नद्याम्	वृक्षे	....
नौका	जले	पर्वते	....
अज्ञानम्	पण्डिते	मूर्खे	....
चन्द्रः	अमावस्यायाम्	पूर्णिमायाम्	....
अवकाशः	सोमवासरे	रविवासरे	....

उत्तराणि

(i) मत्स्यः समुद्रे अस्ति। मत्स्यः वृक्षे नास्ति।
(ii) लड्डुके मधुरता अस्ति। लड्डुके काषायः नास्ति।
(iii) सूर्ये ऊष्णता अस्ति। चन्द्रे ऊष्णता नास्ति।
(iv) वानरः नद्यां नास्ति। वानरः वृक्षे अस्ति।
(v) नौका जले अस्ति। नौका पर्वते नास्ति।
(vi) पण्डिते अज्ञानः, नास्ति। मूर्खे अज्ञानम् अस्ति।
(vii) चन्द्रः अमावस्यायां नास्ति। चन्द्रः पूर्णिमायाम् अस्ति।
(viii) सोमवासरे अवकाशः नास्ति। रविवासरे अवकाशः अस्ति।

अभ्यास प्रश्नाः

बहुविकल्पीय एवं
वर्णनात्मक प्रश्नों सहित

भाग I

बहुविकल्पीय प्रश्नाः

1. अधोलिखितेषु विकल्पेषु उचितं उत्तरं चित्वा लिखत।
(निम्नलिखित विकल्पों में से उचित उत्तर चुनकर लिखिए।)

(i) **भारतीय संस्कृतौ केषां महत्त्वम् अस्ति?**
(क) पशूनाम् (ख) पक्षीणाम्
(ग) अतिथीनाम् (घ) वृद्धानाम्

(ii) **'अतिथि देवो भव' इति वचनेन कस्याः भाव प्रदर्शितः?**
(क) देवानां सेवायाः (ख) परिवारस्य सेवायाः
(ग) बन्धोः सेवायाः (घ) अतिथिसेवायाः

(iii) **कस्याः गृहे नूतना अतिथयः सन्ति?**
(क) राधायाः (ख) राधिकायाः
(ग) शबलस्य (घ) भीमस्य

(iv) **राधिकायाः मनः कुत्र अस्ति?**
(क) गृहे (ख) विद्यालये
(ग) दूरदर्शने (घ) छद्याः उपरि

(v) **के राधिकां दृष्ट्वा भीताः न भवन्ति?**
(क) शावकाः (ख) मार्जारी (ग) कुक्कुटः (घ) शशकः

उत्तराणि

1. (i) (ग) अतिथीनाम् (ii) (घ) अतिथीसेवायाः
(iii) (ख) राधिकायाः (iv) (घ) छद्याः उपरि
(v) (क) शावकाः

2. रेखाङ्किपदानां प्रश्ननिर्माणं कुरुत।
(रेखांकित शब्दों का प्रश्न-निर्माण कीजिए।)

(i) **शावकाः <u>बहिः</u> सन्ति।**
(क) कुतः (ख) कुत्र (ग) कः (घ) कीदृशः

(ii) **<u>अतिथीनाम्</u> स्वागतं कुरु।**
(क) कस्य (ख) केषाम् (ग) कः (घ) कान्

(iii) **<u>सा</u> तेषां नामानि चिन्तवती।**
(क) कः (ख) का (ग) के (घ) काम्

(iv) **<u>पितामही</u> राधिकाम् उपदिशति।**
(क) का (ख) कः (ग) कान् (घ) कया

(v) **मार्जारी <u>क्षीरम्</u> पिबति।**
(क) कः (ख) किम् (ग) का (घ) कया

उत्तराणि

(i) (ख) कुत्र (ii) (ख) केषाम्
(iii) (ख) का (iv) (क) का
(v) (ख) किम्

3. कोष्ठकात् उचितं विकल्पं चित्वा वाक्यपूर्तिं कुरुत।
(कोष्ठक से उचित विकल्प को चुनकर वाक्य पूरे कीजिए।)

(i) ...... प्रसङ्गः अत्र पाठे दर्शितः। (यादृशः/तादृशः/तादृशी)
(ii) राधिका कूर्दमाना ......। (चलन्ति/चलसि/चलति)
(iii) मार्जारी शावकाः ......। (चतुरः/चत्वारः/चतस्त्रः)
(iv) मृद्वी स्पर्शेन ...... कोमला। (इव/एव/अतीव)
(v) शावकाः भीताः ...... भवन्ति। (एव/इव/न)

उत्तराणि

(i) तादृशः (ii) चलति
(iii) चत्वारः (iv) अतीव (v) न

4. कोष्ठकात् उचितं विकल्पं चित्वा लिखत।
(कोष्ठक से उचित विकल्प चुनकर लिखिए।)

(i) सः ...... वदति तथैव करोति। (यथा/चिरम्/धिक्)
(ii) रमेशः ...... अपठत्। (श्वः/ह्यः/अद्य)
(iii) वानरः वृक्षस्य ...... तिष्ठति। (उपरि/सर्वदा/सर्वत्र)
(iv) जलं ...... गच्छति। (उच्चैः/पुनः/नीचैः)
(v) अहं अत्र ...... पठामि। (एव/इव/यदा)

उत्तराणि

(i) यथा (ii) ह्यः
(iii) उपरि (iv) नीचैः (v) एव

वाक्य निर्माण:

5. वाक्य निर्माणं कुरुत।
(वाक्यों का निर्माण कीजिए।)
शनैः, कदा, पिबति, तत्र, प्रातः

उत्तराणि
(i) मार्जारी <u>शनैः</u> चलति।
(ii) त्वं <u>कदा</u> विद्यालयं गच्छसि?
(iii) सा जलं <u>पिबति</u>।
(iv) मं पुस्तकं <u>तत्र</u> अस्ति।
(v) सूर्यः <u>प्रातः</u> उदयति।

6. अधोलिखितेषु वाक्येषु अव्ययपदं चित्वा लिखत।
(निम्नलिखित वाक्यों से अव्यय पद चुनकर लिखिए।)
(i) असत्यं मा वद। ....
(ii) श्वः बुधवासरः भविष्यति। ....
(iii) अत्र बालिकाः क्रीडन्ति। ....
(iv) बालकाः इतस्ततः भ्रमन्ति। ....
(v) अहम् अपि गमिष्यामि। ....
(vi) नेता सहसा अवदत्। ....

उत्तराणि
(i) मा
(ii) श्वः
(iii) अत्र
(iv) इतस्ततः
(v) अपि
(vi) सहसा

मेलनं कुरुत.

7. अव्ययशब्दान् अर्थैः सह मेलनं कुरुत।
(अव्यय शब्दों को अर्थों के साथ मिलाइए।)

शब्द	अर्थ
(क) अपि	(i) ही
(ख) अत्र	(ii) कहाँ
(ग) पुरा	(iii) यहाँ
(घ) एव	(iv) पहले
(ङ) कुत्र	(v) भी

उत्तराणि
(क) (v) (ख) (iii) (ग) (iv) (घ) (i) (ङ) (ii)

8. मेलनं कुरुत।
(मिलान कीजिए।)

शब्द	अर्थ
(क) मिलित्वा	(i) दिनभर
(ख) पृष्ठतः	(ii) बार-बार
(ग) आदिनम्	(iii) मिलकर
(घ) कूर्दमाना	(iv) पीछे से
(ङ) वारं-वारम्	(v) कूदती हुई

उत्तराणि
(क) (iii) (ख) (iv)
(ग) (i) (घ) (v) (ङ) (ii)

भाग II

पठित-अवबोधनम्

1. अधोलिखितं गद्यांशं पठित्वा निर्देशानुसारम् उत्तरत।
(निम्नलिखित गद्यांश को पढ़कर निर्देशानुसार उत्तर दीजिए।)

राधिका एषु दिनेषु कूर्दमाना एव चलति। यतः गृहे नूतनाः अतिथयः सन्ति। ते च विशिष्टाः सन्ति। माता, पुत्रौ, पुत्र्यौ च मिलत्वा ते तत्र पञ्च सन्ति। अहोरात्रं तस्याः चिन्ता एकत्र एव। गृहस्य छद्याः उपरि। तत्र एव तस्याः मनः अस्ति। कुतूहलम् अस्ति, के ते इति? ते न अन्ये, काचित् मार्जारी तस्याः चत्वारः शावकाः च। आम्, ते एव विशिष्टाः अतिथयः।

I. एकपदेन उत्तरत।
(एक शब्द में उत्तर दीजिए।)
(i) का कूर्दमाना चलति?
(ii) कुत्र नूतनाः अतिथयः सन्ति?
(iii) नूतना अतिथयः कति सन्ति?
(iv) अतिथयः कस्य छद्याः उपरि सन्ति?

II पूर्णवाक्येन उत्तरत।
(पूर्ण वाक्य में उत्तर दीजिए।)
(i) नूतना अतिथयः के सन्ति?
(ii) अहोरात्रं कस्याः चिन्ता एकत्र एव?

III निर्देशानुसारं उत्तरत।
(निर्देशानुसार उत्तर दीजिए।)
(i) 'अतिथय' इति पदं कस्मिन विभक्त्याम् अस्ति?
(क) प्रथमा (ख) द्वितीया
(ग) तृतीया (घ) सप्तमी
(ii) 'अस्ति' इति पदे मूल धातुः का अस्ति?
(क) भू (ख) अस्
(ग) कृ (घ) नम्
(iii) 'ते तत्र पञ्च सन्ति।' अस्मिन् वाक्ये अव्यय-पदं किम्?
(क) ते (ख) पञ्च
(ग) तत्र (घ) सन्ति

(iv) 'तत्र एव तस्याः मनः अस्ति' अस्मिन् वाक्ये क्रियापदं किम् अस्ति?

(क) तत्र (ख) एव

(ग) मनः (घ) अस्ति

उत्तराणि

I. (i) राधिका (ii) गृहे

(iii) पञ्च (iv) गृहस्य

II. (i) नूतना अतिथयः मार्जारी तस्याः चत्वारः शावकाः च सन्ति।

(ii) अहोरात्रं राधिकायाः चिन्ता एकत्र एव।

III. (i) (क) प्रथमा (ii) (ख) अस्

(iii) (ग) तत्र (iv) (घ) अस्ति

अतिलघु उत्तरीय प्रश्नाः

1. तन्वी आकृत्या कीदृशी अस्ति?

2. कः स्थूलः अस्ति?

लघुउत्तरीय प्रश्नाः

3. राधिका कस्यै क्षीरं ददाति?

4. पितामही कान् दृष्ट्वा हसति?

दीर्घ उत्तरीय प्रश्नाः

5. राधिका पितमह्याः कठं परितः कौ स्थापयन्ति?

6. 'अतिथि देवो भव' इति कः अभिप्रायः अस्ति?

उत्तराणि

1. सुन्दरी
2. भीमः
3. राधिका मार्जार्यै क्षीरं ददाति।
4. पितामही राधिकायाः क्रियाकलापान् दृष्ट्वा हसति।
5. राधिका पितामह्याः कठं परितः मालाम् इव हस्तौ स्थापयन्ति।
6. 'अतिथि देवो भव' अस्य अभिप्रायः अस्ति-अतिथि अस्माकं देवः अस्ति इति।

बुद्धिः सर्वार्थ साधिका

(बुद्धि ही समस्त प्रयोजनों का साधन है।)

अध्याय 8

पाठ का सार प्रस्तुत पाठ में बताया गया है कि व्यावहारिक जीवन में बुद्धिमतापूर्ण व्यवहार करना आवश्यक है। बुद्धिपूर्वक कार्य करने से कठिन कार्य भी सरल हो जाते हैं। विशेष रूप से प्रतिस्पर्द्धा के समय यदि विपक्ष बहुत बलशाली हो, तो बुद्धि बल से उसे जीत सकते हैं। जिस प्रकार इस कथा में खरगोशों ने अपनी बुद्धि का प्रयोग करके हाथियों से अपना बचाव कर लिया था।

एक बार हाथियों का झुंड एक सरोवर में पानी पीने जाता है। उस सरोवर के आस-पास रहने वाले खरगोश उनके पैरों के नीचे दबकर घायल हो जाते हैं तथा कुछ की मृत्यु भी हो जाती है। तब खरगोशों के राजा ने सोच-विचारकर एक युक्ति निकाली तथा हाथियों से तालाब में चन्द्रमा के स्थित होने की बात कही। खरगोशों ने हाथियों को तालाब में चंद्रमा की उपस्थिति दिखाई, जो वास्तव में चंद्रमा का प्रतिबिंब था। हाथियों ने सोचा कि वास्तव में यह तालाब चंद्रमा का निवास स्थान है और फिर वे दोबारा कभी उस तालाब पर पानी पीने नहीं आए।

पाठ परिचय

संसारे उत्तमजीवनाय बुद्धिपूर्वकः व्यवहारः आवश्यकः भवति। बुद्धिपूर्वकेण व्यवहारेण कठिनम् अपि कार्यं सहजं भवति। विशेषतः स्पर्धायाः समये यदि प्रतिपक्षः अतीव प्रबलः, तर्हि बुद्धिबलेन वयं तं जेतुं शक्नुमः। शरीरबलात् बुद्धिबलस्य महत्त्वं कथम् अधिकम् इति एषा कथा प्रतिपादयति। एतां कथां वयं पठामः।

शब्दार्थाः **उत्तमजीवनाय** = अच्छे जीवन के लिए, **सहजम्** = सरल, **प्रतिपक्षः** = विपक्ष, **जेतुम्** = जीत सकना, **शरीरबलात्** = शरीर के बल से, **महत्त्वम्** = महत्त्व।

संदर्भ प्रस्तुत गद्यांश हमारी पाठ्य-पुस्तक 'दीपकम्' के अष्टम पाठः 'बुद्धि सर्वार्थ साधिका' से उद्धृत है।

हिंदी अनुवाद संसार में अच्छे जीवन के लिए बुद्धिपूर्वक व्यवहार आवश्यक होता है। बुद्धिपूर्वक व्यवहार करने से कठिन कार्य भी सरल हो जाते हैं। विशेष रूप से प्रतिस्पर्द्धा के समय यदि विपक्ष अतिबलवान हो, तो बुद्धि के बल से हम उसको जीत सकते हैं। शरीर के बल से बुद्धि के बल का महत्त्व कैसे अधिक है, यह इस कथा से प्रतिपादित होता है। हम इस कथा को पढ़ते हैं।

पाठ का हिंदी अनुवाद

1. एकस्मिन् वने एकः नित्यजलपूर्णः महान् सरोवरः अस्ति। कदाचिद् एकं पिपासाकुलं गजयूथं वनान्तरात् तत्र आगच्छति। तस्मिन् सरोवरे ते गजाः स्वेच्छया जलं पीत्वा, स्नात्वा क्रीडित्वा च सूर्यास्तसमये निर्गच्छन्ति। तस्य च सरोवरस्य तीरे समन्तात् सुकोमलभूमौ बहूनि शशक-बिलानि सन्ति, येषु बहवः शशकाः निवसन्ति। गजानां परिभ्रमणेन तेषु बिलेषु निवसन्तः बहवः शशकाः क्षतविक्षताः भवन्ति, केचन पुनः मृताः अपि भवन्ति। अतः शशकाः भीताः चिन्तामग्नाः च भवन्ति। ते दुःखम् अनुभवन्ति। स्वरक्षार्थं च ते उपायं चिन्तयन्ति।

शब्दार्थाः **एकस्मिन् वने** = एक वन में, **महान्** = बड़ा, **पिपासाकुलम्** = प्यास से व्याकुल, **गजयूथम्** = हाथियों का समूह, **सरोवरे** = तालाब में, **समन्तात्** = चारों तरफ से, **शशकः** = खरगोश, **बहवः** = अनेक, **मृताः** = मरे हुए, **क्षत-विक्षताः** = घायल, **भीताः** = डरे हुए, **चिन्तामग्नः** = चिन्तित, **स्वरक्षार्थम्** = अपनी रक्षा के लिए।

हिंदी अनुवाद एक वन में हमेशा जल से भरा हुआ एक बड़ा तालाब है। किसी समय प्यास से व्याकुल एक हाथियों का समूह दूसरे वन से वहाँ आता है। उस तालाब में वे हाथी अपनी इच्छा से जल पीकर, स्नान करके और क्रीड़ा करके सूर्यास्त के समय चले जाते हैं और उसी तालाब के किनारे चारों ओर मुलायम भूमि में बहुत-से खरगोशों के बिल हैं, जिनमें बहुत-से खरगोश रहते हैं। हाथियों के घूमने से उन बिलों में रहने वाले बहुत-से खरगोश घायल हो जाते हैं और कुछ की मृत्यु भी हो जाती है। अतः खरगोश भयभीत और चिंतित हो जाते हैं। वे सभी दुःख का अनुभव करते हैं और अपनी रक्षा का उपाय सोचते हैं।

2. एकस्मिन् दिने सायङ्काले तेषां शशकानां सभा भवति। सर्वे शशकाः स्वमतं प्रकाशयन्ति। परं ते समाधानं न प्राप्नुवन्ति। अन्ते शशकराजः वदति-''अहमेव उपायं चिन्तयामि। अधुना वयं सर्वे स्वगृहं गच्छामः।''

अन्यस्मिन् दिवसे रात्रौ सः शशकराजः यूथाधिपस्य गजराजस्य समीपं गच्छति। सः गजराजं कथयति-''हे गजराज! एषः सरोवरः चन्द्रस्य वासस्थानम् अस्ति। वयं शशकाः तस्य प्रजाः स्मः,

अतएव सः शशाङ्कः इति नाम्ना प्रसिद्धः। यदा शशकाः जीवन्ति तदा एव चन्द्रः प्रसन्नः भवति।''

शब्दार्थाः **सायङ्काले** = शाम के समय, **स्वमतम्** = अपना मत, **समाधानम्** = उपाय, **स्वगृहम्** = अपने घर, **अन्यस्मिन्** = दूसरे दिन, **शशाङ्कः** = चंद्रमा, **नाम्ना** = नाम से।

हिंदी अनुवाद एक दिन शाम के समय उन खरगोशों की सभा होती है। सभी खरगोश अपना-अपना मत रखते हैं, परंतु उनको समाधान नहीं मिलता। अंत में खरगोशों का राजा कहता है-''मैं ही उपाय सोचता हूँ। अभी हम सब अपने घर जाते हैं।''

दूसरे दिन रात में खरगोशों का राजा हाथियों के राजा के पास जाता है। वह गजराज से कहता है-''हे गजराज! यह तालाब चंद्रमा का स्थान है। हम खरगोश उसकी प्रजा हैं, इसलिए वह शशकराज नाम से प्रसिद्ध है, जब तक खरगोश जीवित है, तभी चंद्रमा प्रसन्न है।

3. गजराजः पृच्छति-''कथम् अहं विश्वासं करोमि? किं सत्यमेव चन्द्रः सरोवरे तिष्ठति?'' यदि सरोवरः चन्द्रदेवस्य वासस्थानां तर्हि तत् प्रदर्शयत्। शशकः कथयति-आम् चन्द्रस्य दर्शनाय आवाम् अधुना एव सरोवरं प्रति चलावः।''

गजराजः शशकराजेन सह सरोवरस्य समीपं गच्छति। सः जले चन्द्रस्य प्रतिबिम्बं पश्यति, चकितः च भवति। सः भयेन चन्द्रं नमति। ततः सः गजयूथेन सह अन्यत्र गच्छति। सः गजयूथः पुनः कदापि तस्य सरोवरस्य समीपं न आगच्छति। शशकाः तत्र सुखेन तिष्ठन्ति। सत्यम् एव उक्तम् 'बुद्धिः सर्वार्थ साधिका।'

शब्दार्थाः **वासस्थानम्** = निवास स्थान, **तर्हि** = तो, **प्रदर्शयतु** = दिखाओ, **प्रतिबिम्बम्** = परछाई, **चकितः** = आश्चर्यचकित, **नमति** = नमस्कार करता है।

हिंदी-अनुवाद गजराज पूछता है-''मैं कैसे विश्वास करूँ? क्या वास्तव में चंद्रमा तालाब में रहता है?'' यदि तालाब चंद्र देव का निवास स्थान है, तो वह मुझे दिखाओ। खरगोश कहता है-हाँ, चंद्रमा के दर्शन के लिए हम दोनों अभी तालाब की ओर चलते हैं।

गजराज शशकराज के साथ तालाब के पास जाता है। वह जल में चंद्रमा की परछाई देखता है तथा आश्चर्यचकित हो जाता है। वह डर से चन्द्रमा को नमस्कार करता है। फिर वह हाथियों के झुंड के साथ दूसरी जगह चला जाता है। वह हाथियों का झुंड फिर कभी भी उस तालाब के पास नहीं आता है। खरगोश वहाँ सुखपूर्वक रहते हैं। सत्य ही कहा है-बुद्धि सभी कार्यों को साधने वाली (पूरा करने वाली) होती है।

NCERT फोल्डर: पाठ्यपुस्तक 'दीपकम्' के प्रश्नोत्तर

प्र.1 पाठस्य आधारेण अधोलिखितानां प्रश्नानाम् उत्तराणि एकपदेन लिखत।

(पाठ के आधार पर निम्नलिखित प्रश्नों के उत्तर एक शब्द में लिखिए।)

(क) सरोवरस्य तीरे सुकोमलभूमौ बिलेषु के निवसन्ति?

(ख) केषां परिभ्रमणेन शशकाः क्षतविक्षताः मृताः च भवन्ति?,

(ग) शशकराजः कस्य समीपं गच्छति?

(घ) के स्वमतं प्रकाशयन्ति?

(ङ) कः चन्द्रं नमति?

(च) के सुखेन तिष्ठन्ति?

उत्तराणि

(क) शशकाः (ख) गजानाम्
(ग) यूथाधिपस्य गजराजस्य (घ) शशकाः
(ङ) गजराजः (च) शशकाः

प्र.2 पूर्णवाक्येन उत्तराणि लिखत।

(पूर्ण वाक्य में उत्तर लिखिए।)

(क) चन्द्रः कदा प्रसन्नः भवति?

(ख) सायङ्काले केषां सभा भवति?

(ग) शशकाः किमर्थम् उपायं चिन्तयन्ति?

(घ) चन्द्रः केन नाम्ना प्रसिद्धः अस्ति?

(ङ) ''आम्! चन्द्रस्य दर्शनाय आवाम् अधुना एव सरोवरं प्रति चलावः'' इति कः कथयति?

उत्तराणि

(क) यदा शशकाः जीवन्ति तदा चन्द्रः प्रसन्नः भवति।
(ख) सायङ्काले शशकानां सभा भवति।
(ग) शशकाः स्वरक्षार्थं उपायं चिन्तयन्ति।
(घ) चन्द्रः शशाङ्कः नाम्ना प्रसिद्ध अस्ति।
(ङ) इति शशकः कथयति।

प्र.3 पाठस्य आधारेण मञ्जूषातः क्रियापदानि चित्वा वाक्यानि पूरयत।

(पाठ के आधार पर मंजूषा से क्रिया पदों को चुनकर वाक्य पूरे कीजिए।)

मञ्जूषा निवसन्ति, चिन्तयति, भवति, कथयति, तिष्ठति

(क) किं चन्द्रः सरोवरे ....?
(ख) सर्वे शशकाः उपायं ....।
(ग) सायङ्काले शशकानां सभा ....।
(घ) शशकाः सरोवरस्य तीरे ....।
(ङ) सः गजराजं ....।

उत्तराणि

(क) तिष्ठति (ख) चिन्तयन्ति (ग) भवति
(घ) निवसन्ति (ङ) कथयति

प्र.4 **उदाहरणानुसारं अधोलिखितानां पदानां वचनं पुरुषं च लिखत।**
(उदाहरण के अनुसार निम्नलिखित शब्दों के वचन व पुरुष लिखिए।)

	पदम्	पुरुषः	वचनम्
यथा	चिन्तयति	प्रथम पुरुषः	एकवचनम्
(क)	तिष्ठन्ति	......	......
(ख)	जीवन्ति	......	......
(ग)	नमति	......	......
(घ)	कथयति	......	......
(ङ)	गच्छति	......	......

उत्तराणि

(क) (i) प्रथम पुरुषः, बहुवचनम्
(ख) (ii) प्रथम पुरुषः, बहुवचनम्
(ग) (iii) प्रथम पुरुषः, एकवचनम्
(घ) (iv) प्रथम पुरुषः, एकवचनम्
(ङ) (v) प्रथम पुरुषः, एकवचनम्

प्र.5 **उदाहरणानुसारं समुचितैः क्रियापदैः रिक्तस्थानानि पूरयत।**
(उदाहरण के अनुसार उचित क्रिया पदों से रिक्त स्थानों को पूरा कीजिए।)

	धातुः	एकवचनम्	द्विवचनम्	बहुवचनम्
यथा	गम्	गच्छति	गच्छतः	गच्छन्ति
(क)	कथ्	कथयति	......	......
(ख)	स्था	......	......	तिष्ठन्ति
(ग)	कृ	करोमि	कुर्वः	......
(घ)	जीव्	......	......	जीवन्ति
(ङ)	चल्	......	चलावः	......

उत्तराणि

(क) कथयतः, कथयन्ति
(ख) तिष्ठति, तिष्ठतः
(ग) कुर्मः
(घ) जीवति, जीवतः
(ङ) चलामि, चलामः।

प्र.6 **चित्रस्य आधारेण पञ्चवाक्यानि लिखत।**
(चित्र के आधार पर पाँच वाक्य लिखिए।)

(क) ....
(ख) ....
(ग) ....
(घ) ....
(ङ) ....

उत्तराणि

(क) अस्मिन् चित्रे एकः वृक्षः अस्ति।
(ख) वृक्षात् फलानि पतन्ति।
(ग) एकः बालकः एका बालिका च फले खादतः।
(घ) बालिकायाः अङ्के द्वे फले स्तः।
(ङ) वृक्षे बहवः फलानि सन्ति।

प्र.7 **अधोलिखितानां पर्यायपदानां मेलनं कृत्वा रिक्तस्थानानि पूरयत।**
(निम्नलिखित पर्याय पदों को मिलाकर रिक्त स्थान पूरे कीजिए।)

सूची I	सूची II
(क) गजः	(i) जलाशयः
(ख) पदम्	(ii) शशाङ्कः
(ग) चन्द्रः	(iii) जनता
(घ) सरोवरः	(iv) चरणः
(ङ) प्रजा	(v) हस्ती

उत्तराणि

(क) गजः (v) हस्ती
(ख) पदम् (iv) चरणः
(ग) चन्द्रः (ii) शशाङ्कः
(घ) सरोवरः (i) जलाशयः
(ङ) प्रजा (iii) जनता

अभ्यास प्रश्नाः

बहुविकल्पीय एवं वर्णनात्मक प्रश्नों सहित

भाग I

बहुविकल्पीय प्रश्नाः

1. अधोलिखितेषु विकल्पेषु उचितम् उत्तरं चित्वा लिखत।
(निम्नलिखित विकल्पों से उचित उत्तर चुनकर लिखिए।)

(i) ...... उत्तमजीवनाय बुद्धिपूर्वकः व्यवहारः आवश्यकः भवति।
(क) गृहे (ख) संसारे (ग) समाजे (घ) जनसमूहे

(ii) स्पर्धायां प्रबलं प्रतिपक्षं ...... जेतुं शक्नुमः।
(क) बुद्धिबलेन (ख) वाक्चार्तुण
(ग) शरीरबलेन (घ) ज्ञानेन

(iii) एकस्मिन् वने एकः महान् ...... अस्ति।
(क) सागरः (ख) कूपम् (ग) सरिता (घ) सरोवरः

(iv) सायङ्काले ...... सभा अभवत्।
(क) गजानाम् (ख) शशकानाम्
(ग) सिंहानाम् (घ) पक्षीनाम्

(v) गजराजः जले ...... प्रतिबिम्बं पश्यति।
(क) चन्द्रस्य (ख) सूर्यस्य (ग) स्वस्य (घ) शशकस्य

उत्तराणि
(i) (ख) संसारे (ii) (क) बुद्धिबलेन
(iii) (घ) सरोवरः (iv) (ख) शशकानाम्
(v) (क) चन्द्रस्य

2. प्रश्ननिर्माणं कुरुत।
(प्रश्न-निर्माण कीजिए।)

(i) चन्द्रः <u>सरोवरे</u> दृश्यते।
(क) कः (ख) कुत्र
(ग) कस्य (घ) के

(ii) सर्वे <u>शशकाः</u> उपायं अचिन्तयन्।
(क) काः (ख) के
(ग) कानि (घ) केन

(iii) तत्र बहुनि <u>बिलानि</u> सन्ति।
(क) किम् (ख) के
(ग) काः (घ) कानि

(iv) ते <u>उपायं</u> चिन्तयन्ति।
(क) कः (ख) किम्
(ग) कया (घ) कस्य

(v) दिवसे <u>सूर्यस्य</u> प्रकाशः भवति।
(क) कः (ख) कस्य
(ग) कदा (घ) किम्

उत्तराणि
(i) (ख) कुत्र (ii) (ख) के (iii) (घ कानि
(iv) (ख) किम् (v) (ख) कस्य

3. क्रियापदैः रिक्तस्थानानि पूरयत।
(क्रिया पदों से रिक्त स्थान को पूरा कीजिए।)

(i) बालकाः गीतं ....। (गायति/गायन्ति/गायथ)
(ii) गीता विद्यालयं ....। (गच्छति/गच्छतः/गच्छसि)
(iii) युवां भोजं ....। (कुरु/कुरुथः/कुरतः)
(iv) अहम् ईश्वरं ....। (नमति/नमामि/नमामः)
(v) वयं भारतीयाः ....। (अस्ति/अस्मि/स्मः)

उत्तराणि
(i) गायन्ति (ii) गच्छति (iii) कुरुथः
(iv) नमामि (v) स्मः।

रिक्तस्थानानि पूरयत

4. अधोलिखितशब्दान् बहुवचने लिखत।
(निम्नलिखित शब्दों को बहुवचन में लिखिए।)

(i) गजः = ...
(ii) सरोवरः = ...
(iii) शशाङ्कः = ...
(iv) शशकः = ...
(v) वानरः = ...
(vi) लता = ...

उत्तराणि
(i) गजाः (ii) सरोवराः (iii) शशाङ्काः
(iv) शशकाः (v) वानराः (vi) लताः

5. अधोलिखितानां क्रियापदानां मूल धातु लिखत।
(निम्नलिखित क्रिया पदों की मूल धातु लिखिए।)

(i) तिष्ठन्ति ..... (ii) गच्छति .....
(iii) नमति ..... (iv) वदन्ति .....
(iv) निवसन्ति ..... (vi) चिन्तयन्ति .....

उत्तराणि
(i) स्था (ii) गम्
(iii) नम् (iv) वद्
(v) नि + वस् (vi) चिन्त्

6. मञ्जूषायां समानार्थक-शब्दान् चित्वा लिखत।
(मंजूषा से समानार्थक शब्द चुनकर लिखिए।)

- **मञ्जूषा** परछाईं, हाथी, मरे हुए, डरे हुए, चिंतित, चंद्रमा

(i) गजः	.....	(iv) चिन्तामग्नः	.....
(ii) चन्द्रः	.....	(v) भीताः	......
(iii) प्रतिबिम्बम्	.....	(vi) मृताः	.....

उत्तराणि

(i) हाथी (ii) चंद्रमा
(iii) परछाई (iv) चिंतित
(v) डरे हुए (vi) मरे हुए

मेलनं कुरुत

7. कर्तृपदं क्रियापदैः सह मेलनं कुरुत।
(कर्ता पद का क्रिया पद के साथ मिलान कीजिए।)

कर्तृपदं	क्रियापदं
(क) भवन्तः	(i) धावति
(ख) वयम्	(ii) चलतः
(ग) शशकः	(iii) क्रीडामि
(घ) त्वम्	(iv) लिखामः
(ङ) गजौ	(v) हसन्ति
(च) अहम्	(vi) नमसि

उत्तराणि

(क) (v) (ख) (iv)
(ग) (i) (घ) (vi)
(ङ) (ii) (च) (iii)

वाक्य निर्माणः कुरुत

8. अधोलिखितैः पदैः वाक्यनिर्माणं कुरुत।
(निम्नलिखित शब्दों से वाक्य निर्माण कीजिए।)

(i) कठिनम् (ii) कथा
(iii) तीरे (iv) एकस्मिन्
(v) जलं

(i) ....
(ii) ....
(iii) ....
(iv) ....
(v) ....

उत्तराणि

(i) प्रश्नम् कठिनम् अस्ति।
(ii) कथा मधुरा अस्ति।
(iii) नद्याः तीरे बहवः जनाः सन्ति।
(iv) एकस्मिन् वने एकः सिंहः वसति स्मः।
(v) जलं शीतलं अस्ति।

भाग II

पठित-अवबोधनम्

अधोलिखितानां गद्यांशनां पठित्वा एतदाधारितप्रश्नानाम् उत्तराणि लिखत।
(निम्न गद्यांशो को पढ़कर इन पर आधारित प्रश्नों के उत्तर लिखिए।)

1. एकस्मिन् वने एकः नित्यजलपूर्णः महान् सरोवरः अस्ति। कदाचिद् एकं पिपासाकुलं गजयूथं वनान्तरात् तत्र आगच्छति। तस्मिन् सरोवरे ते गजाः स्वेच्छया जलं पीत्वा, स्नात्वा क्रीडित्वा च सूर्यास्तसमये निर्गच्छन्ति। तस्य च सरोवरस्य तीरे समन्तात् सुकोमलभूमौ बहूनि शशक-बिलानि सन्ति, येषु बहवः शशकाः निवसन्ति। गजानां परिभ्रमणेन तेषु बिलेषु निवसन्तः बहवः शशकाः क्षतविक्षताः भवन्ति, केचन पुनः मृताः अपि भवन्ति।

I. एकपदेन उत्तरत। (एक शब्द में उत्तर दीजिए।)
(i) सरोवरः कुत्र आसीत्?
(ii) पिपासाकुलं कः आसीत्?
(iii) गजाः कदा निर्गच्छति?
(iv) बिलानि के निवसन्ति?

II. पूर्णवाक्येन उत्तरत। (पूर्ण वाक्य में उत्तर दीजिए।)
(i) केन केचन शशकाः मृताः भवन्ति?
(ii) गजयूथं कुतः आगच्छन्ति?

III. निर्देशानुसारं उत्तरत। (निर्देशानुसार उत्तर दीजिए।)
(i) 'एकस्मिन्' इते पदे का विभक्तिः?
(क) प्रथमा (ख) द्वितीया
(ग) षष्ठी (घ) सप्तमी
(ii) 'आगच्छति' क्रियापदस्य बहुवचनं किम् अस्ति?
(क) आगच्छतः (ख) आगच्छन्ति
(ग) गच्छामः (घ) आगच्छथ
(iii) 'अनेकानि' पदस्य समानार्थकं पदं गद्यांशे किम् अस्ति?
(क) शशकानि (ख) बिलानि
(ग) बहूनि (घ) बहवः
(iv) 'स्वरक्षार्थं च ते उपायं चिन्तयन्ति।' अस्मिन् वाक्ये क्रियापदं किम् अस्ति?
(क) स्वरक्षार्थं (ख) ते
(ग) उपायं (घ) चिन्तयन्ति

उत्तराणि

I. (i) वने (ii) गजयूथं
(iii) सूर्यास्तसमये (iv) शशकाः
II. (i) गजानां परिभ्रमणेन केचन शशकाः मृताः भवन्ति।
(ii) गजयूथं वनान्तरात् आगच्छति।
III. (i) (घ) सप्तमी (ii) (ख) आगच्छन्ति
(iii) (ग) बहूनि (iv) (घ) चिन्तयन्ति।

2. **गजराजः पृच्छति–"कथम् अहं विश्वासं करोमि? किं सत्यमेव चन्द्रः सरोवरे तिष्ठति?" यदि सरोवरः चन्द्रदेवस्य वासस्थानां तर्हि तत् प्रदर्शयत्। शशकः कथयति–आम् चन्द्रस्य दर्शनाय आवाम् अधुना एव सरोवरं प्रति चलावः।"**

गजराजः शशकराजेन सह सरोवरस्य समीपं गच्छति। सः जले चन्द्रस्य प्रतिबिम्बं पश्यति, चकितः च भवति। सः भयेन चन्द्रं नमति। ततः सः गजयूथेन सह अन्यत्र गच्छति। सः गजयूथः पुनः कदापि तस्य सरोवरस्य समीपं न आगच्छति। शशकाः तत्र सुखेन तिष्ठन्ति।

I. **एकपदेन उत्तरत।**

(एक शब्द में उत्तर दीजिए।)

(i) **गजराजः केन सह सरोवरस्य समीपं गच्छति?**

(ii) **गजराजः कुत्र चन्द्रस्य प्रतिबिम्बं पश्यति?**

(iii) **गजराजः चन्द्रस्य प्रतिबिम्बं दृष्ट्वा कीदृशः भवति?**

(iv) **गजराजः केन सह अन्यत्र गच्छति?**

II. **पूर्णवाक्येन उत्तरत।**

(पूर्ण वाक्य में उत्तर दीजिए।)

(i) **गजयूथः पुनः कदापि कुत्र न आगच्छति?**

(ii) **के सरोवरस्य समीपे सुखेन तिष्ठन्ति?**

III. **निर्देशानुसारं उत्तरत।**

(निर्देशानुसार उत्तर दीजिए।)

(i) **"पृच्छति' पदे मूलधातु का अस्ति?**

(क) पृ (ख) पृच्छ्
(ग) पृक्ष् (घ) पा

(ii) **'इदानीम्' पदस्य समानार्थकपदं गद्यांशे किम् अस्ति?**

(क) अधुना (ख) तर्हि
(ग) आम् (घ) ततः

(iii) **'सः गजयूथेन सह अन्यत्र गच्छति।' अस्मिन् वाक्ये कर्तृपदं किम् अस्ति?**

(क) सः
(ख) गजयूथेन्
(ग) सह
(घ) गच्छति

(iv) **'चकितः च भवति।' अस्मिन् वाक्ये क्रियापदं किम् अस्ति?**

(क) चकितः (ख) च
(ग) भवति (घ) ऐषु न कोऽपि

उत्तराणि

I. (i) शशकराजेन (ii) जले
(iii) चकितः (iv) गजयूथेन

II. (i) गजयूथः पुनः कदापि तस्य सरोवरस्य समीपं न आगच्छति।
(ii) शशकाः सरोवरस्य समीपे सुखेन तिष्ठन्ति।

III. (i) (ख) पृच्छ (ii) (क) अधुना
(iii) (क) सः (iv) (ग) भवति।

अतिलघु उत्तरीय प्रश्नाः

1. **सरोवरस्य तीरे समन्तात् के निवसन्ति?**

2. **केषां परिभ्रमणेन शशकाः क्षतविक्षताः भवन्ति?**

लघुउत्तरीय प्रश्नाः

3. **शशकाः किमर्थम् उपायं चिन्तयन्ति?**

4. **शशकानां सभा कदा भवति?**

दीर्घ उत्तरीय प्रश्नाः

5. **शशकराजः गजराजं किं कथयति?**

6. **चन्द्रः शशाङ्कः इति नाम्ना कथं प्रसिद्धः जातः?**

उत्तराणि

1. शशकाः
2. गजानाम्
3. शशकाः स्वरक्षार्थं उपायं चिन्तयन्ति।
4. शशकानां सभा सायङ्काले भवति।
5. शशकराजः गजराजं कथयति–एषः सरोवरः चन्द्रस्य वास-स्थानम् अस्ति।
6. शशकाः चन्द्रस्य प्रजाः स्मः अतएव चन्द्रः शशाङ्कः इति नाम्ना प्रसिद्धः जातः।

योो जानाति सः पण्डितः
(जो जानता है, वह विद्वान है)

अध्याय 9

पाठ का सार संस्कृत भाषा में 'प्रहेलिका' का अर्थ होता है 'कविता के रूप में लिखी पहेली।' कविता के रूप में किसी व्यक्ति वस्तु का विशेष गुण प्रकट करती है। इनका प्रयोग ज्ञानवर्द्धन के साथ-साथ मनोरंजन के लिए भी किया जाता है प्रस्तुत पाठ में दी गई प्रहेलिकाएँ विद्यार्थियों की तार्किक शक्ति एवं ज्ञान वृद्धि के लिए उपयोगी है।

पाठ का हिंदी अनुवाद

संस्कृतसाहित्ये प्रहेलिकानां विशिष्टं स्थानम् अस्ति। प्रहेलिकाः आबालवृद्धं मानसिकम् उल्लासं जनयन्ति। बुद्धेः तार्किकशक्तिं वर्धयन्ति। चिन्तनक्षमतां विकासयन्ति। पूर्वजानां कवीनां बुद्धिमत्तां कल्पनाशक्तिं च दर्शयन्ति।

शब्दार्थाः **विशिष्टम्** = विशेष, **आबालवद्धम्** = बच्चे से बूढ़े तक, **तार्किकशक्तिम्** = तर्क शक्ति को, **चिन्तनक्षमताम्** = सोचने का सामर्थ्य।

हिंदी अनुवाद संस्कृत साहित्य में पहेलियों का विशेष स्थान है। पहेलियाँ बच्चों से लेकर बूढ़ों तक सभी में मानसिक उल्लास पैदा करती हैं। ये बुद्धि की तर्कशक्ति को बढ़ाती हैं। चिंतन (सोचने) की शक्ति का विकास करती हैं। ये पूर्वजों की, कवियों की व बुद्धिमानों की कल्पनाशक्ति दर्शाती हैं।

प्रहेलिका 1. भोजनान्ते च किं पेयं जयन्तः कस्य वै सुतः।
कथं विष्णुपदं प्रोक्तं तक्रं शक्रस्य दुर्लभम्।।1।।

विवरणम् भोजनस्य अन्ते किं पानीयम्? (.......)। जयन्तः कस्य पुत्रः? (.......)। विष्णोः सान्निध्यं कथम् उक्तम्? (.......)।

शब्दार्थाः **भोजनान्ते** = भोजन के अंत में, **सुतः** = पुत्र, **प्रोक्तम्** = कहा गया है, **शक्रस्य** = इंद्र का।

संदर्भ प्रस्तुत पहेली हमारी पाठ्य-पुस्तक 'दीपकम्' के नवे पाठ 'यो जानाति सः पण्डितः' से उद्धृत है।

हिंदी अनुवाद भोजन के अंत में क्या पीना चाहिए? (छाछ)
जयन्त किसका पुत्र है? (इंद्र का)
विष्णु के सानिध्य को क्या कहा गया है? (दुर्लभ)

प्रहेलिका 2. न तस्यादिर्न तस्यान्तो मध्ये यस्तस्य तिष्ठति।
तवाप्यस्ति ममाप्यस्ति यदि जानासि तद्वद।।2।।

विवरणम् तस्य आदिः न अस्ति, तस्य अन्तः अपि न अस्ति, तस्य मध्ये यः तिष्ठति। तत् तव अपि अस्ति। मम अपि अस्ति। यदि जानासि तत् वद (.......)।

शब्दार्थाः **आदिनम्** = प्रारम्भ, **अन्तः** = अंत, **तिष्ठन्ति** = स्थित है, **तव** = तुम्हारा, **अपि** = भी, **मम** = मेरा, **जानासि** = तुम जानते हो।

हिंदी अनुवाद उसके आरम्भ में 'न' है, उसके अंत में भी 'न' है तथा बीच में जो स्थित है, वह तुम्हारे पास भी है और मेरे पास भी है। यदि जानते हो, तो बताओ? **(नयनम् = नेत्र)**

प्रहेलिका 3. वृक्षस्याग्रे फलं दृष्टं फलाग्रे वृक्ष एव च।
अकारादि सकारान्तं या जानाति स पण्डितः।।

विवरणम् वृक्षस्य अग्रे फलं दृष्टं फलस्य अग्रे वृक्षः एव च। अकारः यस्य आदिः तथैव सकारः यस्य अन्ते अस्ति, तत् पदं यः जानाति सः पण्डितः (.......)।

शब्दार्थाः **वृक्षस्य** = वृक्ष के, **अग्र** = आगे, **फलम्** = फल, **दृष्टम्** = देखा जाता है, **अकारः** = 'अ' वर्ण, **सकारः** = 'स' वर्ण।

हिंदी अनुवाद वृक्ष के आगे फल दिखाई देता है तथा फल के आगे वृक्ष ही। जिस प्रकार 'अ' वर्ण जिसके प्रारंभ में है, उसी प्रकार 'स' वर्ण उसके अंत में है। उस शब्द को जो जानता है, वही पंडित है।

(अनन्नास)

प्रहेलिका 4. किमिच्छति नरः काश्यां भूपानां को रणे हितः
को वन्द्यः सर्वदेवानां दीयतामेकमुत्तरम्।।4।।

विवरणम् मनुष्यः काश्यां किम् इच्छति? (.......)। युद्धे महाराजानां कः हितः? (.......)। कः सर्वदेवानां वन्दनीयः? एकपदेन उत्तरं ददातु। (.......)।

शब्दार्थाः **किम्** = क्या, **इच्छति** = चाहता है, **भूपानाम्** = राजाओं का, **रणे** = युद्ध में, **वन्द्यः** = वंदनीय, **सर्वदेवानाम्** = सभी देवों का।

हिंदी अनुवाद मनुष्य काशी (नगरी) में क्या चाहता है? युद्ध में राजाओं की भलाई किसमें है? सभी देवताओं का पूजनीय कौन है? एक पद में उत्तर दीजिए। **(मृत्युञ्जय)**

प्रहेलिका 5. कुलालस्य गृहे ह्यर्धं तदर्धं हस्तिनापुरे।
द्वयं मिलित्वा लङ्कायां यो जानाति स पण्डितः।।5।।

विवरणम् कुम्भकारस्य गृहे एकम् अर्धं किम् अस्ति? (.......)। हस्तिनापुरे तस्य अपरम् अर्धं किम् अस्ति? (.......)। द्वयं मिलित्वा पूर्णरूपं लङ्कायां किम् अस्ति? उत्तरं यः जानाति सः पण्डितः (.......)।

शब्दार्थाः **कुलालस्य** = कुम्हार का, **अर्धं** = आधा, **हस्तिनापुरे** = हस्तिनापुर में, **अपरम्** = दूसरा, **द्वयम्** = दोनों, **मिलित्वा** = मिलकर, **लङ्कायाम्** = लंका में, **जानाति** = जानता है।

हिंदी अनुवाद कुम्हार के घर में एक आधा क्या है? हस्तिनापुर में उसका दूसरा आधा क्या है? दोनों मिलकर पूरे रूप में लंका में क्या है? जो उत्तर जानता है, वही पंडित है? **(कुम्भकरणः)**

अवधेयांश:

पठन्तु अवगच्छन्तु लिखन्तु च

श्रीरामस्यः गुरुः वसिष्ठः।	**वसिष्ठस्य** शिष्यः श्रीरामः।
कर्णस्यः गुरुः परशुरामः।	परशुराममस्य शिष्यः कर्णः।
अर्जुनस्यः गुरुः द्रोणः।	**द्रोणस्य** शिष्यः अर्जुनः।
चन्द्रगुप्तस्यःगुरुः चाणक्यः।	**चाणक्यस्य** शिष्यः चन्द्रगुप्तः।
पद्मपादस्यःगुरुः शङ्कराचार्यः।	शङ्कराचार्यस्य शिष्यः पद्मपादः।
विवेकानन्दस्यः गुरुः रामकृष्णः।	**रामकृष्णस्य** शिष्यः विवेकानन्दः।

ग्रन्थः ग्रन्थकर्ता च

रामायणस्य रचयिता वाल्मीकिः	**वाल्मीकेः** काव्यं रामायणम्।
महाभारतस्य रचयिता व्यासः।	**व्यासस्य** काव्यं महाभारतम्।
कर्णभारस्य रचयिता भासः।	**भासस्य** नाटकं कर्णभारम्।
रघुवंशस्य रचयिता कालिदासः।	**कालिदासस्य** काव्यं रघुवंशम्।
पञ्चतन्त्रस्य रचयिता विष्णुशर्मा।	**विष्णुशर्मणः** कृतिः पञ्चतन्त्रम्।
हितोपदेशस्य रचयिता नारायणपण्डितः।	**नारायणपण्डितस्य** कृतिः हितोपदेशः।

पति-पत्नीसम्बन्धः

अरुन्धत्याः पतिः वसिष्ठः।	**वसिष्ठस्य** पत्नी अरुन्धती।
सीतायाः : पतिः श्रीरामः।	**श्रीरामस्य** पत्नी सीता।
उर्मिलायाः पतिः लक्ष्मणः।	**लक्ष्मणस्य** पत्नी उर्मिला।
कुन्त्याः पतिः पाण्डुराजः।	**पाण्डुराजस्य** पत्नी कुन्ती।
रुक्मिण्याः पतिः कृष्णः।	**कृष्णस्य** पत्नी रुक्मिणी।
सुभद्रायाः पतिः अर्जुनः।	अर्जुनस्य पत्नी सुभद्रा।

NCERT फोल्डर: पाठ्यपुस्तक 'दीपकम्' के प्रश्नोत्तर

प्र.1 पाठस्य आधारेण अधोलिखितानां प्रश्नानाम् एकपदेन उत्तरं लिखत।
(पाठ के आधार पर निम्नलिखित प्रश्नों के उत्तर एक शब्द में लिखिए।)

(क) भोजनान्ते पातुं योग्यं किम्?
(ख) सर्वदेवानां वन्दनीयः कः?
(ग) जयन्तः कस्य सुतः?
(घ) लङ्कायां मिलित्वा कस्य पूर्णरूपम् अस्ति?

उत्तराणि

(क) तक्रम् (ख) मृत्युञ्जयः
(ग) शक्रस्य (घ) कुम्भकरणः

प्र.2 पाठस्य आधारेण अधोलिखितानां प्रश्नानां पूर्णवाक्येन उत्तरं लिखत।
(पाठ के आधार पर निम्नलिखित प्रश्नों के उत्तर पूर्ण वाक्य में लिखिए।)

(क) विष्णुपदं कथं प्रोक्तम्?
(ख) कस्य आदिः अन्तः च 'न' अस्ति?
(ग) नरः काश्यां किम् इच्छति?
(घ) कुलालस्य गृहे अर्धं किम् अस्ति?

उत्तराणि

(क) विष्णुपदं दुर्लभं प्रोक्तम्।
(ख) नयनस्य आदिः अन्तः च 'न' अस्ति।
(ग) नरः काश्यां मृत्युम् इच्छति।
(घ) कुलालस्य गृहे 'अर्धं' कुम्भम् अस्ति।

प्र.3 अधोलिखितानि शब्दरूपाणि पठन्तु अवगच्छन्तु स्मरन्तु च।
(निम्नलिखित शब्द रूपों को पढ़ो, जानों व याद करो।)

		षष्ठी-विभक्त्यन्तानि रूपाणि		
लिङ्गम्	**शब्दः**	**एकवचनम्**	**द्विवचनम्**	**बहुवचनम्**
अकारान्त-पुल्लिङ्गम्	छात्रः	छात्रस्य	छात्रयोः	छात्राणाम्
	विद्यालयः	विद्यालयस्य	विद्यालययोः	विद्यालयानाम्
	सुतः	सुतस्य	सुतयोः	सुतानाम्
	रामः	रामस्य	रामयोः	रामाणाम्
आकारान्त-स्त्रीलिङ्गम्	सीता	सीतायाः	सीतयोः	सीतानाम्
	कथा	कथायाः	कथयोः	कथानाम्
	प्रिया	प्रियायाः	प्रिययोः	प्रियाणाम्
ईकारान्त-स्त्रीलिङ्गम्	नदी	नद्याः	नद्योः	नदीनाम्
	देवी	देव्याः	देव्योः	देवीनाम्
	पुस्तकम्	पुस्तकस्य	पुस्तकयोः	पुस्तकानाम्
अकारान्त-नपुंसकलिङ्गम्	उद्यानम्	उद्यानस्य	उद्यानयोः	उद्यानानाम्
	फलम्	फलस्य	फलयोः	फलानाम्
	भोजनम्	भोजनस्य	भोजनयोः	भोजनानाम्
सर्वनामपदानि	अहम् (अस्मद्)	मम	आवयोः	अस्माकम्
	त्वम् (युष्मद्)	तव	युवयोः	युष्माकम्
	तत् (पुल्लिङ्गम्)	तस्य	तयोः	तेषाम्
	तत् (स्त्रीलिङ्गम्)	तस्याः	तयोः	तासाम्
	तत् नपुंसकलिङ्गम्	तस्य	तयोः	तेषाम्
	एतत् (पुल्लिङ्गम्)	एतस्य	एतयोः	एतेषाम्
	एतत् (स्त्रीलिङ्गम्)	एतस्याः	एतयोः	एतासाम्
	एतत् (नपुंसकलिङ्गम्	एतस्य	एतयोः	एतेषाम्

उत्तराणि

छात्र स्वयं करें।

प्र.4 उदाहरणानुसारं वाक्यानि लिखत।
(उदाहरण के अनुसार वाक्य लिखिए।)

यथा विद्यालयः छात्रः विद्यालयस्य छात्रः गच्छति।
(क) द्विचक्रिका चक्रम् .... भ्रमति।
(ख) वृक्षः फलम् .... खादति।
(ग) छात्रा नाम .... पृच्छति।
(घ) रामः पुस्तकम् .... आनयति।
(ङ) मन्दिरम् शिखरं .... पश्यति।

उत्तराणि

(क) द्विचक्रिकायाः चक्रम् भ्रमति।

(ख) वृक्षस्य फलम् खदाति।

(ग) छात्रायाः नाम पृच्छति।

(घ) रामस्य पुस्तकम् आनयति।

(ङ) मन्दिरस्य शिखरं पश्यति।

प्र.5 **तालिकायां प्रदत्तानां शब्दानां षष्ठीविभक्तेः रूपाणि रिक्तस्थाने लिखत।**

(तालिक में दिए गए शब्दों के षष्ठी विभक्ति में रिक्त स्थानों में लिखिए।)

	पुल्लिङ्गम्		स्त्रीलिङ्गम्		नपुंसकलिङ्गम्
यथा देवः	देवस्य	रमा	रमायाः	भवनम्	भवनस्य
वृक्षः	.....	छात्रा	.....	उद्यानम्	.....
द्वारपालः	......	दोला	.....	वनम्	.....
स्यूतः	......	उपासना	....	सूत्रम्	......
अनुजः	.....	पुस्तिका	.....	पत्रम्	....
अग्रजः	......	भ्रातृजाया	....	यन्त्रम्	......
पितामहः	......	अग्रजा	.....	वातायनम्	.....
मातुलः	....	स्नुषा	......	पुष्पम्	......
प्राचार्यः	....	लेखनी	......	सङ्गणकम्	.....
विद्यालयः	....	पत्नी	......	गृहम्	....
पितृव्यः	.....	पुत्री	......	वार्तापत्रम्	......

उत्तराणि

पुल्लिङ्गम्	स्त्रीलिङ्गम्	नपुंसकलिङ्गम्
वृक्षस्य	छात्रायाः	उद्यानस्य
द्वारपालस्य	दोलायाः	वनस्य
स्यूतस्य	उपासनायाः	सूत्रस्य
अनुजस्य	पुस्तिकायाः	पत्रस्य
अग्रजस्य	भ्रातृजायायाः	यन्त्रस्य
पितामहस्य	अग्रजायाः	वातायनस्य
मातुलस्य	स्नुषायाः	पुष्पस्य
प्राचार्यस्य	लेखन्याः	सङ्गणकस्य
विद्यालयस्य	पत्न्याः	ग्रहस्य
पितृव्यस्य	पुत्र्याः	वार्तापत्रस्य

प्र.6 **रिक्तस्थानेषु कुटुम्बस्य परिचयं लिखत।**

(रिक्त स्थानों में कुटुंब (परिवार) का परिचय लिखिए।)

यथा मम नाम दिनेशः। मम पितुः नाम सुरेशः।

मम मातुः नाम ········। मम अग्रजस्य नाम ········।

मम अनुजायाः नाम ········। मम पितामहस्य नाम ········।

मम पितामह्याः नाम ········। मम पितृव्यस्य नाम ········।

मम पितृव्यायाः नाम ········। एतत् मम कुटुम्बकम्।

उत्तराणि

छात्र स्वयं करें।

प्र.7 अधः श्रीरामस्य कुटुम्बस्य रेखाचित्रम् अस्ति। चित्रं दृष्ट्वा उदाहरणानुसारं वाक्यानि रचयन्तु।

(नीचे श्रीराम के परिवार का रेखाचित्र है। चित्र को देखकर उदाहरण के अनुसार वाक्य बनाइए।)

यथा रामस्य पिता दशरथः।

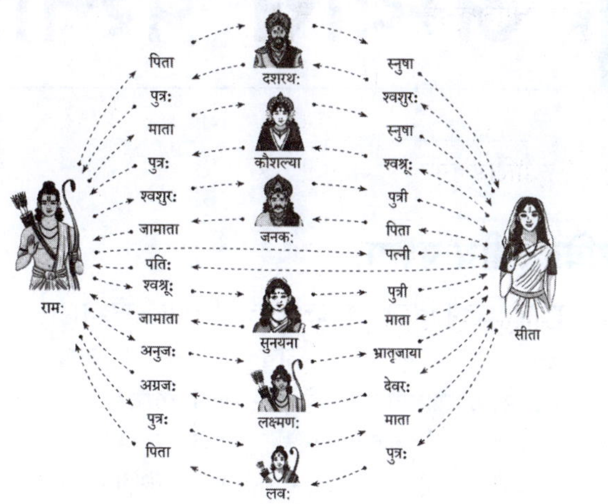

उत्तराणि

1. रामस्य पुत्रः लवः। लवस्यः पिता रामः।
2. रामस्य माता कौशल्या। कौशल्यायाः पुत्र रामः।
3. रामस्य श्वशुरः जनकः। जनकस्य जमाता रामः।
4. रामस्य अनुजः लक्ष्मणः। लक्ष्मणस्य अनुजः रामः।
5. रामस्य पत्नी सीता। सीतायाः पतिः रामः।
6. रामस्य पिता दशरथः। दशरथस्य पुत्रः रामः।
7. रामस्य श्वश्रुः सुनयना। सुनयनायाः जमाता रामः।
8. सीतायाः श्वशुरः दशरथः। दशरथस्य स्नुषा सीता।
9. सीतायाः श्वश्रूः कौशल्या। कौशल्यायाः स्नुषा सीता।
10. सीतायाः पिता जनकः। जनकस्य पुत्री सीता।
11. सीतायाः देवरः लक्ष्मणः। लक्ष्मणस्य भ्रातृजाया सीता।
12. सीतायाः पुत्रः लवः। लवस्य माता सीता।
13. सीतायाः माता सुनयना। सुनयनायाः पुत्री सीता।
14. जनकस्य पत्नी सुनयना।
15. दशरथस्य पत्नी कौशल्या।

प्र.8 **निम्नाङ्कित पुस्तकसूचि-मध्ये कस्य उपरि किम् अस्ति इति लिखत।**

(निम्नांकित पुस्तक सूची के मध्य में किसके ऊपर क्या है, यह लिखिए।)

यथा 1. लीलावत्याः उपरि पञ्चतन्त्रम् अस्ति।

2. भगवद्गीतायाः उपरि लीलावती अस्ति।

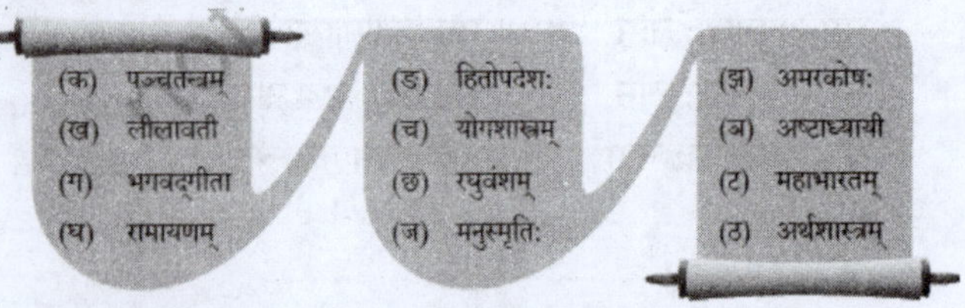

उत्तराणि

1. रामायणस्य उपरि भगवद्गीता अस्ति।
2. हितोपदेशस्य उपरि रामायणम् अस्ति।
3. योगशास्त्रय उपरि हितोपदेश: अस्ति।
4. रघुवंशस्य उपरि योगशास्त्रम् अस्ति।
5. मनुस्मृत्या: उपरि रघुवंशम् अस्ति।
6. अमरकोषस्य उपरि मनुस्मृति: अस्ति।
7. अष्टाध्याय्या: उपरि अमरकोष: अस्ति।
8. महाभारतस्य उपरि अष्टाध्यायी अस्ति।
9. अर्थशास्त्रस्य उपरि महाभारतम् अस्ति।

अभ्यास प्रश्ना:

बहुविकल्पीय एवं वर्णनात्मक प्रश्नों सहित

भाग I

बहुविकल्पीय प्रश्ना:

1. **अधोलिखितेषु विकल्पेषु उचितं उत्तरं चित्वा लिखित।**
(निम्नलिखित विकल्पों में से उचित उत्तर चुनकर लिखिए।)

(i) **संस्कृतसाहित्ये कासां विशिष्टं स्थानं अस्ति?**
(क) प्रहेलिकानाम् (ख) श्लोकानाम्
(ग) कथानाम् (घ) गद्यानाम्

(ii) **प्रहेलिका: कस्या: तार्किकशक्तिं वर्धयन्ति?**
(क) मनस: (ख) बुद्धे:
(ग) मित्रस्य (घ) पण्डितस्य

(iii) **तक्रं कदा पेयं?**
(क) सायङ्काले (ख) प्रात:काले
(ग) भोजनस्य अन्ते (घ) भोजनस्य आरम्भे

(iv) **'नयन' इति शब्दस्य आदि अन्ते च क: वर्ण: अस्ति?**
(क) य (ख) न (ग) अं (घ) म

(v) **सर्वदेवानां वन्दनीय: क: अस्ति?**
(क) कृष्ण: (ख) विष्णु: (ग) मृत्युञ्जय: (घ) शिव:

(vi) **हस्तिनापुरे कुम्भकरण-शब्दस्य अर्धं किम् अस्ति?**
(क) आरम्भस्य अर्धम् (ख) अन्तस्य अर्धम्
(ग) मध्यस्य अर्धम् (घ) ऐषु न कोऽपि

उत्तराणि

(i) (क) प्रहेलिकानाम् (ii) (ख) बुद्धे:
(iii) (ग) भोजनस्य अन्ते (iv) (ख) न
(v) (ग) मृत्युञ्जय: (vi) (ख) अन्तस्य अर्धम्

2. **विकल्पस्य सहायतया प्रश्ननिर्माणं कुरुत।**
(विकल्प की सहायता से प्रश्न-निर्माण कीजिए।)

(i) **पूर्वजानाम् बुद्धिमतां दर्शयन्ति।**
(क) कस्य (ख) केषाम्
(ग) कासाम् (घ) केषु

(ii) **विष्णुपदं प्रोक्तम्।**
(क) क: (ख) का (ग) किम् (घ) के

(iii) **वृक्षस्य अग्रे फलं दृष्टम्।**
(क) कदा (ख) कुत्र (ग) किम् (घ) किमर्थम्

(iv) **महाराजानां युद्धे हितं अस्ति।**
(क) कुत्र (ख) कस्याम् (ग) कीदृशे (घ) किम्

(v) **कुम्भकारस्य गृहे एकम् अर्धम् अस्ति।**
(क) कस्य (ख) कस्या: (ग) कस्याम् (घ) कस्मिन्

उत्तराणि

(i) (ख) केषाम् (ii) (ग) किम् (iii) (ख) कुत्र
(iv) (क) कुत्र (v) (क) कस्य

रिक्तस्थानानि पूरयत।

3. **अधोलिखितेषु वाक्येषु रिक्तस्थानानि पूरयत।**
(निम्नलिखित वाक्यों में रिक्त स्थान पूरे कीजिए।)

(i) **'भोजनान्ते' इति पदे .... विभक्ति: अस्ति।**
(प्रथमा/षष्ठी/सप्तमी)

(ii) **'जनयन्ति' इति पदे मूल धातु: .... अस्ति।**
(जन/जनय/अन्ति)

(iii) **'तिष्ठति' इति पदे .... लकारे अस्ति। (लट्/लोट्/लङ्)**

(iv) **'कुलालस्य' इति पदस्य अर्थ: .... अस्ति।**
(स्वर्णकारस्य/कुम्भकारस्य/महाजनस्य)

(v) **मनुष्य: काश्यां किम्............ (इच्छसि/इच्छन्ति/इच्छति)**

उत्तराणि

(i) सप्तमी (ii) जन् (iii) लट्
(iv) कुम्भकारस्य (v) इच्छति

4. **अधोलिखितां प्रहेलिकानां पूरयत।**
(निम्नलिखित पहेलियों को पूरा कीजिए।)

(i) **जयन्तः कस्य वै ....।**
(ii) **........ तस्यादिर्न तिष्ठति।**
(iii) **फलाग्रे .... एव च।**
(iv) **भूपानां को .... हितः।**
(v) **द्वयं .... लङ्कायां।**

उत्तराणि
(i) सुतः (ii) न (iii) वृक्ष
(iv) रणे (v) मिलित्वा

5. **अधोलिखितानां प्रहेलिकानाम् उत्तरं ददात्।**
(निम्नलिखित पहेलियों के उत्तर दीजिए।)

(i) **भोजनस्य अन्ते किं पानीयं** ....
(ii) **तस्य आदिः अन्तस्य च 'न' वर्ण अस्ति** ....
(iii) **किमिच्छति नरः काश्यां** ....
(iv) **कुलालस्य गृहे अर्धम् अस्ति** ....
(v) **कथं विष्णुपदं प्रोक्तं** ....

उत्तराणि
(i) तक्रम् (ii) नयनम् (iii) मृत्युः
(iv) कुम्भम् (v) दुर्लभम्

6. **अधोलिखितानि क्रियापदानि बहुवचने परिवर्तय।**
(निम्नलिखित क्रिया पदों को बहुवचन में बदलिए।)

(i) **विद्यालयस्य** ....
(ii) **कथायाः** ....
(iii) **देव्याः** ....
(iv) **उद्यानस्य** ....
(v) **मम** ....
(vi) **तव** ....
(vii) **तस्याः** ....
(viii) **एतस्य** ....
(ix) **फलस्य** ....
(x) **नद्याः** ....

उत्तराणि
(i) विद्यालयानाम् (ii) कथानाम् (iii) देवीनाम्
(iv) उद्यानानाम् (v) अस्माकम् (vi) युष्माकम्
(vii) तेषाम् (viii) एतेषाम् (ix) फलानाम्
(x) नदीनाम्

7. **अधोलिखितानां पदानां मूलशब्दं लिखत।**
(निम्नलिखित पदों के मूल शब्द लिखिए।)

(i) **युवयोः** .... (ii) **आवयोः** ....
(iii) **एतयोः** .... (iv) **तयोः** ....
(v) **सुतायाः** .... (vi) **छात्रयोः** ....

उत्तराणि
(i) (युष्मद्) त्वम् (ii) (अस्मद्) अहम्
(iii) एतत् (iv) तत्
(v) सुता (vi) छात्र

मेलनं कुरुत।

8. **ग्रन्थः ग्रन्थकर्त्ता च मेलनं कुरुत।**
(ग्रंथ व ग्रंथकार को मिलाइए।)

ग्रन्थः	**ग्रन्थकारः**
(क) रामायणम्	(i) कालिदास
(ख) हितोपदेशम्	(ii) नारायण पण्डितः
(ग) महाभारतम्	(iii) भास
(घ) पञ्चतन्त्रम्	(iv) वाल्मीकि
(ङ) कर्णभारम्	(v) विष्णु शर्मा
(च) रघुवंशम्	(vi) वेदव्यास

उत्तराणि
(क) (iv) (ख) (ii)
(ग) (vi) (घ) (v)
(ङ) (iii) (च) (i)

9. **मञ्जूषातः पदानि चित्वा अन्वयः पूरयत।**
(मंजूषा से शब्द चुनकर अन्वय पूरा कीजिए।)

• **मञ्जूषा** किम् , वन्द्यः, उत्तरम् , भूपानां)

अन्वयः - नरः काश्यां (i) .... इच्छति?
रणे (ii) .... कः हितः।
सर्वदेवानाम् (iii) .... कः, एकम् (iv) .... दीयताम् ॥

उत्तराणि
(i) किम् (ii) भूपानां
(iii) वन्द्यः (iv) उत्तरं

भाग II

पठित-अवबोधनम्

1. अधोलिखितान् प्रहेलिकान् पठित्वा प्रश्नान् उत्तरत।
(निम्नलिखित पहेलियों को पढ़कर प्रश्नों के उत्तर दीजिए।)

I. **किमिच्छति नरः काश्यां भूपानां को रणे हितः को वन्द्यः सर्वदेवानां दीयतामेकमुत्तरम्।**

(क) एकपदेन उत्तरत।
(एक शब्द में उत्तर दीजिए।)
(i) कः काश्यां मृत्युम् इच्छति?
(ii) मृत्युञ्जयः केषां वन्द्यः?
(iii) भूपानां रणे कः हितः?
(iv) कः सर्वदेवानां वन्द्यः?

(ख) पूर्णवाक्येन उत्तरत।
(पूर्ण वाक्य में उत्तर दीजिए।)
(i) नरः काश्यां काम् इच्छति?
(ii) मृत्युञ्जयः भूपानां कुत्र हितः?

(ग) निर्देशानुसारं उत्तरत।
(निर्देशानुसार उत्तर दीजिए।)
(i) 'अहितः' पदस्य विलोमशब्दं प्रहेलिकायां किम्?
(क) हितः (ख) रणे (ग) वन्द्यः (घ) नरः
(ii) 'सर्वदेवानां' इति पदे किं वचनम्?
(क) एकवचनम् (ख) द्विवचनम्
(ग) बहुवचनम् (घ) ऐषु न कोऽपि
(iii) 'किमिच्छति नरः' अस्मिन् वाक्ये कर्तृपदं किम् अस्ति?
(क) किम् (ख) इच्छति
(ग) सः (घ) नरः
(iv) 'काश्याम्' पदे का विभक्तिः?
(क) प्रथमा (ख) पञ्चमी
(ग) षष्ठी (घ) सप्तमी

उत्तराणि
(क) (i) नरः (ii) सर्वदेवानाम्
(iii) मृत्युञ्जयः (iv) मृत्युञ्जय
(ख) (i) नरः काश्यां मृत्युम् इच्छति।
(ii) मृत्युञ्जयः भूपानां रणे हितः।
(ग) (i) (क) हितः (ii) (ग) बहुवचनम्
(iii) (घ) नरः (iv) (घ) सप्तमी

II. **कुलालस्य गृहे अर्धं तदर्धं हस्तिनापुरे।**
द्वयं मि लित्वा लङ्कायां यो जानाति सः पण्डितः।।

(क) एकपदेन उत्तरत।
(एक शब्द में उत्तर दीजिए।)
(i) कुम्भकरणः कुत्र आसीत्?
(ii) कुलालस्य गृहे कस्य अर्धं अस्ति?
(iii) हस्तिनापुरे कुम्भकरणः पदस्य कः भागः अस्ति?
(iv) लङ्कायां कः अवसत्?

(ख) पूर्णवाक्येन उत्तरत।
(पूर्ण वाक्य में उत्तर दीजिए।)
(i) के द्वे मिलित्वा कुम्भकरणः भवति।
(ii) कस्य गृहे 'कुम्भकरणः' पदस्य अग्रम् अर्धम् अस्ति।

(ग) निर्देशानुसारं उत्तरत।
(निर्देशानुसार उत्तर दीजिए।)
(i) 'कुलालस्य' अर्थ किम् अस्ति?
(क) कुम्भकारः (ख) कोविदः
(ग) स्वर्णकारः (घ) आपणिकः
(ii) 'हस्तिनापुरे' पदे का विभक्तिः?
(क) प्रथमा (ख) द्वितीया
(ग) षष्ठी (घ) सप्तमी
(iii) 'मूर्खः' पदस्य विपरीता पदं प्रहेलिकायां किम्?
(क) सः (ख) पण्डितः (ग) द्वयं (घ) कुलाल
(iv) 'जानाति' पदे कस्मिन् लकारे अस्ति?
(क) लट् (ख) लोट् (ग) लृट् (घ) लङ्

उत्तराणि
(क) (i) लङ्कायाम् (ii) कुम्भकरणस्य
(iii) अपरः (iv) कुम्भकरणः
(ख) (i) कुम्भकरणः च मिलित्वा कुम्भकरणः भवति।
(ii) कुलालस्य गृहे 'कुम्भकरणः' पदस्य अग्रम् अर्धम् अस्ति।
(ग) (i) (क) कुम्भकारः (ii) (घ) सप्तमी
(iii) (ख) पण्डितः (iv) (क) लट्

अतिलघु उत्तरीय प्रश्नाः

1. प्रहेलिकाः कीदृशं उल्लासं जनयन्ति?
2. बुद्धेः तार्किकशक्ति काः वर्धयन्ति?

लघु उत्तरीय प्रश्नाः

3. शक्रस्य पुत्रः कः अस्ति?
4. कस्य आदि अन्ते च 'न' वर्ण अस्ति?

दीर्घ उत्तरीय प्रश्नाः

5. प्रहेलिकाः पूर्वजानां कवीनां च कां-कां दर्शयन्ति?
6. 'अनन्नास' इति पदे प्रारम्भे अन्ते च कौ वर्णौ स्तः?

उत्तराणि
1. मानसिकम्
2. प्रहेलिकाः
3. शक्रस्य पुत्र जयन्तः अस्ति।
4. 'नयन' इति पदस्य आदि अन्ते च 'न' वर्ण अस्ति।
5. प्रहेलिकाः पूर्वजानां कवीनां च बुद्धिमतां कल्पनाशक्तिं च दर्शयन्ति।
6. 'अनन्नास' इति पदे 'अ' वर्ण प्रारम्भे 'स' वर्णः च अन्ते स्तः।

त्वम् आपणं गच्छ
(तुम दुकान पर जाओ)

अध्याय 10

पाठ का सार प्रस्तुत पाठ में माता अपने पुत्र राकेश को सामान लाने के लिए बाजार भेजती हैं। माता सामान की सूची, धन व थैला भी ले जाने के लिए राकेश को कहती हैं। राकेश बाजार जाता है तथा दुकानदार से सूची में लिखे हुए सभी सामान वजन के अनुसार क्रय कर लेता है और अंत में दुकानदार को पैसे गिनकर देता है। इस पाठ का उद्देश्य बच्चों को सामान खरीदने की शिक्षा देना तथा रुपयों के जोड़ने व घटाने की शिक्षा देना है, जिससे वे व्यावहारिक जीवन में क्रय-विक्रय आदि क्रियाओं में कुशलता प्राप्त कर सकें।

पाठ का हिंदी अनुवाद

1. **अम्बा** राकेश! कुत्र असि? अत्र आगच्छ।

राकेशः आम् अम्ब! कथय किं कार्यं करवाणि?

अम्बा अद्य तव तातः कार्यालयात् विलम्बेन आगमिष्यति। त्वम् आपणं गच्छ। वस्तूनि आनय। वस्तूनां नामावली अपि अत्र अस्ति।

राकेशः अस्तु। स्यूतं ददातु। वस्तूनां नामावलीम् अहं स्वीकरोमि।

अम्बा स्वीकुरु। धनम् अपि नय।

राकेशः अम्ब! इतोऽपि एकं वस्तु स्वीकरवाणि?

अम्बा चाकलेहम् इच्छति खलु वत्स! जानातु, अधिकं चाकलेह-खादनं स्वास्थ्याय हानिकरं भवति।

राकेशः केवलम् अद्य एव स्वीकरोमि।

अम्बा अस्तु। मार्गे यानानां गतिं पश्यतु। अनन्तरं सावधानं पारं गच्छतु।

राकेशः आम्। अहं गच्छामि।

शब्दार्थाः **अम्बा** = माता, **करवाणि** = करूँ, **अद्य** = आज, **विलम्बेन** = देरी से, **स्यूतम्** = थैला, **चाकलेहम्** = चॉकलेट, **यानानाम्** = वाहनों की, **अनन्तरम्** = उसके बाद, **सावधानम्** = सावधानीपूर्वक।

संदर्भ प्रस्तुत नाट्यांश हमारी पाठ्यपुस्तक 'दीपकम्' के दसवें पाठ 'त्वम् आपणं गच्छ' से लिया गया है।

हिंदी अनुवाद

माता राकेश, कहाँ हो? यहाँ आओ।

राकेश हाँ माता, कहो क्या कार्य करूँ?

माता आज तुम्हारे पिताजी ऑफिस (दफ्तर) से देर से आएँगे। तुम बाजार जाओ। वस्तुएँ लाओ।

राकेश ठीक है, थैला दीजिए। वस्तुओं की सूची मैं ले लेता हूँ।

माता यह धन भी ले जाओ।

राकेश माता, (क्या) इनके अलावा एक और वस्तु स्वीकार करोगी?

माता निश्चय ही पुत्र तुम चॉकलेट चाहते हो, क्या जानते हो कि अधिक चॉकलेट खाने से स्वास्थ्य को हानि पहुँचती है।

राकेश केवल आज ही ले रहा हूँ।

माता ठीक है। रास्ते में वाहनों की गति को भी देखना। इसके बाद सावधानीपूर्वक (सड़क के) पार जाना।

राकेश हाँ, मैं जाता हूँ।

2. **राकेशः** महोदय! कृपया एतां नामावलीं पश्यतु, वस्तूनि च ददातु।

आपणिकः पश्यामि।

मुग्दः—अर्धकिलोमितः	शर्करा—एककिलोमिता
गगुडः—एककिलोमित शर्करा	द्विदलम्—एककिलोमितं

सर्षप-पादकिलोमितः सर्वं सिद्धम् अस्ति। स्यूतं ददातु, तत्र स्थापयामि।

राकेशः अस्तु, कति रूप्यकाणि यच्छानि?

आपणिकः चत्वारि शतानि षष्टिं (460) च रूप्यकाणि ददातु।

राकेशः महोदय! नीलवर्णा लेखनी अस्ति किम्?

आपणिकः आम्, अस्ति।

शब्दार्थाः **पश्यतु** = देखो, **ददातु** = दो, **मुङ्गः** = मूँग, **गुङ** = गुड़, **सर्षपः** = सरसों, **शर्करा** = चीनी, **द्विदलम्** = दाल, **सिद्धम्** = पूरा, **रूप्यकाणि** = रुपये, **नीलवर्णा** = नीले रंग की, **लेखनी** = कलम (पेन)।

हिंदी अनुवाद

राकेश महोदय, कृपया इस सूची को देखो और वस्तुएँ दो।

दुकानदार देखता हूँ

मूँग-आधा किलो चीनी-एक किलो

गुड़-एक किलो दाल-एक किलो

सरसों-(250 ग्राम) $\frac{1}{4}$ किलो सब पूरा हो गया है। थैला दीजिए, उसमें रख देता हूँ।

राकेश ठीक है, कितने रुपये दूँ?

दुकानदार चार सौ साठ रुपये दो।

राकेश महोदय, क्या नीले रंग का पेन भी है?

दुकानदार हाँ है।

3. **राकेशः** एकं चाकलेहम् एकां लेखनीं च ददातु। तस्य मूल्यम् अपि **योजयतु**।

आपणिकः अस्तु। लेखन्याः विंशतिं रूप्यकाणि चाकलेहस्य दश रूप्यकाणि च योजयामि। आहत्य नवत्यधिकानि चत्वारि शतानि (490) रूप्यकाणि ददातु।

राकेशः आम्, पञ्चशतानि (500) रूप्यकाणि सन्ति। स्वीकरोतु, अवशिष्टं च ददातु।

आपणिकः सर्वं स्यूते स्थापितम् अस्ति। दश (10) रूप्यकाणि अवशिष्टानि, स्वीकरोतु।

राकेशः अस्तु। धन्यवादः।

आपणिकः पुनरपि आगच्छतु।

शब्दार्थाः **मूल्यम्** = मूल्य (कीमत), **योजयतु** = जोड़ लो, **अपशिष्टम्** = बचे हुए, **पुनः** = फिर से (वापस), **स्थापितम्** = रख दिए।

हिंदी अनुवाद

राकेश एक चॉकलेट और एक पेन भी दे दीजिए। उसकी कीमत (मूल्य) भी जोड़ लीजिए।

दुकानदार ठीक है। पेन बीस रुपये व चॉकलेट दस रुपये भी जोड़ लेता हूँ। लाओ! चार सौ नब्बे रुपये दो।

राकेश हाँ, पाँच सौ रुपए हैं। लो तथा बचे हुए दे दो।

दुकानदार सब कुछ थैले में रख दिया है। दस रुपये बचे हैं, ये लो।

राकेश ठीक है, धन्यवाद।

दुकानदार फिर से आइए।

पठन्तु अवगच्छन्तु

भवान् पिबतु। (आप पीजिए।)

अहं संशयं पृच्छानि। (एक संदेह पूछ सकता हूँ।)

भवन्तः खादन्तु (आप खाइए।)

यूयम् उत्तिष्ठत। (तुम सब उठो।)

वयं गच्छाम। (हम सभी जाएँ।)

त्वं पठ। (तुम पढ़ो।)

NCERT फोल्डर: पाठ्यपुस्तक 'दीपकम्' के प्रश्नोत्तर

प्र.1 पूर्वपृष्ठस्य कोष्ठके दत्तानि रूपाणि दृष्ट्वा रिक्तस्थानानि पूरयत।
(पहले पेज पर कोष्ठक में दिए हुए रूपों को देखकर रिक्त स्थान पूरे कीजिए।)

लिखतु	लिखताम्	......
......	लिखतम्	लिखत
लिखानि	लिखाव	......
......	क्रीडताम्	......
......	क्रीडतम्	......
क्रीडानि	......	क्रीडाम

उत्तराणि

(i) लिखन्तु (ii) लिख
(iii) लिखाम् (iv) क्रीडतु, क्रीडन्तु
(v) क्रीड, क्रीडत (iv) क्रीडाव

प्र.2 निम्नलिखितेषु सुभाषितेषु लोट्लकारस्य क्रियापदानि चित्वा लिखत।
(नीचे लिखे हुए नीति के श्लोकों में से लोट लकार के क्रिया पदों को चुनकर लिखिए।)

(क) काले वर्षतु पर्जन्यः पृथिवी सस्यशालिनी।
देशोऽयं क्षोभरहितः सज्जनाः सन्तु निर्भयाः।।

....

मेघाः उचिते समये वर्षन्तु। तेन भूमिः सस्यैः समृद्धा पूर्णा च भवतु। एषः देशः शान्तः भवतु। सर्वे सज्जनाः भयं विना जीवनं यापयन्तु। (एवम् परमेश्वरं प्रति प्रार्थना अस्ति)

....

(ख) सर्वे भवन्तु सुखिनः सर्वे सन्तु निरामयाः।
सर्वे भद्राणि पश्यन्तु मा कश्चिद् दुःखभाग्भवेत्।।

....
....

सर्वे जनाः सुखेन तिष्ठन्तु। सर्वे रोगरहिताः भवन्तु। सर्वे शुभम् एव पश्यन्तु। कस्यापि कृते दुःखस्य अनुभवः न भवतु।

....

इमा आपः शिवाः सन्तु शुभाः स्वच्छाश्च निर्मलाः।
पावनाः शीतलाः सन्तु पूताः सूर्यस्य रश्मिभिः।।

....

(ग) जलं सर्वेषां कृते मङ्गलमयं मालिन्यरहितं शुद्धं च भवतु। जलं पवित्रं शीतलं च भवतु। जलं सूर्यस्य प्रकाशस्य स्पर्शेन पवित्रं भवतु।

....

(घ) निन्दन्तु नीतिनिपुणा यदि वा स्तुवन्तु
लक्ष्मीः समाविशतु गच्छतु वा यथेष्टम्।
अद्यैव वा मरणमस्तु युगान्तरे वा
न्याय्यात् पथः प्रविचलन्ति पदं न धीराः।

....
....

नीतिकाराः प्रशंसन्तु अथवा निन्दां कुर्वन्तु। धनस्य लाभः भवतु अथवा धनहानिः भवतु। मरणं झटिति भवतु अथवा विलम्बेन भवतु। न्याय्यात् मार्गात् धीराः न विचलन्ति तत्रैव ते स्थिररूपेण तिष्ठन्ति।

....

उत्तराणि

(क) वर्षतु, सन्तु।
वर्षन्तु, भवतु, यापयन्तु।

(ख) भवन्तु, सन्तु, पश्यन्तु।
तिष्ठन्तु, भवन्तु, पश्यन्तु भवतु।

(ग) सन्तु सन्तु।
भवतु।

(घ) निन्दन्तु, स्तुवन्तु, समाविशतु, गच्छतु, अस्तु।
प्रशंसन्तु, कुर्वन्तु, भवतु।

प्र.3 उदाहरणानुगुणं लोट्लकारस्य रूपाणि लिखत।
(उदाहरण के अनुसार लोट लकार के रूप लिखिए।)

यथा पठति — पठतु

(i) क्रीडामि ...... (ii) खादति ......
(iii) हसति ..... (iv) पश्यसि ......
(v) नृत्यति ...... (vi) नयसि ......
(vii) गच्छामि ......

उत्तराणि

(i) क्रीडानि (ii) खादतु (iii) हसतु
(iv) पश्य (v) नृत्यतु (vi) नय
(vii) गच्छानि

प्र.4 उदाहरणानुगुणं बहुवचनस्य रूपाणि लिखत।
(उदाहरण के अनुसार बहुवचन के रूप लिखिए।)

यथा उत्तिष्ठतु — उत्तिष्ठन्तु

(i) आगच्छतु .... (iv) खादतु ....
(ii) उपविशतु .... (v) पठतु ....
(iii) गच्छतु .... (vi) पततु ....

उत्तराणि

(i) आगच्छन्तु
(ii) उपविशन्तु
(iii) गच्छन्तु
(iv) खादन्तु
(v) पठन्तु
(vi) पतन्तु

प्र.5 विद्यालयस्य वार्षिकोत्सवे के-के किं-किं कुर्वन्ति इति सूचनारूपेण वाक्यानि पुनः लिखत।

(विद्यालय के वार्षिक उत्सव में कौन-कौन, क्या-क्या करते हैं, यह सूचना के रूप में वाक्य पुनः लिखिए।)

यथा दशमकक्षायाः छात्राः वेदिकाम् <u>अलङ्कुर्वन्ति</u>।

दशमकक्षायाः छात्राः वेदिकाम् अलङ्कुर्वन्तु।

(क) प्रधानाध्यापकः वार्षिकं विवरणं <u>पठति</u>।
(ख) बालिकाः <u>नृत्यन्ति</u>।
(ग) यूयम् आसन्दान् <u>स्थापयथ</u>।
(घ) छात्रनायकः स्वागतं <u>करोति</u>।
(ङ) मम मित्रं धन्यवादं <u>निवेदयति</u>।
(च) संस्कृत-शिक्षिका वेदिकां <u>सञ्चालयति</u>।
(छ) कार्यक्रमानन्तरं छात्राः उत्थाय राष्ट्रगीतं <u>गायन्ति</u>।

उत्तराणि

(क) पठतु (ख) नृत्यन्तु (ग) स्थापयत
(घ) करोतु (ङ) निवेदयतु (च) संचालयतु
(छ) गायन्तु

प्र.6 परिच्छेदे पट्टिकातः उचितैः क्रियारूपैः रिक्तस्थानानि पूरयत।

(अनुच्छेद में सूचिका से उचित क्रिया रूपों से रिक्त स्थानों को पूरा कीजिए।)

शृण्वन्तु, गच्छन्तु, लिखन्तु, पठन्तु, पृच्छन्तु, कुर्वन्तु, वदन्तु, उत्तिष्ठन्तु, उपविशन्तु, अभिवादयन्तु।

यदा अध्यापकः कक्षाम् आगच्छति तदा प्रथमं सर्वे (i) ………। उपचारवाक्येन तम् (ii)………। यदा सः वदति तदा एव सर्वे (iii)………। तस्य सूचनानुसारं पाठं (iv)………। गृहपाठं (v)………। परस्परं वार्तालापं न (vi) ………। प्रश्नस्य उत्तरं (vii)………। संशयं (viii)………। तस्य उपदेशम् (ix)………। बहिः मा (x)………।

उत्तराणि

(i) उत्तिष्ठन्तु (ii) अभिवादयन्तु
(iii) उपविशन्तु (iv) पठन्तु
(v) लिखन्तु (vi) कुर्वन्तु
(vii) वदन्तु (viii) पृच्छन्तु
(ix) शृण्वन्तु (x) गच्छन्तु।

प्र.7 मार्गे सूचनादीपाः फलकानि च भवन्ति। तेषां चित्राणि दृष्ट्वा पट्टिकापदैः वाक्यानि रिक्तस्थानेषु लिखत।

(रास्ते में सूचना बोर्ड और फलक हैं। उनके चित्रों को देखकर मंजूषा के शब्दों से वाक्य रिक्त स्थानों में लिखिए।)

तिष्ठ	प्रतीक्षस्व	वामतः गच्छ	दक्षिणतः गच्छ
यानं मा स्थापय	पदयात्रिकाः!	गच्छ	अग्रे विद्यालयः

(i) …………………

(ii) …………………

(iii) …………………

(iv) …………………

उत्तराणि

(i) वामतः गच्छ (ii) दक्षिणतः गच्छ
(iii) अग्रे विद्यालयः (iv) पदयात्रिकाः।

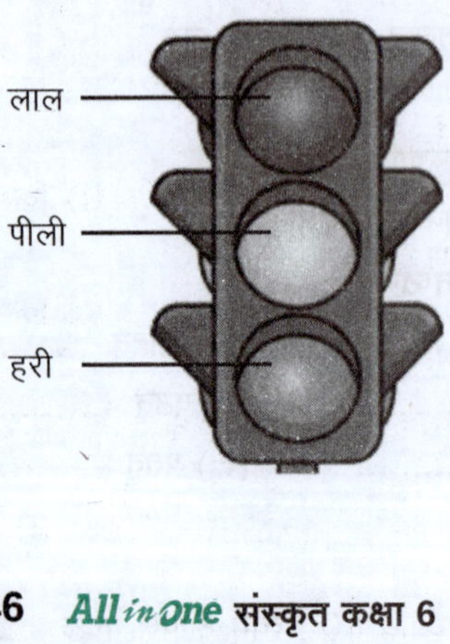

(v) ………
(vi) ………
(vii) ………
(viii) ………

उत्तराणि

(i) तिष्ठ (ii) प्रतीक्षस्व
(iii) गच्छ (iv) यानं मा स्थापय

प्र.8 उदाहरणानुसारं क्रियापदस्य लोट्-लकाररूपैः वाक्यानि पूरयत।

(उदाहरण के अनुसार क्रिया पद के लोट लकार रूप से वाक्यों को पूरा कीजिए।)

यथा छात्राः प्रातः शीघ्रम् उत्तिष्ठन्तु। (उत् + तिष्ठ्)

(क) अम्ब! अहं क्रीडार्थं ………। (गच्छ्)
(ख) आगच्छन्तु, वयं प्रार्थनागीतं ………। (गाय्)
(ग) ज्वरः अस्ति। पुत्र! वृष्टौ न ………। (क्रीड्)
(घ) लते! भवती मम उपनेत्रम् ………। (आ + नय्)
(ङ) आर्ये! अहम् अन्तः ………। (प्रविश्)

(च) अहं पृच्छामि त्वम् उत्तरं ....। (वद्)
(छ) यूयं शीघ्रं नगरम् ....। (आ + गच्छ्)
(ज) तात! वयं कदा चलचित्रं ....? (पश्य्)

उत्तराणि

(क) गच्छानि (ख) गायाम (ग) क्रीड्
(घ) आनयतु (ङ) प्रविशानि (च) वद
(छ) आगच्छत (ज) पश्याम।

प्र.9 **चिह्नानि (?!।,) भावानुसारं वाक्ये योजयन्तु।**
(चिह्नों (?!।) को भाव के अनुसार वाक्य में जोड़िए।)

यथा राकेश! कुत्र असि? अत्र आगच्छ।

(क) पुत्र किं करोषि
(ख) कः श्लोकं वदति
(ग) भवान् तत्र तिष्ठतु
(घ) आचार्यः कदा आगच्छति
(ङ) अहो रमणीयः पर्वतः

उत्तराणि

(क) ?
(ख) ?
(ग) ।
(घ) ?
(ङ) !

अभ्यास प्रश्नाः

बहुविकल्पीय एवं
वर्णनात्मक प्रश्नों सहित

भाग I

बहुविकल्पीय प्रश्नाः

1. अधोलिखितेषु विकल्पेषु उचितं उत्तरं चित्वा लिखत।
(निम्नलिखित विकल्पों से उचित उत्तर चुनकर लिखिए।)

(i) कः कार्यालयात् विलम्बेन आगमिष्यति?
(क) अम्बा (ख) तात
(ग) राकेशः (घ) ऐषु न कोऽपि

(ii) अम्बा राकेशं कुत्र गन्तुं कथयति?
(क) आपणम् (ख) विद्यालयम्
(ग) मन्दिरम् (घ) क्रीड़ाक्षेत्रम्

(iii) चाकलेह-खादनं कस्मै हानिकरं भवति?
(क) क्रीडनाय (ख) स्वास्थ्याय
(ग) शरीराय (घ) स्मरणाय

(iv) राकेशः आपणिकाय कति रूप्यकाणि ददाति?
(क) पञ्चशतानि
(ख) चत्वारिशतानि षष्टि
(ग) दश रूप्यकाणि
(घ) नवत्यधिकानि चत्वारिशतानि

(v) कः स्यूते सर्वाणि वस्तूनि स्थापयति?
(क) राकेशः (ख) आपणिकः (ग) अम्बा (घ) तात

उत्तराणि

(i) (ख) तात (ii) (क) आपणम्
(iii) (ख) स्वास्थ्याय (iv) (क) पञ्चशतानि
(v) (ख) आपणिकः

2. विकल्पेभ्यः सहायतया प्रश्न निर्माणं कुरुत।
(विकल्पों की सहायता से प्रश्न-निर्माण कीजिए।)

(i) त्वम् <u>आपणं</u> गच्छ।
(क) कुत्र (ख) कथम् (ग) कीदृशम् (घ) किम्

(ii) केवलम् <u>अद्य</u> एव स्वीकरोमि।
(क) किम् (ख) कदा (ग) कुत्र (घ) किमर्थम्

(iii) <u>पञ्चशतानि</u> रूप्यकाणि ददातु।
(क) कुत्र (ख) किम् (ग) कानि (घ) किमर्थम्

(iv) सर्वं <u>स्यूते</u> स्थापितम् अस्ति।
(क) कदा (ख) किम् (ग) कथम् (घ) कुत्र

(v) <u>वयं</u> गच्छामः।
(क) के (क) कः (ग) कानि (घ) कौ

उत्तराणि

(i) (क) कुत्र (ii) (ख) कदा (iii)(ग) कानि
(iv) (घ) कुत्र (v) (क) के

रिक्तस्थानानि पूरयत

3. कोष्ठकात् उचितं विकल्पं चित्वा लोट लकारस्य पदैः रिक्तस्थानानि पूरयत।
(कोष्ठक से उचित विकल्प चुनकर लोट लकार के शब्दों से रिक्त स्थान पूरे कीजिए।

(i) चक्राणि ………। (चलतु/चलति/चलन्तु)
(ii) अत्रः ललनाः किं ………। (कुर्वन्तु/कुर्वन्ति/कुरुताम्)
(iii) वृक्षे पुष्पे न ………। (अस्तु/स्ताम/सन्तु)
(iv) अश्वाः तीव्रं ……… । (धावतु/धावन्ति/धावन्तु)
(v) वयं पत्राणि ……… । (लिखानि/लिखाम/लिखन्तु)

उत्तराणि

(i) चलन्तु (ii) कुर्वन्तु (iii) स्ताम्
(iv) धावन्तु (v) लिखाम।

4. कोष्ठकात् धातुं चित्वा कर्तृपदानुसारं लोट लकारे वाक्यानि रचयत।
(कोष्ठक से धातु चुनकर कर्ता पद के अनुसार लोट लकार में वाक्य बनाइए।)

(i) पशवः तत्र …………। (स्था)
(ii) तो छात्रौ …………। (लिख)
(iii) तानि फलानि …………। (पत्)
(iv) ते अजे ………… । (भ्रम्)
(v) ताः चटकाः …………। (अस्)

उत्तराणि

(i) तिष्ठन्तु (ii) लिखताम्
(iii) पतन्तु (iv) भ्रमताम् (v) सन्तु।

5. अधोलिखितेषु पदेषु लट् लकारे क्रियापदानि लोट लकारे च क्रियापदानि पृथक्-पृथक् कृत्वा लिखत।
(निम्नलिखित पदों में से लट् लकार के क्रिया पदों व लोट् लकार के क्रिया पदों को अलग-अलग करके लिखिए।

क्रीडन्ति, गच्छन्तु, पचसि, खादानि, क्रीड्, वदत, रचयामि, गर्जाम, कूजन्तु, धावसि।

उत्तराणि

लट् लकारे-क्रीडन्ति, पचसि, रचयामि, धावसि।
लोट लकारे-गच्छन्तु, खादानि, क्रीड्, वदत, गर्जाम्, कूजन्तु

6. अधोलिखित पदानां संस्कृतेन लिखत।
(निम्नलिखित पदों को संस्कृत में लिखिए।)

(i) थैला …… (v) दाल ……
(ii) दुकान …… (vi) सरसों ……
(iii) चॉकलेट …… (vii) चीनी ……
(iv) मूँग …… (viii) बाजार ……

उत्तराणि

(i) स्यूतम् (ii) आपणम् (iii) चाकलेह
(iv) मुग्दः (v) द्विदलम् (vi) सर्षपः
(vii) शर्करा (viii) विपणिम्

7. लोट्लकारस्य क्रियापदानि चिह्नानि अधोलिखितां तालिकां पूरयत।
(लोट लकार के क्रिया पदों के चिह्नों से निम्नलिखित तालिका को पूरा कीजिए।)

	एकवचनम्	द्विवचनम्	बहुवचनम्
प्रथम पुरुषः	तु	…………	अन्तु
मध्यम पुरुषः	…………	…………	त
उत्तम पुरुषः	आनि	…………	…………

उत्तराणि

प्रथम पुरुषः	ताम्
मध्यम पुरुषः	तम्
उत्तम पुरुषः	आव आम

8. अधोलिखितैः पदैः वाक्यानि रचयत।
(निम्नलिखित शब्दों से वाक्य बनाइए।)

पचतु, क्रीड, गायानि, कूजताम्, चलत

उत्तराणि

(i) अम्बा भोजनं पचतु।
(ii) वर्षायां मा क्रीड़।
(iii) अहं मधुर गीतं गायानि।
(iv) खगौ कूजताम्।
(v) यूयं बालकाः चलत।

भाग II

पठित-अवबोधनम्

1. अधोलिखितेषु विकल्पेषु उचितं उत्तरं चित्वा लिखित।
(निम्नलिखित विकल्पों में से उचित उत्तर चुनकर लिखिए।)

I. नाट्याङ्शयो पठित्वा प्रश्नान् उत्तरत।
(नाट्यांशों को पढ़कर प्रश्नों के उत्तर दीजिए।)

अम्बा राकेश! कुत्र असि? अत्र आगच्छ।
राकेशः आम् अम्ब! कथय किं कार्यं करवाणि?
अम्बा अद्य तव तातः कार्यालयात् विलम्बेन आगमिष्यति। त्वम् आपणं गच्छ। वस्तूनि आनय। वस्तूनां नामावली अपि अत्र अस्ति।
राकेशः अस्तु। स्यूतं ददातु। वस्तूनां नामावलीम् अहं स्वीकरोमि।
अम्बा स्वीकुरु। धनम् अपि नय।
राकेशः अम्ब! इतोऽपि एकं वस्तु स्वीकरवाणि?
अम्बा चाकलेहम् इच्छति खलु वत्स! जानातु, अधिकं चाकलेह-खादनं स्वास्थ्याय हानिकरं भवति।

(क) एकपदेन उत्तरत। (एक शब्द में उत्तर दीजिए।)

(i) अम्बा राकेशं कुत्र गन्तुं कथयत्?

(ii) अम्बा राकेशं आपणात् किम् आनेतुं कथयत्?

(iii) अम्बा राकेशं वस्तूनि क्रीडतुं किं ददाति?

(iv) किं स्वास्थ्याय हानिकरं भवति?

(ख) पूर्णवाक्येन उत्तरत। (पूर्ण वाक्य में उत्तर दीजिए।)

(i) अम्बा राकेशं किमर्थं आपणं गन्तुं कथयति?

(ii) वस्तूनि क्रीडनाय राकेशः किं नयति?

(ग) निर्देशानुसारं उत्तरत। (निर्देशानुसार उत्तर दीजिए।)

(i) 'स्यूतं ददातु' अस्मिन् वाक्ये 'ददातु' पदं कस्मिन लकारे अस्ति?

(क) लट् (ख) लङ् (ग) लोट (घ) लृट्

(ii) 'चाकलेहम् इच्छति खलु वत्स।' अस्मिन् वाक्ये क्रियापदम् किम् अस्ति?

(क) चाकलेहम् (ख) इच्छति

(ग) खलु (घ) वत्स

(iii) 'नय' पदस्य विपरीतार्थकं पदं नाट्यांशे किम्?

(क) गच्छ (ख) आनय (ग) करवाणि (घ) जानातु

(iv) 'अत्र आगच्छ।' अस्मिन् वाक्ये अव्यय पदं किम् अस्ति?

(क) अत्र (ख) आगच्छ

(ग) अत्र आगच्छ (घ) ऐषु न कोऽपि

उत्तराणि

(क) (i) आपणम् (ii) वस्तूनि

(iii) धनम् (iv) चाकलेह खादनम्।

(ख) (i) अम्बा राकेशम् आपणं गन्तुं कथयति, यतः तस्य तात कार्यालयात् विलम्बेन आगमिष्यति।

(ii) वस्तूनि क्रीडनाय राकेशः धनं स्यूतं च नयति।

(ग) (i) (ग) लोट (ii) (ख) इच्छति

(iii) (ख) आनय (iv) (क) अत्र

II. राकेशः महोदय! कृपया एतां नामावलीं पश्यतु, वस्तूनि च ददातु।

आपणिकः पश्यामि।

मुग्दः — अर्धकिलोमितः

शर्करा — एक किलोमिता गुड़ः-एककिलोमितः

द्विदलम् — एककिलोमितं

सर्षपः — पादकिलोमितः सर्वं सिद्धम् अस्ति। स्यूतं ददातु, तत्र स्थापयामि।

राकेशः अस्तु, कति रूप्यकाणि यच्छानि?

आपणिकः चत्वारि शतानि षष्टिं (460) च रूप्यकाणि ददातु।

राकेशः महोदय! नीलवर्णा लेखनी अस्ति किम्?

आपणिकः आम्, अस्ति।

(क) एकपदेन उत्तरत। (एक शब्द में उत्तर दीजिए)

(i) राकेशः आपणिकं किं द्रष्टुं कथयति?

(ii) नामावल्यां कति वस्तूनि आसन्?

(iii) राकेशः पादकिलोमितं कः वाञ्छति?

(iv) राकेशः कति परिमाणे द्विदलं वाञ्छति?

(ख) पूर्णवाक्येन उत्तरत। (पूर्ण वाक्य में उत्तर दीजिए।)

(i) आपणिकः राकेशं कति रूप्यकाणि दातुं कथयति?

(ii) राकेशः आपणिकं कीदृशी लेखनी कृते पृच्छति?

(ग) निर्देशानुसारं उत्तरत। (निर्देशानुसार उत्तर दीजिए।)

(i) 'मुग्दः' इति पदं कस्मिन् वचने अस्ति?

(क) एकवचने (ख) द्विवचने

(ग) बहुवचने (घ) न कोऽपि वचने

(ii) 'यच्छानि क्रियापदं कस्मिन् पुरुषे अस्ति?

(क) प्रथम पुरुषे (ख) मध्यम पुरुषे

(ग) उत्तम पुरुषे (घ) न कोऽपि पुरुषे

(iii) 'नीलवर्णा लेखनी' अत्र विशेषक पदं किम् अस्ति?

(क) नील (ख) नीलवर्णा

(ग) लेखनी (घ) लेख

(iv) 'यच्छतु' पदस्य समानार्थकपदं नाट्यांशे किम् अस्ति?

(क) स्थापयामि (ख) ददातु

(ग) पश्यतु (घ) यच्छानि

उत्तराणि

(क) (i) नामावलीं (ii) पञ्च

(iii) सर्षपः (iv) एक किलोमितम्

(ख) (i) आपणिकः राकेशं चत्वारि शतानि षष्टि (460) रूप्यकाणि दातुं कथयति।

(ii) राकेशः आपणिकं नीलवर्णा लेखनी कृते पृच्छति।

(ग) (i) (क) एकवचने (ii) (ग) उत्तम पुरुषे

(iii) (ख) नीलवर्णा (iv) (ख) ददातु

अतिलघु उत्तरीय प्रश्नाः

1. कति रूप्यकाणि अवशिष्टानि?

2. राकेशः कं धन्यवादं ज्ञापयति?

लघु उत्तरीय प्रश्नाः

3. राकेशः आपणिकं कयोः मूल्यं योजयतुं कथयति?

4. अम्बा राकेशं मार्गे कां द्रष्टुं कथयति?

दीर्घ उत्तरीय प्रश्नाः

5. लेखन्याः मूल्यं किं अस्ति?

6. राकेशस्य पार्श्वे कति रूप्यकाणि सन्ति?

उत्तराणि

1. दश (10)
2. आपणिकम्
3. लेखन्याः मूल्यं चाकेलेहस्य च मूल्यम्।
4. यानानां गति
5. लेखन्याः मूल्यं विंशति रूप्यकाणि अस्ति।
6. राकेशस्य पार्श्वे पञ्चशतानि रूप्यकाणि सन्ति।

पृथिव्यां त्रीणि रत्नानि

(पृथ्वी पर तीन रत्न हैं)

अध्याय **11**

पाठ का सार प्रस्तुत पाठ में नीति श्लोकों के माध्यम से सदाचार की शिक्षा दी गई है।

1. इस धरती पर जल, अन्न व नीति श्लोक ये तीन रत्न हैं।
2. अपना-पराया तो केवल तुच्छ मन वाले लोगों का विचार होता है। उदार चरित्र वाले व्यक्ति तो संपूर्ण पृथ्वी को ही अपना परिवार मानते हैं।
3. सभी कार्य परिश्रम करने से ही पूरे होते हैं, केवल इच्छा करने से नहीं।
4. विनम्र व वृद्धों की सेवा करने वाले व्यक्ति की आयु, विद्या, यश व बल सदैव बढ़ते हैं।
5. जहाँ पर परिश्रम, साहस, धैर्य, बुद्धि, शक्ति व पराक्रम होते हैं, वहाँ देव भी सहायता करते हैं।
6. विद्या विनय प्रदान करती है, जिससे पात्रता आती है, पात्रता से धन और धन से धर्म तथा धर्म से सुख प्राप्त होता है।
7. रामचन्द्र जी लक्ष्मण से कहते हैं कि माता व मातृभूमि महान होती हैं। अत: मेरी रुचि इस सोने की लंका में नहीं है।
8. समय आने पर ग्रहण की हुई विद्या व अपने पास रखा हुआ धन ही काम में आता है।

पाठ का हिंदी अनुवाद

1. छात्राः! पश्यन्तु, अद्य मम हस्ते स्फोरकपत्राणि सन्ति। श्रीमन्! स्फोरक पत्रे किम् अस्ति?

छात्रा! एतानि स्फोरकपत्राणि भित्तौ स्थापयन्तु। तदन्तर स्वयम् एव पश्यन्तु।

श्रीमन्! स्फोरक पत्रे तु सुन्दरं चित्रम् अस्ति। श्लोका: अपि सन्ति।

सत्यम्! एतानि सुभाषितानि सन्ति। सुन्दरवचनानि एव सुभाषितानि भवन्ति। एतानि अस्माकं कृते उत्तमकार्यार्थं प्रेरणा यच्छन्ति।

श्रीमन्! तर्हि वयं सुभाषितानि पठामः।

शब्दार्थाः **स्फोरकपत्राणि** = चार्ट पेपर, **भित्तौ** = दीवार पर, **तदन्तर** = उसके बाद, **सुन्दरवचनानि** = सुंदर वचन, **उत्तमकार्यार्थम्** = अच्छे कार्य के लिए।

हिंदी अनुवाद

छात्र देखो, आज मेरे हाथ में चार्ट पेपर है।

श्रीमान, चार्ट पेपर में क्या है?

छात्र, इन चार्ट पेपर को दीवार पर लगा दीजिए।

उसके बाद हम स्वयं ही देख लेंगे।

श्रीमान, चार्ट पेपर में तो सुंदर चित्र हैं। श्लोक भी हैं।

ठीक है, ये नीति श्लोक हैं। सुंदर वचन ही नीति श्लोक होते हैं। ये हमें अच्छे कार्य के लिए प्रेरणा देते हैं।

श्रीमान, तो फिर हम सब नीति श्लोकों को पढ़ते हैं।

2. पृथिव्यां त्रीणि रत्नानि जलमन्नं सुभाषितम्।
मूढैः पाषाणखण्डेषु रत्नसंज्ञा विधीयते।।

पदच्छेदः पृथिव्यां त्रीणि रत्नानि जलम् अन्नं सुभाषितं मूढैः पाषाण-खण्डेषु रत्न-संज्ञा विधीयते।

अन्वयः पृथिव्यां जलम् अन्नं सुभाषितम् (इति) त्रीणि रत्नानि (सन्ति)। मूढैः पाषाणखण्डेषु रत्नसंज्ञा विधीयते।

भावार्थः पृथिव्यां त्रीणि रत्नानि सन्ति। तानि रत्नानि जलम् अन्नं सुभाषितं च भवन्ति। किन्तु मूर्खजनाः तु पाषाणखण्डान् रत्नानि इति वदन्ति।

शब्दार्थाः **पृथिव्याम्** = पृथ्वी पर, **रत्नानि** = रत्न, **मूढैः** = मूर्ख, **पाषाण** = पत्थर, **खण्डेषु** = टुकड़ों में, **संज्ञा** = नाम।

संदर्भ प्रस्तुत पद्यांश हमारी पाठ्यपुस्तक दीपकम् के ग्यारहवें पाठ 'पृथिव्यां त्रीणि रत्नानि' से लिया गया है।

हिंदी अनुवाद हमारी पृथ्वी पर तीन रत्न (कीमती वस्तुएँ) हैं। वे रत्न जल, अन्न व नीति के श्लोक हैं, लेकिन मूर्ख लोग तो पत्थर के टुकड़ों जैसे—हीरे, मूँगा आदि को रत्न कहते हैं।

3. अयं निजः परोवेति गणना लघुचेतसाम्।
उदारचरितानां तु वसुधैव कुटुम्बकम्।।

पदच्छेदः अयं निजः परः वा इति गणना लघुचेतसाम्

उदारचरितानां तु वसुधा एव कुटुम्बकम्।

अन्वयः अयं निजः परः वा इति गणना लघुचेतसां (जनानां भवति) उदारचरितानां (जनानां) तु वसुधा एव कुटुम्बकम् (भवति)।

भावार्थः एषः स्वजनः अस्ति, एषः च परः जनः अस्ति इति एतादृशं चिन्तनं तु सङ्कुचितभावयुक्तानां जनानां भवति। येषाम् उदारस्वभावः अस्ति तेषां कृते तु सम्पूर्णा पृथ्वी एव परिवारः भवति।

शब्दार्थाः **अयम्** = यह, **निजः** = मेरा, **लघुचेतसाम्** = क्षुद्र हृदय वालों की, **वसुधा** = पृथ्वी, **कुटुम्बकम्** = परिवार।

हिंदी अनुवाद यह मेरा है और यह पराया है, इस तरह की सोच तो क्षुद्र हृदय वाले लोगों की होती है। जिनका मन उदार होता है, उनके लिए तो यह संपूर्ण पृथ्वी ही उनका परिवार होती है।

4. उद्यमेन हि सिध्यन्ति कार्याणि न मनोरथैः।
न हि सुप्तस्य सिंहस्य प्रविशन्ति मुखे मृगाः।।

पदच्छेदः उद्यमेन हि सिद्ध्यन्ति कार्याणि न मनोरथैः न हि सुप्तस्य सिंहस्य प्रविशन्ति मुखे मृगाः।

अन्वयः कार्याणि उद्यमेन हि सिद्ध्यन्ति मनोरथैः न (सिद्ध्यन्ति)। (यथा) मृगाः (स्वयं) सुप्तस्य सिंहस्य मुखे न प्रविशन्ति।

भावार्थः वयं यानि कार्याणि कुर्मः तानि केवलम् इच्छया न सिद्ध्यन्ति। कार्यस्य सिद्ध्यर्थं परिश्रमः तु आवश्यकः एव। सिंहः यद्यपि शक्तिमान् भवति तथापि आहारस्य कृते सः अपि परिश्रमं करोति। सुप्तस्य सिंहस्य मुखे मृगाः स्वयम् एव न प्रविशन्ति।

शब्दार्थाः **उद्यमेन** = परिश्रम से, **सिध्यन्ति** = पूरे होते हैं, **कार्याणि** = कार्य, **मनोरथैः** = इच्छा, **सुप्तस्य** = सोए हुए, **प्रविशन्ति** = प्रवेश करते हैं, **मृगाः** = हिरण।

हिंदी अनुवाद हम जो भी कार्य करते हैं, वे केवल इच्छा करने मात्र से ही पूरे नहीं होते। कार्य पूरा करने के लिए परिश्रम करना आवश्यक होता है। यद्यपि शेर शक्तिशाली होता है, फिर भी अपना भोजन प्राप्त करने के लिए उसे परिश्रम करना पड़ता है। सोए हुए शेर के मुँह में हिरण अपने आप प्रवेश नहीं करते।

5. अभिवादनशीलस्य नित्यं वृद्धोपसेविनः।
चत्वारि तस्य वर्धन्ते आयुर्विद्या यशोबलम्।।

पदच्छेदः अभिवादनशीलस्य नित्यं वृद्धोपसेविनः चत्वारि तस्य वर्धन्ते आयुः विद्या यशः बलम्।

अन्वयः तस्य अभिवादनशीलस्य वृद्धोपसेविनः आयुः विद्या यशः बलम् (च इति) चत्वारि नित्यम् वर्धन्ते।

भावार्थः यः जनः सर्वदा वृद्धानां ज्येष्ठानां च सेवां सम्मानं च करोति, तथा च यः तान् सविनयं प्रणमति, तस्य जनस्य आयुः विद्या यशः बलं च वर्धन्ते।

शब्दार्थाः **नित्यम्** = हमेशा, **अभिवादनशील** = सम्मान करने वाले, **वृद्धोपसेविनः** = बुजुर्गों की सेवा करने वाले, **वर्धन्ते** = बढ़ते हैं, **आयुः** = उम्र, **विद्या** = ज्ञान, **यशः** = कीर्ति, **बलम्** = शक्ति।

हिंदी अनुवाद जो व्यक्ति हमेशा बुजुर्गों व अपने से बड़े लोगों की सेवा करता है, उनका सम्मान करता है तथा उनको विनयपूर्वक प्रणाम करता है, उसकी उम्र, ज्ञान, कीर्ति व बल बढ़ते हैं।

6. उद्यमः साहसं धैर्यं बुद्धिः शक्तिः पराक्रमः।
षडेते यत्र वर्तन्ते तत्र देवः सहायकृत्।।

पदच्छेदः उद्यमः साहसं धैर्यं बुद्धिः शक्तिः पराक्रमः षड् एते यत्र वर्तन्ते तत्र देवः सहायकृत्।

अन्वयः यत्र उद्यमः साहसं धैर्यं बुद्धिः शक्तिः पराक्रमः च एते षड् वर्तन्ते तत्र देवः सहायकृत् (भवति)।

भावार्थः यः जनः परिश्रमं करोति, साहसं करोति, धैर्यं धरति, बुद्धेः प्रयोगं करोति, बलशाली वर्तते, पराक्रमी च वर्तते, तस्य कार्ये परमेश्वरः अपि सहायतां करोति।

शब्दार्थाः **उद्यमः** = परिश्रम, **साहसम्** = साहस, **धैयम्** = धैर्य, **बुद्धिः** = बुद्धि, **शक्तिः** = बल, **पराक्रमः** = वीरता, **देवः** = देवता, **सहायकृत्** = सहायता करने वाले।

हिंदी अनुवाद जो व्यक्ति परिश्रम करता है, साहस करता है, धैर्य को धारण करता है, अपनी बुद्धि का उपयोग करता है, वह शक्तिशाली तथा वीर है। उसके कार्य में देवता (भगवान) भी सहायता करते हैं।

7. विद्या ददाति विनयं विनयाद्याति पात्रताम्।
पात्रत्वाद्धनमाप्नोति धनाद्धर्मं ततः सुखम्।।

पदच्छेदः विद्या ददाति विनयं विनयात् याति पात्रतां पात्रत्वात् धनम् आप्नोति धनात् धर्मं ततः सुखम्।

अन्वयः विद्या विनयं ददाति, (मनुष्यः) विनयात् पात्रतां याति, पात्रत्वात् धनम् आप्नोति, धनात् धर्मं ततः सुखं (च आप्नोति)।

भावार्थः विद्या विनयं ददाति, विनयकारणेन जनः योग्यतां प्राप्नोति, योग्यः जनः सरलतया धनम् अर्जयति, धनेन धर्मम् आचरति, धर्मस्य आचरणेन जनः सुखं प्राप्नोति, अतः विद्या अवश्यमेव सुखं ददाति।

शब्दार्थाः **ददाति** = देती है, **विनयम्** = विनम्रता, **याति** = प्राप्त होती है, **पात्रताम्** = योग्यता, **आप्नोति** = प्राप्त होती है, **ततः** = उससे, **सुखम्** = सुख।

हिंदी अनुवाद विद्या विनम्रता प्रदान करती है। विनम्रता के कारण व्यक्ति योग्यता प्राप्त करता है। योग्य व्यक्ति आसानी से धन कमा लेता है। धन से धार्मिक कार्य संपन्न होते हैं। धार्मिक आचरण करने से व्यक्ति को सुख मिलता है। अतः विद्या अवश्य ही सुख प्रदान करती है।

8. अपि स्वर्णमयी लङ्का न मे लक्ष्मण रोचते।
जननी जन्मभूमिश्च स्वर्गादपि गरीयसी।।

पदच्छेदः अपि स्वर्णमयी लङ्का न मे लक्ष्मण रोचते जननी जन्मभूमिः च स्वर्गात् अपि गरीयसी।

अन्वयः हे लक्ष्मण! स्वर्णमयी अपि लङ्का में (मह्यं) न रोचते। यतो हि जननी जन्मभूमिः च स्वर्गात् अपि गरीयसी (भवति)।

भावार्थः श्रीरामः लक्ष्मणं कथयति यत् हे लक्ष्मण! यद्यपि लङ्का स्वर्णमयी अस्ति तथापि लङ्कायां निवासः न मह्यं रोचते, यत जननी जन्मभूमिः च इति द्वयं स्वर्गात् अपि श्रेष्ठम् अस्ति। अतः मातृभूमौ निवासः उचितः।

शब्दार्थाः **स्वर्णमयी** = सोने वाली, **मे** = मुझे, **रोचते** = अच्छी लगना, **जननी** = माता, **जन्मभूमि** = मातृभूमि, **स्वर्गात्** = स्वर्ग से भी, **गरीयसी** = महान।

हिंदी अनुवाद श्रीराम लक्ष्मण से कहते हैं कि हे लक्ष्मण! यद्यपि लंका सोने की है, फिर भी लंका में रहना मुझे अच्छा नहीं लगता, क्योंकि माता व मातृभूमि ये दोनों स्वर्ग से भी श्रेष्ठ होती हैं। अतः मातृभूमि पर रहना ही उचित है।

9. पुस्तकस्था तु या विद्या परहस्तगतं धनम्।
कार्यकाले समुत्पनने न सा विद्या न तद्धनम्।।

पदच्छेदः पुस्तकस्था तु या विद्या परहस्तगतं धनं कार्यकाले समुत्पन्ने न सा विद्या न तद्धनम्।

अन्वयः पुस्तकस्था तु या विद्या (अस्ति), परहस्तगतं (च यद्) धनम् (अस्ति), (तद् उभयम् अपि) कार्यकाले समुत्पन्ने (सति)-न सा विद्या, न (च) तद्धनम् (स्वस्य उपयोगाय भवति)।

भावार्थः कस्यचित् समीपे अनेकानि पुस्तकानि सन्ति किन्तु यदि तानि न कदापि पठितानि, तर्हि पुस्तके लिखितं ज्ञानं समागते अवसरे सहायकं न भवति, अपितु बुद्धिस्था विद्या एव कार्यं साधयति। एवमेव अन्येभ्यः प्रदत्तं धनम् अपि समागते अवसरे सहायकं न भवति, स्वहस्ते यत् धनं भवति तदेव धनं कार्यं साधयति इति।

शब्दार्थाः **पुस्तकस्था** = पुस्तकों में स्थित, **विद्या** = ज्ञान, **परहस्तगतम्** = दूसरे के हाथ में गया धन, **कार्यकाले** = काम के समय।

हिंदी अनुवाद किसी व्यक्ति के पास बहुत-सी पुस्तकें हैं, किंतु वह उन्हें कभी भी नहीं पढ़ता है, तो पुस्तकों में स्थित ज्ञान समय आने पर सहायक नहीं होता, अपितु बुद्धि में स्थित ज्ञान से ही कार्य पूरे होते हैं। इसी प्रकार दूसरों को दिया हुआ धन भी समय पड़ने पर सहायक नहीं होता, केवल अपने पास जो धन होता है वही धन कार्य पूरे करता है।

NCERT फोल्डर: पाठ्यपुस्तक 'दीपकम्' के प्रश्नोत्तर

प्र.1 एतानि सर्वाणि सुभाषितानि उच्चैः पठन्तु स्मरन्तु लिखन्तु च।
(इन सभी नीति श्लोकों को उच्च स्वर में पढ़ो, याद करो और लिखो।)

उत्तराणि

छात्र स्वयं करें।

प्र.2 अधोलिखितानां प्रश्नानाम् उत्तराणि एकपदेन लिखत।
(निम्नलिखित प्रश्नों के उत्तर एक शब्द में लिखिए।)

(क) पृथिव्यां कति रत्नानि सन्ति? ....
(ख) अयं निजः परो वा इति गणना केषां भवति ? ....
(ग) कार्याणि केन सिध्यन्ति? ....
(घ) विद्या किं ददाति? ....
(ङ) जननी जन्मभूमिश्च कस्मात् गरीयसी? ....
(च) लङ्का कीदृशी आसीत्? ....

उत्तराणि

(क) त्रीणी (ख) लघुचेतसाम् (ग) उद्यमेन
(घ) विनयम् (ङ) स्वर्गात् (च) स्वर्णमयी

प्र.3 अधोलिखितानां प्रश्नानाम् उत्तराणि एकवाक्येन लिखत।
(निम्नलिखित प्रश्नों के उत्तर एक वाक्य में लिखिए।)

(क) पृथिव्यां त्रीणि रत्नानि कानि सन्ति?
(ख) उदारचरितानां भावः कः भवति?
(ग) मृगाः स्वयमेव कस्य मुखे न प्रविशन्ति
(घ) अभिवादनशीलस्य नित्यं कानि वर्धन्ते?
(ङ) मनुष्यः धनात् किम् आप्नोति?
(च) उत्पन्नेषु कार्येषु कीदृशं धनम् उपयोगाय न भवति?

उत्तराणि

(क) पृथिव्यां त्रीणी रत्नानि जलम्, अन्नं सुभाषितं च सन्ति।
(ख) उदारचरितानां कृते तु वसुधा एव कुटुम्बकं भवति।
(ग) मृगाः स्वयमेव सुप्तस्य सिंहस्य मुखे न प्रविशन्ति।
(घ) अभिवादनशीलस्य आयुः, विद्या, यशः बलं च नित्यं वर्धन्ते।
(ङ) मनुष्यः धनात् धर्मं आप्नोति?
(च) उत्पन्नेषु कार्येषु परहस्तगतं धनम् उपयोगाय न भवति।

प्र.4 चित्रं दृष्ट्वा वाक्यानि रचयत। (चित्र को देखकर वाक्य रचना कीजिए।)

उदाहरणम्

वृक्षः फलानि यच्छति। त्वं फलानि स्वीकरोषि। अहं फलानि स्वीकरोमि।

(क) ....। ....। ....।

(ख) ....। ....। ....।

(ग) ....। ....। ....।

(घ) ....। ....। ....।

(ङ) ....। ....। ....।

उत्तराणि

(क) पुष्पे सुगन्धः भवति। त्वं पुष्पं जिघ्रसि।
अहं पुष्पं जिघ्रामि।

(ख) सेबफलेन शरीरः पुष्टः भवति।
त्वं सेबफलं खादसि।
अहं सेबफलं खादामि।

(ग) पुस्तके ज्ञानं भवति।
त्वं पुस्तकं पठसि।
अहं पुस्तकं पठामि।

(घ) वृक्षात् पत्रं पतति।
त्वं हरितं पत्रं पश्यसि।
अहं हरितं पत्रं पश्यामि।

(ङ) स्फोरक पत्रे चित्राणि सन्ति।
चित्राणि सुन्दराणि सन्ति।
त्वं चित्राणि पश्यसि।

प्र.5 अधोलिखितानां वाक्यानि पठित्वा 'आम्' अथवा 'न' इति लिखत।
(निम्नलिखित वाक्यों को पढ़कर 'आम' 'हाँ' अथवा 'न' 'ना' लिखिए।)

यथा किं पृथिव्यां त्रीणि रत्नानि सन्ति? आम्

(क) त्रीणि रत्नानि जलं अन्नं पाषाणः च सन्ति? ....

(ख) किं धर्मेण सुखं प्राप्यते? ....

(ग) किं विद्या विनयं ददाति? ....

(घ) किं अभिवादनशीलस्य विद्या वर्धते? ....

(ङ) किं उद्यमेन कार्याणि नश्यन्ति? ....

(च) किं जन्मभूमिः स्वर्गात् गरीयसी भवति? ....

उत्तराणि

(क) न (ख) आम्
(ग) आम् (घ) आम्
(ङ) न (च) आम्।

प्र.6 चित्रे दर्शितस्य नाम लिङ्गं च निर्दिशत।
(चित्र में दिखाए गए के नाम व लिंग लिखिए।)

यथा  पुष्पम् नपुंसकलिङ्गम्

(i)  ....

(ii)  ....

(iii)  ....

(iv)  ....

(v)  ....

उत्तराणि

(i) सिंहः पुल्लिङ्गम्
(ii) सेबफलम् नपुंसकलिङ्गम्
(iii) महिला स्त्रीलिङ्गम्
(iv) छाया स्त्रीलिङ्गम्
(v) पुस्तकानि नपुंसकलिङ्गम्

प्र.7 वलये पदानि विलिख्य सुभाषितं पूरयत।
(वलय में पदों को लिखकर सुभाषित को पूरा कीजिए।)

विद्या — ददाति — (i) — विनयात् — (ii)
धनात् — (iii) — धनम् — (iv) — पात्रताम्
(v) — ततः — (vi)

उत्तराणि

(i) विनयम् (ii) याति (iii) आप्नोति,
(iv) धर्मम् (v) आप्नोति (vi) सुखम्

प्र.8 पट्टिकातः पदानि चित्वा निर्देशानुसारं पदानि लिखत।
(पट्टिका से पदों को चुनकर निर्देशानुसार पद लिखिए।)

जननी, धैर्यम्, विद्या, विनयः, निजः, पत्रम्, बुद्धिः, मूलम्, पराक्रमः शक्तिः, धनम्, उद्यमः, वसुधा, साहसम्

(क) प्रथमान्त-पुल्लिङ्गपदानि सन्ति 1. उद्यमः 2. .... 3. ...... 4. ....

(ख) प्रथमान्त-स्त्रीलिङ्गपदानि सन्ति 1. वसुधा 2. .... 3. ...... 4. ...... 5. ......

(ग) प्रथमान्त-नपुंसकलिङ्गपदानि सन्ति 1. साहसम् 2. .... 3. ...... 4. ...... 5. ......

उत्तराणि

(क) (2) विनयः (3) निजः (4) पराक्रमः।
(ख) (2) जननी (3) विद्या (4) बुद्धिः।
(ग) (2) धैर्यम् (3) पत्रम् (4) मूलम्।

प्र.9 पाठगतानि सुभाषितानि स्मृत्वा रिक्तस्थानानि पूरयत।
(पाठ में आए हुए सुभाषितों (नीति श्लोकों) को याद करके रिक्त स्थान पूरे कीजिए।)

(क) पृथिव्यां त्रीणि रत्नानि ······· सुभाषितम्।
(ख) उदारचरितानां तु ······· कुटुम्बकं भवति।
(ग) उद्यमेन हि ······· सिद्ध्यन्ति।
(घ) अभिवादनशीलस्य वृद्धोपसेविनः ······· वर्धन्ते।
(ङ) उद्यमः ······· पराक्रमः।
(च) विद्या ······· ददाति।
(छ) जननी जन्मभूमिश्च ······· गरीयसी भवति।

उत्तराणि

(क) जलम् अन्नं (ख) वसुधैव
(ग) कार्याणि (घ) आयुर्विद्या यशोबलं
(ङ) साहसं धैर्यं बुद्धिः शक्तिः
(च) विनयं (छ) स्वर्गात् अपि

प्र.10 चित्राणि दृष्ट्वा उचितान् श्लोकांशान् लिखत।
(चित्रों को देखकर श्लोकों के अंश लिखिए।)

(i) ....

(ii) ....

(iii) ....

(iv) ....

(v) ....

उत्तराणि

(i) परिश्रमेण हि कार्याणि सिध्यन्ति।
(ii) जलं अन्नं सुभाषितम्।
(iii) जननी जन्मभूमिश्च स्वर्गाऽपि गरीयसी।
(iv) चत्वारि तस्य वर्धन्ते आयुर्विद्या यशोबलम्।
(v) उदार चरितानां तु वसुधा एव कुटुम्बकम्।

अभ्यास प्रश्नाः

बहुविकल्पीय एवं वर्णनात्मक प्रश्नों सहित

भाग I

बहुविकल्पीय प्रश्नाः

1. अधोलिखितेषु विकल्पेषु उचितम् उत्तरम् चित्वा लिखत।
(निम्नलिखित विकल्पों में से उचित उत्तर चुनकर लिखिए।)

(i) स्फोरक पत्रे किम् अस्ति?
(क) प्रहेलिकाः (ख) श्लोकाः
(ग) उपदेशाः (घ) पशवः

(ii) सुभाषितानि कानि भवन्ति?
(क) सुन्दरकार्याणि (ख) सुन्दरपत्राणि
(ग) सुन्दरपुष्पाणि (घ) सुन्दरवचनानि

(iii) कुत्र त्रीणी रत्नानि सन्ति?
(क) पृथिव्यां (ख) जले
(ग) आकाशे (घ) आपणे

(iv) केषां कृते वसुधा कुटुम्बकं भवति?
(क) लघुचेतसाम् (ख) उदारचरितानाम्
(ग) बालकानाम् (घ) क्रीडनकानाम्

(v) कीदृशः-सिंहस्य मुखे मृगाः न प्रविशन्ति?
(क) सुप्तस्य (ख) जागृतस्य
(ग) धावतस्य (घ) उपसीदस्य

उत्तराणि

(i) (ख) श्लोका: (ii) (घ) सुन्दरवचनानि
(iii) (क) पृथिव्यां (iv) (ख) उदारचरितानाम्
(v) (क) सुप्तस्य

2. अधोलिखितेषु विकल्पेषु उचितं उत्तरं चित्वा लिखत।
(निम्नलिखित विकल्पों में से उचित उत्तर चुनकर लिखिए।)

(i) 'सिंहस्य' इति पदे का विभक्तिः?
(क) पंचमी (ख) षष्ठी (ग) प्रथमा (घ) तृतीया

(ii) 'प्रविशन्ति' इति पदे कः लकारः?
(क) लट् (ख) लोट (ग) लृट (घ) लङ

(iii) 'जागृतः' इति पदस्य विलोम पदं किम्?
(क) काक: (ख) पिक:
(ग) मृग: (घ) सुप्त:

(iv) 'परिश्रमेण' इति पदस्य समानार्थकं पदं श्लोके किम्?
(क) साहसेन (ख) उद्यमेन
(ग) पराक्रम: (घ) धैर्यं

(v) अधोलिखितेषु पदेषु किं पदं स्त्रीलिङ्गे न अस्ति?
(क) जननी (ख) जन्मभूमि:
(ग) विद्या (घ) धनम्

उत्तराणि

(i) (ख) षष्ठी (ii) (क) लट् (iii) (घ) सुप्त:
(iv) (ख) उद्यमेन (v) (घ) धनम्।

3. कोष्ठकात् उचितं विकल्पं चित्वां रिक्तस्थानानि पूरयत।
(कोष्ठक से उचित विकल्प चुनकर रिक्त स्थान पूरे कीजिए।)

(i) प्रविशन्ति ………. मृगाः। (मुखम्, मुखे, मुखानि)
(ii) उद्यमेन हि सिध्यन्ति ……….। (कार्यम्, कार्ये, कार्याणि)
(iii) पृथिव्यां त्रीणि ……….। (रत्नम्, रत्नानि, रत्ने)
(iv) इति ………. लघुचेतसाम्। (गणनं, गणनः, गणना)
(v) तत्र ………. सहायकृत्। (देवम्, देवः, देवा)
(vi) विद्या ………. ददाति। (विनयं, विनये, विनया)
(vii) परहस्तगतं ……….। (धनः, धनम्, धनानि)

उत्तराणि

(i) मुखे (ii) कार्याणि (iii) रत्नानि,
(iv) गणना (v) देव: (vi) विनयम्
(vii) धनम्।

4. अन्वयः पूर्ति क्रियताम्।
(अन्वय पूर्ति कीजिए।)

(क) विद्या ददाति विनयं विनयाद्याति पात्रताम्।
पात्रत्वाद्धनमाप्नोति धनाद्धर्मं ततः सुखम्।
अन्वयः विद्या विनयं ददाति विनयात् पात्रतां याति। ……. धनम् आप्नोति, धनात् धर्मं ततः सुखम्।।
(क) विनयं (ख) धनम्
(ग) पात्रत्वात् (घ) धर्मम्

(ख) पुस्तकस्था तु या विद्या परहस्तगतं धनम्।
कार्यकाले समुत्पनने न सा विद्या न तद्धनम्।।
अन्वयः पुस्तकस्था तु या विद्या …………. धनम्।
कार्यकाले समत्पन्ने न सा विद्या, न तद्धनम्।
(क) हस्त (ख) पुस्तक
(ग) परहस्तगतम् (घ) समुत्पन्ने

उत्तराणि

(क) (ग) पात्रत्वात्
(ख) (ग)परहस्तगतम्

5. मञ्जूषातः उचितं पर्यायं चित्वा लिखत।
(मंजूषा से उचित पर्याय चुनकर लिखिए।)

- **मञ्जूषाः** पात्रताम्, निजः, परिश्रमेण, गरीयसी, वसुधा, वदने

(i) उद्यमेन ……………
(ii) मुखे ……………
(iii) स्वकीय: ……………
(iv) धरित्री ……………
(v) योग्यताम् ……………
(vi) ज्येष्ठा ……………

उत्तराणि

(i) परिश्रमेण (ii) वदने
(iii) निज: (iv) वसुधा
(v) पात्रताम् (vi) गरीयसी।

प्रश्न निर्माणं

6. रेखाङ्कित पदानाम् अधिकृत्य प्रश्न निर्माणं कुरुत।
(रेखांकित पदों के आधार पर प्रश्न-निर्माण कीजिए।)

(i) मूढैः पाषाणखण्डेषु रत्नसङ्ज्ञा विधीयते।
(ii) उदारचरितानां कृते वसुधैव कुटुम्बकम्।
(iii) उद्यमेन कार्याणि सिध्यन्ति।
(iv) विद्या विनयं ददाति।
(v) जननी स्वर्गादपि गरीयसी।

उत्तराणि

(i) कैः पाषाणखण्डेषु रत्नसंङ्ज्ञा विधीयते?
(ii) केषाम् कृते वसुधैव कुटुम्बकम्?
(iii) केन कार्याणि सिध्यन्ति?
(iv) का विनयं ददाति?
(v) जननी कस्मात् अपि गरीयसी?

वाक्य निर्माणं

7. वाक्य निर्माणम् कुरुत।
(वाक्य-निर्माण कीजिए।)

विद्या, सिंहः, धनम्, जननी, पराक्रमः

उत्तराणि

1. विद्या विनयं ददाति।
2. सिंह: वने निवसति।
3. भिक्षुक: धनं वाञ्छति।
4. मम जननी गृहे अस्ति।
5. वीरेषु पराक्रम: भवति।

8. अधोलिखितात् श्लोकात् स्त्रीलिङ्गं, पुल्लिङ्गम्, नपुंसकलिङ्गम् शब्दान् चित्वा लिखत।

उद्यम: साहसं धैर्यं बुद्धि: शक्ति: पराक्रम:।
षडेते यत्र वर्तन्ते तत्र देव: सहायकृत्।।

उत्तराणि

स्त्रीलिङ्ग शब्दा: बुद्धि:, शक्ति:।
पुल्लिङ्ग-शब्दा: उद्यम:, पराक्रम:, देव:।
नपुंसकलिङ्ग शब्दा: साहसं, धैर्यं।

मेलनं कुरुत

9. श्लोकाङ्शान् परस्परं मेलयत।
(श्लोकांशों का आपस में मिलान कीजिए।)

सूची (अ)	सूची (ब)
(क) षडेते यत्र वर्तन्ते	(i) स्वर्गाऽपि गरीयसी
(ख) विद्या ददाति विनयं	(ii) परहस्तगतं धनम्
(ग) जननी जन्मभूमिश्च	(iii) तत्र देव: सहायकृत्
(घ) पुस्तकस्था तु या विद्या	(iv) आयुर्विद्या यशोबलम्
(ङ) चत्वारि तस्य वर्धन्ते	(v) विनयाद्याति पात्रताम्

उत्तराणि

(क) (iii) (ख) (v)
(ग) (i) (घ) (ii)
(ङ) (iv)

10. मञ्जूषात: पदानि चित्वा अन्वय: पूरयत।
(मंजूषा से शब्द चुनकर अन्वय पूरा कीजिए।)

- **मञ्जूषा:** च इति , विद्या, नित्यम्, सेविन:)

अन्वय: (i) ...... अभिवादनशीलस्य वृद्धोप (ii) ...... तस्य: आयु: (iii) ...... यश: बलम् (iv) ...... चत्वारि वर्धन्ते।

उत्तराणि

(i) नित्यम् (ii) सेविन:
(iii) विद्या (iv) च इति

भाग II

पठित-अवबोधनम्

1. अधोलिखितयो: श्लोकयो: पठित्वा प्रश्नानाम् उत्तराणि लिखत।
(निम्नलिखित श्लोकों को पढ़कर प्रश्नों के उत्तर लिखिए।)

I. उद्यमेन हि सिध्यन्ति कार्याणि न मनोरथै:।
न ही सुप्तस्य सिंहस्य प्रविशन्ति मुखे मृगा:।।

(क) एकपदेन उत्तरत।
(एक शब्द में उत्तर दीजिए।)
(i) कार्याणि केन सिध्यन्ति?
(ii) उद्यमेन कानि सिध्यन्ति?
(iii) कस्य मुखे मृगा: न प्रविशन्ति?
(iv) मनोरथै: किं न सिध्यन्ति?

(ख) पूर्ण वाक्येन उत्तरत।
(पूर्ण वाक्य में उत्तर दीजिए।)
(i) सुप्तस्य सिंहस्य मुखे के न प्रविशन्ति?
(ii) मृगा: कुत्र न प्रविशन्ति?

(ग) निर्देशानुसारम् उत्तरत।
(निर्देश के अनुसार उत्तर दीजिए।)
(i) 'परिश्रमेण' इति पदस्य पर्याय पदं श्लोके किम्?
(क) कार्याणि (ख) उद्यमेन
(ग) न (घ) सुप्तस्य
(ii) 'जागृत:' इति पदस्य विलोमपदं श्लोके किं प्रयुक्तम्?
(क) मृगा: (ख) सिंह:
(ग) सुप्त: (घ) मुखे
(iii) 'सिंहस्य' इति पदे का विभक्ति:?
(क) प्रथमा (ख) तृतीया
(ग) पञ्चमी (घ) षष्ठी
(iv) .... हि सिध्यन्ति कार्याणि।
(क) उद्यमेन (ख) कार्याणि
(ग) मुखे (घ) मृगा:

उत्तराणि

(क) (i) उद्यमेन
(ii) कार्याणि
(iii) सुप्तस्य सिंहस्य
(iv) कार्याणि

(ख) (i) सुप्तस्य सिंहस्य मुखे मृगा: न प्रविशन्ति।
(ii) मृगा: सुप्तस्य सिंहस्य मुखे न प्रविशन्ति।

(ग) (i) (ख) उद्यमेन (ii) (ग) सुप्त:
(iii) (घ) षष्ठी (iv) (क) उद्यमेन

II अपि स्वर्णमयी लङ्का न मे लक्ष्मण रोचते।
जननी जन्मभूमिश्च स्वर्गादपि गरीयसी।

(क) एकपदेन उत्तरत
(एक शब्द में उत्तर दीजिए।)
(i) लङ्का कीदृशी आसीत्?
(ii) लङ्का कस्मै न रोचते?
(iii) स्वर्णमयी का आसीत्?
(iv) जननी कस्मात् गरीयसी?

(ख) पूर्णवाक्येन उत्तरत।

(पूर्ण वाक्य में उत्तर दीजिए।)

(i) स्वर्गादपि के गरीयसी?

(ii) जन्मभूमि कस्मात् गरीयसी?

(ग) निर्देशानुसारं उत्तरत।

(निर्देश के अनुसार उत्तर दीजिए।)

(i) 'रोचते' अस्मिन पदे का धातुः?

(क) रुच् (ख) रोच्

(ग) इअ (घ) एते

(ii) 'स्वर्गात्' इति पदम् कस्यां विभक्त्याम् अस्ति?

(क) प्रथमा (ख) तृतीया

(ग) पञ्चमी (घ) षष्ठी

(iii) उपर्युक्त श्लोकात् अव्यय पदं चित्वा लिखत।

(क) अपि (ख) न

(ग) अपि, न उभयो: (घ) मे

(iv) 'माता' शब्दस्य समानार्थकं पदं श्लोके किम्?

(क) जननी (ख) जन्मभूमि

(ग) लङ्का (घ) स्वर्गात्

उत्तराणि

(क) (i) स्वर्णमयी (ii) मे (रामाय)

(iii) लङ्का (iv) स्वर्गात्

(ख) (i) स्वर्गाऽपि जननी जन्मभूमिश्च गरीयसी।

(ii) जन्मभूमि स्वर्गात् गरीयसी।

(ग) (i) (क) रूच् (ii) (ग) पञ्चमी

(iii) (ग) अपि, न उभयो: (iv) (क) जननी

अतिलघु उत्तरीय प्रश्ना:

1. पात्रत्वात् किम आप्नोति?

2. अयं निजः परो वेति इति गणनां केषां कृते भवति?

लघु उत्तरीय प्रश्ना:

3. मूढैः पाषाणखण्डेषु का विधीयते?

4. कार्यकाले समुत्पन्ने कीदृशं धनम् उपयोगाय न भवति?

दीर्घ उत्तरीय प्रश्ना:

5. देवः कुत्र सहायकृत् भवति?

6. नित्य वृद्धोपसेविनः कानि वर्धन्ते?

उत्तराणि

1. धनम्
2. लघुचेतसाम्
3. रत्नसङ्ज्ञा
4. परहस्तगते
5. देव: तत्र सहायकृत् भवति यत्र उद्यम, साहसं, धैर्यं, बुद्धि:, शक्ति:, पराक्रम: च विद्यते।
6. नित्यवृद्धोपसेविन: आयु:, विद्या, यशो बलं च वर्धन्ते।

आलस्यं हि मनुष्याणां शरीरस्थो महान् रिपुः

(आलस्य निश्चित ही मनुष्यों के शरीर में स्थित सबसे बड़ा शत्रु है।)

अध्याय 12

पाठ का सार प्रस्तुत पाठ में एक भिक्षुक व धनवान व्यक्ति के मध्य वार्तालाप के माध्यम से बताया गया है कि आलस्य मनुष्य के शरीर में स्थित उसका महान शत्रु है। एक बार एक विशाल गाँव में एक भिक्षुक, जिसका शरीर बलिष्ठ था, भिक्षा माँगता था। मार्ग में आने-जाने वाले प्रत्येक व्यक्ति से वह भिक्षा की याचना करता था। एक बार एक धनवान व्यक्ति उसे मिला। उसने उससे भिक्षा माँगी। इस पर धनवान व्यक्ति ने उस भिक्षुक से धन के बदले उससे उसके शरीर के अंग माँगे। भिक्षुक ने अपने अंग देने से मना कर दिया। इस पर धनिक व्यक्ति बोला कि हजारों मूल्यों से भी अधिक मूल्यवान वस्तु अर्थात् शरीर के अंग तुम्हारे पास हैं। फिर तुम अपने आपको कमजोर क्यों मानते हो। सौभाग्य से तुम्हें मानव जीवन मिला है। अतः इसका उपयोग सफलता प्राप्त करने के लिए करो। उसी दिन से उस भिक्षुक ने भिक्षा माँगना छोड़ दिया तथा परिश्रम से धन अर्जित कर गौरवपूर्ण जीवन व्यतीत करना आरम्भ कर दिया।

पाठ का हिंदी अनुवाद

1. मातः! अद्य तु अवकाशदिनम् अस्ति। अद्य अहं सम्पूर्णदिने विश्रामं करिष्यामि।

अवकाशः विद्यालयस्य अस्ति न तु स्वाध्यायस्य। बहु आलस्यं करोषि। उत्तिष्ठ, परिश्रमं कुरु।

अहम् उत्तीर्णः भविष्यामि।

किम् अधिकेन परिश्रमेण?

यः परिश्रमं करोति, सः एव जीवने सफलतां प्राप्नोति। परिश्रमः एव मनुष्यस्य मित्रम् अस्ति। आलस्यं तु शत्रुः इव अस्ति।

तत् कथं मातः?

यदि ज्ञातुम् इच्छसि, तर्हि एतां कथां पठ।

शब्दार्थः **अद्य** = आज, **सम्पूर्ण** = पूरे, **स्वाध्यायस्य** = अपने अध्ययन का, **उत्तिष्ठ** = उठो, **अधिकेन** = अधिक, **आलस्यम्** = आलस्य, **ज्ञातुम्** = जानने के लिए।

हिंदी अनुवाद माता, आज तो अवकाश (छुट्टी) का दिन है। आज मैं पूरे दिन आराम करूँगा।

अवकाश विद्यालय का है न कि अपने अध्ययन का। बहुत आलस करते हो। उठो, परिश्रम करो।

मैं उत्तीर्ण (पास) हो जाऊँगा। अधिक परिश्रम करने से क्या लाभ?

जो परिश्रम करता है, वही जीवन में सफलता प्राप्त करता है। परिश्रम ही मनुष्य का मित्र है। आलस तो शत्रु के समान है।

वह कैसे माता?

यदि जानना चाहते हो, तो इस कथा को पढ़ो।

2. एकस्मिन् विशाले ग्रामे कश्चन भिक्षुकः आसीत्। यद्यपि सः उन्नतः दृढ़कायः च युवकः आसीत् तथापि सः भिक्षाटनं करोति स्म। मार्गे यः कोऽपि मिलति तं सः कथयति-''कृपया भिक्षां यच्छतु। दरिद्राय दानं करोतु। पुण्यं प्राप्नोतु।'' इति। केचन जनाः तस्मै धनं यच्छन्ति। केचन च तर्जयन्ति।

शब्दार्थः **एकस्मिन्** = एक, **विशाल** = बड़े, **कश्चन** = कोई, **भिक्षुकः** = भिखारी, **दृढ़काय** = दृढ़ शरीर वाला, **भिक्षाटनं** = भिक्षा के लिए घूमना, **दरिद्राय** = गरीब के लिए, **पुण्यम्** = पुण्य, **तर्जयन्ति** = डाँटते थे।

संदर्भ प्रस्तुत गद्यांश हमारी पाठ्यपुस्तक 'दीपकम्' के द्वादश पाठ 'आलस्यं हि मनुष्याणां शरीरस्थो महान् रिपुः' से उद्धृत है।

हिंदी अनुवाद एक विशाल गाँव में कोई भिखारी रहता था। यद्यपि वह ऊँचे तथा बलवान शरीर वाला युवक था। फिर भी वह भिक्षा माँगने के लिए घूमता था। रास्ते में जो कोई भी मिलता है, उससे वह कहता है-''कृपया भिक्षा दो। गरीब के लिए दान करो। पुण्य प्राप्त करो।'' इस प्रकार कुछ लोग उसे धन देते हैं और कुछ डाँट देते हैं।

3. एकदा तेन मार्गेण कश्चित् धनिकः आगच्छति। सः भिक्षुकः मनसि एवं चिन्तयति-''अहो मम भाग्यम्। अद्य अहं प्रभूतं धनं प्राप्नोमि'' इति।

भिक्षुकः धनिकं वदति-''आर्य! अहम् अतीव दरिद्रः अस्मि। कृपया दानं करोतु'' इति।

धनिकः तं पृष्टवान्-''तवं किम् इच्छसि?''

''आर्य! अहं प्रभूतं धनम् इच्छामि'' इति सः सविनयम् उक्तवान्।

शब्दार्थाः **एकदा** = एक बार, **धनिकः** = धनवान, **मनसि** = मन में, **चिन्तयति** = सोचता है, **प्रभूम्** = बहुत अधिक, **पृष्टवान्** = पूछा, **सविनयम्** = विनयपूर्वक।

हिंदी अनुवाद एक बार उसके रास्ते में कोई धनवान आता है। वह भिखारी मन में ही सोचता है "अहो! मेरा सौभाग्य है। आज मैं बहुत सारा धन प्राप्त करूँगा" इस प्रकार।

भिखारी धनवान से कहता है-"श्रीमान, मैं बहुत गरीब हूँ, कृपया दान दीजिए।"

धनवान ने उससे पूछा-"तुम क्या चाहते हो?"

"श्रीमान, मैं बहुत सारा धन चाहता हूँ।" ऐसा उसने विनयपूर्वक कहा।

4. तदा धनिक:वदति—"अहं तुभ्यं सहस्त्रं रूप्यकाणि यच्छामि त्वं मह्यं तव पादौ यच्छ।"

भिक्षुकः वदति-"अहं मम पादौ तुभ्यं कथं ददामि? विना पादौ कथं वा चलामि?"

धनिकः वदति-"अस्तु त्वं पञ्चसहस्त्रं रूप्यकाणि स्वीकुरु। मह्यं तव हस्तौ यच्छ।"

भिक्षंकः वदति-"हस्ताभ्यां विना अहं कथं भिक्षां स्वीकरोमि?"

एवमेव धनिकः सहस्त्राधिकैः रूप्यकैः तस्य अनेकानि शरीराङ्गानि क्रेतुम् इष्टवान्। किन्तु भिक्षुकः निराकृतवान्।

शब्दार्थाः **सहस्त्रम्** = हजार, **पादौ** = दो पैर, **पञ्चसहस्म्** = पाँच हजार, **स्वीकुरु** = स्वीकार करो, **हस्तौ** = दो हाथ, **विना** = बिना, शरीराङ्गानि = शरीर के अंग, **क्रेतुम** = खरीदना, **इष्टवान्** = चाहा, **निराकृतवान्** = मना कर दिया।

हिंदी अनुवाद तब धनवान कहता है "मैं तुम्हें हजार रुपए देता हूँ। तुम मुझे अपने दोनों पैर दो।"

भिखारी कहता है-"मैं तुम्हें अपने पैर कैसे दूँ।" पैरों के बिना मैं कैसे चलूँगा।

धनवान कहता है-"ठीक है, तुम पाँच हजार रुपए स्वीकार करो। मुझे तुम्हारे दोनों हाथ दे दो।"

भिखारी कहता है-"दोनों हाथों के बिना मैं भिक्षा कैसे प्राप्त करूँगा? इसी प्रकार धनवान व्यक्ति हजार से भी अधिक रुपयों से उसके शरीर के अंग खरीदना चाहता है, किन्तु वह भिखारी मना कर देता है।

5. तदा धनिकः उक्तवान्। "पश्य मित्र! तव समीपे एव **सहस्त्राधिकमूल्यकानि वस्तूनि** सन्ति। तथापि किमर्थं त्वम् आत्मानं **दुर्बलं** मन्यसे? सौभाग्येन एवं वयं मानवजन्म प्राप्तवन्तः। अस्य सफलतार्थं **प्रयत्नं** कुरु। इतः गच्छ, शुभं भवतु" इति।

शब्दार्थाः **उक्तवान्** = कहा, **किमर्थम्** = किसलिए, **आत्मानम्** = अपने आपको, **दुर्बलम्** = कमजोर, **सौभाग्येन** = सौभाग्य से, **सफलतार्थम्** = सफलता के लिए, **प्रयत्नम्** = कोशिश।

हिंदी अनुवाद तब धनवान बोला। "देखो मित्र, तुम्हारे पास ही हजार से भी अधिक मूल्य की वस्तुएँ हैं। फिर भी किसलिए तुम अपने आपको कमजोर समझते हो। सौभाग्य से ही हमें मानव का जन्म मिला है। इसकी सफलता के लिए प्रयत्न (प्रयास) करो।" यहाँ से जाओ, तुम्हारा कल्याण हो।

6. तस्माद् दिनात् भिक्षुकः **भिक्षाटनं** त्यक्त्वा परिश्रमेण धनार्जनं कृत्वा सगौरवं जीवनयापनम् आरब्धवान्। अतः एव सज्जनाः वदन्ति-

आलस्यं हि मनुष्याणां शरीरस्थो महान् रिपुः।
नास्त्युद्यमसमो बन्धुः कृत्वा यं नावसीदति।।

पदच्छेदः आलस्यं हि मानुष्याणां शरीरस्थः महान् रिपुः न अस्ति उद्यमसमः बन्धुः कृत्वा यं न अवसीदति।

अन्वयः आलस्यं हि मनुष्याणां शरीरस्थः महान् रिपुः (अस्ति)। उद्यमसमः बन्धुः नास्ति यं कृत्व न अवसीदति।

भावार्थः आलस्यं मनुष्याणां शरीरे स्थितः महान् शत्रुः अस्ति। यतो हि आलस्यस्य कारणात् कार्यं न सिध्यति। एवमेव परिश्रमेण समानः बन्धुः अपि नास्ति यतो हि परिश्रमं कृत्वा कोऽपि दुःखं न आप्नोति।

शब्दार्थाः **तस्माद्** = उस, **दिनात्** = दिन से, **त्यक्त्वा** = छोड़कर, **धनार्जनम्** = धन कमाकर, **सगौरवम्** = गौरवपूर्वक, **आरब्धवान्** = आरम्भ किया, **उद्यमः** = परिश्रम, **न अव-सीदति** = दुःखी नहीं होता है।

हिंदी अनुवाद उसी दिन से भिखारी ने भिक्षा के लिए घूमना छोड़कर परिश्रम से धन कमाकर गौरवपूर्वक जीवनयापन करना आरम्भ कर दिया। अतः सज्जन कहते हैं

निश्चत ही आलस्य मनुष्यों के शरीर में स्थित महान् शत्रु है, क्योंकि आलस्य के कारण कार्य पूरे नहीं होते। इस प्रकार परिश्रम के समान बन्धु नहीं है, क्योंकि परिश्रम करके कोई भी दुःखी नहीं होता है।

NCERT फोल्डर: पाठ्यपुस्तक 'दीपकम्' के प्रश्नोत्तर

प्र.1 अधोलिखितानां प्रश्नानाम् एकपदेन उत्तराणि यच्छत।
(निम्नलिखित प्रश्नों के उत्तर एक शब्द में दीजिए।)

(क) भिक्षुकः किं करोति स्म?
(ख) कदाचित् तेन मार्गेण कः आगच्छति?
(ग) भिक्षुकः धनिकात् किम् इच्छति?
(घ) धनिकः भिक्षुकात् किं याचितवान्?
(ङ) सौभाग्येन वयं किं प्राप्तवन्तः?

उत्तराणि
(क) भिक्षाटनम् (ख) धनिकः
(ग) धनम् (घ) तस्य शरीराङ्गानि
(ङ) मानवजन्म

प्र.2 अधोलिखितानां प्रश्नानाम् उत्तराणि 'आम्' अथवा 'न' इति पदेन लिखत।
(निम्नलिखित प्रश्नों के उत्तर 'हाँ' अथवा 'नहीं' पद में लिखिए।)

यथा ग्रामे कश्चन भिक्षुकः आसीत्। आम्
(क) भिक्षुकः उन्नतः दृढ़कायः च आसीत्। ....
(ख) जनाः तस्मै दण्डं यच्छन्ति। ....
(ग) भिक्षुकः प्रभूतं धनम् इच्छति। ....
(घ) भिक्षुकः धनिकाय पादौ ददाति। ....
(ङ) भिक्षुकः भिक्षाटनं त्यजति। ....

उत्तराणि
(क) आम् (ख) न (ग) आम्
(घ) न (ङ) आम्

प्र.3 अधोलिखितेषु वाक्येषु द्वितीयाविभक्तेः शब्दानां द्विवचने परिवर्तनं कृत्वा वाक्यानि लिखत।
(निम्नलिखित वाक्यों में द्वितीया विभक्ति के शब्दों को द्विवचन में परिवर्तित करके वाक्यों को लिखिए।)

यथा चन्द्रशेखरः लेखं लिखति **चन्द्रशेखरः लेखौ लिखति।**
(क) आपणिकः अङ्कनीं ददाति। ......।
(ख) मातामही कथां श्रावयति ......।
(ग) सैनिकः मां रक्षति। ......।
(घ) कृष्णः कन्दुकं गृह्णाति ......।
(ङ) छात्रः श्लोकं पठति। ......।

उत्तराणि
(क) आपणिकः अङ्कन्यौ ददाति।
(ख) मातामही कथे श्रावयति।
(ग) सैनिकः आवां रक्षति।
(घ) कृष्णः कन्दुके गृह्णाति
(ङ) छात्रः श्लोके पठति।

प्र.4 चित्रं दृष्ट्वा द्वितीयाविभक्तेः वाक्यानि रचयत।
(चित्र को देखकर द्वितीया विभक्ति में वाक्य बनाइए।)

(क) बालिकाः .... गच्छन्ति।

(ख) पक्षिणः .... खादन्ति।

(ग) शिक्षकः .... पाठ्यति।

(घ) नर्तकीः .... धारयति।

(ङ) अहंः .... स्वीकरोमि।

उत्तराणि
(क) बालिका विद्यालयं गच्छन्ति।
(ख) पक्षिणः फलानि खादन्ति/
(ग) शिक्षकः छात्रौ पाठयति।
(घ) नर्तकी मालां धारयति।
(ङ) अहं कलमं स्वीकरोमि।

प्र.5 कोष्ठके विद्यमानानां शब्दानां द्वितीयाविभक्तेः एकवचनरूपेण सह वाक्यानि लिखत।
(कोष्ठक में स्थित शब्दों के द्वितीया विभक्ति एकवचन के रूप के साथ वाक्य लिखिए।)

यथा भक्तः (देव) नमति। **भक्तः देवं नमति।**
(क) छात्राः (ग्रन्थ) पठन्ति। ....
(ख) बालकाः (कथा) लिखन्ति। ....
(ग) रमा (लेखनी) क्रीणाति। ....
(घ) शिक्षकः (अस्मद्) पाठयति। ....
(ङ) अर्जुनः (नदी) पश्यति। ....

(च) पितामही (रजनी) आह्वयति। ....

(छ) अहं (युष्मद्) नमस्करोमि। ....

(ज) कृषकः (क्षेत्र) कर्षति। ....

(झ) पर्यटकः (कन्याकुमारी) गच्छति। ....

(ञ) चित्रकारः (चित्र) रचयति। ....

उत्तराणि

(क) छात्राः ग्रन्थं पठन्ति।
(ख) बालकाः कथां लिखन्ति।
(ग) रमा लेखनीं क्रीणाति।
(घ) शिक्षकः मां पाठयति।
(ङ) अर्जुनः नदीं पश्यति।
(च) पितामही रजनीम् आह्वयति।
(घ) अहं त्वां नमस्करोमि।
(ज) कृषकः क्षेत्रं कर्षति।
(झ) पर्यटकः कन्याकुमारीं गच्छति।
(ञ) चित्रकारः चित्रं रचयति।

प्र.6 **द्वितीयाविभक्तेः एकवचनशब्दानां बहुवचने परिवर्तनं कृत्वा वाक्यानि रचयत।**

(द्वितीया विभक्ति के एकवचन के शब्दों को बहुवचन में परिवर्तित करके वाक्य बनाइए।)

यथा वयं सुभाषितं वदामः। तयं सुभाषितानि वदामः।

(क) अरुणः **दूरवाणीं** नयति। ....

(ख) पिता **लेखनीम्** आनयति। ....

(ग) जननी **पाकं** पचति ....

(घ) मातामहः **मां** बोधयति। ....

(ङ) अग्रजा **त्वाम्** आह्वयति। ....

उत्तराणि

(क) अरुणः दूरवाणीः नयति।
(ख) पिता लेखनीः आनयति।
(ग) जननी पाकान् पचति।
(घ) मातामहः अस्मान् बोधयति।
(ङ) अग्रजा युष्मान् आह्वयति।

प्र.7 **अधः प्रदत्तं चित्रं दृष्ट्वा द्वितीयाविभक्तेः प्रयोगं कृत्वा दश वाक्यानि रचयत।**

(नीचे दिए गए चित्र को देखकर द्वितीया विभक्ति का प्रयोग करके दस वाक्य बनाइए।)

उत्तराणि

(क) बालकाः कन्दुकं गृहणान्ति।
(ख) छात्राः व्यायामं कुर्वन्ति।
(ग) एकः बालकः क्रीडाक्षेत्रं धावति।
(घ) माता आपणं गच्छति।
(ङ) एकः बालकः एका बालिका च अपि आपणं गच्छतः।
(च) शिक्षकः बालकान् योगासनं शिक्षयति।
(छ) विद्यालयम् अभितः वृक्षौ स्तः।
(ज) विद्यालयं पुरतः पादपाः सन्ति।
(झ) छात्रे भोजनं कुरुतः।
(ञ) छात्राः पठनाय विद्यालयं गच्छन्ति।

अभ्यास प्रश्नाः

बहुविकल्पीय एवं
वर्णनात्मक प्रश्नों सहित

भाग I

बहुविकल्पीय प्रश्नाः

1. अधोलिखितेषु विकल्पेषु उचितम् उत्तरम चित्वा लिखत।

(निम्नलिखित विकल्पों में से उचित उत्तर चुनकर लिखिए।)

(i) **यः परिश्रमं करोति, स जीवने ······ प्राप्नोति।**
(क) सफलतां (ख) विफलताम्
(ग) प्रसिद्धिम् (घ) अवनतिम्

(ii) **एकस्मिन विशाले ······ कश्चनः भिक्षुकः आसीत्।**
(क) वने (ख) ग्रामे (ग) नगरे (घ) उद्याने

(iii) **केचन जनाः भिक्षुकम् ······।**
(क) प्रशङ्सन्ति (ख) ताडयन्ति (ग) तर्जयन्ति (घ) अपसन्ति

(iv) **एकदा भिक्षुकं मार्गे ······ मिलति।**
(क) धनिकम् (ख) वृद्धम्
(ग) बालकम् (घ) शिक्षकम्

(v) **हस्ताभ्यां विना भिक्षुकः कथं ······ स्वीकरोति?**
(क) धनम् (ख) फलम्
(ग) भोजनम् (घ) भिक्षाम्

उत्तराणि

(i) (क) सफलताम् (ii) (ख) ग्रामे
(iii) (ग) तर्जयन्ति। (iv) (क) धनिकम् (v) (घ) भिक्षाम्।

2. कोष्ठकात् उचितं विकल्पं चित्वा वाक्य-पूर्तिं कुरुत।
(कोष्ठक से उचित विकल्प चुनकर वाक्यों को पूरा कीजिए।)

(i) अहम् सम्पूर्ण दिने ...... करिष्यामि। (विश्राम:/विश्रामं)
(ii) भिक्षुक: ...... करोति स्म। (भिक्षाटनं/भिक्षाटन:)
(iii) केचन ...... तस्मै धनं यच्छान्ति। (जन:/जना:)
(iv) मह्यं तव ...... यच्छ। (पादम्/पादौ)
(v) तस्मात् दिनात् ...... भिक्षाटनं त्यजति (भिक्षुकं/भिक्षुक:)

उत्तराणि

(i) विश्रामं (ii) भिक्षाटनं (iii) जना:
(iv) पादौ (v) भिक्षुक:।

3. अधोलिखितेषु पदेषु द्वितीया: विभक्त्या: पदानि चित्वा लिखत।
(निम्नलिखित शब्दों में से द्वितीया विभक्ति के शब्द चुनकर लिखिए।)
पत्रे, वानरौ, बालक:, छात्रा, चटका:, उद्यानम्, खगौ, शिक्षके, पाचिका, गायिका:

उत्तराणि

पत्रे, वानरौ, चटका:, उद्यानम्, खगौ, शिक्षके, गायिका:

4. उचित क्रियापदेन वाक्यानि पूरयत।
(उचित क्रिया पदों से वाक्य पूरे कीजिए।)

(i) काकौ वृक्षे ...... (तिष्ठति/तिष्ठत:/तिष्ठन्ति)
(ii) अश्वौ ...... (धावत:/धावति/धावन्ति)
(iii) त्वं कन्दुकेन ...... (क्रीडति/क्रीडसि/क्रीडामि)
(iv) आवां भोजनं ...... (खादामि/खादाव:/खादथ:)
(v) सिंहौ उच्चै: ...... (गर्जति/गर्जत:/गर्जथ:)

उत्तराणि

(i) तिष्ठत: (ii) धावत:
(iii) क्रीडसि (iv) खादाव: (v) गर्जत:।

5. अधोलिखितं तालिकां द्वितीया-विभक्त्या: शब्दै: पूरयत।

	एकवचन	द्विवचन	बहुवचन
(i) मयूर:	....	....	....
(ii) गज:	....	....	....
(iii) अस्मद्	....	....	....
(iv) युष्मद्	....	....	....
(v) तत् (पु.)	....	....	....
(vi) लता	....	....	....
(vii) चटका	....	....	....
(viii) गृहम्	....	....	....
(ix) पुस्तकम्	....	....	....
(x) नदी	....	....	....

उत्तराणि

(i) मयूरम्, मयूरौ, मयूरा:
(ii) गजम्, गजौ, गजा:
(iii) माम्, आवाम्, अस्मान्
(iv) त्वाम्, युवाम्, युष्मान्
(v) तम्, तौ, तान्
(vi) लताम्, लते, लता:
(vii) चटकाम्, चटके, चटका:
(viii) गृहम्, गृहे, गृहाणि
(ix) पुस्तकम्, पुस्तके, पुस्तकानि
(x) नदीम्, नद्यौ, नदी:

6. विकल्पेभ्य उचितम् पदम् चित्वा प्रश्न निर्माणं कुरुत।
(विकल्पों से उचित पद चुनकर प्रश्न-निर्माण कीजिए।)

(i) भिक्षुक: **भिक्षां** याचते।
(क) क: (ख) का (ग) का: (घ) काम्
(ii) शिशु: **कन्दुकेन** क्रीडति।
(क) कम् (ख) केन (ग) काभ्याम् (घ) कस्मै
(iii) दरिद्र: **भोजनाय** स्पृह्यति।
(क) कस्मै (ख) केभ्य: (ग) कम् (घ) क:
(iv) **लताया:** माता भोजनम् पचति।
(क) कस्य (ख) कस्या: (ग) केन (घ) कयो:
(v) सिंहा: **वने** गर्जन्ति।
(क) कस्य (ख) कुत्र (ग) कस्या: (घ) कम्

उत्तराणि

(i) (घ) काम् (ii) (ख) केन (iii) (क) कस्मै
(iv) (ख) कस्या: (v) (ख) कुत्र

7. मेलनम् कुरुत। (मिलान कीजिए।)

(अ)	(ब)
(क) प्रभूतम्	(i) त्याग करके
(ख) अतीव	(ii) ढेर सारा
(ग) दुर्बलम्	(iii) मुझे
(घ) त्यक्त्वा	(iv) बहुत अधिक
(ङ) मह्यम्	(v) निर्बल

उत्तराणि

(क) (ii) (ख) (iv) (ग) (v)
(घ) (i) (ङ) (iii)

8. वाक्य निर्माणं कुरुत। (वाक्य बनाइए।)
आलस्यं, भिक्षुक:, रिपु:, उद्यम, ग्रामे

उत्तराणि

(i) आलस्यं मा कुरु।
(ii) भिक्षुक: धनं याचते।
(iii) अस्माकं कोऽपि रिपु: नास्ति।
(iv) उद्यमेन कार्याणि सिध्यन्ति।
(v) मम गृहं ग्रामे अस्ति।

भाग II

पठित-अवबोधनम्

1. अधोलिखितयोः गद्यांशयोः पठित्वा प्रश्नान् उत्तरत।
(निम्नलिखित गद्यांशों को पढ़कर प्रश्नों के उत्तर दीजिए।)

I. एकस्मिन् विशाले ग्रामे कश्चन भिक्षुकः आसीत्। यद्यपि सः उन्नतः दृढ़कायः च युवकः आसीत् तथापि सः भिक्षाटनं करोति स्म। मार्गे यः कोऽपि मिलति तं सः कथयति-"कृपया भिक्षां यच्छतु। दरिद्राय दानं करोतु। पुण्यं प्राप्नोतु।" इति। केचन जनाः तस्मै धनं यच्छन्ति। केचन च तर्जयन्ति।

(क) एकपदेन उत्तरत। (एक शब्द में उत्तर दीजिए।)
(i) भिक्षुकः किं करोति स्म?
(ii) दरिद्राय किं करोतु?
(iii) जनाः भिक्षुकायः किं यच्छान्ति?
(iv) के भिक्षुकं तर्जयन्ति?

(ख) पूर्ण वाक्येन उत्तर। (पूर्ण वाक्य में उत्तर दीजिए।)
(i) भिक्षुकः कीदृशः युवकः आसीत्?
(ii) भिक्षुकः कुत्र आसीत्?

(ग) निर्देशानुसारं उत्तर। (निर्देशानुसार उत्तर दीजिए।)
(i) 'आसीत्' इति पदे मूल धातु का अस्ति?
(क) अस् (ख) आसी (ग) अरित् (घ) सीत्
(ii) 'पापम्' पदस्य विपरीतार्थकं पदं गद्यांशें किम् अस्ति?
(क) भिक्षाटनम् (ख) पुण्यम् (ग) दानं (घ) उन्नतः
(iii) 'सः भिक्षाटनं करोति स्म।' अस्मिन् वाक्ये कर्तृपदं किम् अस्ति?
(क) सः (ख) भिक्षाटनम्
(ग) करोति (घ) स्म
(iv) 'दरिद्राय' इति पदे का विभक्तिः अस्ति?
(क) प्रथमा (ख) तृतीया (ग) चतुर्थी (घ) षष्ठी

उत्तराणि
(क) (i) भिक्षाटनम् (ii) दानं
(ii) धनम् (iv) केचन जनाः
(ख) (i) भिक्षुकः उन्नतः दृढ़काय च युवकः आसीत्।
(ii) भिक्षुकः विशाले ग्रामे आसीत्।
(ग) (i) (क) अस् (ii) (ख) पुण्यम्
(iii) (क) सः (iv) (ग) चतुर्थी

II तदा धनिकःवदति-"अहं तुभ्यं सहस्त्रं रूप्यकाणि यच्छामि त्वं मह्यं तव पादौ यच्छ।"

भिक्षुकः वदति-"अहं मम पादौ तुभ्यं कथं ददामि? विना पादौ कथं वा चलामि?"

धनिकः वदति-"अस्तु त्वं पञ्चसहस्त्रं रूप्यकाणि स्वीकुरु। मह्यं तव हस्तौ यच्छ।"

भिक्षंकः वदति-"हस्ताभ्यां विना अहं कथं भिक्षां स्वीकरोमि?"

एवमेव धनिकः सहस्त्राधिकैः रूप्यकैः तस्य अनेकानि शरीराङ्गानि क्रेतुम् इष्टवान्। किन्तु भिक्षुकः निराकृतवान्।

(क) एकपदेन उत्तरत। (एक शब्द में उत्तर दीजिए।)
(i) केन वयं मानवजन्मः प्राप्तवन्तः?
(ii) कस्यार्थं प्रयत्नं कुरु?
(iii) भिक्षुकः किं त्यजति?
(iv) किं कृत्वा नरः न अवसीदति?

(ख) पूर्ववाक्येन उत्तरत। (पूर्ण वाक्य में उत्तर दीजिए।)
(i) भिक्षुकस्य समीपे कानि सन्ति?
(ii) मनुष्याणां महान् रिपुः किम् अस्ति?

(ग) निदेशानुसारं उत्तरत। (निर्देशानुसार उत्तर दीजिए।)
(i) मनुष्याणाम् इति पदे का विभक्तिः?
(क) प्रथमा (ख) चतुर्थी (ग) षष्ठी (घ) सप्तमी
(ii) 'वस्तूनि' इति पदं कस्मिन् लिङ्गे अस्ति?
(क) पुल्लिङ्गे (ख) स्त्रीलिङ्गे
(ग) नपंसकलिङ्गे (घ) न कोऽपि लिङ्गो
(iii) 'वयं मानवजन्म प्राप्तवन्तः' अत्र क्रियापदं किम् अस्ति?
(क) वयं (ख) मानव (ग) जन्म (घ) प्राप्तवन्तः
(iv) 'मित्रं' शब्दस्य विपरीतार्थकं पदं गद्यांशे किम् अस्ति?
(क) उद्यम (ख) बन्धुः (ग) रिपुः (घ) धनिकः

उत्तराणि
(क) (i) सौभाग्येन (ii) सफलतार्थम्
(iii) भिक्षाटनम् (iv) उद्यम्
(ख) (i) भिक्षुकस्य समीपे सहस्त्राधिक-मूल्यानि वस्तूनि सन्ति।
(ii) मनुष्याणां महान् रिपुः आलस्यम् अस्ति।
(ग) (i) (ग) षष्ठी (ii) (ग) नपुंसकलिङ्गे
(iii) (घ) प्राप्तवन्तः (iv) (ग) रिपुः

अतिलघु उत्तरीय प्रश्नाः

1. कौ विना भिक्षुकः न चलति?

2. धनिकः कानि केतुम् इच्छति?

लघु उत्तरीय प्रश्नाः

3. एकदा तेन मार्गेण कः आगच्छति?

4. भिक्षुकः धनिकं दृष्टवा किं प्राप्तुं चिन्तयति?

दीर्घ उत्तरीय प्रश्नाः

5. भिक्षुकः धनिकं सविनयं किं उक्तवान्?

6. धनिकः भिक्षुकाय हस्ताभ्यां कृते किं दातुं कथयति?

उत्तराणि
1. पादौ 2. शरीराङ्गानि
3. कश्चित धनिकः 4. प्रभूतं धनं
5. भिक्षुकः धनिकं प्रभूतं धनं कृते सविनयं उक्तवान्।
6. धनिकः भिक्षुकाय हस्ताभ्यां कृते पञ्च सहस्त्रं रूप्यकाणि दातुं कथयति।

सङ्ख्यागणना ननु सरला

(क्रमांकन वास्तव में सरल है)

अध्याय **13**

पाठ का सार प्रस्तुत पाठ के माध्यम से छात्रों को संस्कृत में संख्याओं से परिचित कराया गया है। इसमें एक सुंदर संख्या गीत प्रस्तुत किया गया है, जिसमें बताया गया है कि सूर्य व चंद्रमा एक-एक हैं। नेत्र दो हैं। शंकर त्रिनयन हैं। ब्रह्मा जी के चार मुख हैं। हाथ में पाँच अँगुलियाँ होती हैं। कार्तिकेय जी के छः मुख हैं। इसी प्रकार सप्ताह में सात दिन होते हैं। लोकः भी सात हैं तथा ऋषि भी (सप्त ऋषि) सात हैं। आठ दिग्गज हैं। नौ ग्रह हैं तथा घर की दस दिशाएँ होती हैं।

पाठ का हिंदी अनुवाद

1. छात्राः! अत्र कक्षायां भवन्तः कति जनाः सन्ति?

सुमितः, विश्वनाथः, वीणा, उदिता, कमला, प्रीतिः, निरुपमा, प्रशान्तः, देवेशः अहं च स्मः।

तर्हि कति छात्राः सन्ति? गणयतु।

एकम् एकम् एकम् एकम् एकम् एकम् ......।

अहो! भवन्तः संस्कृतेन गणनां न जानन्ति। अस्तु, अधुना सङ्ख्यागणनां पठामः। अहम् एकं सुन्दरं सङ्ख्यागीतं गायामि। भवन्तः अनुगायन्तु।

शब्दार्थाः **कति** = कितने, **तर्हि** = तो, **गणयतु** = गिनो, **संस्कृतेन** = संस्कृत द्वारा (में), **गण्नाम्** = गिनती को, **अस्तु** = ठीक है, **सङ्ख्यागीतम्** = संख्या गीत को, **अनुगायन्तु** = पीछे-पीछे गाओ।

हिंदी अनुवाद

छात्रों, इस कक्षा में आप सब कितने लोग हैं। सुमित, विश्वनाथ, वीणा, उदिता, कमला, प्रीति, निरुपमा, प्रशान्त, देवेश और मैं हूँ।

तो कितने छात्र हैं? गिनो।

एक, एक, एक, एक, एक, एक ......।

ओह, आप सब संस्कृत में गिनती नहीं जानते हो। ठीक है, अब (हम) संख्याओं की गिनती पढ़ते हैं। मैं एक सुंदर संख्या गीत गाता हूँ। आप सब मेरे पीछे गाओ।

2.

एकः सूर्यः चन्दाद्रोऽप्येकः
मानवकुलमप्येकम्।
द्वे नयने ननु जीविनि सकले
प्रभवति सर्वो दद्रष्टुम्।।

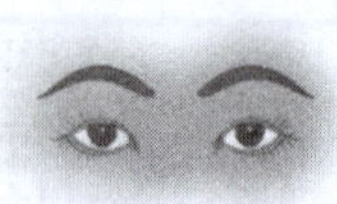

शब्दार्थाः **मानवकुलम्**, = मनुष्य का कुल, **नयने** = दो नेत्र, **जीविनि** = प्राणी में, **सकले** = संपूर्ण, **प्रभवति** = समर्थ होता है।

संदर्भ प्रस्तुत पद्यांश (गीतांश) हमारी पाठ्यपुस्तक 'दीपकम्' के तेरहवें पाठ 'सङ्ख्यागणना ननु सरला' से लिया गया है।

हिंदी अनुवाद सूर्य एक है, चंद्रमा भी एक है और मनुष्यों का कुल भी एक है। प्राणी के दो नेत्र हैं, जो निश्चय ही सब कुछ देखने में समर्थ हैं।

3.

लोकशङ्करस्त्रिनयनमूर्तिः
नमाम्यहं तं प्रतिदिवसम्।
चतुर्मुखोऽयं जगतः स्रष्टा
तेन हि सृष्टं जीवकुलम्।।

शब्दार्थाः **शङ्कर** = भगवान शिव, **त्रिनयन** = तीन नेत्रों वाले, **नमामि** = नमस्कार करता हूँ, **प्रतिदिवसम्** = प्रत्येक दिन, **चतुर्मुख** = चार मुख वाले, **जगतः** = संसार के, **स्रष्टा** = रचने वाले, **सृष्टिम्** = रचा गया।

हिंदी अनुवाद भगवान शिव के तीन नेत्र हैं। मैं उनको प्रतिदिन प्रणाम करता हूँ। इस संसार को रचने वाले चार मुख वाले ब्रह्मा हैं। इन्होंने भी सारे जीव कुल की रचना की है।

4.

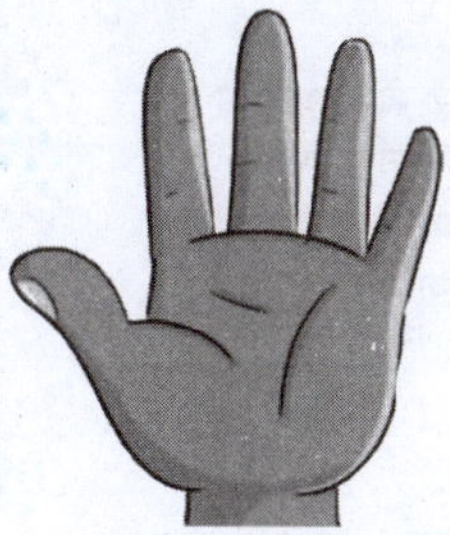

पञ्चागुलयो मम करकमले
लोको विदधति गणनाम्।
सुरसेनानी: षण्मुखदेव:
सततं पात्ययममरगणम्।।

शब्दार्थाः **पञ्चाङ्गुलयो** = पाँच अंगुलियाँ, **मम** = मेरे, **करकमले** = हाथ में, **लोको** = संसार में, **विदधति** = करते हैं, **गणनाम्** = गिनती को, **सुरसेनानीः** = देवों के सेनापति (कार्तिकेय), **षण्मुख** = छः मुँह वाले, **सततम्** = निरंतर, **पाति** = रक्षा करता है।

हिंदी अनुवाद मेरे हाथ में पाँच अँगुलियाँ हैं। संसार में इनसे गिनती करते हैं। देवताओं के सेनापति कार्तिकेय जी के छः मुख हैं। ये देवताओं की निरंतर रक्षा करते हैं।

5.

सप्त वासराः सप्ताहे ननु
स्वराः सुमधुराः सप्त।
ऊर्ध्वमधस्तात् लोकाः सप्त
ख्याता ऋषयः सप्त।।

शब्दार्थाः **सप्त** = सात, **वासराः** = वार, **सप्ताहे** = सप्ताह में, **स्वराः** = स्वर, **सुमधुरा** = अत्यंत मधुर, **ऊर्ध्वम्** = ऊपर, **अधस्तात्** = नीचे तक, **लोकाः** = लोक, **ख्याता** = प्रसिद्ध।

हिंदी अनुवाद निश्चय ही सप्ताह में सात दिन हैं। सात ही मधुर स्वर (सा, रे, गा,मा, पा, धा, नि) हैं। ऊपर से लेकर नीचे तक सात लोक हैं तथा प्रसिद्ध ऋषि भी सात हैं।

6.

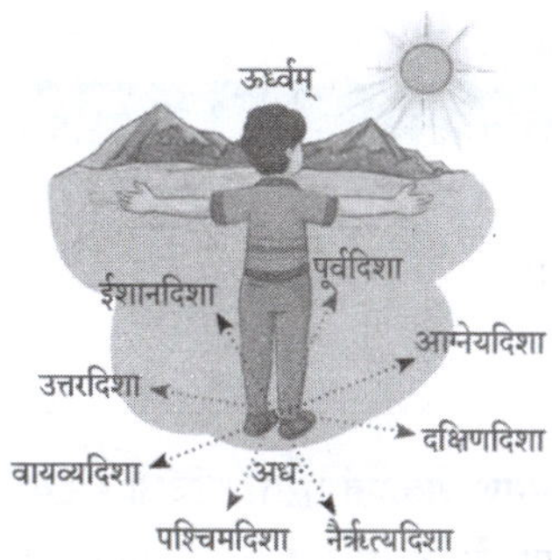

अष्ट दिग्गजा धरन्ति धरणीम्
उपकृतिशीला अतुलबलाः।
नव ग्रहाः ननु विपुले गगने
चरन्ति सततं नियततया।।

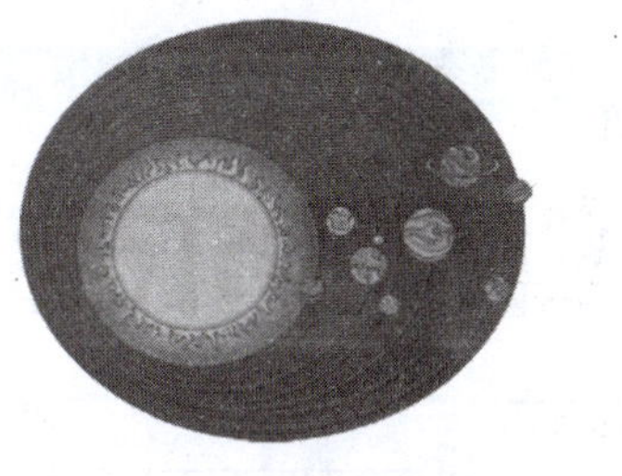

शब्दार्थाः **दिग्गजा** = दिग्गज (हाथी), **धरन्ति** = धारण करते हैं, **धरणीम्** = पृथ्वी को, **अतुलबलाः** = अतुल बलशाली, **ग्रहाः** = ग्रह, **विपुले** = विस्तृत, **गगने** = आकाश में, **चरन्ति** = विचरण करते हैं, **सततम्** – लगातार, **नियततया** = निश्चित रूप में।

हिंदी अनुवाद पृथ्वी को आठ दिग्गज धारण करते हैं, जो उपकार करने वाले तथा अतुल बलशाली हैं। विस्तृत आकाश में निश्चय ही नौ ग्रह अपनी नियत गति से, नियत स्थान पर लगातार विचरण करते रहते हैं।

7.

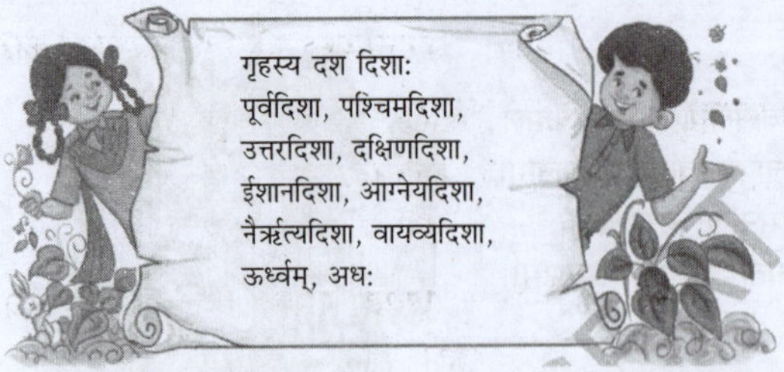

पूर्वाद्या दश दिशः प्रसिद्धाः
सख्यागणना ननु सरला।
गायामो वयममितामोदं
कुर्मो बहुधा करतालम्।।

डॉ. जनार्दनहेगडे

शब्दार्थाः **अद्या** = से लेकर, **प्रसिद्धाः** = प्रसिद्ध है, **गायामः** = गाते हैं, **कुर्मः** = करते हैं, **करतालम्** = ताली बजाना।

हिंदी अनुवाद घर की दस दिशाएँ हैं-पूर्व दिशा, पश्चिम दिशा, उत्तर दिशा, दक्षिण दिशा, ईशान दिशा, आग्नेय दिशा, नेतृत्व दिशा, वायव्य दिशा, ऊपर व नीचे।

पूर्व से लेकर दस दिशाएँ प्रसिद्ध हैं। निश्चय ही संख्या की गिनती सरल है। हम सब प्रसन्नता पूर्वक गाते हैं तथा विभिन्न प्रकार से तालियाँ बजाते हैं।

वयं सङ्ख्यां गणयामः (1-50)

1. एकम्	11 एकादश	21 एकविंशतिः	31 एकत्रिंशत्	41 एकचत्वारिंशत्
2. द्वे	12 द्वादश	22 द्वाविंशतिः	32 द्वात्रिंशत्	42 द्विचत्वारिंशत्
3. त्रीणि	13 त्रयोदश	23 त्रयोविंशतिः	33 त्रयत्रिंशत्	43 त्रिचत्वारिंशत्
4. चत्वारि	14 चतुर्दश	24 चतुर्विंशतिः	34 चतुत्रिंशत्	44 चतुश्चत्वारिंशत्
5. पञ्च	15 पञ्चदश	25 पञ्चविंशतिः	35 पञ्चत्रिंशत्	45 पञ्चचत्वारिंशत्
6. षट्	16 षोडश	26 षड्विंशतिः	36 षट्त्रिंशत्	46 षट्चत्वारिंशत्
7 सप्त	17 सप्तदश	27 सप्तविंशतिः	37 सप्तत्रिंशत्	47 सप्तचत्वारिंशत्
8 अष्ट	18 अष्टादश	28 अष्टाविंशतिः	38 अष्टात्रिंशत्	48 अष्टचत्वारिंशत्
9 नव	19 नवदश	29 नवविंशतिः	39 नवत्रिंशत्	49 नवचत्वारिंशत्
10 दश	20 विंशतिः	30 त्रिंशत्	40 चत्वारिंशत्	50 पञ्चाशत्

NCERT फोल्डर: पाठ्यपुस्तक 'दीपकम्' के प्रश्नोत्तर

प्र.1 पाठस्य आधारेण अधोलिखितानां प्रश्नानाम् एकपदेन उत्तराणि लिखत।
(पाठ के आधार पर नीचे दिए हुए प्रश्नों के उत्तर एक शब्द में लिखिए।)

(क) कः एकः अस्ति?
(ख) कः षण्मुखदेवः अस्ति?
(ग) कः त्रिनयनमूर्तिः अस्ति?
(घ) का सरला अस्ति?
(ङ) के अतुलबलाः सन्ति?

उत्तराणि

(क) सूर्यः (ख) सुरसेनानीः (ग) शिवः
(घ) सङ्ख्यागणना (ङ) दिग्गजाः

प्र.2 उदाहरणानुगुणं शब्दानां पुरतः उचितां संख्यां लिखत।
(उदाहरण के अनुसार शब्दों के सामने उचित संख्या लिखिए।)

यथा-आकाशे 1 सूर्यः विभाति। (1, 2, 3, 4)
(क) मम हस्ते .... अङ्गुलयः सन्ति। (9, 5, 8, 7)
(ख) सप्ताहे .... वासराः भवन्ति। (6, 10, 7, 5)
(ग) कार्तिकेयस्य .... मुखानि सन्ति। (1, 6, 10, 3)
(घ) व्याकरणे .... वचनानि सन्ति। (10, 9, 3, 5)
(ङ) गगने .... ग्रहाः सन्ति। (8, 7, 9, 10)

उत्तराणि

(क) 5 (ख) 7 (ग) 6
(घ) 3 (ङ) 9

प्र.3 **उदाहरणानुसारं सङ्ख्यां सङ्ख्यापदं च लिखत।**

(उदाहरण के अनुसार संख्या व संख्या पद लिखिए।)

यथा भवतः परिवारे कति जनाः सन्ति? 5, पञ्च।

(क) कति दिशः सन्ति? ...., ...।

(ख) सप्ताहे कति वासराः भवन्ति? ...., ...।

(ग) वर्षे कति मासाः भवन्ति? ...., ...।

(घ) भवतः कति दन्ताः सन्ति? ...., ...।

(ङ) स्वराः कति भवन्ति? ...., ...।

उत्तराणि

(क) 10 (दश) (ख) 7 (सप्त)
(ग) 12 (द्वादश) (घ) 32 (द्वात्रिंशत्)
(ङ) 7 (सप्त)।

प्र.4 **अधः प्रदत्तेन पदेन सह सङ्ख्यां योजयत।**

(नीचे दिए गए पद के साथ संख्या को मिलाइए।)

	सूची (अ)	सूची (ब)
(क)	पञ्च	20
(ख)	एकम्	13
(ग)	अष्ट	5
(घ)	विंशतिः	1
(ङ)	त्रयोदश	8

उत्तराणि

(क) पञ्च 5, (ख) एकम् 1 (ग) अष्टम् 8
(घ) विंशतिः 20 (ङ) त्रयोदश 13

प्र.5 **उपस्थितिपत्रं पश्यत। सङ्ख्यां वदत लिखत च।**

(उपस्थिति पत्र को देखिए। संख्या को बोलिए व लिखिए।)

उपस्थिति-क्रम संख्या	नाम
1. एकम्	गणेशः
2. द्वे	गीताञ्जलिः
3. त्रीणि	जगन्नाथः
4. चत्वारि	दिनेशः
5. पञ्च	प्रज्ञा
6. षट्	बलरामः
7. सप्त	मोहनः
8. अष्ट	राधिका
9. नव	सुभद्रा
10. दश	स्वयंप्रभा

(क) गणेशस्य उपस्थितिसङ्ख्या का? ....

(ख) सुभद्रायाः उपस्थितिसङ्ख्या का? ....

(ग) स्वयंप्रभायाः उपस्थितिसङ्ख्या का? ....

(घ) जगन्नाथस्य उपस्थितिसङ्ख्या का? ....

उत्तराणि

(क) एकम् (ख) नव
(ग) दश (घ) त्रीणि

प्र.6 **चित्रं पश्यत, संख्याः वदत, द्वितीयचित्रे अङ्कैः च ताः संख्याः लिखत।**

(चित्र को देखिए, संख्याएँ बोलिए, दूसरे चित्र में अंकों में उन संख्याओं को लिखिए।)

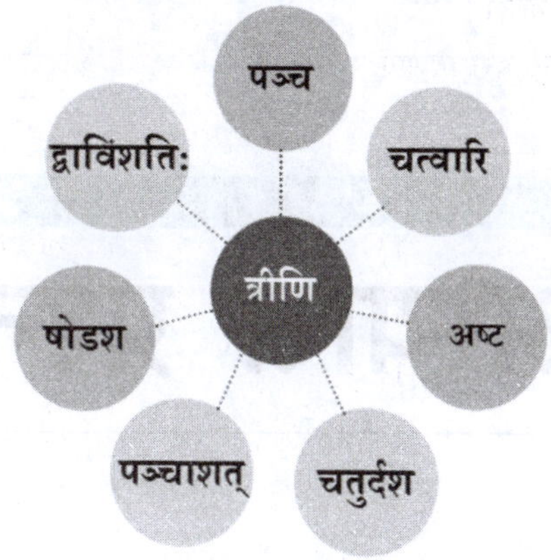

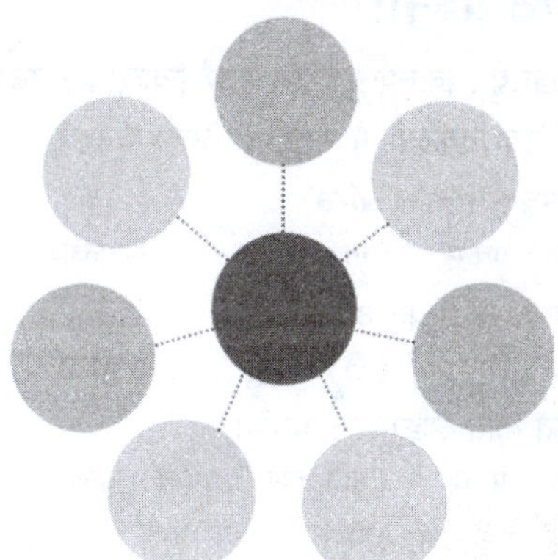

उत्तराणि

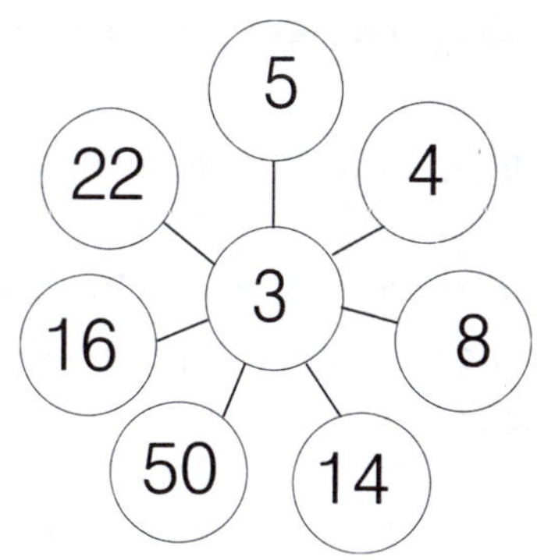

प्र.7 चित्रं पश्यन्तु, सङ्ख्याः वदत, द्वितीयचित्रे शब्दैः च ताः संख्याः लिखत।
(चित्र को देखिए, संख्याएँ बोलिए, दूसरे चित्र में शब्दों में उन संख्याओं को लिखिए।)

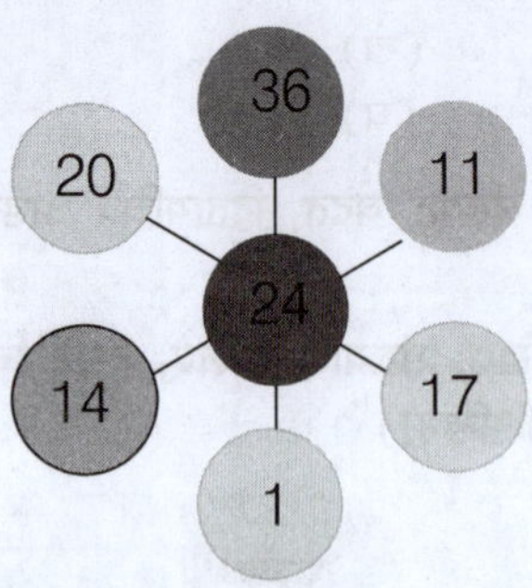

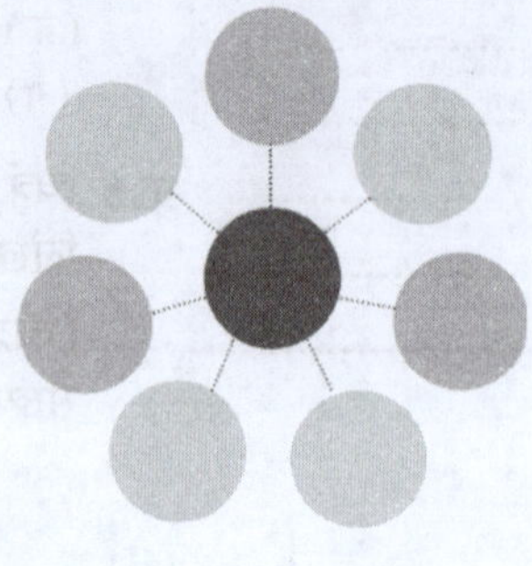

उत्तराणि

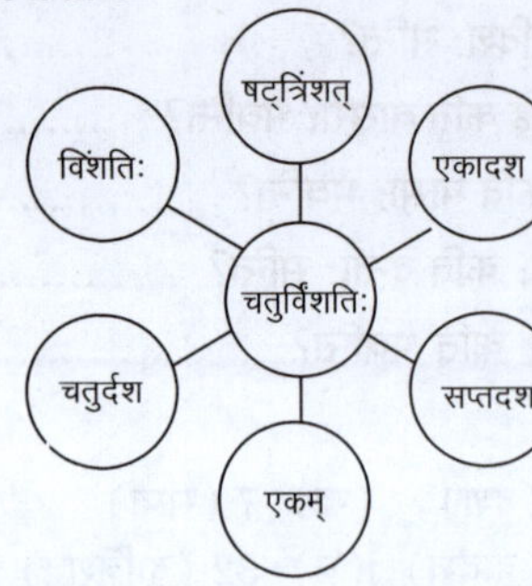

अभ्यास प्रश्नाः

बहुविकल्पीय एवं वर्णनात्मक प्रश्नों सहित

भाग I

बहुविकल्पीय प्रश्नाः

1. अधोलिखितेषु विकल्पेषु उचितं उत्तरं चित्वा लिखत।
(निम्नलिखित विकल्पों में से उचित उत्तर चुनकर लिखिए।)

(i) मानवकुलं कति अस्ति?
(क) एकम् (ख) द्वे (ग) चत्वारः (घ) पञ्च

(ii) जगतः स्रष्टा कः अस्ति?
(क) शिवः (ख) विष्णु (ग) ब्रह्मा (घ) दुर्गा

(iii) हस्ते कति अङ्गुल्यः भवन्ति?
(क) पञ्च (ख) दश (ग) चत्वारः (घ) अष्ट

(iv) सुरसेनानीः कः अस्ति?
(क) एक दन्तः (ख) षडाननः (ग) शिवः (घ) ब्रह्मा

(v) के धरणीं धरन्ति?
(क) ग्रहाः (ख) चन्द्रः (ग) सूर्यः (घ) दिग्गजाः

उत्तराणि
(i) (क) एकम् (ii) (ग) ब्रह्मा (iii) (क) पञ्च
(iv) (ख) षडाननः (v) (घ) दिग्गजाः

2. विकल्पेभ्यः उचितं उत्तरं चित्वा प्रश्न निर्माणं कुरुत।
(विकल्पों से उचित उत्तर चुनकर प्रश्न-निर्माण कीजिए।)

(i) द्वे अयने स्तः।
(क) किम् (ख) के
(ग) कति (घ) कानि

(ii) चत्वारि युगानि सन्ति।
(क) कानि (ख) कति
(ग) कदा (घ) किम्

(iii) सप्त ऋषयः सन्ति।
(क) कति (ख) कानि
(ग) के (घ) काः

(iv) विपुले गगने नव ग्रहाः सन्ति।
(क) कति (ख) के
(ग) का (घ) कानि

(iv) करे पञ्च-अङ्गुल्यः भवन्ति।
(क) के (ख) काः
(ग) कानि (घ) कति

उत्तराणि
(i) (ग) कति (ii) (ख) कति
(iii) (ग) के (iv) (क) कति
(v) (घ) कति।

3. अधोलिखितेषु वाक्येषु रिक्त स्थानानि पूरयत।
(निम्नलिखित वाक्यों में रिक्त स्थानों को पूरा कीजिए।)

(i) सर्वो द्रष्टुं .... । (प्रभवतः/प्रभवति/प्रभवन्ति)
(ii) अहं तं प्रतिदिवसं ....। (नमामि/नमामः/नमति)
(iii) लोको गणनां ....। (विद्यतः/विद्यन्ति/विद्यति)
(iv) अष्ट दिग्गजा धरणीं ...... । (धरन्ति/धरन्तः/धरसि)
(v) सङ्ख्या गणना ननु .....। (सरल/सरला/सरलं)

उत्तराणि
(i) प्रभवति (ii) नमामि
(iii) विद्यति (iv) धरन्ति
(v) सरला

4. शुद्धेन विशेषणेन रिक्तस्थानानि पूरयत।
(शुद्ध विशेषण से रिक्त स्थान पूरे कीजिए।)
(i) .... वानरः। (एकः/एक/एकम्)
(ii) .... फले। (दौ/द्वे/द्वि)
(iii) .... पुस्ताकानि। (त्रीणि/त्रयः/तिस्त्रः)
(iv) .... अध्यापकाः। (चत्वारः/चतस्त्रः/चत्वारि)
(v) .... कन्ये। (द्वि/द्वे/द्वयोः)
(vi) .... पत्रम्। (एका/एकम्/एकः)

उत्तराणि
(i) एकः (ii) द्वे (iii) त्रीणि
(iv) चत्वारः (v) द्वे (vi) एकम्

5. शुद्धं सङ्ख्याशब्दं लिखत।
(शुद्ध संख्या शब्द लिखिए।)
(i) 50-पञ्चाशत्/पञ्चदश/पञ्चविंशतिः
(ii) 19-नवतिः/नवदश/एकोनदश
(iii) 18-अष्टादश/अष्टाविंशतिः/अष्टत्रिंशत्
(iv) 35-पञ्चत्रिंशत्/पञ्चचत्वारिंशत्/पञ्चस्ति
(v) 22-द्वाविंशति/द्वात्रिंशत्/द्वादश

उत्तराणि
(i) पञ्चाशत् (ii) नवदश (iii) अष्टादश
(iv) पञ्चत्रिंशत् (v) द्वाविंशति

6. आरोह क्रमेण लिखत। (उन्नत क्रम (बढ़ते हुए क्रम) में लिखिए।)
एकविंशतिः, द्वादश, त्रिंशत्, द्वाविंशतिः, पञ्चाशत्

उत्तराणि
द्वादश, एकविंशतिः, द्वाविंशतिः, त्रिंशत्, पञ्चाशत्।

7. मञ्जूषायाः सङ्ख्या पदानि गृहीत्वा रिक्तस्थानानि पूरयत।
(मंजूषा से संख्या पदों को लेकर रिक्त स्थान पूरे कीजिए।)
- **मञ्जूषा** एकम्, एका, द्वै, द्वौ, पञ्चः, एकः

(i) नासिका .... भवति।
(ii) हस्ते .... अङ्गुल्यः भवन्ति।
(iii) हस्तौ .... भवतः।
(iv) नेत्रे .... भवतः।
(v) मुखम् .... भवति।
(vi) कण्ठ .... भवति।

उत्तराणि
(i) एका (ii) पञ्च (iii) द्वौ
(iv) द्वे (v) एकम् (vi) एकः

मेलनं कुरुत

8. मेलनम् कुरुत। (मिलान कीजिए।)

(अ)	(ब)
(क) पाति	(i) ताली
(ख) जीविनि	(ii) नीचे
(ग) गणनाम्	(iii) रक्षा करता है
(घ) करतालम्	(iv) प्राणी में
(ङ) अद्यः	(v) दिशाएँ
(च) दिशः	(vi) गिनती

उत्तराणि
(क) (iii) (ख) (iv) (ग) (vi)
(घ) (i) (ङ) (ii) (च) (v)

9. मञ्जूषातः पदानि चित्वा अन्वयः पूरयत।
(मञ्जूषा से शब्द चुनकर अन्वय पूरा कीजिए।)
- **मञ्जूषा** ऋषयः, सुमधरा, सप्ताहे, ऊर्ध्वम, लोकाः)

अन्वयः ननु (i) .... सप्त वासराः, सप्त (ii) .... स्वराः (iii) .... अध्स्तात् सप्त (iv) .... सप्त (v) .... ख्याता

उत्तराणि
(i) सप्ताहे (ii) सुमधुराः
(iii) ऊर्ध्वम् (iv) लोकाः
(v) ऋषयः

भाग II

पठित-अवबोधनम्

1. अधोलिखितयोः पद्याङ्श्योः पठित्वा प्रश्नान् उत्तरत।
(निम्नलिखित पद्यांशों को पढ़कर प्रश्नों के उत्तर दीजिए।)

I. सप्त वासराः सप्ताहे ननु
स्वराः सुमधुराः सप्त।
ऊर्ध्वमधस्तात् लोकाः सप्त
ख्याता ऋषयः सप्त।।
अष्ट दिग्गजा धरन्ति धरणीम्
उपकृतिशीला अतुलबलाः।
नव ग्रहाः ननु विपुले गगने
चरन्ति सततं नियततया।।

(क) एकपदेन उत्तरत। (एक शब्द में उत्तर दीजिए।)
(i) सप्ताहे कति वासराः सन्ति?
(ii) स्वराः कीदृशाः सन्ति?
(iii) ऋषयः कीदृशाः सन्ति?
(iv) ग्रहाः कति सन्ति?

(ख) पूर्णवाक्येन उत्तरत। (पूर्ण वाक्य में उत्तर दीजिए।)
(i) दिग्गजाः किं कुर्वन्ति?
(ii) नवग्रहाः कुत्र चरन्ति?

(ग) निर्देशानुसारम् उत्तरत। (निर्देशानुसार उत्तर दीजिए।)

(i) 'सप्ताहे' इति पदे का विभक्तिः?
(क) प्रथमा
(ख) द्वितीया
(ग) षष्ठी
(घ) सप्तमी

(ii) 'सुमधुराः' अत्र उपसर्ग पदं किम्?
(क) सु (ख) मधुराः
(ग) राः (घ) ऐषु न कोऽपि

(iii) 'अष्ट दिग्गजा धरणीम् धरन्ति' अस्मिन् वाक्ये क्रियापदं किम् अस्ति?
(क) अष्ट (ख) दिग्गजा
(ग) धरणीम् (घ) धरन्ति

(iv) 'नवग्रहाः' इति पदे विशेषण पदं किम् अस्ति?
(क) नव (ख) ग्रहाः
(ग) नवग्रहाः (घ) ऐषु न कोऽपि

उत्तराणि

(क) (i) सप्त (ii) सुमधुरा
(iii) ख्याता (iv) नव

(ख) (i) दिग्गजा धरणीं धरन्ति।
(ii) नवग्रहाः विपुले गगने चरन्ति।

(ग) (i) (घ) सप्तमी (ii) (क) सु
(iii) (घ) धरन्ति (iv) (क) नव

II. एकः सूर्यः चन्द्राद्रोऽप्येकः
मानवकुलमप्येकम्।
द्वे नयने ननु जीविनि सकले
प्रभवति सर्वो द्रष्टुम्।।
लोकशङ्करस्त्रिनयनमूर्तिः
नमाम्यहं तं प्रतिदिवसम्।
चतुर्मुखोऽयं जगतः स्रष्टा
तेन हि सृष्टं जीवकुलम्।।

(क) एकपदेन उत्तरत।
(एक शब्द में उत्तर दीजिए।)
(i) चन्द्रः कति अस्ति?
(ii) सकले जीविनि कति नयने स्तः?
(iii) अहं कं प्रतिदिवसं नमामि?
(iv) जगतः स्रष्टाः कः अस्ति?

(ख) पूर्णवाक्येन उत्तरत।
(पूर्ण वाक्य में उत्तर दीजिए।)
(i) जगतः स्रष्टाः कीदृशम् अस्ति?
(ii) शङ्करः कीदृशः अस्ति?

(ग) निर्देशानुसारम् उत्तरत।
(निर्देशानुसार उत्तर दीजिए।)

(i) 'एकः सूर्यः' अत्र विशेष्य पदं किम् अस्ति?
(क) एकः (ख) सूर्यः
(ग) एकः सूर्यः (घ) ऐषु न कोऽपि

(ii) 'नमाम्यहं ते प्रतिदिवसम्' अत्र कर्तृपदं किम् अस्ति?
(क) नमामि (ख) अहम्
(ग) तं (घ) प्रतिदिवसम्

(iii) 'तेन हि सृष्टं जीवकुलम्' अत्र अव्यय पदं किम्?
(क) तेन (ख) हि
(ग) सृष्टं (घ) जीवकुलम्

(iv) 'द्वे नयने ननु जीविनि' अत्र सङ्ख्यापदं किम् अस्ति?
(क) द्वे (ख) नयने
(ग) ननु (घ) जीविनि

उत्तराणि

(क) (i) एकः (ii) द्वे
(iii) शङ्करम् (iv) ब्रह्मा

(ख) (i) जगतः स्रष्टाः चतुर्मुखः अस्ति।
(ii) शङ्करः त्रिनयन मूर्तिः अस्ति।

(ग) (i) (ख) सूर्यः (ii) (ख) अहम्
(iii) (ख) हि (iv) (क) द्वे

अतिलघु उत्तरीय प्रश्नाः

1. पञ्चाङ्गुलयः कुत्र सन्ति?

2. के सततं नियततया चरन्ति?

लघु उत्तरीय प्रश्नाः

3. सङ्ख्यागणना कीदृशी अस्ति?

4. छात्राः किं कुर्वन्ति?

दीर्घ उत्तरीय प्रश्नाः

5. गृहस्य कति दिशाः भवन्ति?

6. के सङ्ख्यागीतम् अनुगायन्तु?

उत्तराणि

1. करकमले
2. ग्रहाः
3. सरला अस्ति
4. बहुधा करतालम्
5. गृहस्य दश दिशाः भवन्ति।
6. छात्राः संख्यागीतम् अनुगायन्तु।

माधवस्य प्रियम् अङ्गम्

(माधव के प्रिय अंग)

अध्याय 14

पाठ का सार प्रस्तुत पाठ में बताया गया है कि शरीर के सभी अंगों का महत्त्व होता है। माधव के शरीर के अंगों में आपस में बातचीत होती है। पैर कहता है 'मैं श्रेष्ठ हूँ', हाथ कहता है 'मैं श्रेष्ठ हूँ', नेत्र कहता है, 'मैं श्रेष्ठ हूँ', कान कहता है 'मैं श्रेष्ठ हूँ', मुँह कहता है 'मैं श्रेष्ठ हूँ', पेट कहता है, 'मैं श्रेष्ठ हूँ', किन्तु माधव कहता है-तुम सभी मेरा उपकार करते हो, अतः तुम सब मेरे लिए श्रेष्ठ हो, तुम सभी मेरे प्रिय हो।

पाठ का हिंदी अनुवाद

1. माधवनामकः एकः बालकः आसीत्।
सः स्वप्ने स्वशरीरस्य अङ्गानि दृष्टवान्।
तानि परस्परं चर्चां कुर्वन्ति स्म।
पादः वदति-अहं श्रेष्ठः।
मम कारणेन माधवः चलति।

हस्तः अनुक्षणं वदति-अरे-अरे! मम कारणेन माधवः लिखति, गृहकार्यं करोति, वस्तूनि आनयति च। अतः अहम् एव श्रेष्ठः।

मां विना माधवः किमपि द्रष्टुं शक्नोति किम्?
इति नयनं वदति।

कर्णः स्मितं कृत्वा कथयति-माधवः यदा मार्गे गच्छति तदा पृष्ठतः यानानां ध्वनिं यदि न शृणोति सावधानः च न भवति, तर्हि दुर्घटना भवेत्। माधवः मम कारणेन एव शिक्षकस्य उपदेशं श्रुत्वा ज्ञानं वर्धयति, सङ्गीतं श्रुत्वा आनन्दं च अनुभवति।

शब्दार्थाः **अङ्गानि** = अंगों को, **स्वप्ने** = स्वप्न में, **दृष्टवान** = देखा, **चर्चाम्** = चर्चा को, **श्रेष्ठः** = उत्तम, **अनुक्षणम्** = उसी समय, **द्रष्टुम** = देखने के लिए, **स्मितम्** = थोड़ा हँसकर, **मार्गे** = रास्ते में, **पृष्ठतः** = पीछे से, **यानानाम्** = वाहनों की, **ध्वनिम्** = आवाज, **शृणोति** = सुनता है, **श्रुत्वा** = सुनकर।

संदर्भ प्रस्तुत गद्यांश हमारी पाठ्यपुस्तक के चतुर्दश पाठ 'माधवस्य प्रियम् अङ्गम्' से लिया गया है।

हिंदी अनुवाद माधव नाम का एक बालक था। उसने स्वप्न में अपने शरीर के अंगों को देखा। वे आपस में चर्चा कर रहे थे। पैर कहता है मैं श्रेष्ठ हूँ। मेरे कारण माधव चलता है। उसी समय हाथ कहता है अरे-अरे! मेरे कारण माधव लिखता है, गृह कार्य करता है और वस्तुएँ लाता है। अतः मैं ही श्रेष्ठ हूँ।

नेत्र कहता है-मेरे बिना माधव कुछ भी नहीं देख सकता। कान धीरे-धीरे हँसते हुए कहता है-माधव जब भी रास्ते में जाता है, तब पीछे से वाहनों की यदि आवाज न सुने और सावधान न हो, तो दुर्घटना हो जाए। माधव मेरे कारण ही शिक्षक का उपदेश सुनकर ज्ञान बढ़ाता है, संगीत सुनकर आनंद का अनुभव करता है।

2. झटिति मुखं सूचयति-भोः! सर्वे शृण्वन्तु,
माधवः मम कारणेन भोजनं करोति,
भाषणं करोति, शिक्षकस्य प्रश्नस्य
उत्तरं वदति।

मम सहाय्येन उदरमपि भोजनं
प्राप्नोति।
भवन्तः सर्वे सबलाः भवन्ति। अतः अहम् एव श्रेष्ठः।
उदरं सूचयति भवतु-भवतु! कोलाहलं न कुर्वन्तु। वयं सर्वे माधवम् एव पृच्छाम, 'कः श्रेष्ठः' इति?

शब्दार्थाः **झटिति** = जल्दी से, **मुखम्** = मुँह, **सहाय्येन** = सहायता से, **उदरमपि** = पेट भी, **प्राप्नोति** = प्राप्त करता है, **सबल** = बलवान्, **कोलाहलम्** = शोर, **पृच्छाम्** = पूछते हैं।

हिंदी अनुवाद जल्दी से मुँह सूचित करता है-अरे! सभी सुनो, माधव मेरे कारण भोजन करता है, बोलता है, शिक्षक के प्रश्न का उत्तर देता है। मेरी सहायता से पेट भी भोजन प्राप्त करता है। (जिससे) आप सभी बलवान् होते हो। अतः मैं ही श्रेष्ठ हूँ। पेट सूचित करता है ठीक है—ठीक है! आप सब शोर मत करो। हम सभी माधव से ही पूछते हैं, 'कौन श्रेष्ठ है?'

3. माधवः विचारयति बोधयति च

''मम शरीरस्य सर्वाणि अङ्गानि मम कृते उपकारकाणि सन्ति। अहं नयनाभ्यां पश्यामि, कर्णाभ्यां शृणोमि, मुखेन भाषणं करोमि भोजनं करोमि च, उदरेण पाचनात् शक्तिं प्राप्नोमि पादाभ्यां च चलामि। अतः भवन्तः सर्वेऽपि श्रेष्ठाः। भवन्तः सर्वेऽपि मम प्रियाः।''

शब्दार्थाः **विचारयति** = विचार करता है, **बोधयति** = समझता है, **उपकारकाणि** = सहायता करने वाले, **पाचनात्** = पाचन से, **शक्ति** = ताकत।

हिंदी अनुवाद माधव विचार करता है तथा समझता है ''मेरे शरीर के सभी अंग मेरी सहायता करने वाले हैं। मैं आँखों से देखता हूँ, कानों से सुनता हूँ, मुँह से बोलता हूँ तथा भोजन करता हूँ, पेट से पाचन शक्ति प्राप्त करता हूँ। पैरों से चलता हूँ। अतः आप सभी उत्तम हो। आप सभी मेरे प्रिय हो।''

NCERT फोल्डर: पाठ्यपुस्तक 'दीपकम्' के प्रश्नोत्तर

प्र.1 **चित्रं दृष्ट्वा अङ्गस्य नाम लिखत।**

(चित्र को देखकर अंग का नाम लिखिए।)

(क)  –..............

(ख)  –..............

(ग)  –..............

(घ)  –..............

(ङ)  –..............

उत्तराणि

(क) नेत्रम् (नयनं) (ख) उदरम् (ग) पादः

(घ) हस्तः (ङ) कर्णः

प्र.2 **कोष्ठकात् समुचितं कियापदं चित्वा उदाहरणानुसारम् अङ्गस्य कार्यं लिखत।**

(कोष्ठक से उचित क्रियापद चुनकर उदाहरण के अनुसार अंग का कार्य लिखिए।)

यथा–नयनं–पश्यति।

(क) मुखम् ....। (चलति, हसति, वदति)

(ख) पादः ....। (लिखति, चलति, पश्यति)

(ग) कर्णः ....। (हसति, वदति, शृणोति)

(घ) नासिका ....। (आघ्राणं करोति, नृत्यति,धावति)

(ङ) जिह्वा ....। (धावनं करोति, आस्वादनं करोति, पश्यति)

उत्तराणि

(क) वदति (ख) चलति

(ग) शृणोति (घ) आघ्राणं करोति

(ङ) आस्वादनं करोति

प्र.3 **कोष्ठकात् समुचितां सङ्ख्यां चित्वा रिक्तस्थानं पूरयत।**

(कोष्ठक से उचित संख्या चुनकर रिक्त स्थानों को पूरा कीजिए।)

(क) मम .... शिरः अस्ति। (एकः, अनेकं, चत्वारि)

(ख) मम .... पादौ स्तः। (त्रयः, द्वौ, पञ्च)

(ग) मम .... केशाः सन्ति। (दश, अष्ट, बहवः)

(घ) मम .... दन्ताः सन्ति। (चत्वारः, अष्टाविंशतिः, द्वात्रिंशत्)

(ङ) मम हस्तयोः .... अङ्गुल्यः सन्ति। (अष्ट, दश, पञ्चदश)

उत्तराणि

(क) एक (ख) द्वौ (ग) बहवः

(घ) द्वात्रिंशत् (ङ) दश

प्र.4 **कोष्ठकात् समुचितं क्रियापदं चित्वा उदाहरणानुसारं शरीराङ्गस्य नाम लिखत।**

(कोष्ठक से उचित क्रियापद चुनकर उदाहरण के अनुसार शरीर के अंग का नाम लिखिए।)

यथा पश्यति–नयनम्।

(क) शृणोति ....। (गुल्फः, चिबुकम्, कर्णः)

(ख) धावति ....। (पादद्वयम्, हस्तद्वयम्, नयनद्वयम्)

(ग) नमति ....। (शिरः, कर्पूरः, जङ्घा)

(घ) सूचयति ....। (अङ्गुली, नखः चरणः)

(ङ) लिखति ....। (हस्तः, मणिबन्धः, कटिः)

उत्तराणि

(क) कर्ण (ख) पादद्वयम्

(ग) शिरः (घ) अङ्गुली

(ङ) हस्तः

प्र.5 पट्टिकातः शब्दान् चित्वा यथायोग्यं गणेषु लिखत।

(पट्टिका से शब्दों को चुनकर उचित गणों में लिखिए।)

नासिका मणिबन्धः चिबुकम् करः हस्तः मणिबन्धः कपोलः, भुजः ललाटम् स्कन्धः जङ्घा नयनम् जानु ऊरुः

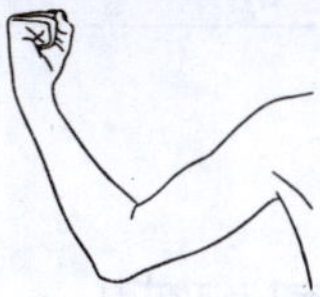
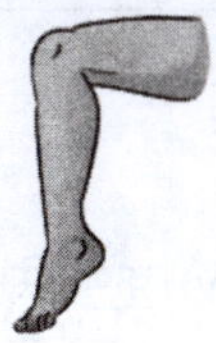

उत्तराणि

नासिका	मणिबन्धः	जङ्घा
कपोलः	हस्तः	जानु
ललाटम्	भुजः	ऊरुः
नयनम्	स्कन्धः	
चिबुकम्	कर्पूरः	

प्र.6 कोष्ठकात् समुचितं पदं चित्वा वाक्यानि रचयत।

(कोष्ठक से उचित शब्द चुनकर वाक्य रचिए।)

(क) अहं ...... गायनं करोमि। (पादेन, नासिकया, मुखेन)

(ख) अहं ...... धावनं करोमि। (पादाभ्यां, ललाटेन, कूपरिण)

(ग) अहं ...... आघ्राणं करोमि। (नखैः नासिकया, चरणेन)

(घ) अहं ...... श्रवणं करोमि। (कर्णाभ्यां, नासिकया, अङ्गुष्ठैः)

(ङ) अहं ..... भोजनं रोमि। (मुखेन, पादेन, नासिकया)

उत्तराणि

(क) अहं मुखेन गायनं करोमि।
(ख) अहं पादाभ्यां धावनं करोमि।
(ग) अहं नासिकया आघ्राणं करोमि।
(घ) अहं कर्णाभ्यां श्रवणं करोमि।
(ङ) अहं मुखेन भोजनं करोमि।

प्र.7 पट्टिकातः समुचितं शरीराङ्गं चित्वा भगिनी कुत्र किं धरति इति सूचयत।

(पट्टिका से शरीर के अगों को चुनकर बहिन कहाँ क्या धारण करती है, यह बताओ।)

कण्ठे, ललाटे, नयनयोः, ओष्ठयोः, पादयोः कर्णयोः, हस्तयोः, वामहस्ते, अङ्गुल्यां, नेत्रयोः

(क) भगिनी ········· पादुकाद्वयं धरति।

(ख) भगिनी ········· कङ्कणानि धरति।

(ग) भगिनी ········· मुद्रिकां धरति।

(घ) भगिनी ········· घटीयन्त्रं धरति।

(ङ) भगिनी ········· मालां धरति।

(च) भगिनी ········· कुण्डलद्वयं धरति।

(छ) भगिनी ········· उपनेत्रं धरति।

(ज) भगिनी ········· कुङ्कुमं धरति।

(झ) भगिनी ········· ओष्ठरांग धरति।

(ञ) भगिनी ········· कज्जलं धरति।

उत्तराणि

(क) भगिनी पादयोः पादुकाद्वयं धरति।
(ग) भगिनी अङ्गुल्यां मुद्रिकां धरति।
(ङ) भगिनी कण्ठे मालां धरति।
(छ) भगिनी नयनयोः उपनेत्रं धरति।
(झ) भगिनी ओष्ठयोः ओष्ठ रागं धरति।
(ख) भगिनी हस्तयोः कङ्कणानि धरति।
(घ) भगिनी वामहस्ते घटीयन्त्रं धरति।
(च) भगिनी कर्णयोः कुण्डलद्वयं धरति।
(ज) भगिनी ललाटे कुङ्कमं धरति
(ञ) भगिनी नेत्रयोः कज्जलं धरति।

प्र.8 वाक्यं शुद्धम् अशुद्धं वा इति सूचयत।

(वाक्य शुद्ध है अथवा अशुद्ध है, यह बताओ।)

(क) अहं कर्णाभ्यां भोजनं करोमि। (शुद्धम्/अशुद्धम्)

(ख) अहं नासिका द्वारा श्वासं स्वीकरोमि। (शुद्धम्/अशुद्धम्)

(ग) अहम् अङ्गुष्ठैः गणनां करोमि। (शुद्धम्/अशुद्धम्)

(घ) अहं नयनाभ्यां श्रवणं करोमि। (शुद्धम्/अशुद्धम्)

(ङ) अहं हस्तेन कार्यं करोमि। (शुद्धम्/अशुद्धम्)

उत्तराणि

(क) अशुद्धम् (ख) शुद्धम् (ग) अशुद्धम्
(घ) अशुद्धम् (ङ) शुद्धम्

अभ्यास प्रश्नाः

बहुविकल्पीय एवं वर्णनात्मक प्रश्नों सहित

भाग-I

बहुविकल्पीय प्रश्नाः

1. अधोलिखितेषु विकल्पेषु उचितम् उत्तरं चित्वा लिखत।
(निम्नलिखित विकल्पों में से उचित उत्तर चुनकर लिखिए।)

(i) माधवः स्वप्ने कानि दृष्टवान्?
(क) पुस्तकानि (ख) पत्राणि
(ग) शरीरस्य अङ्गानि (घ) पुष्पाणि

(ii) कः अनुक्षणं वदति?
(क) पादः (ख) कर्णः
(ग) हस्तः (घ) मुखम्

(iii) पृष्ठतः यानानां ध्वनि केन श्रोतुं शक्नोति?
(क) नेत्राभ्याम् (ख) कर्णाभ्याम्
(ग) पादाभ्याम् (घ) हस्ताभ्याम्

(iv) केन सहाय्येन उदरः भोजनं प्राप्नोति?
(क) मुखेन (ख) हस्तेन
(ग) दन्तेन (घ) ओष्ठेन

(v) माधवाय कः प्रियः अङ्गम् अस्ति?
(क) नयने (ख) मुखम्
(ग) नासिका (घ) सर्वे:

उत्तराणि
(i) (ग) शरीरस्य अङ्गानि (ii) (ग) हस्तः
(iii) (ख) कर्णाभ्याम् (iv) (क) मुखेन
(v) (घ) सर्वे:

2. रेखाङ्कितपदानां प्रश्ननिर्माणं कुरुत।
(रेखांकित शब्दों में प्रश्न-निर्माण कीजिए।)

(i) <u>शिरसि</u> मस्तिष्कं भवति।
(क) कुत्र (ख) कः
(ग) कस्य (घ) केन

(ii) वयम् <u>मुखेन</u> स्वादम् अनुभवामः।
(क) कैः (ख) केन
(ग) कया (घ) कस्याः

(iii) अस्माकम् <u>द्वौ</u> कर्णौ भवतः।
(क) केन (ख) कति
(ग) कुत्र (घ) कस्याम्

(iv) अहम् <u>पादाभ्याम्</u> चलामि।
(क) केन (ख) कस्य
(ग) काभ्याम् (घ) कैः

(v) <u>कर्णः</u> स्मितं कृत्वा कथयति।
(क) कः (ख) कौ
(ग) केन (घ) किम्

उत्तराणि
(i) (क) कुत्र (ii) (ख) केन
(iii) (ख) कति (iv) (ग) काभ्याम्
(v) (क) कः

रिक्तस्थानानि पूरयत

3. अधोलिखितेषु वाक्येषु रिक्तस्थानानि पूरयत।
(निम्नलिखित वाक्यों में रिक्त स्थानों को पूरा कीजिए।)

(i) वयं ...... जिघ्रामः। (नासिकायाः/नासिकया)
(ii) माधवः ...... चलति। (पादेन/पादाभ्यां)
(iii) हस्तयोः दश ...... भवन्ति। (अङ्गुलि/अङ्गुल्याः)
(iv) सर्वे: ...... श्रुत्वा आनन्दम् अनुभवन्ति। (सङ्गीतः/सङ्गीतं)
(v) ...... पाचनात् शक्तिं प्राप्नोति। (उदरेण/उदरम्)

उत्तराणि
(i) नासिकया
(ii) पादाभ्यां
(iii) अङ्गुल्याः
(iv) सङ्गीतं
(v) उदरेण

एकपदेन उत्तरत

4. एकपदेन उत्तरत।
(एक शब्द में उत्तर दीजिए।)

(क) शरीरस्य मध्ये कः भवति?
(ख) मानवशरीरे कौ पादौ भवतः?
(ग) केशाः कीदृशाः भवन्ति?
(घ) उदरस्य उपरि कः भवति?
(ङ) वयं केन जिघ्रामः?

उत्तराणि
(क) उदरः (ख) द्वौ
(ग) कृष्णाः (घ) वक्षः
(ङ) नासिकयाः

5. मञ्जूषायाः चित्वा प्रत्येकस्य अङ्गस्य कार्यं तत् समक्षं लिखत।
(मंजूषा से चुनकर प्रत्येक अंग का कार्य उसके सामने लिखिए।)

- **मञ्जूषाः** जिघ्रति, लिखतः, चलतः, वदति, पश्यतः, गणयन्ति।

(i) मुखम् ....
(ii) अङ्गुल्याः ....
(iii) नासिका ....
(iv) नेत्रे ....
(v) पादौ ....
(vi) हस्तौ ....

उत्तराणि

(i) वदति (ii) गणयन्ति (iii) जिघ्रति
(iv) पश्यतः (v) चलतः (vi) लिखतः

6. वाक्यनिर्माणं कुरुत।
(वाक्य निर्माण कीजिए।)
(अङ्गानि, नेत्रे, हस्तौ, चलामि, जिघ्रामः)

उत्तराणि

(i) मम शरीरे अनेकानि अङ्गानि सन्ति।
(ii) नेत्रे द्वे स्तः।
(iii) हस्तौ द्वौ स्तः।
(iv) अहं पादाभ्यां चलामि।
(v) अहं नासिकया जिघ्रामि।

मेलनं कुरुत

7. मेलनं कुरुत। (मिलान कीजिए।)

सूची (अ)	सूची (ब)
(क) कुण्डल द्वयम्	(i) ओष्ठयोः
(ख) उपनेत्रम्	(ii) कर्णयोः
(ग) मालाम्	(iii) हस्ते
(घ) ओष्ठरागम्	(iv) कण्ठे
(ङ) कङ्कणानि	(v) नयनयोः

उत्तराणि

(क) (ii) (ख) (v) (ग) (iv)
(घ) (i) (ङ) (iii)

8. उचितं मेलनं कुरुत। (उचित मिलान कीजिए।)

सूची (अ)	सूची (ब)
(क) नेत्रम्	(i) चलतः
(ख) कर्णः	(ii) जिघ्रति
(ग) नासिका	(iii) श्रृणोति
(घ) मुखम्	(iv) पश्यति
(ङ) पादौ	(v) खादति

उत्तराणि

(क) (iv) (ख) (iii)
(ग) (ii) (घ) (v) (ङ) (i)

भाग-II

पठित-अवबोधनम्

1. अधोलिखितयोः गद्यांशयोः पठित्वा प्रश्नान् उत्तरत।
(निम्नलिखित गद्यांशों को पढ़कर प्रश्नों के उत्तर दीजिए।)

I. माधवनामकः एकः बालकः आसीत्।
सः स्वप्ने स्वशरीरस्य अङ्गानि दृष्टवान्।
तानि परस्परं चर्चां कुर्वन्ति स्म।
पादः वदति-अहं श्रेष्ठः।
मम कारणेन माधवः चलति।
हस्तः अनुक्षणं वदति-अरे-अरे! मम कारणेन माधवः लिखति, गृहकार्यं करोति, वस्तूनि आनयति च। अतः अहम् एव श्रेष्ठः।
मां विना माधवः किमपि द्रष्टुं शक्नोति किम्?
इति नयनं वदति।

(क) एकपदेन उत्तरत। (एक शब्द में उत्तर दीजिए।)
(i) कः स्वप्ने स्वशरीरस्य अङ्गानि दृष्टवान्?
(ii) कानि परस्परं चर्चा कुर्वन्ति स्म?
(iii) केन कारणेन माधवः चलति?
(iv) माधवः केन गृहकार्यं करोति?

(ख) पूर्णवाक्येन उत्तरत। (पूर्ण वाक्य में उत्तर दीजिए।)
(i) काभ्यां विना किमपि द्रष्टुं न शक्नोति?
(ii) माधवः वस्तूनि केन आनयति?

(ग) निर्देशानुसारं उत्तरत। (निर्देशानुसार उत्तर दीजिए।)
(i) 'अङ्गानि' इति पदं कस्मिन लिङ्गे अस्ति?
(क) पुल्लिङ्गे (ख) स्त्रीलिंङ्ग
(ग) नपुंसकलिङ्गे (घ) न कोऽपि
(ii) 'माधवः एकः बालकः आसीत्' अस्मिन् वाक्ये क्रियापदं किम् अस्ति?
(क) माधव (ख) एकः
(ग) बालकः (घ) आसीत्
(iii) 'तानि परस्परं चर्चां कुर्वन्ति स्म।' अत्र सर्वनाम पदं किम् अस्ति?
(क) तानि (ख) परस्परम्
(ग) चर्चां (घ) कुर्वन्ति स्म
(iv) 'स्वप्ने' अत्र का विभक्तिः अस्ति?
(क) प्रथमा (ख) तृतीया
(ग) चतुर्थी (घ) सप्तमी

उत्तराणि

(क) (i) माधवः (ii) शरीरस्य अङ्गानि
(iii) पादाभ्याम् (iv) हस्तेन

(ख) (i) नेत्राभ्यां विना किमपि द्रष्टुं न शक्नोति।
(ii) माधवः वस्तूनि हस्तेन आनयति।

(ग) (i) (ग) नपुंसकलिङ्गे (ii) (घ) आसीत्
(iii) (क) तानि (iv) (घ) सप्तमी

II. **झटिति मुखं सूचयति-भोः ! सर्वे शृण्वन्तु,
माधवः मम कारणेन भोजनं करोति,
भाषणं करोति, शिक्षकस्य प्रश्नस्य उत्तरं वदति।
मम सहाय्येन उदरमपि भोजनं प्राप्नोति।
भवन्तः सर्वे सबलाः भवन्ति। अतः अहम् एव श्रेष्ठः।
उदरं सूचयति भवतु-भवतु ! कोलाहलं न कुर्वन्तु। वयं सर्वे माधवम् एव पृच्छाम, 'कः श्रेष्ठः' इति?**

(क) एकपदेन उत्तरत।
(एक शब्द में उत्तर दीजिए।)
(i) झटिति किं सूचयति?
(ii) केन कारणेन माधवः भोजनं करोति?
(iii) सर्वे सबलाः केन भवन्ति?
(iv) उदरं किं प्राप्नोति?

(ख) पूर्णवाक्येन उत्तरत। (पूर्ण वाक्य में उत्तर दीजिए।)
(i) माधवः केन शिक्षकस्य प्रश्नस्य उत्तरं वदति?
(ii) उदरं किं सूचयति?

(ग) निर्देशानुसारं उत्तरत।
(निर्देशानुसार उत्तर दीजिए।)
(i) 'शृण्वन्तु' इति पदे कः लकारः अस्ति?
(क) लट् (ख) लोट्
(ग) लृट् (घ) लङ्
(ii) 'मम कारणेन भोजनं करोति' अत्र कर्तृ पदं किम् अस्ति?
(क) मम (ख) कारणेन
(ग) भोजनम् (घ) करोति
(iii) 'अतः' अहम् एव श्रेष्ठः' अत्र अहं पदं कस्मिन् पुरुषे अस्ति?
(क) प्रथम (ख) मध्यम्
(ग) उत्तम (घ) न कोऽपि
(iv) 'शीघ्रम्' इति पदस्य समानार्थकं पदं गद्यांशे किम् अस्ति?
(क) झटिति (ख) भाषणम्
(ग) भवन्तः (घ) उदरम्

उत्तराणि

(क) (i) मुखम् (ii) मुखेन
(iii) भोजनेंन (iv) भोजनम्

(ख) (i) माधवः मुखेन शिक्षकस्य प्रश्नस्य उत्तरं वदति।
(ii) उदरं सूचयति-भवतु-भवत! कोलाहलं न कुर्वन्तु।

(ग) (i) (ख) लोट् (ii) (ग) भोजनम्
(iii) (ग) उत्तम (iv) (क) झटिति

अतिलघु उत्तरीय प्रश्नाः

1. माधवाय शरीरस्य अङ्गानि कीदृशाः सन्ति?

2. कानि उपकारकाणि सन्ति?

लघु उत्तरीय प्रश्नाः

3. माधवः मुखेन किं-किं करोति?

4. माधवः उदरेण किं प्राप्नोति?

दीर्घ उत्तरीय प्रश्नाः

5. माधवः शरीरस्य अङ्गानां विषये किं करोति?

6. कानि परस्परं चर्चा कुर्वन्ति स्म?

उत्तराणि

1. प्रियाः
2. अङ्गानि
3. भाषणं भोजनं च
4. पाचनात् शक्ति
5. माधवः शरीरस्य अङ्गानां विषये विचारयति बोधयति च।
6. माधवस्य शरीरस्य अङ्गानि परस्परं चर्चा कुर्वन्ति स्म।

वृक्षा: सत्पुरुषा: इव

(पेड़ अच्छे इंसानो की तरह हैं)

अध्याय 15

पाठ का सार प्रस्तुत पाठ के माध्यम से बताया गया है कि वृक्ष सज्जन पुरुषों के समान होते हैं। वे हमें शुद्ध वायु, फल, छाया, पुष्प आदि सब कुछ देते हैं।

1. वृक्ष सत्पुरुषों के समान ही स्वयं तो धूप सहन करते हैं तथा दूसरों को छाया देते हैं। उनके फल भी दूसरों के लिए ही होते हैं।
2. एक वृक्ष दस संतानों के समान मूल्यवान होता है, अत: हमें वृक्षारोपण करना चाहिए।
3. इस पृथ्वी पर वृक्षों का जन्म लेना धन्य है। इनके पास से कोई भी याचक निराश होकर नहीं लौटता।
4. वृक्ष, नदियाँ, गाय व हमारा यह शरीर दूसरों की भलाई के लिए ही है।
5. वृक्ष धन्य हैं। ये पुष्प, फल, छाया, जड़, छाल, लकड़ी आदि वस्तुओं से याचकों की कामनाओं को पूरा करते हैं।
6. नदियों, वृक्षों व मेघों के समान ही सज्जनों की सम्पत्तियाँ परोपकार के लिए होती हैं।

पाठ का हिंदी अनुवाद

1. पर्यावरणसंरक्षणस्य विषये एक प्रदर्शनी विद्यालये आयोजिता अस्ति। छात्रा: तां प्रदर्शनीं पश्यन्ति। शिक्षकेण सह संलापं च कुर्वन्ति।

छात्रा: श्रीमान्! अहं जीवशास्त्रस्य पुस्तके पठामि यत् वृक्षा: शुद्धं वायुं यच्छन्ति।

छात्र: श्रीमान्! मम माता अपि वदति यत् वृक्षा: पूज्या: भवन्ति।

शिक्षक: प्रिया: छात्रा:! सत्यम्, वृक्षा: शुद्धं वायुं, फलानि, पुष्पाणि च सर्वम् अपि यच्छन्ति। अत: ते पूज्या:।

छात्रा: श्रीमान्! अहम् एकं सुभाषितं पठितवती यत् 'वृक्षा: सत्पुरुषा: सन्ति इति।

शिक्षक: किम् एवम्? अस्तु, तर्हि तत् सुभाषितं श्रावयतु।

छात्रा: अस्तु श्रीमान्!

(मुदिता सुभाषितं श्रावयति, अन्ये छात्रा: अपि गायन्ति)

शब्दार्था: आयोजिता = आयोजित की गई, **संलापम्** = वार्तालाप, **जीवशास्त्रस्य** = जीव विज्ञान की, **पूज्या:** = पूजनीय, **सत्पुरुषा:** = सज्जन पुरुषों के समान, **श्रावयतु** = सुनाओ, **मुदिता** = प्रसन्न होकर।

हिंदी अनुवाद पर्यावरण संरक्षण के विषय में एक प्रदर्शनी विद्यालय में आयोजित की गई है। छात्र उस प्रदर्शनी को देखते हैं और शिक्षक के साथ वार्तालाप करते हैं।

छात्रा श्रीमान, मैंने जीव विज्ञान की पुस्तक में पढ़ा है कि वृक्ष शुद्ध वायु देते हैं।

छात्र श्रीमान, मेरी माता भी कहती हैं कि वृक्ष पूजनीय होते हैं।

शिक्षक प्रिय छात्रों, सत्य है, वृक्ष शुद्ध वायु, फल और फूल सभी कुछ देते हैं। अत: वे पूजनीय हैं।

छात्रा श्रीमान, मैंने एक नीति श्लोक पढ़ा था कि वृक्ष सज्जन पुरुषों के समान होते हैं।

शिक्षक क्या ऐसा है? ठीक है, तो उस नीति श्लोक (सुभाषित) को सुनाओ।

छात्रा ठीक है, श्रीमान।

(प्रसन्न होते हुए नीति श्लोक सुनाती है। दूसरे छात्र भी गाते हैं।)

2. छायामन्यस्य कुर्वन्ति तिष्ठन्ति स्वयमातपे।
फलान्यपि परार्थाय वृक्षा: सत्पुरुषा इव।।

पदच्छेद: छायाम् अन्यस्य कुर्वन्ति तिष्ठन्ति स्वयम् आतपे फलानि अपि परार्थाय वृक्षा: सत्पुरुषा: इव।

अन्वय: (वृक्षा:) स्वयम् आतपे तिष्ठन्ति (किंतु) अन्यस्य छायां कुर्वन्ति, फलानि अपि परार्थाय (यच्छन्ति) (अत:) वृक्षा: सत्पुरुषा: इव (सन्ति)।

भावार्थ: वृक्षा: स्वयं सूर्यस्य आतपे तिष्ठन्ति किन्तु अन्येषां प्राणिनां कृते छायां कुर्वन्ति, फलानि अपि स्वयं न खादन्ति अपि तु अन्येभ्य: एव यच्छन्ति। अत: ते सत्पुरुषा: इव सन्ति। यत: ये सज्जना: भवन्ति, ते स्वयं कष्टानि सहित्वा अपि अन्येषां हितं कुर्वन्ति।

शब्दार्थाः **छायाम्** = छाया, **अन्यस्य** = दूसरों के लिए, **आतपे** = धूप में, **परार्थाय** = दूसरों के उपकार के लिए, **सत्पुरुषा** = सज्जन लोग।

संदर्भ प्रस्तुत पद्यांश हमारी पाठ्यपुस्तक 'दीपकम्' के पन्द्रहवें पाठ 'वृक्षाः सत्पुरुषाः इव' से लिया गया है।

हिंदी अनुवाद वृक्ष स्वयं सूर्य की धूप में खड़े रहते हैं, किंतु दूसरे प्राणियों के लिए छाया करते हैं। अपने फल भी वृक्ष स्वयं नहीं खाते, अपितु दूसरे लोगों को ही देते हैं, अतः वृक्ष सत्पुरुषों की भाँति हैं, क्योंकि जो सज्जन होते हैं, वे स्वयं कष्ट सहन करके भी दूसरों की भलाई करते हैं।

3. दशकूपसमा वापी दशवापीसमो ह्रदः।
दशह्रदसमः पुत्रः दशपुत्रसमो द्रुमः।।

पदच्छेदः दशकूपसमा वापी दशवापीसमः ह्रदः दशह्रदसमः पुत्रः दशपुत्रसमः द्रुमः।

अन्वयः दशकूपसमा वापी (अस्ति), दशवापीसमः ह्रदः (अस्ति), दशह्रदसमः पुत्रः (अस्ति), दशपुत्रसमः द्रुमः (अस्ति)।

भावार्थः दशकूपैः समाना एका वापी भवति। एवम् एव दशवापीसमानः एक ह्रदः भवति। दशह्रदैः समानः एकः पुत्री/पुत्रः भवति। तथैव दशसन्तानैः समानः एकः वृक्षः मूल्यवान् भवति। अर्थात् एकः वृक्षः सर्वाधिकः उपकारकः भवति। अत सर्वे वृक्षारोपणं कुर्वन्तु।

शब्दार्थाः **कूप** = कुआँ, **समा** = समान, **वापी** = बावड़ी, जलकुंड, **ह्रदः** = तालाब/झील, **द्रुमः** = पेड़।

हिंदी अनुवाद दस कुओं के समान एक बावड़ी होती है। इसी प्रकार ही दस बावड़ियों के समान एक तालाब होता है। दस तालाबों के समान एक पुत्र अथवा पुत्री होती है। उसी प्रकार दस संतानों के समान मूल्यवान एक वृक्ष होता है। अतः एक पेड़ सबसे अधिक उपकारक होता है। अतः सबको वृक्ष लगाने चाहिए।

4. अहो एषां वरं जन्म सर्वप्राण्युपजीवनम्।
सुजनस्येव येषां वै विमुखा यान्ति नार्थिनः।।

पदच्छेदः अहो! एषां वरं जन्म सर्वप्राणि-उपजीवनं सुजनस्य इव येषां वै विमुखाः यान्ति न अर्थिनः।

अन्वयः अहो! एषां सर्वप्राण्युपजीवनं जन्म वरम् (अस्ति)। सुजनस्य इव येषाम् अर्थिनः विमुखाः न यान्ति

भावार्थः श्रीकृष्णः युधिष्ठिरं वदति - हे युधिष्ठिर! अहो! एतेषां वृक्षाणां जन्म श्रेष्ठम् अस्ति, यतः एतेषां जन्म सर्वेषां जीवानाम् उपकाराय भवति। यथा सज्जनेभ्यः जनानां निराशा न भवति तथैव वृक्षाणां समीपे आगत्य अर्थिनां जनानां निराशा न भवति। तेषाम् आशानुरूपं वृक्षा तेभ्यः फलानि पुष्पाणि छायां च यच्छन्ति।

शब्दार्थाः **वरम्** = श्रेष्ठ, **सुजनस्य** = सज्जन व्यक्ति के, **येषाम्** = जिनका, **अर्थिनः** = प्राप्त करने के इच्छुक।

हिंदी अनुवाद इन वृक्षों का जन्म श्रेष्ठ है, क्योंकि इनका जीवन सभी जीवों के उपकार के लिए होता है। जिस प्रकार सज्जन लोगों के पास जाकर लोग (व्यक्ति) निराश नहीं होते, उसी प्रकार वृक्षों के पास आकर भी याचक को निराशा नहीं होती। याचकों की आशाओं के अनुसार ही वृक्ष उनको फल, पुष्प और छाया देते हैं।

5. परोपकाराय फलन्ति वृक्षाः परोपकाराय वहन्ति नद्यः।
परोपकाराय दुहन्ति गावः परोपकाराय इदं शरीरम्।।

पदच्छेदः परोपकाराय फलन्ति वृक्षः परोपकाराय वहन्ति नद्यः परोपकाराय दुहन्ति गावः परोपकारायः इदं शरीरम्।

अन्वयः वृक्षाः परोपकाराय फलन्ति, नद्यः परोपकाराय वहन्ति, गावः परोपकाराय दुहन्ति, परोपकाराय (एव) इदं शरीरम् (अस्ति)।

भावार्थः वृक्षस्य फलानि अन्य खादन्ति, न तु वृक्षः स्वयं खादति। नदीनां जलस्य उपयोगम् अपि अन्ये एव प्राणिनः कुर्वन्ति। गावः अपि अन्येषां कृते एव दुग्धं यच्छन्ति। एवमेव अस्माकं जीवनम् अपि अन्येषाम् उपकाराय भवतु।

शब्दार्थाः **फलन्ति** = फलते हैं, **परोपकाराय** = दूसरों की भलाई के लिए, **वहन्ति** = बहती हैं, **दुहन्ति** = दूध देती है, **इदम्** = यह, **शरीरम्** = शरीर।

हिंदी अनुवाद वृक्ष परोपकार अर्थात् दूसरों की भलाई के लिए फलते हैं अर्थात् वृक्ष के फल दूसरे लोग ही खाते हैं। नदियाँ दूसरों की भलाई के लिए बहती हैं अर्थात् नदियों के जल का उपयोग भी दूसरे लोग ही करते हैं। गायें भी दूसरों के लिए ही दूध देती हैं। इसी प्रकार हमारा यह शरीर भी दूसरों की भलाई के लिए ही होता है।

6. पुष्प-पत्र-फलच्छाया-मूल-वल्कल-दारुभिः।
धन्या महीरुहा येषां विमुखा यान्ति नार्थिनः।।

पदच्छेदः पुष्प-पत्र-फल-छाया-मूल-वल्कल-दारुभिः
धन्याः महीरुहाः येषां विमुखाः यान्ति न अर्थिनः।

अन्वयः येषां पुष्प-पत्र-फल-छाया-मूल-वल्कल-दारुभिः अर्थिनः विमुखाः न यान्ति (ते) महीरुहाः धन्याः (सन्ति)।

भावार्थः प्राणिनः वृक्षात् पुष्पाणि, पत्राणि, फलानि, छायां मूलानि, वल्कलानि काष्ठानि च प्राप्नुवन्ति। अर्थात् वृक्षाणां पार्श्वे यत् किमपि अस्ति तत् सर्वम् अपि प्राणिनां कृते एव अस्ति। वृक्षाः कदापि याचकान् निराशान् न कुर्वन्ति। अतः वृक्षाः धन्य सन्ति।

शब्दार्थाः **मूल** = जड़, **वल्कल** = पेड़ की छाल, **दारुभिः** = लकड़ियों से, **महीरुहा** = पेड़, **अर्थिनः** = प्राप्त करने के इच्छुक।

हिंदी अनुवाद प्राणी वृक्ष से फूल, पत्ते, फल, छाया, जड़, पेड़ की छाल, लकड़ियाँ आदि प्राप्त करते हैं अर्थात् पेड़ों के पास जो कुछ भी है, वे सब प्राणियों के लिए ही है। पेड़ कभी भी किसी भी वस्तु को प्राप्त करने के इच्छुक व्यक्तियों को निराश नहीं करते हैं। अतः ऐसे वृक्ष धन्य हैं।

7. पिबन्ति नद्यः स्वयमेव नाम्भः
स्वयं न खादन्ति फलानि वृक्षाः।
नादन्ति सस्यं खलु वारिवाहाः।
परोपकाराय सतां विभूतयः।।

पदच्छेदः पिबन्ति नद्यः स्ययम् एव न अम्भः, स्वयं न खादन्ति फलानि वृक्षाः। न अदन्ति सस्यं खलु वारिवाहाः, परोपकाराय सतां विभूतयः।

अन्वयः नद्यः अम्भः स्वयम् एव न पिबन्ति। वृक्षाः अपि फलानि स्वयं न खादन्ति। वारिवाहाः (अपि) सस्यं न अदन्ति खलु। (यतः) सतां विभूतयः परोपकाराय (भवन्ति)।

भावार्थः नद्यः स्वीयं जलं स्वयं न पिबन्ति अपितु अन्येषाम् उपयोगाय यच्छन्ति। एवम् एव वृक्षाः अपि फलानि स्वयं न खादन्ति। मेघाः अपि जलं वर्षन्ति, किन्तु वृष्ट्या उत्पन्नं सस्यं स्वयं न खादन्ति। अनेन प्रकारेण सज्जनानां सम्पदः अपि परोपकाराय भवन्ति।

शब्दार्थाः **अम्भः** = जल, **वारिवाहाः** = बादल, **सस्यम्** = अन्न, **विभूतयः** = समृद्धियाँ, **खलु** = निश्चय ही।

हिंदी अनुवाद नदियाँ स्वयं अपना जल नहीं पीती हैं, अपितु इनका जल दूसरों के उपयोग के लिए होता है। इसी तरह वृक्ष भी अपने फल स्वयं नहीं खाते हैं। इनके फल दूसरों के खाने के लिए ही होते हैं। बादल भी जल बरसाते हैं, किंतु वर्षा से उत्पन्न अनाज को स्वयं नहीं खाते। अन्य प्राणी ही इस अन्न का उपयोग करते हैं। इसी प्रकार सज्जनों की संपत्ति परोपकार के लिए होती है अर्थात् सज्जन पुरुषों की संपत्ति दूसरों के उपयोग के लिए ही होती हैं।

NCERT फोल्डर: पाठ्यपुस्तक 'दीपकम्' के प्रश्नोत्तर

प्र.1 पाठे लिखितानि सुभाषितानि सस्वरं पठत, अवगच्छत, लिखत स्मरत च।
(पाठ में लिखे हुए नीति श्लोकों को स्वर में पढ़िए, समझिए, लिखिए व याद कीजिए।)

उत्तराणि
छात्र स्वयं करें।

प्र.2 पाठस्य आधारेण अधोलिखितानां प्रश्नानाम् उत्तराणि एकपदेन लिखत।
(पाठ के आधार पर निम्नलिखित प्रश्नों के उत्तर एक शब्द में लिखिए।)

(क) वृक्षाः स्वयं कुत्र तिष्ठन्ति?
(ख) परोपकाराय काः वहन्ति?
(ग) दशवापीसमः कः भवति?
(घ) सत्पुरुषाः इव के सन्ति?
(ङ) अर्थिनः केभ्यः विमुखाः न यान्ति?
(च) वृक्षाः स्वयं कानि न खादन्ति?

उत्तराणि
(क) आतपे (ख) नद्यः (ग) ह्रदः
(घ) वृक्षाः (ङ) वृक्षेभ्यः (च) फलानि

प्र.3 पाठस्य आधारेण अधोलिखितानां प्रश्नानाम् उत्तराणि पूर्णवाक्येन लिखत।
(पाठ के आधार पर नीचे लिखे प्रश्नों के उत्तर पूर्ण वाक्य में लिखिए।)

(क) नद्यः किं न पिबन्ति?
(ख) वृक्षाः अस्मभ्यं किं किं यच्छन्ति?
(ग) इदं शरीरं किमर्थम् अस्ति?
(घ) दशपुत्रसमः कः भवति?
(ङ) केषां विभूतयः परोपकाराय भवन्ति?
(च) अन्यस्य छायां के कुर्वन्ति?

उत्तराणि
(क) नद्यः स्वजलं न पिबन्ति।
(ख) वृक्षाः अस्मभ्यं पुष्प-पत्र-फलच्छाया-मूल-वल्कल-दारुभिः च यच्छन्ति।
(ग) इदं शरीरं परोपकाराय अस्ति।
(घ) दशपुत्रसमः वृक्षः भवति।
(ङ) सतां विभूतयः परोपकाराय भवन्ति।
(च) वृक्षाः अन्यस्य छायां कुर्वन्ति।

प्र.4 पट्टिकातः उचितानि पदानि चित्वा रिक्तस्थानानि पूरयत।
(पट्टिका से उचित पद चुनकर रिक्त स्थान भरिए।)

तिष्ठन्ति, सुजनस्येव, विभूतयः, वृक्षाः, फलानि, दशपुत्र, परोपकाराय

यथा–छायामन्यस्य कुर्वन्ति तिष्ठन्ति स्वयमातपे।
(क) फलान्यपि परार्थाय ······· सत्पुरुषा इव।
(ख) दशह्रदसमः पुत्रः ······· समो द्रुमः।

(ग) .... येषां वै विमुखा यान्ति नार्थिनः।
(घ) .... इदं शरीरम्।
(ङ) स्वयं न खादन्ति .... वृक्षाः।
(च) परोपकाराय सतां ....।

उत्तराणि

(क) वृक्षाः, (ख) दशपुत्रः
(ग) सुजनस्येव (घ) परोपकाराय
(ङ) फलानि (च) विभूतयः।

प्र.5 उदाहरणानुसारम् अधोलिखितेषु वाक्येषु स्थूलाक्षरपदानां विभक्तिं निर्दिशत।
(उदाहरण के अनुसार वाक्यों में मोटे छपे शब्दों की विभक्ति बताइए।)

यथा वृक्षाः अन्यस्य कृते छायां कुर्वन्ति। द्वितीया विभक्तिः
(क) वृक्षाः परार्थाय **फलानि** यच्छन्ति। ....
(ख) वृक्षाः **सत्पुरुषाः** इव सन्ति। ....
(ग) **द्रुमः** दशसन्तानसमः भवति। ....
(घ) वृक्षः **प्राणिभ्यः** काष्ठानि यच्छति। ....
(ङ) **नद्यः** जलं स्वयमेव न पिबन्ति ....
(च) सज्जनानां **सङ्गतिं** करोतु। ....

उत्तराणि

(क) प्रथमा/द्वितीया विभक्तिः (ख) प्रथमा विभक्तिः
(ग) प्रथमा विभक्तिः (घ) चतुर्थी विभक्तिः
(ङ) प्रथमा विभक्तिः (च) द्वितीया विभक्तिः

प्र.6 अधोलिखितानां पदानां द्विवचने बहुवचने च रूपाणि लिखत।
(नीचे लिखे हुए शब्दों के द्विवचन व बहुवचन के रूप लिखिए।)

यथा वृक्षः	वृक्षौ	वृक्षाः
(क) मेघः	....	....
(ख) ह्रदः	....	....
(ग) सत्पुरुषः	....	....
(घ) छाया	....	....
(ङ) वापी	....	....
(च) नदी	....	....
(छ) शरीरम्	....	....
(ज) पुष्पम्	....	....

उत्तराणि

(क) मेघौ, मेघाः, (ख) ह्रदौ, ह्रदाः
(ग) सत्पुरुषौ, सत्पुरुषाः (घ) छाये, छायाः
(ङ) वाप्यौ, वाप्यः (च) नद्यौ, नद्यः
(छ) शरीरे शरीराणि (ज) पुष्पे, पुष्पाणि

प्र.7 अधोलिखितानां पदानां परस्परं समुचितं मेलनं कृत्वा 'कः किं ददाति' इति लिखत।
(नीचे लिखे हुए शब्दों का आपस में उचित मिलान करके 'कौन क्या देता है' यह लिखिए।)

(क) वृक्षः	दुग्धम्	वृक्षः शुद्धं वायुं ददाति।
(ख) गौः	प्रकाशं	....
(ग) सूर्यः	विद्यां	....
(घ) नदी	शुद्धं वायुं	....
(ङ) अग्निः	जलम्	....
(च) शिक्षकः	तापं	....

उत्तराणि

(ख) गौः दुग्धं ददाति। (ग) सूर्यः प्रकाशं ददाति।
(घ) नदी जलं ददाति। (ङ) अग्निः तापं ददाति।
(च) शिक्षकः विद्यां ददाति।

प्र.8 अधोलिखितानां क्रियापदानां लट्लकारे प्रथमपुरुषस्य रूपाणि लिखत।
(नीचे लिखे क्रिया पदों के लट् लकार में प्रथम पुरुष में रूप लिखिए।)

यथा कुर्वन्ति	करोति	कुरुतः	कुर्वन्ति
1. तिष्ठन्ति	....	....	....
2. फलन्ति	....	....	....
3. यान्ति	....	....	....
4. पिबन्ति	....	....	....
5. खादन्ति	....	....	....

उत्तराणि

(i) तिष्ठति	तिष्ठतः	तिष्ठन्ति
(ii) फलति	फलतः	फलन्ति
(iii) याति	यातः	यान्ति
(iv) पिबति	पिबतः	पिबन्ति
(v) खादति	खादतः	खादन्ति

अभ्यास प्रश्नाः

बहुविकल्पीय एवं वर्णनात्मक प्रश्नों सहित

भाग I

बहुविकल्पीय प्रश्नाः

1. अधोलिखितेषु विकल्पेषु उचितं उत्तरं चित्वा लिखत।
(निम्नलिखित विकल्पों में से उचित उत्तर चुनकर लिखिए।)

(i) **वृक्षाः किं यच्छन्ति?**
(क) शुद्धं वायुः (ख) प्रकाश
(ग) तापः (घ) जलम्

(ii) **वृक्षाः स्वयं कुत्र तिष्ठन्ति?**
(क) छायायाम् (ख) जले
(ग) आतपे (घ) प्रकाशे

(iii) **कस्य फलानि परार्थाय भवन्ति?**
(क) सत्पुरुषस्य (ख) धनिकस्य
(ग) भिक्षुकस्य (घ) वृक्षस्य

(iv) **दशकूपसमाः का अस्ति?**
(क) वापी (ख) ह्रदः (ग) पुत्रः (घ) वृक्षः

(v) **इदं शरीरं किमर्थम् अस्ति?**
(क) कार्याय (ख) सुखाय
(ग) परोपकाराय (घ) परिवाराय

(vi) **वारिवाहाः किं यच्छन्ति?**
(क) जलम् (ख) अन्नम् (ग) फलानि (घ) दुग्धम्

उत्तराणि
(i) (क) शुद्धं वायुः (ii) (ग) आतपे
(iii) (घ) वृक्षस्य (iv) (क) वापी
(v) (ग) परोपकाराय (vi) (क) जलम्

व्याकरणम्

2. कोष्ठकात् उचितं विकल्पं चित्वा रिक्तस्थानानि पूरयत।
(कोष्ठक से उचित विकल्प चुनकर रिक्त स्थान पूरे कीजिए।)

(i) **वृक्षाः शुद्ध वायुं ……। (यच्छति/यच्छतः/यच्छन्ति)**
(ii) **दशपुत्रसमः द्रुमः ……। (भवति/भवतः/भवन्ति)**
(iii) **अर्थिनः विमुखाः न ……। (याति/यातः/यान्ति)**
(iv) **परोपकाराय नद्यः ……। (वहति/वहतः/वहन्ति)**
(v) **गावः दुग्धाय ……। (दुहति/दुहतः/दुहन्ति)**
(vi) **परोपकाराय सतां ……। (विभूतयः/विभूति/विभूते)**

उत्तराणि
(i) यच्छन्ति (ii) भवति (iii) यान्ति
(iv) वहन्ति (v) दुहन्ति (vi) विभूतयः

3. अधोलिखितेषु वाक्येषु द्वितीया विभक्तयाः पदं चिनुत।
(निम्नलिखित वाक्यों में से द्वितीया विभक्ति के पद चुनिए।)

(i) **सा वृक्षं पश्यति।** ……
(ii) **बालकः सतपुरुषं नमति।** ……
(iii) **माता फलम् आनयति।** ……
(iv) **ललनाः कूपं गच्छन्ति।** ……
(v) **बालिका आम्रं खादति।** ……
(vi) **तपसाः नदीं नमन्ति।** ……

उत्तराणि
(i) वृक्षम् (ii) सतपुरुषम् (iii) फलम्
(iv) कूपम् (v) आम्रम् (vi) नदीम्।

4. शब्दरूपं पूरयत। (शब्द रूपों को पूरा कीजिए।)

	एकवचन	द्विवचन	बहुवचन
(i)	माला	…………	…………
(ii)	……	पत्रे	…………
(iii)	नदीम्	…………	…………
(iv)	…………	…………	मतयः
(v)	…………	भानू	…………
(vi)	…………	…………	वारिभिः

उत्तराणि
(i) माले, मालाः (ii) पत्रम्, पत्राणि
(iii) नद्यौ, नदीः (iv) मति, मती
(v) भानु, भानवः (vi) वारिणाः वारिभ्याम्

5. अधोलिखितेषु वाक्येषु क्रियापदानि चित्वा लिखत।
(निम्नलिखित वाक्यों से क्रिया पद चुनकर लिखो।)

(i) **अध्यापिका कथां श्रावयति।**
(ii) **वृक्षाः छायां कुर्वन्ति।**
(iii) **ते उद्याने भ्रमन्ति।**
(iv) **माता भोजनं पचति।**
(v) **अहं आम्रफलं खादामि।**
(vi) **छात्रा गृहकार्यं करोति।**

उत्तराणि
(i) श्रावयति (ii) कुर्वन्ति (iii) भ्रमन्ति
(iv) पचति (v) खादामि (vi) करोति।

अशुद्धि संशोधनम्

6. अधोलिखितेषु वाक्येषु रेखाङ्कितपदानि संशोधनं कृत्वा पुनः लिखत। (निम्नलिखित वाक्यों में रेखांकित पदों को संशोधन करके पुनः लिखिए।)

(i) मोहनः मम मित्राणि सन्ति।
(ii) अहं बालिका अस्ति।
(iii) सा बालकः आपणं गच्छति।
(iv) पिता श्वः दिल्लीनगरं गच्छति।
(v) राधा नृत्यं कुर्वन्ति।
(vi) अयं रमणीयां वाटिका अस्ति।

उत्तराणि

(i) मित्रम् (ii) अस्मि (iii) सः
(iv) गमिष्यति (v) करोति (vi) इयम्।

7. अन्वयं पूरयत। (अन्वय पूरा कीजिए।)

अहो एषां वरं जन्म सर्वप्राण्युपजीवनम्।
सुजनस्येव येषां वै विमुखा यान्ति नार्थिनः।।

अन्वयः अहो! एषां सर्वप्राण्युपजीवनं जन्म (i) ·····। सुजनस्य इव येषाम् (ii) ····· विमुखाः न यान्ति।

उत्तराणि

(i) वरम्
(ii) अर्थिनः।

मेलनं कुरुत

8. मेलनम् कुरुत। (मिलान कीजिए।)

सूची (अ)	सूची (ब)
(क) वरम्	(i) वृक्षाः
(ख) वापी	(ii) धूप में
(ग) महीरुहाः	(iii) समृद्धियाँ
(घ) वारिवाहाः	(iv) श्रेष्ठः
(ङ) विभूतयः	(v) बादल
(च) आतपे	(vi) बावड़ी

उत्तराणि

(क) (iv) (ख) (vi)
(ग) (i) (घ) (v)
(ङ) (iii) (च) (ii)

भाग II

पठित-अवबोधनम्

1. अधोलिखितैः श्लोकैः पठित्वा प्रश्नान् उत्तरत। (नीचे लिखे हुए श्लोकों को पढ़कर प्रश्नों के उत्तर दीजिए।)

I. परोपकाराय फलन्ति वृक्षाः परोपकाराय वहन्ति नद्यः।
परोपकाराय दुहन्ति गावः परोपकारायः इदं शरीरम्।।

(क) एकपदेन उत्तरत। (एक शब्द में उत्तर दीजिए।)
(i) के परोपकाराय फलन्ति?
(ii) काः परोपकाराय वहन्ति?
(iii) गावः किमर्थं दुहन्ति?
(iv) परोपकाराय किम्?

(ख) पूर्णवाक्येन उत्तरत। (पूर्ण वाक्य में उत्तर दीजिए।)
(i) वृक्षाः किमर्थं फलन्ति?
(ii) नद्यः किमर्थं वहन्ति?

(ग) निर्देशानुसारं उत्तरत। (निर्देशानुसार उत्तर दीजिए।)
(i) 'फलन्ति' इति क्रियापदं कस्मिन वचने अस्ति?
(क) एकवचने (ख) द्विवचने
(ग) बहुवचने (घ) न कोऽपि वचने
(ii) 'दुहन्ति' पदे का धातुः अस्ति?
(क) दुह् (ख) याच्
(ग) अन्ति (घ) अस्
(iii) 'महीरुहाः' इति पदस्य समानार्थकं पदं पद्यांशे किम् अस्ति?
(क) नद्यः (ख) वृक्षाः
(ग) गावः (घ) शरीरम्
(iv) 'परोपकाराय वहन्ति नद्यः' अस्मिन वाक्ये क्रियापदं किम् अस्ति?
(क) परोपकाराय (ख) वहन्ति
(ग) नद्यः (घ) न कोऽपि

उत्तराणि

(क) (i) वृक्षाः (ii) नद्यः
(iii) परोपकाराय (iv) इदम् शरीरम्
(ख) (i) वृक्षाः परोपकाराय फलन्ति।
(ii) नद्यः परोपकाराय वहन्ति।
(ग) (i) (ग) बहुवचने
(ii) (क) दुह्
(iii) (ख) वृक्षाः
(iv) (ख) वहन्ति

II. दशकूपसमा वापी दशवापीसमो ह्रदः।
दशह्रदःसमः पुत्रः दशपुत्रसमो द्रुमः।।

(क) एकपदेन उत्तर। (एक शब्द में उत्तर दीजिए।)
(i) दशकूप समा का?
(ii) एका वापी समा के?
(iii) पुत्रः केन समः?
(iv) दशपुत्र समः कः?

(ख) पूर्णवाक्येन उत्तरत। (पूर्ण वाक्य में उत्तर दीजिए।)

(i) **ह्रदः काभिः समः भवति?**

(ii) **एकः द्रुमः कैः समः भवति?**

(ग) निर्देशानुसारम् उत्तरत। (निर्देशानुसार उत्तर दीजिए।)

(i) **'सरोवरः' इति पदस्य समार्थकं पदं श्लोके किम् अस्ति?**

(क) कूपः (ख) वापी
(ग) ह्रदः (घ) पुत्रः

(ii) **'पुत्री' पदस्य विलोम पदं श्लोके किम् अस्ति?**

(क) द्रुमः (ख) पुत्रः
(ग) समः (घ) वापी

(iii) **'द्रुमः' इति पदं कस्मिन् वचने अस्ति?**

(क) एकवचने (ख) द्विवचने
(ग) बहुवचने (घ) न कोऽपि वचने

(iv) **'वापी' इति पदम् कस्मिन् लिङ्गे अस्ति?**

(क) पुल्लिङ्गे (ख) स्त्रीलिङ्गे
(ग) नपुंसकलिङ्गे (घ) न कोऽपि लिङ्गे

उत्तराणि

(क) (i) वापी
(ii) दशकूपा
(iii) दशह्रदः समः
(iv) द्रुमः

(ख) (i) ह्रदः दश वापीभिः समः भवति।
(ii) एकः द्रुमः दशपुत्रैः समः भवति।

(ग) (i) (ग) ह्रदः
(ii) (ख) पुत्रः
(iii) (क) एकवचने
(iv) (ख) स्त्रीलिङ्गे

अतिलघु उत्तरीय प्रश्नाः

1. **केषां जन्म वरं?**

2. **के धन्याः?**

लघु उत्तरीय प्रश्नाः

3. **सतां काः परोपकाराय भवन्ति?**

4. **के सस्यं न अदन्ति?**

दीर्घ उत्तरीय प्रश्नाः

5. **के पूज्याः सन्ति?**

6. **वृक्षाः किमर्थं पूजनीयाः सन्ति?**

उत्तराणि

1. वृक्षाणाम्
2. महीरुहाः
3. सतां विभूतयः परोपकाराय भवन्ति।
4. वारिवाहाः सस्यं न अदन्ति।
5. वृक्षाः पूज्याः सन्ति।
6. वृक्षाः शुद्धं वायु, फलानि पुष्पाणि च सर्वम् अपि यच्छन्ति अतः ते पूजनीयाः सन्ति।

प्रतिदर्श प्रश्न–पत्र 1 (हल सहित)

संस्कृत

समय : सार्द्धद्वयम्होरा	पूर्णाङ्का : 80

सामान्यनिर्देशा:

1. अस्मिन् प्रश्न–पत्रे चत्वारि खण्डानि सन्ति।
   - खंड 'क' अपठित–अवबोधनम् 10 अङ्का:, खंड 'ख' रचनात्मकं–कार्यम् 15 अङ्का:, खंड 'ग' अनुप्रयुक्त–व्याकरणम् 25 अङ्का:, खंड 'घ' पठित–अवबोधनम् 30 अङ्का:
2. प्रत्येक खण्डम् अधिकृत्य उत्तराणि एकस्मिन् स्थाने क्रमेण लेखनीयानि।
3. उत्तरलेखनात् पूर्वं प्रश्नस्य क्रमाङ्क: अवश्यं लेखनीय:।
4. सर्वेषां प्रश्नानां उत्तराणि संस्कृतेन लेखनीयानि।

खंड क : अपठित–अवबोधनम्

1. अधोलिखितम् अनुच्छेदान् पठित्वा प्रदत्त-प्रश्नानाम् उत्तराणि लिखत। (10 अङ्का:)

(निम्नलिखित अनुच्छेदों को पढ़कर दिए गए प्रश्नों के उत्तर लिखिए।)

स्वामी विवेकानन्दस्य जन्म कोलकातानगरे अभवत्। तस्य पिता विश्वनाथदत्त: माता च भुवनेश्वरी देवी आस्ताम्। तस्य प्रथमं नाम नरेन्द्रनाथ: आसीत्। नरेन्द्र: बाल्याद् एव क्रीडापटु:, दयालु:, विचारशील: च आसीत्। 'ईश्वर: अस्ति न वा इति शङ्का आसीत्। शास्त्राणम् अध्ययनेन बहूनां साधूनां च समीपं गत्वा अपि शङ्का परिहार: न अभवत्। अन्ते च श्री रामकृष्ण परमहंसस्य सकाशात् तस्य सन्देह-परिहार: अभवत्। परमहंसस्य दिव्य प्रभावेण आकृष्ट: स: तस्य शिष्य: अभवत्। स: विश्वधर्म सम्मेलने भागं ग्रहीतुम् अमेरिका देशस्य शिकागो नगरं गतवान्। तत्र विविधदेशीयान् जनानुद्दिश्य हिन्दू-धर्म-विषये भाषणं कृतवान। स: भारतीयान् 'उत्तिष्ठ जाग्रत, दीनदेवो भव, दरिद्र देवोभव'—इति संबोधितवान्। अमूल्या: तस्योपदेशा:।

I. **एकपदेन उत्तरत। (केवलम् प्रश्नत्रयम)**
(एक पद में उत्तर दीजिए।) (केवल तीन प्रश्न)

(i) **विवेकानन्दस्य जन्म कुत्र अभवत्?**
(ii) **विवेकानन्दस्य प्रथमं नाम किम् आसीत्?**
(iii) **नरेन्द्र: कस्य प्रभावेण आकृष्ट: अभवत्?**
(iv) **विश्वधर्म सम्मेलन: कुत्र आयोजित:?**

II. **पूर्णवाक्येन उत्तरत। (पूर्ण वाक्य में उत्तर लिखिए।)**

(i) **शिकागोनगरे विश्वधर्मसम्मेलने भारतस्य प्रतिनिधि: क: अभवत्?**
(ii) **विवेकानन्द: भारतीयान् कथम् संबोधितवान् ?**

III. **बहुविकल्पात्मक प्रश्ना: (बहुविकल्पीय प्रश्न)**

(i) **'अभवत्' इति पदे क: लकार: अस्ति?**
(अ) लट् (ब) लोट्
(स) लङ् (द) लृट्

(ii) **'शास्त्राणाम्' इति पदे का विभक्ति अस्ति?**
(अ) प्रथमा (ब) तृतीया
(स) पंचमी (द) षष्ठी

(iii) **'स: तस्य शिष्य: अभवत्' अस्मिन वाक्ये कर्तृपदं किम् अस्ति?**
(अ) स: (ब) तस्य
(स) शिष्य: (द) अभवत्

(iv) **'पार्श्वे' इत्यर्थे गद्यांशे किम् पदम् प्रयुक्तम् ?**
(अ) प्रथमं (ब) सकाशे
(स) भागं (द) नगरम्

IV. **गद्यांशस्य उचितं शीर्षकं लिखत।**
(इस गद्यांश के लिए उचित शीर्षक लिखिए।)

उत्तराणि

I. (i) कोलकातानगरे (ii) नरेन्द्रनाथ:
(iii) परमहंसस्य (iv) शिकागो नगरे

II. (i) शिकागोनगरे विश्वधर्मसम्मेलने भारतस्य प्रतिनिधि: स्वामी विवेकानन्द: अभवत्।
(ii) विवेकानन्द: भारतीयमान् 'उतिष्ठ जाग्रत, दीन देवो भव, दरिद्र देवो भव' इति संबोधितवान।

III. (i) (स) लङ् (ii) (द) षष्ठी
(iii) (अ) स: (iv) (बा) सकाशे

IV. विवेकानन्द:

खंड ख : रचनात्मकं-कार्यम्

2. भवान् रमेशः अस्ति। गृहे आवश्यककार्याय दिन द्वयस्य अवकाशार्थं प्रधानाध्यापकः प्रति प्रार्थना-पत्रं लिखत। (5 अङ्काः)
(आपका नाम रमेश है। घर पर आवश्यक कार्य हेतु दो दिन के अवकाश के लिए प्रधानाध्यापक महोदय को पत्र लिखिए।)

परीक्षा भवनात्,
कानपुरः।
दिनाङ्कः …………
सेवायाम्,
श्रीमंत प्रधानाध्यापकमहोदयः,
भारती उच्च माध्यमिकः विद्यालयः,
जयपुरम्।
विषयः आवश्यक कार्य हेतु आकस्मिक अवकाशाय प्रार्थना-पत्रम्।
महोदय,
(i) …… निवेदनमस्ति यत् मम गृहे (ii) …… कार्यमस्ति। अतोऽहं (iii) …… आगन्तुं न शक्नोमि। अतः दिनांङ्क 1-1-…… तः 2-1-20…… पर्यन्तं दिनद्वयस्य (iv) …… प्रदेय मामनुग्रहीष्यन्ति।
(v) ……
आज्ञाकारी शिष्यः
रमेशः
कक्षा-षष्ठम्

- **मञ्जूषा** भवताम्, अवकाशं, विद्यालये, अत्यावश्यकं, सविनयं।

उत्तराणि

(i) सविनयं (ii) अत्यावश्यकं (iii) विद्यालये
(iv) अवकाशं (v) भवताम्

3. दृष्ट्वा संस्कृत पदं लिखत। (प्रत्येक चित्र देखकर संस्कृत पद लिखिए।) (5 अङ्काः)

(i) …………

(ii) …………

(iii) …………

(iv) …………

(v) …………

उत्तराणि

(i) सूचिका (ii) बालिका (iii) मापिका
(iv) नयनम् (v) माला

अथवा

मञ्जूषाया सहायतया 'रक्त-दानम्' इति शीर्षकोपरि आधारितस्य अनुच्छेदस्य रिक्त स्थानानि पूरयत। (5 अङ्काः)
(मञ्जूषा की सहायता से रक्त-दान पर आधारित अनुच्छेद के रिक्त स्थानों की पूर्ति कीजिए।)

(i) …… अस्माकं विद्यालये नगरात् (ii) …… एकः (iii) …… आगतवान्। विद्यालये एकः (iv) …… शिविरः आसीत् । चिकित्सकाः स्वभाषणे अवदत् । रक्त दानस्य अस्माकं कापि हानिः न (v) …… अपितु अस्या प्रक्रियया स्व रक्तः शुद्धं भवति (vi) …… रक्तस्य नव (vii) …… भवति। अतएव इदम् पुनीत कार्य अस्ति सर्वान् नवयुवकान् कृते अयम् (viii) …… कार्यः भवति।

- **मञ्जूषा** शरीरे, अद्य, भवति, लाभप्रदः, चिकित्सकाः, रक्तदान, संचारः, दल।

उत्तराणि

(i) अद्य (ii) चिकित्सकाः (iii) दलः
(iv) रक्तदान (v) भवति (vi) शरीरे
(vii) संचारः (viii) लाभप्रदः

4. उत्कलप्रदेशस्य यात्रायाम् आधारितं संवादम् अधोदत्तं मञ्जूषाया सहायतया पूरयत। (5 अङ्काः)
(ओडिसा प्रदेश की यात्रा पर आधारित संवाद को नीचे दी गई मञ्जूषा की सहायता से पूरा कीजिए।)

प्रथमाः प्रिय छात्राः। सुप्रभातम्।
द्वितीया (i) ………… नमोङ्कस्तु।
प्रथमा युष्मामिः शैक्षणिक भ्रमणं कृतम्
द्वितीया (ii) ………
प्रथमाः किम् यूयम् सर्वे प्रसन्ना?
द्वितीया आम् । वयं सर्वे (iii) ………
प्रथमाः यूयम् कुत्र अगच्छत?
द्वितीया वयं (iv) ……………… अगच्छाम
प्रथमाः कोणार्कः कुत्र अस्ति?
द्वितीया कोणार्क (v) ……………… अस्ति।

- **मञ्जूषा** ओरिसा प्रदेशे, सादर, प्रसन्नाः, कोणार्क मन्दिरम्, आम्।

उत्तराणि

(i) सादर, (ii) आम्,
(iii) प्रसन्नाः, (iv) कोणार्कमन्दिरम्,
(v) ओरिसाप्रदेशे।

खंड ग : अनुप्रयुक्त-व्याकरणम्

5. अधोलिखितानां पदानां वर्णविच्छेदं कुरुत। (केवलं प्रश्नत्रयम्)
(निम्नलिखित शब्दों का वर्ण-विच्छेद कीजिए।)
(केवल तीन प्रश्न) (1 ×3 = 3 अङ्काः)

(i) बालकाः = ... + ... + ... + ... + ... + ...
(ii) पुष्पः = ...+ .... + ... + ... + ...
(iii) पठति = ... + ... + ... + ... + ... + ...
(iv) वदन्ति = ... + ... + ... + ... + ... + ...+ ....
(v) उपवनम् = ... + ... + ... + ... + ... + ...+ ....+ ....

उत्तराणि

(i) ब् + आ + ल् + अ + क् + आः
(ii) प् + उ + ष् + प् + अः
(iii) प् + अ + ठ् + अ + त् + इ
(iv) व् + अ + द् + अ + न् + त् + इ
(v) उ + प् + अ + व् + अ + न् + अ + म्

6. निर्देशानुसारं वचनपरिवर्तनं कुरुत। (केवलं प्रश्नत्रयम्)
(निर्देशानुसार वचन परिवर्तन कीजिए।) (केवल तीन प्रश्न) (1 ×3 = 3 अङ्काः)

(i) सा पठति। (द्विवचने)
(ii) बालिकाः गच्छन्ति। (एकवचने)
(iii) त्वम् धावसि। (बहुवचने)
(iv) ताः नृत्यन्ति। (एकवचने)
(v) गजाः चलन्ति। (द्विवचने)

उत्तराणि

(i) ते पठतः। (ii) बालिका गच्छति।
(iii) यूयम् धावथ। (iv) सा नृत्यति।
(v) गजौ चलतः।

7. अधोलिखितेषु विकल्पेषु समुचितम् उत्तरं चित्वा लिखत। (केवलं प्रश्नत्रयम्)
(निम्नलिखित विकल्पों में से उचित उत्तर चुनकर लिखिए।)
(केवल तीन प्रश्न) (1 ×3 = 3 अङ्काः)

(i) विशेषण पदं लिखत।
(अ) पिकः (ब) साधु (स) गजः (द) बालकः

(ii) विशेषण पदं लिखत।
(अ) वने (ब) सर्प (स) दिने (द) एकः

(iii) विशेष्य पदं लिखत।
(अ) अस्मिन् (ब) करुणं
(स) क्रन्दनम् (द) इयं

(iv) विशेषण पदं लिखत।
(अ) सघन (ब) भाषा
(स) कथा (द) धेनुः

(v) विशेष्य पदं लिखत।
(अ) उद्यानम् (ब) पर्वतीय
(स) कृशः (द) शूरः

उत्तराणि

(i) (ब) साधु (ii) (द) एकः
(iii) (स) क्रन्दनम् (iv) (अ) सघन
(v) (अ) उद्यानम्

8. प्रदत्तविकल्पेभ्यः उचितम् उत्तरं चित्वा लिखत। (केवलं प्रश्नत्रयम्)
(दिए गए विकल्पों में से उचित उत्तर चुनकर लिखिए)
(केवल तीन प्रश्न) (1 ×3 = 3 अङ्काः)

(i) 'तत्' पुल्लिङ्ग चतुर्थी एकवचनम् अस्ति।
(अ) तत् (ब) तस्मै (स) सः (द) ते

(ii) 'तत्' स्त्रीलिङ्ग सप्तमी एकवचनम् अस्ति।
(अ) ताः (ब) तासु (स) तयोः (द) तस्याम्

(iii) 'युष्मद्' पञ्चमी बहुवचनम् अस्ति।
(अ) यूयम् (ब) युष्मत् (स) त्वाम् (द) युवयोः

(iv) 'अस्मद्' षष्ठी बहुवचनम् अस्ति।
(अ) अस्माकं (ब) मम
(स) मयि (द) अहम्

(v) 'किम्' पुल्लिग प्रथमा बहुवचनम् अस्ति।
(अ) कस्य (ब) के (स) कः (द) कौ

उत्तराणि

(i) (ब) तस्मै (ii) (द) तस्याम्
(iii) (ब) युष्मत् (iv) (अ) अस्माकं
(v) (ब) के

9. प्रदत्त विकल्पेभ्यः उचितम् उत्तरं चित्वा लिखत। (केवलं प्रश्नत्रयम्)
(दिए गए विकल्पों में से उचित उत्तर चुनकर लिखिए।)
(केवल तीन प्रश्न) (1 ×3 = 3 अङ्काः)

(i) 'पा' धातोः लृट् लकारे-उत्तम पुरुष एकवचनम् अस्ति।
(अ) पास्यथः (ब) पास्यामि
(स) पास्यति (द) पास्यतः

(ii) 'भू' धातोः लट् लकारे-प्रथम पुरुष एकवनचम् अस्ति।
(अ) भवति (ब) भवतः (स) भवन्ति (द) भवसि

(iii) 'अस्' धातोः लङ्ग लकारे-प्रथम पुरुष एकवचनम् अस्ति।
(अ) अस्ति (ब) आसीत् (स) आस्ताम् (द) आसन्

(iv) 'लिख्' धातोः लृट् लकारे प्रथम पुरुष बहुवचनम् अस्ति।
(अ) लिखति (ब) लेखन्ति
(स) लेखिष्यन्ति (द) लेखति

(v) 'गम्' धातोः लट् लकारे उत्तम पुरुष बहुवचनम् अस्ति।
(अ) गच्छामः (ब) गच्छति
(स) गच्छसि (द) गच्छन्ति

उत्तराणि

(i) (ब) पास्यामि (ii) (अ) भवति
(iii) (ब) आसीत् (iv) (स) लेखिष्यन्ति
(v) (अ) गच्छाम:

10. **प्रदत्तविकल्पेभ्य: उचितम् उत्तरं चित्वा लिखित।**
(केवलं प्रश्नत्रयम्)
(दिए गए विकल्पों में से उचित उत्तर चुनकर लिखिए।)
(केवल तीन प्रश्न) (1 ×3 = 3 अङ्का:)

(i) **'इत्यादि' अत्र संधि-विच्छेदं किम्।**
(अ) इत्या + दि (ब) इति + आदि
(स) इत्य + दि (द) इति + दि

(ii) **'नै + अक:' अत्र संधि अस्ति।**
(अ) नायक: (ब) नैक: (स) नेअक: (द) नैअक:

(iii) **'पवनम्' अत्र संधि अस्ति।**
(अ) यण् (ब) वृद्धि (स) अयादि (द) दीर्घ

(iv) **'सदैव' अत्र संधि विच्छेद: अस्ति।**
(अ) सदा + एव (ब) सदे + व
(स) सद् + एव (द) सदै + अव

(v) **'नृपैश्वर्यम्' अत्र संधि अस्ति।**
(अ) अयादि (ब) वृद्धि: (स) दीर्घ (द) गुण

उत्तराणि

(i) (ब) इति + आदि (ii) (अ) नायक:
(iii) (स) अयादि (iv) (अ) सदा + एव
(v) (ब) वृद्धि:

11. **कोष्ठकात् उचित अव्ययपदं चित्वा रिक्तस्थानानि पूरयत।**
(केवलं प्रश्नत्रयम्)
(कोष्ठक से उचित अव्ययपद चुनकर रिक्त स्थानों की पूर्ति कीजिए।)
(केवल तीन प्रश्न) (1 ×3 = 3 अङ्का:)

(i) **अहमपि ······· ग्रामं गमिष्यामि। (श्व:/अद्य)**
(ii) **शिशव: ······· गच्छन्ति। (शनै:/अत्र)**
(iii) **बालक: बालिका: ······· पठन्ति। (च/इतस्तत:)**
(iv) **त्वं ग्रामात् ······· आगच्छसि? (कदा/कुत्र)**
(v) **रामेण ······· सीता अपि वनं गच्छति। (सह/कुत:)**
(vi) **स: ······· हसन्ति। (उच्चै:/शनै:)**

उत्तराणि

(i) श्व: (ii) शनै: (iii) च
(iv) कदा (v) सह (vi) उच्चै:

12. **अधोलिखितानां शब्दानां संस्कृते पर्यायपदानि लिखत।**
(केवलं प्रश्नद्वयम्)
(निम्नलिखित शब्दों के संस्कृत में पर्याय पद लिखिए।)
(केवल दो प्रश्न) (1×2 = 2 अङ्का:)

(i) **खाता है** = ·········
(ii) **पकाती है** = ·········
(iii) **दोनों भागते हैं** = ·········
(iv) **नाचती हैं (सब)** = ·········

उत्तराणि

(i) खादति (ii) पचति (iii) धावत:
(iv) नृत्यन्ति

13. **कोष्ठकात् उचितं विकल्पं चित्वा रिक्तस्थानानि पूरयत।**
(केवलं प्रश्नद्वयम्)
(कोष्ठक से उचित विकल्प चुनकर रिक्त स्थानों की पूर्ति कीजिए।) (केवल दो प्रश्न) (1 ×2 = 2 अङ्का:)

(i) **गोपालक: दुग्धं ·······। (आनयति/आनयन्ति)**
(ii) **राम: गृहं प्रति ·······। (गच्छन्ति/गच्छति)**
(iii) **रमा श्व विश्नाथ मन्दिरं ·······। (गच्छति/गमिष्यति)**
(iv) **बालका: कन्दुकेन ········।(क्रीडन्ति/क्रीडति)**

उत्तराणि

(i) आनयति (ii) गच्छति (iii) गमिष्यति
(iv) क्रीडन्ति

खंड घ : पठित–अवबोधनम्

14. **अधोलिखितं अनुच्छेदम् पठित्वा एतदाधारितान् प्रश्नान् उत्तरत।**

(नीचे लिखे अनुच्छेद को पढ़कर उस पर आधारित प्रश्नों के उत्तर दीजिए।) (5 अङ्का:)

एकदा तेन मार्गेण कश्चित् धनिक: आगच्छति। स: भिक्षुक: मनसि एवं चिन्तयति– "आहो मम् भाग्यम् । अद्य अहं प्रभूतं धनं प्राप्नोमि" इति। भिक्षुक: धनिकं वदति "आर्य ! अहम् अतीव दरिद्र: अस्मि। कृपया दानं करोतु" इति। धनिक: तं पृष्टवान् – "त्वम् किम् इच्छसि?" "आर्य! अहं प्रभूतं धनम् इच्छामि" इति स: सविनयम् उक्तवान् !

I. **एकपदेन उत्तरत्।**
(एक शब्द में उत्तर दीजिए।)
(i) **एकदा तेन मार्गेण क: आगच्छति?**
(ii) **क: मनसि चिन्तयति?**
(iii) **भिक्षुक: मनसि किम् प्राप्तुं चिन्तयति?**
(iv) **क: अतीव द्ररिद्र: अस्ति?**

II. **पूर्णवाक्येन उत्तरत्। (पूर्ण वाक्य में उत्तर दीजिए।)**
(i) **भिक्षुक: धनिकं किम् वदति?**
(ii) **धनिक: भिक्षुकं किम् पृष्ठवान् ?**

III. निर्देशानुसारम् उत्तरत्। (निर्देशानुसार उत्तर दीजिए।)

(i) 'मार्गेण' इति पदे का विभक्तिः अस्ति?

(अ) प्रथवा (ब) तृतीया
(स) पंचमी (द) षष्ठी

(ii) 'चिन्तयति' इति क्रियापदे मूलधातु का अस्ति?

(अ) चिन्त् (ब) चित्
(स) अस् (द) चिन्तय

(iii) 'भिक्षुकः धनिकं वदति' अस्मिन वाक्ये कर्तृपदं किम् अस्ति?

(अ) भिक्षुकः (ब) धनिकं
(स) वदति (द) न कोऽपि

(iv) 'दरिद्रः' पदस्य विपरीतार्थकं पदं गद्यांशे किम् अस्ति?

(अ) भिक्षुकः (ब) प्रभूतं
(स) धनम् (द) धनिकः

उत्तराणि

I. (i) धनिकः (ii) भिक्षुकः
(iii) धनम् (iv) भिक्षुकः

II. (i) भिक्षुकः धनिकं वदति - 'अहम् अतीव दरिद्र अस्मि' इति।
(ii) धनिकः भिक्षुकं पृष्टवान् - 'त्वम् किम् इच्छसि' इति।

III. (i) (ब) तृतीया (ii) (अ) चिन्त्
(iii) (अ) भिक्षुकः (iv) (द) धनिकः

15. अधोलिखितं पद्यांशं पठित्वा प्रश्नान् उत्तरत। (5 अङ्काः)
(निम्नलिखित पद्यांश को पढ़कर प्रश्नों के उत्तर लिखिए।)

अयं निजः परोवेति गणना लघुचेतसाम् ।
उदारचरितानां तु वसुधैव कुटुम्बकम् ।।

I. एकपदेन उत्तरत। ($1/2 \times 4 = 2$ अङ्काः)
(एक शब्द में उत्तर दीजिए।)

(i) अयं कः ?
(ii) अयं निजः परोवेति गणना केषाम् ?
(iii) केषाम् कृते वसुधैव कुटुम्बकम् ?
(iv) उदारचरितानां कृते का कुटुम्ब वत् भवति?

II. पूर्णवाक्येन उत्तरत। ($1 \times 1 = 1$ अङ्काः)
(पूर्ण वाक्य में उत्तर दीजिए।)

(i) लघुचेतसाम् गणना कीदृशी भवति?
(ii) वसुधां कुटुम्बवत् के मान्यन्ते?

III. निर्देशानुसार उत्तरत ($1/2 \times 4 = 2$ अङ्काः)
(निर्देशानुसार उत्तर दीजिए।)

(i) 'उदारचरितानां' पदे का विभक्तिः अस्ति?

(अ) प्रथमा (ब) तृतीया
(स) पंचमी (द) षष्ठी

(ii) 'पृथ्वी' पदस्य सामानार्थकं पदं पद्यांशे किम् अस्ति?

(अ) कुटुम्ब (ब) वसुधा
(स) निजः (द) गणना

(iii) 'निजः' शब्दस्य विपरीतार्थकं पदं पद्यांशे किम् अस्ति?

(अ) वेति (ब) गणना
(स) अयं (द) परः

(iv) 'उदारचरितानां' पदे विशेषणपदं किम् अस्ति?

(अ) उदार
(ब) चरितानां
(स) उदारचरितानां
(द) न कोऽपि

उत्तराणि

I. (i) निजः (ii) लघुचेतसाम्
(iii) उदारचरितानाम् (iv) वसुधा

II. (i) लघुचेतसाम् गणना अयं निजः परोवेति भवति।
(ii) वसुधां कुटुम्बवत् उदारचरिताः मान्यन्ते।

III. (i) (द) षष्ठी (ii) (ब) वसुधा
(iii) (द) परः (iv) (अ) उदार

16. अधोलिखितं नाट्यांशं पठित्वा प्रश्नान् उत्तरत। (5 अङ्काः)
(निम्नलिखित नाट्यांश को पढ़कर प्रश्नों के उत्तर दीजिए।)

अम्बा राकेश! कुत्र असि? अत्र आगच्छ।
राकेशः आम् अम्ब! कथय किं कार्यं करवाणि?
अम्बा अद्य तव तात कार्यालयात् विलम्बेन आममिष्यति। त्वम् आपणं गच्छ। वस्तूनि आनय।
वस्तूनां नामावली अपि अत्र अस्ति।
राकेशः अस्तु। स्यूतं ददातु। वस्तूनां नामावलीम् अहं स्वीकरोमि।
अम्बा स्वीकुरु। धनम् अपि नय।
राकेशः अम्ब! इतोऽपि एक वस्तु स्वीकरवाणि?
अम्बा चाकलेहम् इच्छति खलु वत्स! जानातु, अधिकं चाकलेह-खादनं स्वास्थ्याय हानिकरः भवति।
राकेशः केवलं अद्य एक स्वीकरोमि।

I. एकपदेन उत्तरत। ($1/2 \times 4 = 2$ अङ्काः)
(एक शब्द में उत्तर दीजिए।)

(i) का राकेशम् आहूयति?
(ii) कस्य पिता कार्यालयात् विलम्बेन आगमिष्यति?
(iii) माता राकेशम् कुत्र गन्तुम् कथयति?
(iv) राकेशः अम्बां इतोऽपि किं वस्तुं स्वीकरणाय कथयति?

II. पूर्णवाक्येन उत्तरत। ($1 \times 1 = 1$ अङ्काः)
(पूर्ण वाक्य में उत्तर दीजिए।)

(i) अम्बा राकेशं किमर्थम् आपणं प्रेषयति?
(ii) आम्बा राकेशं किम्-किम् ददाति?

III. निर्देशानुसारम् उत्तरत। (1/2 × 4 = 2 अङ्काः)

(निर्देशानुसार उत्तर दीजिए।)

(i) 'आगमिष्यति' इति पदं कस्मिन् लकारे अस्ति?

(अ) लट् (ब) लोट्

(स) लृट् (द) लङ्

(ii) 'नय' पदस्य विपरीतार्थकं पदं नाट्यांशे किम् अस्ति?

(अ) आनय (ब) आगच्छ

(स) स्वीकुरु (द) खालु

(iii) 'वस्तुनां नामावलीम् अहं स्वीकरोमि' अस्मिन वाक्ये क्रियापदं किम् अस्ति?

(अ) वस्तूनां (ब) नामावलीम्

(स) अहं (द) स्वीकरोमि

(iv) 'माता' पदस्य समार्थकं पदं नाट्यांशे किम् अस्ति?

(अ) तात (ब) अम्बा

(स) स्यूतं (द) वस्तूनि

उत्तराणि

I. (i) अम्बा (ii) राकेशस्य

(iii) आपणं (iv) चाकलेहम्

II. (i) अम्बा राकेशं गृहस्य-वस्तूनि आनेतुम् आपणं प्रेषयति।

(ii) अम्बा राकेशम् वस्तूनां नामावली, धनं स्यूतं च ददाति।

III. (i) (स) लृट्

(ii) (अ) आनय

(iii) (द) स्वीकरोमि

(iv) (ब) अम्बा

17. अधोलिखितस्य श्लोकस्य अन्वयं लिखत। (5 अङ्काः)

(निम्नलिखित श्लोक का अन्वयः लिखिए)

उद्यमेन हि सिध्यन्ति कार्याणि न मनोरथैः।
न हि सुप्तस्य सिंहस्य प्रविशन्ति मुखे मृगाः।।

अथवा

विद्या ददाति विनयं विनयाद्याति पात्रताम् ।
पात्रत्वाद्धनमाप्नोति धनाद्धर्मं ततः सुखम् ।।

उत्तराणि

सुप्तस्य सिंहस्य मुखे मृगाः न हि प्रविशन्ति।
(तदैव) कार्याणि उद्यमेन हि सिध्यन्ति मनोरथैः न सिध्यन्ति।

अथवा

विद्या विनयं ददाति, (मनुष्य) विनयात् पात्रतां याति, पात्रत्वात् धनम् आप्नोति, धनात् धर्म ततः सुखम् (च आप्नोति)।

18. वाक्येषु रेखांकितं पदानि आधृत्य प्रश्ननिर्माणं कुरुत। (1 × 5 = 5 अङ्काः)

(वाक्यें में रेखांकित पदों के आधार पर प्रश्न निर्माण कीजिए।)

(i) वस्तुतः तानि <u>असमर्थानि</u>।

(अ) कीदृशानि (ब) कः

(स) कौ (द) के

(ii) <u>प्रबन्धस्य</u> अभावात् क्रीडितुं न शक्नोति।

(अ) कानि (ब) कस्य

(स) के (द) किम्

(iii) <u>विद्यालये</u> पठनाय विशेष व्यवस्था वर्तते।

(अ) कस्मात् (ब) कः

(स) कुत्र (द) कस्य

(iv) पूरनः <u>अत्र</u> अस्ति।

(अ) कौ (ब) कः

(स) कुत्र (द) कदा

(v) <u>बालिकाः</u> अपि अत्र खेलिष्यन्ति।

(अ) काः (ब) कः

(स) कौ (द) के

उत्तराणि

(i) (अ) कीदृशानि

(ii) (ब) कस्य

(iii) (स) कुत्र

(iv) (स) कुत्र

(v) (अ) काः

19. अधोलिखितानां शब्दानां वाक्येषु प्रयोगं कुरुत। (1 × 5 = 5 अङ्काः)

(निम्नलिखित शब्दों का वाक्यों में प्रयोग कीजिए।)

(i) कुत्र (ii) सन्ति

(iii) मित्राणि (iv) सर्वे

(v) द्रष्टुं

उत्तराणि

(i) यूयं कुत्र गच्छथ?

(ii) तत्र क्रीडास्पर्धा सन्ति।

(iii) अस्माकं अनेकानि मित्राणि सन्ति।

(vi) वयं सर्वे प्राचार्यं मिलामः।

(v) सः द्रष्टुं न शक्नोति।

प्रतिदर्श प्रश्न-पत्र 2 (हल रहित)

संस्कृत

समय : सार्द्धद्वयमहोरा	पूर्णाङ्का : 80

सामान्यनिर्देशा:

1. अस्मिन् प्रश्न-पत्रे चत्वारि खण्डानि सन्ति।
   - खंड 'क' अपठित-अवबोधनम् 10 अङ्का:, खंड 'ख' रचनात्मकं-कार्यम् 15 अङ्का:, खंड 'ग' अनुप्रयुक्त-व्याकरणम् 25 अङ्का:, खंड 'घ' पठित-अवबोधनम् 30 अङ्का:
2. प्रत्येकं खण्डम् अधिकृत्य उत्तराणि एकस्मिन् स्थाने क्रमेण लेखनीयानि।
3. उत्तरलेखनात् पूर्वं प्रश्नस्य क्रमाङ्क: अवश्यं लेखनीय:।
4. सर्वेषां प्रश्नानां उत्तराणि संस्कृतेन लेखनीयानि।

खंड क : अपठित-अवबोधनम्

1. अधोलिखितम् अनुच्छेदान् पठित्वा प्रदत्त-प्रश्नानाम् उत्तराणि लिखत। (10 अङ्का:)

(निम्नलिखित अनुच्छेदों को पढ़कर दिए गए प्रश्नों के उत्तर लिखिए।)

पिपासया आकुल: एक: काक: जलाशयम् अन्वेष्टुम् वने इतस्तत: अभ्रमत्। स: एकं घटम् अलभतं। तस्मिन् घटे स्वल्पं जलम् आसीत्। अत: जलं पातुम् असमर्थ: अभवत्। अथ स एकम् उपायम् अचिन्तयत्। स: दूरात् पाषाण-खण्डानि आनीय घटे अधिक्षिपत् एवं क्रमेण जलम् उपरि समागच्छत्। स: च काक: जलं पीत्वा सुखम् अलभत्। उद्यमस्य प्रभावेण काक: सफल: अभवत्।

I. एकपदेन उत्तरत। (केवलम् प्रश्नत्रयम) (2×3 = 6 अङ्का:)
(एक पद में उत्तर दीजिए।) (केवल तीन प्रश्न)

(i) पिपासया आकुल: क: इतस्तत: अभ्रमत्?
(ii) स: एकं किम् अलभत्?
(iii) घटे स्वल्पं किम् आसीत्?
(iv) जलं पीत्वा काक: किम् अलभत्?

II. पूर्णवाक्येन उत्तरत। (पूर्ण वाक्य में उत्तर दीजिए।)

(i) कस्य प्रभावेण काक: सफल: अभवत्?
(ii) कम् अन्वेष्टुम् काक: वने इतस्तत: अभ्रमत् ?

III. भाषाकार्यं निर्देशानुसारम् उत्तरत।
(भाषा कार्य-निर्देशानुसार उत्तर दीजिए।)

(i) 'तस्मिन्' अत्र का विभक्ति:?
(अ) सप्तमी (ब) षष्ठी
(स) पञ्चमी (द) चतुर्थी

(ii) 'असफल:' इत्यस्य विलोमपदं गद्यांशे किम्?
(अ) सुखम् (ब) सफल:
(स) काक: (द) जलं

(iii) 'अलभत्' इति पदं कस्मिन लकारे अस्ति?
(अ) लट् (ब) लोट्
(स) लङ् (द) लृट्

(iv) 'स: एकम् उपायम् अचिन्तयत्' अस्मिन वाक्ये क्रियापदं किम् अस्ति?
(अ) स: (ब) एकम्
(स) उपायम् (द) अचिन्तयत्

खंड ख : रचनात्मकं-कार्यम्

2. भवान् जयपुरत: राधेशर्मा अस्ति। स्व अध्ययनस्य वृत्तान्तं स्वपितरं दत्वा पितरं प्रति पत्रं लिखत। (5 अङ्का:)

(आप जयपुर से राधे शर्मा हैं। अपने अध्ययन के विषय में अपने पिता को बताते हुए एक पत्र लिखिए।)

रामनगर,
जयपुरम्।
दिनाङ्क: …………

पूज्य (i) ……!
सादरं वंदे!
अद्यैव भवतां पत्रं अधिगतम् अत्र मम (ii) …… सम्यक् प्रवर्तते। विद्यालयस्य वातावरणं सर्वथा अनुकूलम्। अत्रत्या: (iii) …… सप्रेमं पाठयन्ति मधुरं च व्यवहरन्ति। प्रथम मासिक (iv) …… मम अङ्कलब्धि: सन्तोषप्रदा वर्तते। मातु: चरणाम्बुजयो: (v) …… समर्पयामि।

भवतः आत्मजः

राधे शर्मा

- **मञ्जूषा** प्रणामाञ्जलिं, परीक्षायां, शिक्षकः, अध्ययनं, पितृदेव।

3. **प्रदत्तं चित्रं दृष्ट्वा मञ्जूषायां प्रदत्तशब्दानां सहायतया चत्वारवाक्यानि संस्कृतेन लिखत।** (5 अङ्काः)

(नीचे दिए गए चित्र को देखकर मञ्जूषा में दिए गए शब्दों की सहायता से चार वाक्य संस्कृत में लिखिए।)

- **मञ्जूषा** कृषकः, क्षेत्रं, बलिवर्दाभ्यां, क्षेत्रे, धान्यं, वपति, सिञ्चति, जलेन, वृक्षाः, विशाल, सन्ति, कर्षति, विविधा।

अथवा

मञ्जूषया सहायतया 'रणोत्सवः' शीर्षकोपरि आधारितस्य अनुच्छेदस्य रिक्त स्थानानि पूरयत। (5 अङ्काः)

(मञ्जूषा की सहायता से रणोत्सव शीर्षक पर आधारित अनुच्छेद के रिक्त स्थानों की पूर्ति कीजिए।)

गुर्जर-प्रदेशः अस्माकं देशस्य (i) .... प्रदेशः अस्ति। (ii) .... प्रदेशः सामाजिकं राजनैतिकं क्षेत्रेऽपि अग्रणी अस्ति। (iii) .... क्षेत्र (iv) .... नाम जनपदम् अस्ति यस्य मुख्यालयः भुज नगरे स्थितः। कच्छ क्षेत्रः कच्छ का राग इतिनाम्मः प्रसिद्ध अस्ति (v) .... अत्र एकः विशालः क्षेत्र अस्ति। रणोत्सवः नाम्नः अत्र एकः विशालः सम्मर्दः भवति। निशायाम् चंद्र (vi) .... शीतकाले अस्य श्वेत शोभा मनोहरति। अस्मिन् सम्मर्दे वैदेशिक (vii) .... अपि बहुसंख्याम् आगच्छति। अत्र विभिन्नाः सांस्कृतिक कार्यक्रमाः आयोज्यन्ते। (viii) .... दिवसपर्यन्ता एव आयोजन सतत् चलति।

- **मञ्जूषा** पर्यटकाः अस्यैव, समुन्नतः श्वेत-कच्छः, पञ्चदशं, एषः, कौमुद्यां, पर्यटकाः।

4. **क्रिकेट विश्वकपस्योपरि आधारितान् संवादान् अधोलिखिताः मञ्जूषातः पदानि चित्वा पूरयत।** (5 अङ्काः)

(क्रिकेट विश्व कप पर आधारित संवादों को नीचे दी गई मञ्जूषा से शब्द चुनकर पूरा कीजिए।)

रमेशः भो महेश! मासे कति चित्राणि (i) ...... ?

रमेशः इदानीं कः (ii)...... दृष्टम्?

महेशः (iii)...... मुद्राराक्षसं चित्रं दृष्टम्।

रमेशः चित्रं कथं आसीत्?

महेशः समीचीनं/संवाद (iv)...... समीचीना आसीत्।

रमेशः (v)...... पूर्णम् न वा आसीत्?

महेशः महान् सम्मर्दः आसीत्। चित्र मन्दिरं (vi)...... आसीत्।

रमेशः चिटिका न (vii)...... किम्?

रमेशः सर्वे (viii)...... इदं चित्रं प्रक्ष्यामः।

महेशः पूर्वं एव आरक्षणं (ix)......।

- **मञ्जूषा** मिलित्वा, कृतवान्, लब्धा, पूर्णम्, चित्रमन्दिरं, कथा, इदानीं, चित्रं, पश्यति।

खंड ग : अनुप्रयुक्त-व्याकरणम्

5. अधोलिखितानां पदानां वर्णसंयोग कृत्वा लिखत।
(केवलं प्रश्नत्रयम्) (1 × 3 = 3 अङ्काः)
(निम्नलिखित पदों का वर्णसंयोग करके लिखिए।)
(केवल तीन प्रश्न)

(i) म् + इ + ल् + अ + न् + त् + इ
(ii) इ + त् + य् + आ + द् + इ
(iii) स् + व् + आ + ग् + अ + त् + अ + म्
(iv) प् + अ + र् + आ + ज् + अ + य् + अः
(v) र् + अ + त् + न् + आ + क् + अ + र् + अः

6. अधोलिखितान् शब्दान् बहुवचनात् एकवचने परिवर्तनं कुरुत।
(केवलं प्रश्नत्रयम्) (1 × 3 = 3 अङ्काः)
(निम्नलिखित शब्दों को बहुवचन से एकवचन में परिवर्तित कीजिए।)
(केवल तीन प्रश्न)

(i) ताः (ii) शाखाः
(iii) मित्राणि (iv) मुनयः
(v) कानि

7. अधोलिखितेषु विकल्पेषु समुचितम् उत्तरं चित्वा लिखत।
(केवलं प्रश्नत्रयम्) (1 × 3 = 3 अङ्काः)
(निम्नलिखित विकल्पों में से उचित उत्तर चुनकर लिखिए।)
(केवल तीन प्रश्न)

(i) 'मयूरस्य' इत्यस्य विशेषणपदं किम्?
(अ) नीलः (ब) नीलवर्णस्य
(स) नीलम् (द) नीलय

(ii) 'महिलाः' इत्यस्य संख्या विशेषणं किम्?
(अ) चत्वारः (ब) चतस्त्रः
(स) चत्वाराः (द) चत्वारि

(iii) 'वृक्षः' इत्यस्य विशेषणं किम्?

(अ) विशालः (ब) विशालम्

(स) विशालो (द) विशालौ

(iv) विशेषण पदं लिखत।

(अ) पुष्पम् (ब) उन्नतः (स)लता (द) मृगः

(v) विशेषण पदं लिखत।

(अ) पर्वतः (ब) हरितः

(स) वचनम् (द) अश्वः

8. अधोलिखितेषु विकल्पेषु समुचित उत्तरं चित्वा लिखत। (केवलं प्रश्नत्रयम्) (1 ×3 = 3 अङ्काः)

(निम्नलिखित विकल्पों में से उचित उत्तर चुनकर लिखिए।) (केवल तीन प्रश्न)

(i) वयं .... अलम्।

(अ) शत्रुः (ब) शत्रवः (स) शत्रुभ्यः (द) शत्रोः

(ii) .... अध्ययनं रोचते।

(अ) अहम् (ब) आवाम्(स) वयम् (द) मह्यम्

(iii) मोहनः स्वमित्रं .... निवारयति।

(अ) पापः (ब) पापे (स) पापात् (द) पापस्य

(iv) .... ऋते कोऽपि सहयोगं न करोति।

(अ) धनात् (ब) धनस्य (स) धनम् (द) धने

(v) .... विना वृष्टिः न भवति।

(अ) मेघम् (ब) मेघस्य (स) मेघात् (द) मेघे

9. निर्देशानुसारं धातुरूपाणि लिखत। (केवलं प्रश्नत्रयम्) (1 ×3 = 3 अङ्काः)

(निर्देशानुसार धातुरूप लिखिए।) (केवल तीन प्रश्न)

	धातु	लकार	पुरुष	एकवचनम्	द्विवचनम्	बहुवचनम्
(i)	दृश्	लृट्	प्र० पु०	......	......	....
(ii)	भू	लोट्	उ० पु०	......	......	....
(iii)	चिन्त्	लङ्ग	म० पु०	......	......	....
(iv)	नी	लृट्	प्र० पु०	......	......	....
(v)	स्था	लट्	उ० पु०	......	......	....

10. अधोलिखितेषु वाक्येषु कोष्ठगत रिक्तस्थानेषु स्थूलपदानां समुचितं सन्धि विच्छेदं कृत्वा लिखत। (केवलं प्रश्नत्रयम्) (1 ×3 = 3 अङ्काः)

(निम्नलिखित वाक्यों में कोष्ठगत रिक्तस्थानों में स्थूल शब्दों की उचित सन्धि विच्छेद करके लिखिए।) (केवल तीन प्रश्न)

(i) कालिदास **अद्यापि** (........ + ...) सर्वत्र प्रसिद्धः।

(ii) शिक्षकस्य **प्रश्नस्योत्तरं** (........ + ...) देहि।

(iii) **परमेश्वरः** (........ + ...) एकः एव भवति।

(iv) **अभीष्टानि** (........ + ...) वस्तूनि प्राप्य सन्तुष्टः अभवत।

(v) सः प्रतिज्ञां करोति **दास्यामीति** (........ + ...)।

11. प्रदत्तः विकल्पेभ्यः उचितम् उत्तरं चित्वा लिखत। (केवलं प्रश्नत्रयम्) (1 ×3 = 3 अङ्काः)

(दिए गए विकल्पों में से उचित उत्तर चुनकर लिखिए।) (केवल तीन प्रश्न)

(i) 'क्रेतुम्' अत्र कः प्रत्ययः?

(अ) क्त (ब) क्त्वा

(स) तुमुन् (द) ल्यप्

(ii) 'ज्ञातुम्' अत्र प्रत्ययः अस्ति।

(अ) ज्ञा + तुमुन् (ब) ज्ञा + तुम्

(स) ज्ञे + तुम (द) ज्ञान + तुमु

(iii) 'गत्वा' अत्र कः प्रत्ययः?

(अ) गम् + ता (ब) गम् + त्वा

(स) गम् + क्त्वा (द) गत् + वा

(iv) 'दातुम्' अत्र का धातुः?

(अ) दद् (ब) दा

(स) दातु (द) दान्

(v) 'नष्ट्वा' अत्र का धातुः?

(अ) नट् (ब) नष्ट

(स) नश् (द) नष्

12. परस्परं मेलनं कुरुत। (केवल प्रश्नद्वयम्) (1 ×2 = 2 अङ्काः)

(आपस में मिलान कीजिए।) (केवल दो प्रश्न)

खंड (क)	खंड (ख)
(क) दो बालिकाएँ	(i) मयूराः
(ख) गाँव से	(ii) वृषभौ
(ग) खेलता है	(iii) क्रीडति
(घ) दो बैल	(iv) बालिके
(ङ) अनेक मोर	(v) ग्रामात्

13. प्रदत्त विकल्पेभ्यः उचितम् उत्तरं चित्वा लिखत। (केवल प्रश्नद्वयम्) (1 ×2 = 2 अङ्काः)

(दिए गए विकल्पों में से उचित उत्तर चुनकर लिखिए।) (केवल दो प्रश्न)

(i) अत्र द्वौ **बालिके** स्तः।

(अ) बालिका (ब) बालकाः (स) बालकौ (द) बालकः

(ii) अहं गृहं **गच्छति**।

(अ) गच्छामि (ब) गच्छन्ति

(स) गच्छसि (द) गच्छतु

(iii) अलं **हसनात्**।

(अ) हसनम् (ब) हसितेन

(स) हसनेन (द) हसेत्

(iv) **एषः** फलम् अस्ति।

(अ) एतत् (ब) एषा

(स) एषम् (द) अयं

खंड घ : पठित-अवबोधनम्

14. अधोलिखितं गद्यांश पठित्वा प्रश्नान् उत्तरत। (5 अङ्काः)

(निम्नलिखित गद्यांश को पढ़कर प्रश्नों के उत्तर लिखिए।)

उदरं सूचयति "भवतु, भवतु, कोलाहलं न कुर्वन्तु।" वयं सर्वे माधवम् एव पृच्छाम, कः श्रेष्ठः इति।

माधव किचारयति बोधयति च

'मम शरीरस्य सर्वाणि अङ्गानि मम कृते उपकारकाणि सन्ति। अहं नयनाभ्यां पश्यामि, कर्णाभ्याम् शृणोमि, मुखेन भाषणं करोमि भोजनं करोमि च, उदरेण पाचनात् शक्तिं प्राप्नोमि पादाभ्यां च चलामि। अतः भवन्तः सर्वेऽपि श्रेष्ठाः।

I. एकपदेन उत्तरत। (1/2 × 4 = 2 अङ्काः)

(एक शब्द में उत्तर दीजिए।)

(i) कोलाहलं न कर्तुम् किम् सूचयति?

(ii) सर्वाणि अङ्गानि कम् पृच्छति?

(iii) माधवः काभ्याम् पश्यति?

(iv) माधव पादाभ्याम् किम् करोति?

II. पूर्णवाक्येन उत्तरत। (1 × 1 = 1 अङ्काः)

(पूर्ण वाक्य में उत्तर दीजिए।)

(i) कस्य शरीरस्य सर्वाणि अङ्गानि उपकारकानि सन्ति?

(ii) माधवः केन पाचनात् शक्तिं प्राप्नोति?

III. निर्देशानुसारम् उत्तरत। (1/2 × 4 = 2 अङ्काः)

(निर्देशानुसार उत्तर दीजिए।)

(i) 'अङ्गानि' इति पदम् कस्मिन लिङ्गे अस्ति?

(अ) पुलिङ्गे (ब) स्त्रीलिङ्गे
(स) नपुंसकलिङ्गे (द) न कोऽपि लिङ्गे

(ii) 'नयनाभ्यां' इति पदे किम् वचनम् अस्ति?

(अ) एकवचनम् (ब) द्विवचनम्
(स) बहुवचनम् (द) न कोऽपि वचनम्

(iii) 'मम कृते उपकारकाणि सन्ति' अस्मिन वाक्ये क्रिया-पदं किम् अस्ति?

(अ) मम् (ब) कृते
(स) उपकार काणि (द) सन्ति

(iv) 'शृणोमि' इति पदं कस्मिन लकारे अस्ति?

(अ) लट् (ब) लोट् (स) लृट (द) लङ्

15. अधोलिखितं पद्यांश पठित्वा प्रश्नान् उत्तरत्। (5 अङ्काः)

(निम्नलिखित पद्यांश को पढ़कर प्रश्नों के उत्तर दीजिए।)

पिबन्ति नद्यः स्वयमेव नाम्भः
स्वयं न खादन्ति फलानि वृक्षाः।
नादन्ति सस्यं खलु वारिवाहाः।
परोपकाराय सतां विभूतयः।।

I. एकपदेन उत्तरत। (1/2 × 4 = 2 अङ्काः)

(एक शब्द में उत्तर दीजिए।)

(i) काः स्व-जलम् न पिबन्ति?

(ii) वृक्षाः कानि खादन्ति?

(iii) के सस्यं न अदन्ति?

(iv) फलानि के न खादन्ति?

II. पूर्णवाक्येन उत्तरत। (1 × 1 = 1 अङ्काः)

(पूर्ण वाक्य में उत्तर दीजिए।)

(i) सतां विभूतयः कस्मै भवति?

(ii) नद्यः स्वयमेव किम् न पिबन्ति?

III. निर्देशानुसारम् उत्तरत (1/2 × 4 = 2 अङ्काः)

(निर्देशानुसार उत्तर दीजिए।)

(i) 'पिबन्ति' पदे का धातु अस्ति?

(अ) पा (ब) पिब्
(स) अस् (द) अद्

(ii) 'नादन्ति' पदस्य संधि विच्छेदम् किम् अस्ति?

(अ) ना + दन्ति (ब) न + अदन्ति
(स) नाद + न्ति (द) ना + अदन्ति

(iii) 'वृक्षाः फलानि स्वयं न खादन्ति' अस्मिन वाक्ये कर्तृपदं किम् अस्ति?

(अ) वृक्षाः (ब) फलानि
(स) न (द) खादन्ति

(iv) 'नद्यः अम्भः न पिबन्ति' अत्र अव्यय पदं किम् अस्ति?

(अ) नद्यः (ब) अम्भः
(स) न (द) पिबन्ति

16. अधोलिखितं नाट्यांशं पठित्वा प्रश्नान् उत्तरत। (5 अङ्काः)

(निम्नलिखित नाट्यांश को पढ़कर प्रश्नों के उत्तर दीजिए।)

शिक्षकः वयम् अत्र किं किं पश्यामः ?

श्रद्धा सर्वत्र विविधानि पुष्पाणि, हरितानि पर्णानि, खगाः जन्तवः च सन्ति इति पश्यामः।

शिक्षकः सत्यम् । एवमेव तेषां वर्णाः अपि विविधाः । यथा श्रद्धा वदति 'हरितानि पर्णानि' इति, अत्र पर्णस्य कः वर्णः?

छात्राः (सर्व) हरितः।

श्रद्धा अत्र वृक्षस्य उपरि शुकः अस्ति। सः अपि हरितवर्णेन शोभते।

शिक्षकः श्रद्धे! तव इष्टर्णः हरितः इति चिन्तयामि। अत एव हरितवर्णम् एव पश्यसि खलु।

मेधा आचार्य! अत्र काकः अपि अस्ति, यस्य वर्णः कृष्णः। एवं पिकस्य अपि वर्णः कृष्णः।

शिक्षकः आम् । उत्तमं निरीक्षणं भवत्याः। छात्राः। पश्यन्तु, अत्र पुष्पाणि अपि सन्ति। मनीष! पश्यतु जपापुष्पम्। वदतु, अस्य वर्णः कः?

मनीषः रक्तवर्णः आचार्य! शुकस्य चञ्चुः अपि रक्तवर्णा। पाटलपुष्पम् अपि रक्तवर्णेन युक्तम्।

I. एकपदेन उत्तरत। (1/2 × 4 = 2 अङ्काः)

(एक शब्द में उत्तर दीजिए।)

(i) पर्णस्य कः वर्णः?

(ii) काकस्य वर्णः कीदृशः भवति?

(iii) शुकस्य चञ्चुः कीदृशः भवति?

(iv) श्रद्धायाः इष्टवर्णः कः अस्ति?

II. पूर्णवाक्येन उत्तरत। (1 × 1 = 1 अङ्काः)

(पूर्ण वाक्य में उत्तर दीजिए।)

(i) वृक्षस्य उपरि कः अस्ति?

(ii) छात्राः सर्वत्र किम् – किम् पश्यन्ति?

III. निर्देशानुसारम् उत्तरत। (1/2 × 4 = 2 अङ्काः)

(निर्देशानुसार उत्तर दीजिए।)

(i) 'पश्यामः' इति कर्तृपदस्य कर्ता नाट्यांशे किम् अस्ति?

(अ) वयम् (ब) अत्र

(स) सः (द) मेधा

(ii) 'हरितानि पर्णानि' अत्र विशेषण पदं किम् अस्ति?

(अ) हरितानि

(ब) पर्णानि

(स) हरितानि पर्णानि

(द) न कोऽपि

(iii) 'हरितवर्णेन' इति पदे का विभक्तिः अस्ति?

(अ) प्रथमा (ब) तृतीया

(स) पंचमी (द) सप्तमी

(iv) 'अत्र पर्णस्य कः वर्णः' अस्मिन वाक्ये अव्यय पदं किम् अस्ति?

(अ) अत्र

(ब) पर्णस्य

(स) कः

(द) वर्णः

17. सः, तौ, ते इत्येतेभ्यः उचितं सर्वनामपदं चित्वा रिक्तस्थानानि पूरयत। (केवलं प्रश्नचतुष्ट्यम्) (5 अङ्काः)

(सः, तौ, ते इन सर्वनाम पदों को चुनकर रिक्त स्थानों को पूरा कीजिए।) (केवल चार प्रश्न)

(i) अश्वः धावति ……… धावति।

(ii) गजाः चलन्ति। ……… चलन्ति।

(iii) छात्रौ पठतः। ……… पठतः।

(iv) वानराः क्रीडन्ति। ……… क्रीडन्ति।

(v) गायकः गायति। ……… गायति।

18. अधोलिखितेषु वाक्येषु रेखांकित पदानि संशोध्य पुनः लिख्यताम्। (निम्नलिखित वाक्यों में रेखांकित पदों को शुद्ध करके पुनः लिखिए।) (5 अङ्काः)

(i) राकेशः मम मित्राणि अस्ति।

(ii) अहं बालकः अस्ति।

(iii) सा बालकः आपणं गच्छति।

(iv) रामः श्वः जयपुरं गच्छति।

(v) राधिका नृत्यं कुर्वन्ति।

19. श्लोकांशान् परस्परम् मेलयत्। (5 अङ्काः)

(श्लोकांशों को आपस में मिलाइए।)

खंड (अ)	खंड (ब)
(क) अयं निजः परोवेति	(i) कार्याणि न मनोरथै
(ख) उद्यमेन हि सिध्यन्ति	(ii) स्वर्गादपि गरीयसी
(ग) चत्वारि तस्य वर्धन्ते	(iii) तत्र देवः सहायकृत्
(घ) षडेते यत्र वर्तन्ते	(iv) गणना लघुचेतसाम्
(ङ) जननी जन्मभूमिश्च	(v) आयुर्विद्या यशो बलम्

प्रतिदर्श प्रश्न–पत्र 3 (हल रहित)

संस्कृत

समय : सार्द्धद्वयम्होरा	पूर्णाङ्का : 80

सामान्यनिर्देशा:

1. अस्मिन् प्रश्न–पत्रे चत्वारि खण्डानि सन्ति।
   - खंड 'क' अपठित–अवबोधनम् 10 अङ्का:, खंड 'ख' रचनात्मकं–कार्यम् 15 अङ्का:, खंड 'ग' अनुप्रयुक्त–व्याकरणम् 25 अङ्का: खंड 'घ' पठित–अवबोधनम् 30 अङ्का:
2. प्रत्येकं खण्डम् अधिकृत्य उत्तराणि एकस्मिन् स्थाने क्रमेण लेखनीयानि।
3. उत्तरलेखनात् पूर्वं प्रश्नस्य क्रमाङ्क: अवश्यं लेखनीय:।
4. सर्वेषां प्रश्नानां उत्तराणि संस्कृतेन लेखनीयानि।

खंड क : अपठित–अवबोधनम्

1. अधोलिखितम् अनुच्छेदान् पठित्वा प्रदत्त–प्रश्नानाम् उत्तराणि लिखत। (10 अङ्का:)
(निम्नलिखित अनुच्छेदों को पढ़कर दिए गए प्रश्नों के उत्तर लिखिए।)

भारतीय–संस्कृतौ होलिकोत्सवस्य विशिष्टं महत्त्वं वर्तते। हिरण्यकशिपो: भगिन्या: होलिकाया: दहनेन अयम् उत्सव: सम्बद्ध: अस्ति। सा देवस्य वरप्रभावेण अग्निना दग्धा न भवति स्म। अतएव हिरण्यकशिपो: निर्देशेन सा प्रह्लादम् अङ्के उपावेश्य अग्नौ उपविष्टवती। परंतु प्रह्लादस्य भक्त्या प्रसन्नो भूत्वा नारायण: प्रह्लादं रक्षितवान्। प्रज्वलितेन अग्निन्ना होलिका स्वयमेव दग्धा:।

I. **एकपदेन उत्तरत। (केवलम् प्रश्नत्रयम्)** (2×3 = 6 अङ्का:)
(एक पद में उत्तर दीजिए।) (केवल तीन प्रश्न)

(i) भारतीय संस्कृतौ कस्योत्सवस्य विशिष्टं महत्त्वं वर्तते?
(ii) सा कस्य वरप्रभावेण अग्निना दग्धा न भवति स्म?
(iii) प्रज्वलितेन अग्निना का स्वयमेव दग्धा:?
(iv) प्रह्लादस्य भक्त्या प्रसन्नो भूत्वा क: प्रह्लादं रक्षितवान्?

II. **पूर्णवाक्येन उत्तरत। (पूर्णवाक्य में उत्तर दीजिए।)** (2×1 = 2 अङ्का:)

(i) अयं उत्सव: केन सम्बद्ध: आसीत्।
(ii) सा कम् अङ्के उपावेश्य अग्नौ उपविष्टवती?

III. **भाषाकार्यं निर्देशानुसारम् उत्तरत।**
(भाषा कार्य–निर्देशानुसार उत्तर दीजिए।) (1×2 = 2 अङ्का:)

(i) 'सा' इत्यस्मिन् पदे लिङ्ग भवति?
(अ) स्त्रीलिङ्गम् (ब) पुल्लिङ्गम्
(स) नपुंसकलिङ्गम् (द) कोऽपि नास्ति

(ii) 'देवस्य' अत्र का विभक्ति?
(अ) पञ्चमी (ब) षष्ठी
(स) सप्तमी (द) चतुर्थी

(iii) 'प्रज्वलितेन अग्निना' अत्र विशेषणं पदं किम् अस्ति?
(अ) प्रज्वलितेन (ब) अग्निना
(स) प्रज्वलितेन अग्निना (द) न कोऽपि

(iv) 'वर्तते' इति पदे क: लकार: अस्ति?
(अ) लट् (ब) लोट्
(स) लृट् (द) लङ्

IV. **गद्यांशस्य उचितं शीर्षकं लिखत।**
(गद्यांश का उचित शीर्षक लिखिए।)

खंड ख : रचनात्मकं–कार्यम्

2. भवान् मनीष:। भवान् षष्ठं कक्षायां पठति। भवान् स्वविद्यालयस्य क्रिकेटदलस्य कप्तान: अस्ति। निकट भविष्ये क्रिकेट प्रतियोगिता भविष्यति। एतत् कृते खेलन सामग्री निर्गतार्थं प्रधानाचार्यं प्रार्थना–पत्रं लिखत। (5 अङ्का:)

(आप मनीष हैं। आप कक्षा छह: में पढ़ते हैं। आप अपने विद्यालय की टीम के कप्तान हैं। निकट भविष्य में प्रतियोगिता होगी। इसलिए खेल सामग्री निर्गत कराने के लिए प्रधानाचार्य को पत्र लिखिए।)

परीक्षा भवनात्,
मेरठतः।
दिनाङ्कः …………
सेवायाम्,
प्रधानाचार्य महोदयः,
मेरठ पब्लिक विद्यालयः,
मेरठ।
विषयः क्रीडा उपकरणं निर्गतार्थं प्रार्थना-पत्रम्।
महोदयः,
सविनयम् (i)…… अस्ति यत् निकटं (ii)…… अस्माकं विद्यालये क्रिकेट (iii)…… भविष्यति। (iv)…… पार्श्वे क्रीडन् सामग्री (v)……। अतएव (vi)…… भवतः प्रार्थनास्ति यत् अस्माकं क्रिकेट दलाय (vii)…… सामग्रीं व्यवस्था कृता। भवतः (viii)…… कृपा भविष्यति।
प्रार्थी: मनीषः
कक्षा-षष्ठम् अ

- **मञ्जूषा** महती, अस्माकं, भविष्ये, नास्ति, प्रतियोगिता, निवेदनम्, क्रीडन्, एतदर्थं।

अथवा

मञ्जूषया सहायतया 'स्वच्छता-अभियान' इति शीर्षकोपरि आधारितस्य अनुच्छेदस्य रिक्त स्थानानि पूरयत। (5 अङ्काः)
(मञ्जूषा की सहायता से 'स्वच्छता-अभियान' शीर्षक पर आधारित अनुच्छेद के रिक्त स्थानों की पूर्ति कीजिए।)

मनुष्यः एकः (i) ……… प्राणिरस्ति। (ii) ……… समाजः (iii) ……… एक यन्त्रः अस्ति यथा यन्त्रे (iv) ……… आगच्छन्ति तथैव समाजे¿पि दोषाः आगच्छन्ति। अस्य कृते सुधारकानाम् आवश्यकता भवन्ति। (v) ……… सुधारकः स्वच्छता आन्दोलन समाजस्य सुधारयति। स्वच्छता समाजस्य महती आवश्यकता अस्ति। स्वच्छतायाः अर्थः अपि विस्तृतः अस्ति। न केवलं (vi) ………, गृहम् (vii) ……… केन्द्रम् अपितु अस्माकं मनः अपि स्वच्छतायाः आवश्यकता अनुभवन्ति। स्वच्छता जीवनस्य प्रत्येक क्षेत्र आवश्यकः। (viii) ……… ईश्वरपि रुच्यते। अतएव वयं सर्वान् स्वच्छता महत् कार्या।

- **मञ्जूषा** कतिपयः, अस्माकं, सामाजिकः, इयम्, दोषाः, अपि, वीथी, सामुदायिक।

3. **प्रदत्तं चित्रं दृष्ट्वा मञ्जूषायां प्रदत्तशब्दानां सहायतया चत्वारवाक्यानि संस्कृतेन लिखत।** (5 अङ्काः)
(नीचे दिए गए चित्र को देखकर मञ्जूषा में दिए गए शब्दों की सहायता से चार वाक्य संस्कृत में लिखिए।)

- **मञ्जूषा** प्रातःकाले, उदेति, सूर्य, वातावरणं, शुद्धं, भवति, जनाः, भ्रमन्ति, क्रीडन्ति, बालकाः।

4. **द्वे सख्ये मध्ये वार्तालापयोपरि आधारितान् संवादान् अधोदत्तं मञ्जूषया सहायतया पूरयत।** (5 अङ्काः)
(दो सखियों के बीच हुए वार्तालाप पर आधारित संवादों को नीचे की दी गई मञ्जूषा से पूरा कीजिए।)

शीला सखि त्वं नामं (i) ……………… अस्ति?
मीना मम् नाम मीना, अस्ति। सखि त्वं किम् नाम अस्ति?
शीला मम् नाम शीला अस्ति।
मीना त्वं (ii) ……………… वससि?
शीला अहं जयपुर आख्ये (iii) ……………… वसामि। त्वं च?
मीना अहं कानपुर (iv) ……………… नगरेवसामि।
शीला त्वं पितुः किम् नाम् अस्ति?
मीना मम् (v) ……………… नाम श्री राजेन्द्र प्रसाद अस्ति।

- **मञ्जूषा** पितुः, आख्ये, नगरे, कुत्र, किम्।

खंड ग : अनुप्रयुक्त-व्याकरणम्

5. **अधोदत्तपदानां वर्णविच्छेदं रिक्त स्थानं पूर्तिं कुरुत।**
(केवलं प्रश्नत्रयम्) (1 × 3 = 3 अङ्काः)
(नीचे दिए गए पदों के वर्ण विच्छेद के रिक्त स्थानों की पूर्ति कीजिए।) (केवल तीन प्रश्न)

(i) फलम् = फ् + …… + ल् + ……… + म्
(ii) विश्वासः = व् + इ + श् + ……… + आ + स् + ………
(iii) मयूराः = म + ……… य् + ……… + र + ………
(iv) अवसरः = अ + व् + ……… + स + ……… र् + ………
(v) प्रतिष्ठाः = प् + …… + अ + त् + इ + ष् + ट् + ………

6. **अधोलिखितान् शब्दान् एकवचनात् बहुवचने परिवर्तनं कुरुत।**
(केवलं प्रश्नत्रयम्) (1 × 3 = 3 अङ्काः)
(निम्नलिखित शब्दों को एकवचन से बहुवचन में परिवर्तित कीजिए।) (केवल तीन प्रश्न)

(i) बालकः (ii) लता
(iii) पत्रम् (iv) सः
(v) अहम्

7. अधोलिखितेषु विकल्पेषु समुचितम् उत्तरं चित्वा लिखत। (केवलं प्रश्नत्रयम्) (1 × 3 = 3 अङ्काः)
(निम्नलिखित विकल्पों में से उचित उत्तर चुनकर लिखिए।) (केवल तीन प्रश्न)

(i) 'वाटिकायाम्' इत्यस्य विशेषणपदं किम्?
(अ) तस्याम् (ब) तां
(स) तयाम् (द) तस्याः

(ii) 'तत्' इत्यस्य उचितं विशेष्यपदं किम्?
(अ) मनः (ब) रामः
(स) कृष्णः (द) बाला

(iii) 'गृहे' इत्यस्य विशेषणपदं किम्?
(अ) अस्मात् (ब) एके
(स) एकस्मिन् (द) एका

(iv) 'बालकैः' इत्यस्य विशेषणपदं किम्?
(अ) त्रिभिः (ब) तिसृभिः
(स) त्रिभ्यः (द) त्रिषु

(v) 'पवित्रं' इत्यस्य विशेषणपदं किम्?
(अ) जलम् (ब) जल (स) जलोदरः (द) जलजः

8. अधोलिखितेषु विकल्पेषु समुचितं उत्तरं चित्वा लिखत। (केवलं प्रश्नत्रयम्) (1 × 3 = 3 अङ्काः)
(निम्नलिखित विकल्पों में से उचित उत्तर चुनकर लिखिए।) (केवल तीन प्रश्न)

(i) 'बालः श्य्याम् अधिशेते।' इस वाक्य के रेखांकित पद में कौन-सी विभक्ति है?
(अ) पञ्चमी (ब) तृतीया (स) द्वितीया (द) चतुर्थी

(ii) 'कर्णेन बधिरः' के रेखांकित पद में कौन-सी विभक्ति है?
(अ) तृतीया (ब) चतुर्थी (स) षष्ठी (द) सप्तमी

(iii) 'अहं रामेण सह गच्छामि' में रेखांकित पद में कौन-सी विभक्ति है? सही विकल्प चुनकर लिखिए।
(अ) द्वितीया (ब) सप्तमी (स) तृतीया (द) द्वितीया

(iv) अश्वात् पतति इस वाक्य के रेखांकित पद में कौन-सी विभक्ति है?
(अ) चतुर्थी (ब) पञ्चमी (स) तृतीया (द) पञ्चमी

(v) 'सः नेत्राभ्यां पश्यति' में रेखांकित पद में विभक्ति है
(अ) तृतीया (ब) सप्तमी (स) पञ्नमी (द) चतुर्थी

9. निर्देशानुसारम् शब्दरूपाणि लिखत। (केवलं प्रश्नत्रयम्) (1 × 3 = 3 अङ्काः)
(निर्देशानुसार शब्दरूप लिखिए।) (केवल तीन प्रश्न)

(i) तत् (स्त्री)-सप्तमी विभक्तिः
(ii) अस्मद्-पञ्चमी विभक्तिः
(iii) युष्मद्-द्वितीया विभक्तिः
(iv) बालिका-तृतीया विभक्तिः
(v) राम-चतुर्थी विभक्तिः

10. निर्देशानुसारं परिवर्तनं कुरुत। (केवलं प्रश्नत्रयम्) (1 × 3 = 3 अङ्काः)
(निर्देश के अनुसार परिवर्तन कीजिए।) (केवल तीन प्रश्न)

यथा त्वं पठसि (बहुवचन) = यूयं पठथ।
(i) अहं क्रीडामि। (बहुवचन) = ……………
(ii) सः पठति। (द्विवचन) = ……………
(iii) यूयं लिखथ। (एकवचन) = ……………
(iv) युवां गच्छथः। (लृट् लकार) = ……………
(v) आवां लेखिष्यावः। (लट् लकार) = ……………

11. अधोलिखितेषु वाक्येषु संधि संधिविच्छेदं वा कृत्वा रिक्तस्थानानि पूरयत। (केवलं प्रश्नत्रयम्) (1 × 3 = 3 अङ्काः)
(निम्नलिखित वाक्यों में संधि अथवा संधि-विच्छेद करके रिक्त स्थानों की पूर्ति कीजिए।) (केवल तीन प्रश्न)

(i) मम नाम ……… अस्ति। (रमा + ईशः)
(ii) ………………… तव नाम किम्? (महोदयः)
(iii) ………………… सत्यं वद। (सदा + एव)
(iv) सा …………… गच्छति। (विद्यालयः)
(v) अत्र तव ……… अस्ति। (सु + आगतम)

12. परस्परं मेलयत। (आपस में मिलान कीजिए।) (2 अङ्काः)

खंड (अ)	खंड (ब)
(i) पठ् + क्त्वा	(क) खादित्वा
(ii) हस् + तुमुन्	(ख) हसितुम्
(iii) खाद् + क्त्वा	(ग) पठित्वा
(iv) दा + तुमुन्	(घ) रचित्वा
(v) रच् + क्त्वा	(ङ) दातुम्

13. प्रदत्त विकल्पेभ्यः उचितम् उत्तरं चित्वा लिखत। (केवलं प्रश्नद्वयम्) (1 × 2 = 2 अङ्काः)
(दिए गए विकल्पों में से उचित उत्तर चुनकर लिखिए।) (केवल दो प्रश्न)

(i) **सा** मम मित्रम् अस्ति।
(अ) तत् (ब) सः (स) अहम् (द) त्वम्

(ii) तत् **एकः** फलम् अस्ति।
(अ) एकम् (ब) एकस्य (स) एका (द) एकतः

(iii) ह्यः सोमवासरः **अस्ति**।
(अ) भवति (ब) सन्ति
(स) आसीत् (द) स्तः

(iv) सः **रामस्य** सह गच्छति।
(अ) रामे (ब) रामेण
(स) रामात् (द) रामः

(v) किं त्वं **पठति**।
(अ) पठसि (ब) पठामि
(स) पठन्ति (द) पठतः

खंड घ : पठित-अवबोधनम्

14. अधोलिखितं गद्यांशं पठित्वा प्रश्नान् उत्तरत। (5 अङ्काः)

(निम्नलिखित गद्यांश को पढ़कर प्रश्नों के उत्तर दीजिए।)

नमो नमः। मम नाम सन्दीपः। अहं मम दिनचर्यां वदामि।

नमो नमः। मम नाम खुशी। अहम् अपि मम दिनचर्यां वदामि।

अहं प्रतिदिनं प्रातः पञ्चवादने (5 : 00) उत्तिष्ठामि।

प्रथमं भूमेः वन्दनं करोमि, मातापितरौ च नमामि।

ततः उषःपानं, करोमि, यत्र कवोष्णं जलं पिबामि।

अहं सपाद-पञ्चवादने (5 : 15) शौचं करोमि,

तदनन्तरम् मुखप्रक्षालनं दन्तधावनं च करोमि।

अहं सार्ध-पञ्चवादने (5 : 30) सूर्य-नमस्कारं योगासनं च करोमि।

अहं षड्वादने (6 : 00) स्वाध्यायं करोमि।

I. एकपदेन उत्तरत। ($1/2 \times 4 = 2$ अङ्काः)

(एक शब्द में उत्तर दीजिए।)

(i) सन्दीपः किम् वदति?

(ii) सन्दीपः प्रातः कतिवादने उत्तिष्ठति?

(iii) प्रथमं सः कस्य वन्दनं करोति?

(iv) सः कौ नमति?

II. पूर्णवाक्येन उत्तरत। ($1 \times 1 = 1$ अङ्काः)

(पूर्ण वाक्य में उत्तर दीजिए।)

(i) सः शौचं कृत्वा किम् करोति?

(ii) सः सार्ध-पञ्चवादने किम् करोति?

III. निर्देशानुसारम् उत्तरत। ($1/2 \times 4 = 2$ अङ्काः)

(निर्देशानुसार उत्तर दीजिए।)

(i) 'उत्तिष्ठामि' इति पदे कः लकारः अस्ति?

(अ) लट् (ब) लोट्

(स) लृट् (द) लङ्

(ii) 'मातपितरौ' इति पदम् कस्मिन् वचने अस्ति?

(अ) एकवचने (ब) द्विवचने

(स) बहुवचने (द) न कोऽपि वचने

(iii) 'कवोष्णं जलं' इति पदे विशेषण पदं किम् अस्ति?

(अ) कवोष्णं (ब) जलं

(स) कवोष्णं जलं (द) न कोऽपि

(iv) 'अहं षड्वादने स्वाध्यायं करोमि' अस्मिन वाक्ये क्रियापदं किम् अस्ति?

(अ) अहं (ब) षड्वादने

(स) स्वाध्यायं (द) करोमि।

15. अधोलिखितं श्लोकं पठित्वा प्रश्नान् उत्तरत।

(निम्नलिखित श्लोक को पढ़कर प्रश्नों के उत्तर दीजिए।)

दृढमानसा गतलालसाः प्रियसाहसाः सततम् ।

जनसेवका अतिभावुकाः शुभचिन्तका नियतम् ॥2॥ शूरा वयम् ॥

I. एकपदेन उत्तरत। ($1/2 \times 4 = 2$ अङ्काः)

(एक शब्द में उत्तर दीजिए।)

(i) शूराः कीदृशा मानसा सन्ति?

(ii) शूराः केषाम् सेवकाः सन्ति?

(iii) के शुभचिन्त काः सन्ति?

(iv) कीदृशी लालसाः सन्ति?

II. पूर्णवाक्येन उत्तरत। ($1 \times 1 = 1$ अङ्काः)

(पूर्ण वाक्य में उत्तर दीजिए।)

(i) वयम् शूराः सततम् कीदृशाः सन्ति?

(ii) के अतिभावुकाः सन्ति?

III. निर्देशानुसारम् उत्तरत। ($1/2 \times 4 = 2$ अङ्काः)

(निर्देशानुसार उत्तर दीजिए।)

(i) 'प्रिय साहसाः' अत्र विशेष्य पदं किम् अस्ति?

(अ) प्रिय (ब) साहसाः

(स) प्रिय साहसाः (द) न कोऽपि

(ii) 'निरन्तरम्' इति पदस्य समानार्थकं पदं पद्यांशे किम् अस्ति?

(अ) दृढ़ (ब) सततम्

(स) भावुकाः (द) नियतम्

(iii) 'गत लालसाः' इति पदम् कस्मिन् वचने अस्ति?

(अ) एकवचने (ब) द्विवचने

(स) बहुवचने (द) न कोऽपि वचने

(iv) 'अतिभावुकाः' इति पदे का विभक्तिः अस्ति?

(अ) प्रथमा (ब) द्वितीया

(स) तृतीया (द) चतुर्थी

16. अधोलिखितं नाट्यांशं पठित्वा प्रश्नान् उत्तरत। (5 अङ्काः)

(निम्नलिखित नाट्यांश को पढ़कर प्रश्नों के उत्तर दीजिए।)

शिक्षकः शोभनम् । चित्रवर्णाः शुकाः अपि अत्र सन्ति इति जानन्ति किम्?

आदित्यः आचार्य! ते कीदृशाः भवन्ति? वयं द्रष्टुम् इच्छामः?

शिक्षकः तादृशान् शुकान् वयं प्रायः जन्तुशालायां पश्यामः। तेषां पक्षाः नीलाः पीताः रक्ताः च भवन्ति।

मञ्जुलः आचार्य! पाटलपुस्पाणि अपि विविधवर्णयुक्तानि भवन्ति। मम उद्याने पीतवर्णानि, श्वेतवर्णानि, नीललोहितवर्णानि, केसरवर्णानि च पाटलपुष्पाणि सन्ति।

I. एकपदेन उत्तरत। ($1/2 \times 4 = 2$ अङ्काः)

(एक शब्द में उत्तर दीजिए।)

(i) कीदृशाः शुकाः अपि अत्र सन्ति?

(ii) केषाम् पक्षाः नीलाः पीताः रक्ताः च भवन्ति?

(iii) मम उद्याने कानि पुष्पाणि सन्ति?

(iv) पाटलपुष्पाणि अपि कीदृशानि भवन्ति?

II. पूर्णवाक्येन उत्तरत। (1×1 = 1 अङ्काः)
(पूर्ण वाक्य में उत्तर दीजिए।)
(i) चित्रवर्णान् शुकान् वयम् कुत्र पश्यामः?
(ii) मम उद्याने कानि वर्णानि पाटल पुष्पाणि सन्ति?

III. निर्देशानुसारम् उत्तरत। (1/2 × 4 = 2 अङ्काः)
(निर्देशानुसार उत्तर दीजिए।)
(i) 'जन्तुशालायाम्' अस्मिन पदे का विभक्तिः अस्ति?
(अ) प्रथमा (ब) तृतीया
(स) चतुर्थी (द) सप्तमी
(ii) 'भवन्ति' इति पदे कः लकारः अस्ति?
(अ) लट् (ब) लोट्
(स) लृट (द) लङ्
(iii) 'वयं प्रायः जन्तुशालायां पश्यामः।' अस्मिन वाक्ये कर्तृपदं किम् अस्ति?
(अ) वयं (ब) प्रायः
(स) जन्तुशालायां (द) पश्यामः
(iv) 'पाटलपुष्पाणि' अत्र विशेषण पदं किम् अस्ति?
(अ) पाटल (ब) पुष्पाणि
(स) पाटलपुष्पाणि (द) न कोऽपि

17. अधोलिखितानां शब्दानां विलोमपदैः सह मेलनं कुरुत। (5 अङ्काः)
(निम्नलिखित शब्दों का विलोम शब्दों के साथ मिलान कीजिए।)

	खंड (अ)		**खंड** (ब)
(क)	शिक्षकः	(i)	तव
(ख)	एषः	(ii)	बालिका
(ग)	गच्छामः	(iii)	आगच्छामः
(घ)	बालकः	(iv)	एषा
(ङ)	मम	(v)	शिक्षिका

18. अधोलिखितेषु वाक्येषु रेखांकितपदानि आधृत्य प्रश्ननिर्माणं कुरुत। (केवलं प्रश्नचतुष्ट्यम्) (1×5 = 5 अङ्काः)
(निम्नलिखित वाक्यों में रेखांकित पदों के आधार पर प्रश्न निर्माण कीजिए।) (केवल चार प्रश्न)
(i) अजीजः सरलः परिश्रमी च आसीत्।
(अ) कीदृशः (ब) कस्य
(स) के (द) किम्
(ii) एवं चिन्तयित्वा स्वामी कथयति।
(अ) किम् (ब) के
(स) कः (द) कौ
(iii) सः जनान् पृच्छति।
(अ) कस्मिन् (ब) कान्
(स) कः (द) कस्य
(iv) कुत्रचित् एका वृद्धाः मिलति।
(अ) का (ब) कः
(स) कानि (द) किम्
(v) सः स्वामिनः समीपे आगच्छति।
(अ) कानि (ब) किम्
(स) कस्य (द) कः

19. घटनाक्रमानुसारं अधोलिखितानि वाक्यानि पुनः लेखनीयानि।
(घटनाक्रम के अनुसार निम्नलिखित वाक्यों को पुनः लिखिए।)
(क) एकस्मिन वने एक नित्यजल पूर्णः सरोवरः अस्ति।
(ख) सः भयेन चन्द्रं नमति।
(ग) शशकाः भीताः चिन्तामग्नाः च भवन्ति।
(घ) सः गजयूथेन सह अन्यत्र गच्छति।
(ङ) सर्वे शशकाः स्वमतं प्रकाशयन्ति।
(च) ते स्वरक्षार्थं उपायं चिन्तयन्ति।